HISTOIRE

AMOUREUSE

DES GAULES

Imprimerie Gouverneur, G. Daupeley à Nogent-le-Rotrou.
Caractères elzeviriens de la Librairie Daffis.

HISTOIRE
AMOUREUSE
DES GAULES
PAR BUSSY RABUTIN

revue et annotée

PAR M. PAUL BOITEAU

*Suivie des Romans historico-satiriques du XVII*e *siècle*
recueillis et annotés
PAR M. CH.-L. LIVET

TOME IV

PARIS
PAUL DAFFIS, ÉDITEUR-PROPRIÉTAIRE
DE LA BIBLIOTHÈQUE ELZEVIRIENNE
7, rue Guénégaud

M DCCC LXXVI

PRÉFACE.

Les trois pièces que renferme ce quatrième et dernier volume de petits romans et pamphlets historico-satiriques du XVIIᵉ siècle ne font point partie du Recueil connu sous le titre d'Histoire amoureuse des Gaules; nous les y avons ajoutées, pour des motifs que nous avons le devoir de faire connoître ici.

D'abord, elles sont très-rares, et ce n'est pas sans difficulté que nous avons pu nous procurer les textes que nous avons suivis. La première, *le Grand Alcandre frustré*, a eu les honneurs d'une récente réimpression, donnée à petit nombre par les soins de M. Paul Lacroix; mais elle mérite d'être plus connue, sinon par les qualités d'un style qui trahit une plume peu exercée, du moins par la finesse ingénieuse et délicate des pensées, qui indique un homme de cour, et par l'intérêt même que présente ce petit roman. Si les deux autres ont trouvé place à la suite du *Grand Alcandre frustré*, ce n'est ni à leur style, ni à l'intérêt qu'elles présentent qu'elles doivent d'entrer dans cette collection; mais le titre en est très-familier aux bibliophiles, qui le connoissent par les Catalogues, et qui nous auroient su mauvais gré de ne pas en avoir reproduit le texte pour leur permettre d'en apprécier la valeur. L'une a cependant un mérite sur lequel nous ne saurions trop insister : c'est qu'elle est l'œuvre d'un pamphlétaire admirablement bien renseigné sur une des plus malheureuses périodes de notre histoire : aussi nous sommes-nous appliqué, avec le plus grand soin, à faire ressortir l'exactitude historique des faits consignés dans les *Amours de Louis XIV et de Mlle du Tron* : nous espérons que nos notes, par leur abondance et leur précision, dédommageront un peu le lecteur du caractère insignifiant de l'ouvrage. Dans les *Entretiens* qui composent ce factum, tous les mots portent; il n'est pas une ligne qui n'ait pu prêter, au temps où il parut, à de longs commentaires parmi les courtisans ou les bourgeois, et provoquer quelque raillerie ou quelque plainte. Ce sont ces commentaires, ces railleries, ces plaintes que nos notes ont eu en vue de faire revivre.

Quant au *Tombeau des Amours de Louis le Grand*, ce libelle forme en quelque sorte le couronnement de l'œuvre; c'est un résumé, mal écrit, mais assez complet, de l'histoire galante de la France sous le règne du grand Roi : nous l'avons, à ce titre, reproduit d'autant plus volontiers qu'il est très-rare et que s'il omet quelques faits, il en relève quelques autres dont on chercherait vainement la place ailleurs.

Il nous reste à parler du problème historique que soulève l'étude du *Grand Alcandre frustré*. On a dit :

Jamais surintendant ne trouva de cruelle.

Moins heureux que Fouquet, Louis XIV rencontra-t-il une autre Madame de Guercheville qui mérita son estime après avoir inspiré son amour, comme la célèbre marquise dont la résistance à la passion du roi Henri IV fut si célèbre en son temps? Si cette femme vertueuse a réellement vécu, qui est-elle?

Voici, sans plus attendre, quelle est selon nous la solution de ce problème : une femme a existé, qui a eu la réputation méritée par la marquise de Guercheville ; mais il n'est pas impossible que cette réputation ait été usurpée.

Ce n'est pas sans de longues recherches que nous sommes arrivé à cette conclusion, si insuffisante qu'elle puisse paroître. Nous prions qu'on veuille bien revenir avec nous sur le chemin que nous avons dû suivre, non sans nous égarer bien souvent, pour fournir une réponse aux questions posées.

La femme vertueuse dont parle l'auteur seroit la comtesse de L...; son rang, peut-être l'emploi de son mari lui permettoient d'être toujours à la Cour, que le Roi fût à Versailles, à Saint-Germain ou à Fontainebleau. Or, en dépouillant les Lettres de Mme de Sévigné, les Mémoires de Saint-Simon, le Journal de Dangeau et les Etats de la France, il est facile de relever tous les noms des personnages de l'entourage du Roi faisant précéder du titre de comte un nom commençant par l'initiale L. Nous avons fait cette revue; aucun des noms que nous avons trouvés ne s'appliquoit à une femme réunissant à la fois toutes les conditions exigées pour satisfaire aux termes du problème : celle-ci étoit trop jeune, celle-là trop âgée; l'une s'étoit compromise avec quelque galant; l'autre étoit, en 1672, dans une position effacée d'où elle n'est jamais sortie.

Après toutes ces tentatives vaines pour arriver à la vérité, désespérant de la découvrir nous-même, nous avons adressé, par la voix de l'*Intermédiaire*, un appel à de mieux informés : on nous a répondu par le nom de Mme de Ludres, chanoinesse de Poussay; mais celle-ci, n'ayant pas de mari, n'était pas femme du comte de L...; elle ne fut pas toujours cruelle; elle ne conserva pas toute sa vie l'affection du Roi, et elle n'usa pas de son influence pour avancer sa famille. Une telle réponse ne pouvoit que nous encourager à continuer nos recherches.

Mais, à notre grand déplaisir, après avoir épuisé toute la liste des noms en L..., il nous fallut procéder par hypothèse, et supposer que cette initiale avoit été choisie précisément pour dépister le lecteur. Dès que le nom ne paroissoit pas en toutes lettres, ne pouvoit-on penser, en effet, que l'auteur avoit pris toutes ses précautions pour que même une initiale ne pût aider à découvrir ce qu'il vouloit cacher?

Nous donnons cette hypothèse : elle nous paroît plausible; mais nous admettons qu'on la repousse.

Quoi qu'il en soit, nos recherches n'auront pas été infructueuses : si nous n'avons trouvé aucune comtesse de L... ayant eu l'occasion de résister aux tendresses de Louis XIV, nous avons du moins rencontré une femme qui, à l'initiale près, réunit toutes les conditions que nous étions en droit d'exiger, et cette femme est la princesse de Soubise.

Mme de Soubise était femme de François de Rohan, prince de Soubise, capitaine-lieutenant des gendarmes de la garde ordinaire du Roi, qui était le second fils, et fils très-pauvre, d'Hercule de Rohan, duc de Montbazon. Veuf en août 1660 de Catherine de Lyonne, il épousa, le 17 avril 1663, Anne de Rohan-Chabot, « dame d'une vertu et d'un mérite très-distingués », dit Moréri, qui ne prodigue pas les éloges dans ses notices généalogiques. Née en 1648, Mme de Soubise avoit 24 ans à l'époque où se passe notre petit roman, et avoit eu déjà trois des dix enfants pour l'établissement desquels la bienveillance du Roi lui fut si utile. Mme de Sévigné, après avoir constaté les inquiétudes que les attentions du Roi pour la princesse causoient à Mme de Montespan, montre la favorite promptement tranquillisée; elle nous apprend aussi que Mme de Soubise, voulant échapper à la poursuite du Roi, se crut obligée de quitter la Cour et de se réfugier à la campagne : l'histoire de la comtesse de L... est toute semblable.

Mis ainsi sur la voie, nous nous sommes rappelé que Mme de Soubise avoit trouvé grâce même devant un des pamphlétaires de l'*Histoire amoureuse* (voy. t. III, p. 47); nous avons ensuite consulté Saint-Simon et Dangeau. Dangeau ne nous apprend rien, sinon que, du temps où il écrivoit son Journal, Mme de Soubise suivoit assidûment la Cour. Mais Saint-Simon nous renseigne plus complétement; de tout ce qu'il dit de la princesse, il ressort que Mme de Soubise fut en effet aimée du Roi, qu'elle conserva toujours sur lui un crédit dont elle usa largement dans l'intérêt de sa famille et d'elle-même, et qu'il ne fut porté aucune attaque sérieuse à la réputation que lui ont faite tous ses contemporains. Toutefois le duc ne pense pas que sa vertu ait été sans tache : mais à qui a-t-il fait cet honneur de croire que les faveurs ne s'obtenoient pas par des complaisances, dût-il, pour donner cours à sa malignité, rompre en visière à l'opinion publique ?

C'est pour concilier à la fois l'estime unanime des contemporains avec la médisance de Saint-Simon que nous avons laissé place à un doute qui n'existe pas d'ailleurs dans notre esprit, et que, tout en admettant que la comtesse de L... peut être la princesse de Soubise, nous avons réservé l'opinion de ceux qui, après Saint-Simon, voudroient conserver des doutes sur sa vertu.

Ce n'est pas sans regret que nous avons fait cette part au doute; nous aurions aimé placer au moins dans notre galerie une femme sûrement honnête; mais l'histoire ne s'écrit pas avec le sentiment, et, si nous n'avons pas trouvé un juste dans Israël, nous l'avons du moins consciencieusement cherché.

Notre tâche est terminée. Le long travail auquel

nous nous sommes livré pour dégager la valeur historique d'une série d'ouvrages où les esprits superficiels ne cherchoient que le scandale, nous a fait vivre dans la familiarité de la Cour la plus brillante du monde; nous avons découvert bien des misères sous son éclat menteur; mais ces vices honteux qui déshonoroient l'entourage immédiat du Roi, mais cette corruption générale des mœurs qui se dissimuloit mal sous la galante courtoisie des manières en existeroient-ils moins parce qu'ils ne seroient pas découverts? Et quand il n'y auroit pas d'autre conclusion à tirer de cette étude, ne seroit-ce pas déjà un résultat précieux que de pouvoir dire : le progrès de la morale a accompagné le progrès de l'instruction et le développement du bien-être général? N'est-ce rien que de pouvoir prouver, pièces en main, aux esprits chagrins, *laudatores temporis acti*, que nous valons mieux que nos ancêtres ?

Il nous reste un mot à ajouter. Nous désirons appeler particulièrement l'attention sur la table qui termine ce quatrième volume. Tous les noms cités dans l'ouvrage y figurent, et nous nous sommes appliqué à joindre toujours aux noms de seigneurie les noms patronymiques et les prénoms. Des difficultés matérielles ne nous ont pas permis de donner à ce travail toute la perfection que nous aurions désiré; cependant, nous espérons qu'il rendra quelques services même pour la lecture d'autres ouvrages que les petits romans historiques de cette collection.

Ch.-L. Livet.

LE GRAND
ALCANDRE FRUSTRÉ

OU LES

DERNIERS EFFORTS DE L'AMOUR ET DE LA VERTU

HISTOIRE GALANTE.

AVERTISSEMENT.

On ne dira pas de cette histoire ce qu'on a dit de plusieurs autres : c'est toujours la même viande diversement assaisonnée. Le seul titre fait voir d'abord que c'est une pièce nouvelle. Le grand Alcandre n'a point eu jusques ici de maîtresse qui ne se soit rendue, s'il faut ainsi dire, après la première sommation; au lieu que cette illustre comtesse, dont on fait ici l'histoire, se défend avec une vertu tout-à-fait héroïque, se tire adroitement de tous les piéges que l'Amour lui tend, et, en étouffant une passion criminelle, elle gagne l'estime et l'admiration de celui qui la vouloit déshonorer. Il est bien juste qu'après avoir exposé aux yeux du public les fautes de celles qui ont fait honte à leur sexe, on lui fasse part de la vertu de cette Héroïne, qui en relève l'honneur, et que nous pouvons mettre au nombre des femmes fortes, puisqu'elle a triomphé de tout ce que l'Amour a de plus tendre, de plus fort, et de plus engageant. Tout ce qu'on peut dire de la vérité de cette histoire, c'est qu'ayant été trouvée parmi les papiers d'un homme de qualité [1] après sa mort, on la donne telle qu'on nous l'a envoyée de Paris. Il auroit été à souhaiter que le nom de cette illustre femme y eût été couché tout du long; mais il n'y avoit que la lettre L...[2] dans le manuscrit, où l'on n'a voulu rien changer.

---

1. Le duc de La Feuillade (*note de l'édit. de* 1719). — Il était mort subitement dans la nuit du 18 au 19 septembre 1691, et non le 12 mai 1697, comme on l'a dit dans une récente édition de cette « histoire ». — Voy. Dangeau, t. III, pp. 400-402.

2. Voy. la Préface, en tête de ce vol.

LE GRAND
ALCANDRE FRUSTRÉ

OU LES

DERNIERS EFFORTS DE L'AMOUR ET DE LA VERTU

HISTOIRE GALANTE.

Tout le monde sait que Louis XIV, étant un jour en belle humeur, dit à quelques-uns de ses courtisans, qu'il n'avoit trouvé dans toute sa Cour que deux femmes chastes, et qui fussent fidèles à leurs maris [1]. Comme les paroles des Rois sont regardées comme des oracles, personne n'osa répliquer, ni en demander davantage ; chacun se regarda, mais les mariés baissèrent les yeux, craignant d'en apprendre plus qu'ils ne voudroient, et que leurs épouses ne fussent pas ces deux chastes tourterelles, qui avoient l'approbation de ce grand Monarque.

1. Voy. la Préface.

Là-dessus, le comte de Lauzun [1], qui n'y avoit point d'intérêt, parce qu'il n'étoit pas marié, prit la parole et dit au Roi : « Sire, vous avez été plus heureux que Salomon, d'avoir trouvé deux femmes chastes, puisque ce prince, tout sage qu'il étoit, n'en a pu trouver une seule. »

Ces deux femmes, à ce qu'on a su depuis, étoient la Reine, et la comtesse de L...[2], dont on va décrire les amours secrètes avec ce monarque. Il avoit trop d'intérêt à croire à la fidélité de la Reine, pour en douter tant soit peu, et véritablement c'étoit une princesse des plus sages, et des plus vertueuses de son siècle, et le Roi son époux ne faisoit que lui rendre la justice qui lui étoit due. Pour la comtesse, l'intérêt de son amour auroit voulu, tout au contraire, qu'il eût pu douter de sa fidélité pour le lien conjugal. Mais il n'avoit que trop de raisons de la croire ferme là-dessus, et, si on peut le dire ainsi, une invincible.

Il y avoit longtemps que ce prince brûloit pour elle; mais il n'y avoit encore que ses yeux qui osassent le lui dire; il la regardoit incessamment d'un air tendre et passionné; mais on ne répondoit point à ses regards, et quoique la comtesse comprît assez ce que cela vouloit dire, elle fit toujours semblant de n'entendre pas ce langage mystérieux. Comme elle est naturellement modeste, les yeux du Roi, qui la rencontroient toujours, la faisoient quelquefois

---

1. Voy. *passim* et à la table.
2. Voy. la Préface, en tête de ce vol.

rougir, et cette rougeur, qui se répandoit sur ses joues, ne servoit qu'à relever l'éclat de sa beauté, et qu'à augmenter le feu de ce prince qui n'étoit déjà que trop amoureux. Ce monarque, qui étoit expérimenté dans l'art d'aimer, voyoit bien que cette rougeur, qu'il remarquoit sur le visage de sa maîtresse, ne lui présageoit rien de bon, et qu'elle étoit d'une autre espèce que celle que l'Amour peint lui-même dans un cœur enflammé, à l'approche de l'objet qu'il aime. Il voyoit, à travers ce voile éclatant, toutes les marques de la pudeur, de la sagesse, de la modestie et de la chasteté; mais il y remarquoit aussi une secrète indignation d'une vertu offensée, qui se voit attaquée par des regards criminels. Des présages si funestes à l'amour de ce grand Roi le faisoient trembler quelquefois, tout intrépide qu'il est. Enfin, ne pouvant plus renfermer un feu qui devenoit tous les jours plus violent, par le soin qu'il prenoit de le cacher, il résolut de se découvrir au duc de La Feuillade [1], espérant par là trouver du soulagement, et d'en recevoir quelque conseil salutaire à son amour. — « Ne suis-je pas malheureux, dit-il un jour à ce duc, d'aimer sans oser le dire, mais d'aimer jusqu'à la fureur [2]? — Et qui vous empêche, Sire, de parler, lui dit ce fidèle favori? — Le respect, l'amour, la crainte de déplaire à l'objet

[1]. Voy. t. II, pp. 74, 400, et à la table. — On connaît la fanatique adoration du duc de La Feuillade pour Louis XIV ; quant à ses complaisances en fait d'amour, le Roi, qui avait peu de sympathie pour lui, ne lui aurait pas fait l'honneur de les lui demander ou de les accepter.

[2]. Jusqu'à la folie.

aimé, lui dit alors ce monarque. — S'il n'y a que cela, lui dit le duc, Sire, parlez, et parlez bientôt, je vous réponds que vous serez écouté. Quelle est la dame qui ne s'estimât heureuse de donner des chaînes au plus grand monarque du monde, et qui ne se fît un plaisir de les soulager, et de les partager même ? Avez-vous trouvé jusques ici quelque chose qui osât vous résister : villes, châteaux, forteresses, ennemis, tout se rend à vous, tout plie sous vos lois [1], et vous craignez que le cœur d'une femme ose tenir contre un Roi toujours victorieux ? — Ah ! qu'il y a bien de la différence ! dit alors le Roi. — Oui, sans doute il y en a, lui répliqua La Feuillade, et il n'est pas besoin ici de tant de machines ; vous n'avez qu'à vous montrer, vous n'avez qu'à paroître, vous n'avez qu'à parler, vous n'avez qu'à dire *j'aime*, et l'on répondra d'abord[2] à votre amour. Avouez-le, Sire, ajouta-t-il, si vous avez rencontré peu de villes qui résistent, vous avez encore moins trouvé de femmes cruelles. — Il est vrai, lui dit le Roi, que je n'ai pas sujet de me plaindre de ma mauvaise fortune, et, en amour aussi bien qu'en guerre, les bons succès ont répondu toujours à mes espérances. Mais j'ai entrepris une conquête qui me paroît impossible ; cependant, je ne puis m'en désister, et si je n'en viens à bout, je vois

---

1. Nous sommes en 1672, époque des dernières couches de la Reine, et jusque-là, en effet, les armes de Louis XIV n'avaient pas encore connu les revers qui devaient attrister la fin du règne. — Voy. plus loin, p. 31, note.
2. *D'abord*, immédiatement.

bien qu'il y va du repos de ma vie, et peut-être de ma vie même. »

Le duc entendant parler ainsi le Roi, fut touché de son état, et ce prince, qui l'avoit appelé pour lui faire confidence de son amour, lui nomma l'objet qui l'avoit enflammé. — « J'avoue, Sire, lui dit alors le duc de La Feuillade, que vous avez quelque sujet de vous défier du succès de votre entreprise ; cette dame est extrêmement fière, et d'une vertu qui a quelque chose d'austère et de farouche ; mais le temps et l'amour viennent enfin à bout de tout, principalement lorsque tout cela est soutenu par l'éclat d'une couronne, et d'une gloire comme la vôtre ; et quand l'amour ne regarderoit pas à toutes ces choses, vous avez outre cela toutes les qualités du cœur et de l'esprit, et tout ce qu'il faut pour se faire aimer. — Je veux que cela soit, dit le Roi, j'ose me flatter que j'ai tout ce que tu dis là, mais je n'ose me flatter de toucher une insensible. — Mais vous n'avez encore rien tenté, reprit le duc, vous n'avez encore parlé que le langage des yeux ; expliquez-vous d'une autre manière, et vous verrez comment on y répondra. — Je ne le vois déjà que trop, dit le Roi, et les yeux de cette cruelle, à qui les miens ont déjà parlé mille fois, ne m'ont répondu que par un silence froid, capable de glacer le cœur le plus enflammé, ou par des regards terribles qui m'ont annoncé l'arrêt de ma mort. — Que savez-vous, Sire, lui dit alors La Feuillade, si l'on ne veut pas vous rendre cette conquête plus précieuse par la résistance, et si on ne se fait pas une espèce de gloire et de vanité, de tenir quelque temps contre les attaques d'un grand Roi, auquel jusqu'ici rien n'a résisté ? C'est déjà beaucoup, qu'on vous ait entendu; mais c'est encore plus qu'on vous l'ait fait connaître; car pour le premier, il n'y a pas la moindre difficulté, les dames entendent d'abord ce qu'on veut leur dire; mais comme elles font semblant de ne l'entendre pas, peut-être par le plaisir qu'elles ont de se le faire répéter souvent, elles ne veulent point avouer qu'elles comprennent un langage qu'elles savent encore mieux que nous. Ainsi puisque votre Majesté a déjà parlé, et qu'on lui a fait connoître ce qu'elle vouloit dire, c'est déjà un assez grand avancement. Mais il faut s'expliquer d'une autre manière, et les belles exigent de nous qu'on mette tout en usage, avant que de faire la moindre avance; elles sont comme ces gouverneurs de places, qui, ayant de l'honneur et de la fidélité pour leur prince, ne veulent se rendre qu'à la dernière extrémité, pour sauver au moins, en se rendant, cet honneur qui leur est si cher, et pour ne perdre pas les bonnes grâces de leur maître. Il en sera ici de même, et la conquête que votre Majesté entreprend ne se pourra faire qu'à force de temps, de machines, de ruses et de stratagêmes; mais enfin nous en viendrons à bout. C'est une femme fière, qui se fait un point d'honneur de la fidélité qu'elle doit à son mari, qui veut soutenir cet honneur à la pointe de l'épée, mais qui a résolu pourtant de se rendre, quand elle aura fait tout ce que les gouverneurs les plus braves ont accoutumé de faire pour la défense d'une place. »

Le Roi fut charmé d'entendre raisonner si bien le duc de La Feuillade, qui n'étoit pas moins versé dans les matières d'amour, qu'il étoit expert dans l'art militaire. Dès lors il ne songea plus qu'à faire sa déclaration dans les formes, et qu'à se servir de tous les moyens que l'amour peut suggérer, pour parvenir au but où tendent tous les amants. Mais ce premier pas, qui semble si facile, et que ce prince ne comptoit pour rien dans toutes ses autres amours, ne fut pas tout comme il avoit cru. Ce n'est pas que l'occasion ne s'en présentât assez souvent; mais la crainte le retenoit, et c'est peut-être la seule fois que ce monarque a senti cette passion qui est inconnue aux grands courages. Vingt fois il voulut ouvrir la bouche pour parler de son amour à cette comtesse, et vingt fois sa langue fut comme retenue par un frein qu'il n'eut jamais la force de rompre. Il rencontroit toujours les yeux et le front de cette comtesse, où la vertu paroissoit armée de cette sévérité qui imprime du respect aux plus grands monarques; et quand il la vouloit jeter sur des matières de tendresse, pour parler ensuite de la sienne, ce silence froid et austère qu'elle savoit si bien observer rompoit tout-à-coup cet entretien, empêchoit le Roi de le poursuivre, et lui en faisoit chercher un autre qui fût plus du goût de celle à qui il craignoit toujours de déplaire.

C'est une chose qui est peut-être sans exemple, qu'un amant passionné, et surtout un Roi, qui ose tout, ait trouvé tant d'occasions de déclarer son amour, et en ait su si peu profiter. Mais comme j'ai dit, cette comtesse les éludoit avec tant de dextérité, prenant son air grave et sérieux, que le Roi ne savoit comment s'y prendre. Ce qu'il y a d'admirable, c'est que, sans avoir recours à la fuite, qui est la ressource ordinaire de celles qui veulent éviter de semblables entretiens, elle n'affectoit pas de se dérober de la présence du Roi; elle alloit son train ordinaire; que le Roi se trouvât ou ne se trouvât pas dans les lieux où elle étoit, elle ne faisoit sa visite ni plus courte ni plus longue qu'elle l'avoit résolu. Elle ne vouloit pas même que le Roi crût qu'elle évitoit sa rencontre, de peur qu'il ne regardât cette fuite comme une marque de sa foiblesse, ou de la crainte qu'elle avoit de succomber à l'amour de ce grand Monarque. Il sembloit tout au contraire qu'elle affectât de lui faire voir qu'elle avoit assez de vertu pour résister à toutes ses vaines poursuites.

Enfin, elle vivoit avec lui de telle manière, que, quoiqu'il ne pût jamais se satisfaire en lui parlant de ce qu'il avoit dans le cœur, il n'avoit pas sujet de se plaindre d'elle. Tous ses discours étoient sages, retenus, et même obligeants; elle louoit sur tout les vertus du Roi d'une manière si engageante que ce prince ne pût jamais se résoudre à lui donner une espèce de démenti, en lui parlant d'une chose qui alloit contre son devoir. En sorte qu'au lieu d'une maîtresse que le Roi croyoit trouver, il rencontroit une gouvernante, qui lui faisoit des leçons de sagesse, d'honneur, de justice, de probité, et de toutes les vertus; mais d'une manière dont il ne pouvoit s'offenser, puisque tout cela étoit assaisonné par des louanges que le Roi se sentoit obligé de soutenir.

Cet amant jugea bien par une telle conduite, qu'il n'iroit pas fort vite dans ses amours, puisqu'il n'avoit pas encore fait le premier pas. Peu s'en fallut qu'il ne se rebutât entièrement, et qu'il n'abandonnât le dessein de cette conquête; il lui sembloit même quelquefois qu'il n'étoit plus amoureux; mais son amour étoit comme ces fièvres intermittentes, qui sont d'autant plus violentes dans leur accès, qu'elles ont donné quelque relâche. Quand il se la représentoit avec cet éclat, cette douceur, cette majesté, ces yeux brillants, son cœur étoit tout de flamme. Mais quand il pensoit à cet air sévère, à cette autorité de reine, à cette vertu constante, à cette pudeur incorruptible, tout son amour se changeoit en estime, ou plutôt en respect et en admiration. Quand il ne faisoit que la regarder, son cœur étoit tout en feu; mais dès qu'il vouloit lui parler de son amour, il se sentoit tout de glace. La beauté et la vertu de cette comtesse, qui éclatoient également dans ses yeux, produisoient ces deux effets contraires dans l'âme du Roi.

Cela sembloit tenir quelque chose du charme et de l'enchantement qu'un amant comme le Roi, qui n'étoit pas novice dans ces matières, et qui s'étoit signalé en tant d'occasions amoureuses, s'arrêtât ainsi tout court, sans oser hasarder la première attaque, lui qui avoit si souvent monté à la brèche avec une intrépidité digne d'un Mars. On parle d'un certain nouement d'aiguillettes, qui arrête quelquefois les plus hardis, qui refroidit les plus ardents, qui amollit les plus forts sur le point de jouir de leurs amours et les en rend tout-à-fait incapables : il arrivoit au Roi quelque chose de semblable toutes les fois qu'il étoit sur le point de se déclarer à madame de L...; non pas qu'il fût au cas dont nous venons de parler, il en étoit bien éloigné ; mais il éprouvoit le même charme à l'égard de sa langue ; lorsqu'il vouloit essayer d'expliquer ses sentiments et de parler de son amour, il sentoit d'abord sa langue liée et son esprit comme perclus. Enfin il se trouvoit dans le même état où étoit Didon, et que Virgile nous décrit si bien dans le quatrième livre de son Enéide ; cette reine, qui n'aimoit pas moins Enée que notre Roi aimoit la comtesse, n'avoit jamais la force ni la hardiesse de le dire à ce prince Troyen. Dès qu'elle commençoit de lui parler de son amour, sa voix mouroit dans sa bouche.

Incipit effari, mediaque in voce resistit;

c'est-à-dire, suivant la traduction de M. de Segrais,

Au milieu d'un discours, sa langue embarrassée
Refuse sa parole à sa triste pensée.

Mais cette passion est trop violente pour pouvoir en demeurer là ; Didon s'expliqua enfin, et le Roi fit connoître ouvertement son amour à la Comtesse. Il crût néanmoins qu'il ne devoit pas s'exposer lui-même aux premiers transports de colère qu'il savoit bien qu'elle feroit éclater. Il choisit le duc de La Feuillade, qu'il avoit déjà fait son confident, pour essuyer pour lui cette tempête qu'il craignoit si fort. Il fit même réflexion, qu'ayant une plus grande liberté d'esprit, il pourroit représenter mille choses à la Comtesse, qui n'auroient pas été si bien dans la bouche du Roi, et lui faire valoir tous les avantages qu'elle pouvoit retirer de cette conquête, et pour elle et pour les siens.

Dans cette résolution, il mande le duc de La Feuillade, qui le vint trouver dans le cabinet. Ce duc s'attendoit d'abord à quelque nouvelle confidence, et que le Roi lui alloit apprendre quelques grands progrès qu'il auroit déjà faits dans son amour. Mais il fut bien surpris quand il apprit que Sa Majesté étoit encore aux mêmes termes où il étoit la première fois qu'il lui fit cette confidence. Cela le surprit d'autant plus qu'il savoit par lui-même que le Roi n'étoit pas si patient dans ses amours, et moins encore timide quand il étoit question de se déclarer. Il jugea d'abord que c'étoit une passion extraordinaire, qui dureroit longtemps, et dont son maître auroit bien de la peine à revenir. Il lui dit donc qu'il étoit en état d'exposer jusqu'à la dernière goutte de son sang pour la satisfaction de Sa Majesté, et dans cette affaire et dans toutes celles où il lui feroit l'honneur de l'employer. — Le Roi lui répondit qu'il lui savoit bon gré de son zèle pour son service, mais qu'il n'étoit pas question d'exposer son sang ni sa vie; qu'il n'avoit besoin que de son adresse et de son esprit, et de ce beau talent qu'il avoit pour gagner les cœurs des dames; qu'il le prioit de mettre tout en usage pour lui gagner celui de la comtesse de L..., remettant à sa prudence la manière dont il devoit s'y prendre pour expliquer ses sentiments à cette fière personne; que, de peur de l'effaroucher, il lui fit entendre que toute la grâce que le Roi demandoit d'elle, étoit de souffrir qu'il lui parlât de sa passion; qu'il aimeroit mieux mourir mille fois plutôt que d'avoir la moindre pensée de la déshonorer, et qu'il ne se serviroit jamais de son autorité pour lui faire aucune violence; qu'il bornoit tous ses désirs et toutes ses prétentions à la voir, à l'aimer, et à lui parler quelquefois de son amour.

Le duc reçut cette ambassade avec autant de plaisir que si elle se fût adressée au plus grand prince de l'Europe. Il part comme un autre Mercure, pour exécuter les ordres de son Jupiter; et certainement le Roi ne pouvoit pas jeter les yeux sur une personne plus propre à s'acquitter de ce difficile emploi, que l'étoit le duc de La Feuillade. Il avoit de l'esprit, de la politesse, un grand usage du monde, une éloquence qui lui étoit naturelle, et une bonne mine qui persuadoit déjà avant qu'il ouvrît la bouche. Mais ce qui le rendoit plus propre à la commission que le Roi lui avoit donnée, c'est qu'il avoit une grande expérience dans le commerce des femmes; il en connoissoit le fort et le faible; il avoit eu avec elles de bonnes fortunes et plusieurs galanteries; il avoit en un mot toutes les qualités propres pour plaire au beau sexe. Il étoit civil et entreprenant, insinuant et hardi, libéral, soumis, complaisant, mais aussi vigilant, pressant, actif, et ne perdant jamais une occasion favorable aux amants, qui est ce qu'on appelle l'heure du berger.

Cet ambassadeur, ayant reçu les instructions de son maître, prit congé de Sa Majesté, et ne songea qu'à exécuter les ordres qu'il venoit de recevoir. Comme il savoit, par une longue expérience, que le vrai moyen de persuader étoit de prendre son temps, et que cela est surtout nécessaire à l'égard des femmes, il tâcha de se servir heureusement de cette circonstance. Il sut bientôt que la comtesse devoit être d'une partie de plaisir dans une maison de campagne; et comme il étoit bien reçu partout, et par son rang et par les qualités de son esprit, il ne lui fut pas difficile d'être du nombre de ceux qui devoient composer cette belle compagnie. Il y devoit avoir un grand nombre de messieurs et de dames de la première qualité; mais comme la présence du comte de L... auroit pu être un obstacle au dessein du duc, il fit connoître à Sa Majesté, qu'il seroit nécessaire qu'il l'éloignât le jour de cette fête, de peur que sa présence ne rompît toutes ses mesures. Le Roi, qui n'avoit en tête que l'intérêt de son amour, trouva bientôt le moyen de lever ce petit obstacle. Il résolut d'aller à la chasse le même jour que la comtesse devoit aller à cette partie de plaisir, et il fit dire au comte qu'il falloit qu'il l'y accompagnât. Quoiqu'il eût compté qu'il seroit de la partie de sa femme, il ne se fit pas pourtant une grande violence de suivre le Roi: c'est toujours un grand honneur à un courtisan, que son maître le choisisse pour être le compagnon de ses plaisirs; mais ce pauvre comte ne savoit pas que le même jour qu'il assisteroit à la chasse du Roi, à la poursuite de quelque cerf, ce grand

Monarque avoit donné ordre à son grand veneur en fait d'amour, de faire tous ses efforts pour faire tomber sa femme dans ses toiles. Enfin il ignoroit, ce bon seigneur, qu'on travailloit à arborer sur sa tête les armes de ces animaux connus, dont la chasse devoit faire le plaisir du Roi.

Le jour venu pour cette double chasse, le comte de L... ne manqua pas de se rendre en diligence auprès du Roi; et le duc de La Feuillade n'eut garde de manquer à se trouver au lieu de l'assignation[1], où se devoit trouver cette belle compagnie. Je ne décrirai ni la magnificence de cette fête, ni ce qui se passa dans la chasse du Roi; je ne puis pourtant passer sous silence une particularité qui me semble remarquable, et qui étoit d'un mauvais préjugé pour ce prince, dans le dessein de cette journée. C'est qu'ayant tiré deux fois sur un sanglier, il le manqua, et ne lui fit aucun mal; et le comte de L... ayant tiré après lui, le blessa du premier coup. Quoique le Roi ne soit pas superstitieux, cela n'empêcha pas qu'il n'eût du chagrin de cette aventure; cela ne lui étoit jamais arrivé, car il est fort adroit à toutes sortes d'exercices, et particulièrement à la chasse; mais ce qui augmentoit son chagrin, c'est que le comte de L... venoit de frapper du premier coup la bête, qu'il avoit manquée jusques à deux fois; mais que cela lui fût arrivé précisément le même jour, et peut-être à la même heure que le duc de La Feuillade parloit de sa passion à la com-

1. Rendez-vous.

tesse, c'est ce qui achevoit de le désoler. « Cela m'avertit assez, disoit-il en soi-même, que le duc ne sera point écouté, que toutes ses paroles seront regardées comme du vent, et que tous les coups qu'il portera pour moi à la comtesse, ne feront que blanchir [1]; au lieu que le comte, qui a blessé la bête que j'ai failli toucher, ne manquera pas ce soir de trouver sa femme, qui le recevra d'abord avec les mêmes empressements et les mêmes marques de tendresse qu'elle lui a données depuis leur mariage. » C'est ainsi que le Roi s'entretenoit, et il lui tardoit que le jour fût fini, pour apprendre bientôt son bien ou son mal.

Cependant le duc de La Feuillade prit le temps qu'il jugea le plus propre pour entretenir la comtesse d'une affaire si chatouilleuse. Il attendit qu'on eût dîné, qu'on eût pris le plaisir du jeu et de la musique, et qu'on exécutât le dessein de prendre vers le soir le plaisir de la promenade. C'étoit en effet le temps le plus propre à son dessein; car, au lieu que, pendant la chaleur du jour, ils avoient été tous ensemble occupés au jeu, lorsque le soleil commença de baisser, on alla se promener dans un bois à haute futaie, où il y avoit plusieurs grandes allées, diverses fontaines, plusieurs jets d'eau, des grottes, des cabinets [2], des berceaux, des

---

1. Richelet traduit : « *Blanchir*, faire des efforts inutiles. » — Furetière dit : « *Blanchir* se dit des coups de canon qui ne font qu'effleurer une muraille, et y laissent une marque blanche. En ce sens on dit au figuré de ceux... dont tous les efforts sont inutiles que tout ce qu'ils ont fait, tout ce qu'ils ont dit n'a fait que blanchir. »
2. Des cabinets de verdure.

labyrinthes, et enfin tout ce qui peut embellir un lieu champêtre.

Quand on fut entré dans le bois, les uns prirent une route, les autres une autre, selon que le désir, le caprice, le hasard ou quelque dessein prémédité les conduisoit. Le duc, qui avoit toujours le sien en tête, conduisit si bien la chose, qu'il se trouva seul avec la comtesse ; et quand il se vit assez éloigné pour n'être entendu de personne, il commença de louer les charmes de sa beauté et de son esprit et d'exalter le bonheur du comte, qui possédoit une femme si accomplie.

Comme elle ne s'attendoit point à ce que le duc avoit à lui dire, elle lui répondit sans façon comme font la plupart des femmes, quand on leur fait de semblables compliments, qu'elle n'avoit point tous ces avantages dont il la vouloit flatter ; et que, quand cela seroit, on ne voyoit guère de maris compter pour un grand bonheur celui d'avoir rencontré une belle femme. Le duc qui, comme j'ai dit, savoit profiter de tout, voyant qu'elle le mettoit, quoiqu'innocemment, en si beau chemin, ne manqua pas de relever ce que la comtesse venoit de dire. — « Vous avez raison, Madame, lui dit-il, de trouver que les maris ne rendent pas là-dessus toute la justice qu'ils doivent au mérite de leurs épouses ; il semble que le mariage leur ait fait perdre toute leur beauté et tous leurs agréments, ou qu'ils aient perdu eux-mêmes ce goût exquis que les autres ont, et qu'ils soient devenus tout-à-fait insensibles. — Ce n'est point cela, répondit la comtesse, qui vouloit réparer ce qu'elle avoit dit, et qui savoit avec quel homme elle avoit à faire; mais c'est que les maris, qui sont des autres nous-mêmes, nous disent sincèrement ce qu'ils pensent des qualités qu'ils trouvent en nous. Ils ne les exagèrent ni ne les atténuent, mais nous en parlent naturellement. — Croyez-moi, Madame, répliqua le duc, ils font ce qu'ils peuvent pour les amoindrir ; ce sont des maîtres qui ne veulent pas louer leurs esclaves, ou plutôt des gouverneurs qui veulent tenir dans la dépendance celles qui sont sous leur conduite ; ou, si vous voulez que je vous donne une plus noble idée de l'autorité qu'ils exercent sur leurs femmes, je me servirai des paroles d'un grand poète de notre temps, qui fait dire à sa Pauline dans le Polyeucte,

Tant qu'ils ne sont qu'amans, nous sommes souveraines,
Et jusqu'à la conquête ils nous traitent en Reines;
Mais après l'hyménée, ils sont Rois à leur tour.

— Qu'ils soient Rois tant qu'il vous plaira, répondit la comtesse, nous ne sommes pas de simples sujettes; nous partageons avec eux cette royauté. — Cela est vrai, Madame, répliqua le duc ; mais vous n'avez plus cet encens, ces hommages, ces respects, ni même ces marques d'amour et de tendresse... — Ce que nous avons, dit-elle, est au moins plus sincère, plus solide et plus durable. — Dites plutôt, Madame, dit le duc en l'interrompant, que les empressements d'un amant ont toutes ces qualités, parce que ce n'est pas le devoir, mais l'inclination qui les produit. Rien n'oblige un autre homme à vous dire qu'il vous adore, qu'il meurt d'amour. C'est le cœur qui parle, c'est l'amour lui-même qui dicte ces paroles à l'amant. Mais un homme qui est lié à une femme par le sacrement, se sent obligé à dire qu'il l'aime, quand même il auroit de l'aversion. Tout ce qui est un effet du devoir nous doit paroître suspect. Et c'est pour cela qu'on dit que les Rois ont tant de peine à distinguer les vrais amis des flatteurs, parce que, comme nous leur devons toutes choses, et qu'ils ont un pouvoir absolu sur nous, ils ne sauroient jamais bien connoître si c'est la crainte, ou si c'est l'amour qui nous fait agir. — Ce que vous dites là, reprit la comtesse, fait contre vous; car comme l'affection qu'un Roi témoigne à son sujet doit être la plus sincère de toutes, par la raison que vous venez de voir, qu'il n'y a rien qui l'y oblige, celle de nos maris, qui sont nos souverains, selon vous et selon Corneille que vous venez de citer, doit être de la même espèce. — Nous voilà d'accord, Madame, reprit le duc, et j'entre aussi bien que vous dans ce dernier sentiment. Oui, plus la personne qui nous aime est au-dessus de nous, plus l'amour qu'il nous témoigne doit être sincère et véritable, et plus nous lui en devons être obligés. Après cela pourriez-vous douter, Madame, qu'un grand Roi, qui est adoré de tous ses sujets, redouté par ses ennemis, et qui est l'admiration de toutes les nations étrangères, n'ait pas pour vous les derniers attachements, puisqu'il vous l'a témoigné de la manière du monde la plus soumise et la plus respectueuse ? — Et qui vous a dit, reprit la comtesse, avec un air fier et froid, que le Roi a de l'attachement pour moi? — Lui-même, Madame, me l'a dit, et ce grand Monarque n'osant vous expliquer lui-même ses sentiments, m'a ordonné de vous dire qu'il vous aime, ou plutôt qu'il vous adore; que si l'excès de son amour l'a fait parler si souvent par ses soupirs et par ses regards, le grand respect qu'il a pour vous ne lui a jamais permis de vous le dire. Il m'a choisi pour vous porter cette parole, que vous êtes son unique souveraine, qu'il ne veut recevoir la loi que de vous seule, qu'il met à vos pieds son sceptre et sa couronne; que vous seule pouvez décider de sa destinée, et que sa vie ou sa mort dépendent de la réponse que je lui dois porter de votre part. — Je vous ai écouté sans vous interrompre, lui dit cette sage comtesse, puisque vous m'avez dit que vous parliez de la part du Roi, et qu'étant sujette, je suis obligée d'écouter avec respect tout ce qui vient de la part du souverain; mais le Roi sait-il que je suis mariée? — Oui, Madame, il le sait, répliqua le duc; il sait ce que vous devez à votre époux, et ce que vous vous devez à vous-même. Il veut bien que vous vous en souveniez; il veut bien oublier lui-même qu'il est votre Roi; et il m'a commandé de vous dire par exprès, qu'il ne se servira jamais de son autorité pour vous obliger à rien qui puisse choquer votre devoir; qu'il ne vous demande d'autre grâce que celle de vous voir, et de vous parler quelquefois de sa passion; et qu'enfin, sans prétendre autre chose de vous que ce que je viens de vous dire, et que la vertu la plus austère ne sauroit refuser à un si grand Roi, vous pouvez disposer des premières charges de la Cour en faveur de tous les vôtres ; voyez, Madame, vous pouvez contenter le Roi, faire votre fortune et celle de vos amis sans blesser votre devoir. — Ce que vous venez de me dire, répartit la comtesse, mérite d'être pesé » ; et prenant dans ce moment un air grave et sérieux, comme feroit une Reine qui répondroit à un ambassadeur : — « Vous direz au Roi votre maître que je lui suis bien obligée de toutes les offres qu'il me fait, que je me reconnois indigne d'un si grand honneur, et, pour lui témoigner que je reçois comme je dois des propositions si avantageuses, vous lui direz, s'il vous plaît, que j'en confèrerai tantôt avec mon mari qui y a le même intérêt, et sans lequel je ne puis rien faire. Vous savez, ajouta-t-elle, avec un souris malicieux, que ce sont de petits souverains dans leur famille ; ce qui fait que je me sens obligée de lui rendre compte de tout. — Vous savez trop bien le monde, répondit le duc, pour faire cette bévue. — Je sais mon devoir, dit-elle, et ne vous mêlez pas, je vous prie, de me l'apprendre. Vous avez fait votre commission, cela suffit ; allez en rendre compte au Roi, et lui rapportez ma réponse. — Mais oserai-je, Madame, répliqua le duc, lui porter une semblable parole ? — Cela ne vous regarde point, dit la comtesse ; un ambassadeur n'est pas responsable du succès de son ambassade ; comme il n'agit que conformément aux ordres qu'il a reçus de son maître, il doit aussi rapporter fidèlement les réponses qu'on lui donne. — Vous voulez donc, Madame, que je dise au Roi... — Que je lui sais bon gré de l'honneur qu'il me fait, lui dit-elle en l'interrompant; mais que la chose étant de la dernière importance, il faut que je la communique au comte mon époux. — Je vois bien, lui dit le duc, comme il vit que le reste de la compagnie les alloit joindre, que vous avez trop d'esprit pour moi, et trop de vertu pour le Roi. »

Cet amant attendoit le duc avec une extrême impatience. On peut s'imaginer aisément de quelle manière il passa la nuit. Tantôt la comtesse se présentoit à son imagination avec tous ses charmes, tantôt il la voyoit avec cet air sévère dont la seule pensée le faisoit blêmir. Quelquefois il se flattoit qu'il n'étoit pas haï de sa maîtresse, et que ces manières réservées qu'elle affectoit avec lui n'étoient que des mesures qu'elle vouloit prendre contre son cœur, dont elle sentoit la faiblesse. Enfin l'habileté de son confident achevoit de le persuader que sa négociation auroit un fort bon succès. Cependant le malheur qu'il avoit eu à la chasse le jour précédent, lui étoit d'un mauvais présage qui troubloit toutes ces douces pensées; et son esprit, diversement agité, passa la plus longue de toutes les nuits, entre l'espérance et la crainte.

L'heure du lever du Roi ne fut pas plus tôt venue, que le duc de La Feuillade se rendit auprès de Sa Majesté, et ce prince amoureux, impatient d'apprendre le succès[1] de son ambassade, congédia le plus tôt qu'il put cette foule de courtisans, qui ne faisoit alors que l'importuner[2]. Il ne se vit pas plus tôt seul avec son

1. Le texte dit : *sujet*. — *Succès*, issue, résultat.
2. Voici ce qui se passait au lever du Roi; nous traçons ce tableau en nous guidant sur l'*Etat de la France*

fidèle confident, qu'il lui demanda des nouvelles de sa maîtresse, et le succès de son entreprise. « Ne me flatte pas, lui dit-il précipitamment ; je

auquel nous avons emprunté tous les noms du *quartier*, du trimestre de janvier : — Le Roi s'éveille. Aussitôt M. de Chamarande, chevalier de Saint-Michel, qui, en sa qualité de valet de chambre, était couché sur un lit étendu à terre au pied de celui du Roi, s'approche de Sa Majesté pour lui présenter sa robe de chambre et lui donner de l'eau si elle en demande. Le Roi voulant s'habiller, un garçon de la chambre va avertir à la garde-robe pour faire apporter les habits dans la toilette. — Le Roy s'assied alors sur son fauteuil; le s^r Roze, premier valet de garde-robe, qui a pris les chaussons dans le coffret, en donne un au premier valet de chambre qui prend la droite et le laisse à gauche pour habiller Sa Majesté. Un simple valet de garde-robe, le s^r de Lissalde, leur présente alors le bas de soie qu'il a pris soin d'attacher au caleçon. Alors chacun d'eux aide de son côté à chausser et vêtir le Roi, s'il n'aime mieux le faire lui-même, ce qui arrive le plus souvent. Ensuite six des pages de la chambre attachés au service du gentilhomme de la chambre qui est en fonctions, non plus ce trimestre mais cette année, le duc de Saint-Aignan, ont le privilége de présenter les mules à Sa Majesté. Cela fait, le Roi prend son haut-de-chausses des mains d'un valet de garde-robe qui lui apporte premièrement des canons ou des petits bas s'il désire en porter : le canon est cet ornement de dentelle qui s'attache au-dessous du genou, au bas du haut-de-chausses ; les petits bas ou bas à étrier sont des bas qui ne couvrent que la jambe, et s'arrêtent à la cheville. Le Roi met-il des souliers ? le valet les lui noue ; des bottes ? le valet les lui présente ou les lui met ; mais l'honneur de donner les éperons est réservé à M. Nicolas Le Febvre, sieur de Bournonville, écuyer de service.

Voilà le Roi chaussé. Un valet de garde-robe tient la chemise du Roi et la présente d'abord à un prince du sang ; en cas d'absence, au duc de Bouillon, grand chambellan, au duc de Saint-Aignan, l'un des quatre premiers gentilshommes, ou enfin à M. le marquis de Guitry de Chaumont, l'un des deux maîtres de la garde-robe. Le Roi ôte alors sa chemise de nuit et met celle qu'on lui donne. Les huissiers, qui sont entrés dans la chambre royale dès que Sa

suis las de tant languir, annonce-moi bientôt la vie ou la mort. — Je ne vous annoncerai ni l'un ni l'autre, lui dit La Feuillade ; je dirai seulement au plus grand Roi du monde, ce qu'on rapporte d'Alexandre le Grand, sur le point d'exécuter une entreprise très-difficile : qu'il avoit trouvé un péril digne de lui. Je dis aussi la même chose à Votre Majesté. En fait d'amour, vous n'avez trouvé jusques ici que des places foibles, qui se sont rendues sans résistance, et qui vous ont d'abord ouvert les portes ; les plus cruelles se sont soumises à vous avec la même facilité que les villes se rendoient au conquérant de l'Asie, ou, pour faire la comparaison plus juste, avec le même succès qu'elles se rendent à Votre Majesté. Mais voici une place forte où il faut employer toutes les ruses et toutes les forces de l'amour ; en un mot, Sire, c'est une conquête digne de vous. »

Majesté a eu pris sa robe de chambre, et qui se tiennent à la porte pour l'ouvrir ou la fermer, ce que nul autre ne peut faire, demandent alors au grand chambellan ou à celui des quatre premiers gentilshommes de la chambre qui est de service, quelles sont, parmi les personnes de condition présentes, celles qu'il peut faire entrer. Après cette première admission de gentilshommes favorisés, le maître de la garde-robe met au Roi son pourpoint, lui présente ses mouchoirs, ses gants, et enfin son manteau et son épée, s'il les veut prendre ; s'il veut sortir sans épée ni manteau, l'épée est remise à l'écuyer, le manteau au porte-manteau ; enfin s'il ne veut ni son épée ni son manteau, on les laisse à la garde-robe. C'est quand le Roi est habillé que l'huissier, le sieur de Rassé, par exemple, laisse entrer toute la noblesse à son choix, et selon le discernement qu'il fait des personnes plus ou moins qualifiées.

Après cela, il raconta au Roi tout ce qui s'étoit passé, et insista surtout sur la réponse malicieuse de cette cruelle : — « Mais, Sire, ajouta-t-il, ne vous alarmez pas; j'en ai bien vu d'autres, qui faisoient les fières comme la comtesse, et qui se sont mises à la raison. — Mais que puis-je attendre d'une femme, lui répliqua le Roi, qui n'aime que son mari, et qui m'oppose ce mari fâcheux quand on l'entretient de mon amour? N'est-ce pas m'ôter absolument l'espérance; ou, pour mieux dire, n'est-ce pas se moquer de moi, que de me faire dire qu'il faut qu'elle en parle plutôt au comte son époux? — Je vous avoue, répondit le duc, que sa réponse est tout-à-fait cavalière; mais, Sire, puisqu'elle a besoin du secours de son mari pour se défendre de vos poursuites, c'est une marque qu'elle ne se croit pas assez forte pour y résister. Mais ne craignez pas qu'elle lui fasse une telle confidence, dont peut-être elle seroit la première à se repentir. En un mot, je crois que c'est un rempart qu'elle veut opposer à votre amour, et dont elle veut appuyer cette foiblesse assez naturelle à celles de son sexe.

Le Roi voyoit bien que le duc vouloit adoucir autant qu'il pouvoit ce qu'il y avoit de rude dans cette entreprise; et comme ce Monarque s'est toujours fait un point d'honneur de réussir dans tout ce qu'il entreprend, quelques difficultés qu'il y puisse rencontrer, celles qui se présentoient dans son dessein amoureux ne firent que l'enflammer davantage par la résistance. Il s'en expliqua ouvertement à son confident; il lui dit que tous les rebuts, qu'il prévoyoit bien qu'il avoit à essuyer, n'étoient pas capables de le guérir; que son mal étoit désormais sans remède, et qu'il n'y avoit point de milieu à prendre; qu'il mourroit de douleur, ou contenteroit son amour.

Pendant que le Roi s'entretenoit ainsi avec le duc de La Feuillade, la comtesse s'entretenoit avec elle-même; elle se garda bien de faire ce qu'elle avoit dit, et d'imiter la princesse de Clèves [1] dans une conjoncture si délicate. Elle garda pour elle un secret si important, et eut quelque chagrin que le Roi eût fait choix d'un confident. Ce n'est pas qu'elle eût aucun dessein de correspondre à son amour; mais elle se sentoit doublement offensée, et par la déclaration qui venoit de lui être faite de sa part, et parce qu'il s'étoit servi d'un tiers dans une affaire si chatouilleuse, et qu'elle auroit voulu cacher, par manière de dire, à elle-même. Ce fut la cause peut-être qu'elle fit au Roi une réponse si cavalière, pour lui faire comprendre qu'il devoit plus ménager une femme de sa façon. Le Roi eut aussi la même pensée, quoiqu'il ne le témoignât pas, et il ne songea qu'à réparer cette faute, et à découvrir lui-même ses feux à celle qui les causoit.

Mais pour revenir à la comtesse, elle ne savoit, si elle devoit s'affliger ou se réjouir : elle ne doutoit pas de l'amour du Roi ; ses yeux le lui avoient encore mieux dit que n'avoit fait le duc de La Feuillade; cette pensée flattoit agréablement son orgueil; il n'est point de

---

1. Voy. le roman de Mme de La Fayette.

femme qui s'offense d'être aimée ; les plus chastes s'en font honneur, quoiqu'elles ne le témoignent pas ; elles regardent cela comme un hommage qu'on rend à leur beauté. La comtesse étoit faite comme les autres, elle étoit naturellement fière et superbe, et l'amour d'un si grand prince s'accordoit assez avec sa vanité. D'un autre côté, elle en craignoit de dangereuses suites, elle en appréhendoit l'éclat. Elle savoit qu'il n'en est pas des Souverains comme des autres hommes ; que leurs passions ne sauroient longtemps être cachées ; qu'on observe toutes leurs démarches, et qu'eux-mêmes servent à se découvrir, parce qu'ayant droit de commander, ils se croient dispensés de garder tant de mesures. Comme elle étoit fort délicate du côté de l'honneur et de la réputation, ces dernières pensées la troubloient beaucoup. Enfin elle résolut de s'en tenir à sa manière d'agir ordinaire, qui étoit de ne rien affecter, ni de chercher à voir le Roi, ni de tâcher à l'éviter, mais de le laisser venir et d'observer toutes ses démarches. Il semble qu'elle s'exposoit assez, et que le plus sûr pour une femme est de fuir les occasions. Mais celle-ci avoit un fond de vertu sur lequel peut-être elle ne devoit pas tant compter ; elle ne craignoit rien de sa propre foiblesse ; elle redoutoit seulement les langues malignes et les jugements téméraires du public ; mais elle se flatta toujours qu'elle dissiperoit assez tous ces nuages par l'éclat de son innocence.

Les choses étoient en ces termes, lorsque le Roi ne cherchoit qu'une occasion favorable pour parler à la comtesse, et pour tâcher de la persuader mieux que n'avoit fait le duc de La Feuillade. Cette occasion s'offrit assez tôt, et la Cour étant obligée en ce temps-là d'aller à Fontainebleau, où la Reine devoit accoucher du dernier enfant qu'elle eut, et qui mourut peu de temps après, la comtesse de L... s'y rendit aussi [1]. Un lieu si délicieux et si agréable fut la

[1]. Ce passage détermine la date de cette histoire. — Louis-François, duc d'Anjou, né le 14 juin 1672, mourut le 4 novembre suivant. Mais si nous connaissons la date de ce petit roman, l'auteur en plaçant son récit à Fontainebleau nous permet de douter de sa véracité. En effet, pendant presque tout l'été de 1672, Louis XIV tint la campagne sur le Rhin; il assista au fameux passage du fleuve, dans les premiers jours de juillet; il quitta le camp de Boxtel le 26 juillet et rentra à Paris le 2, à Versailles le 3 août.

Pendant son voyage, dont la *Gazette de France* a noté toutes les étapes, la Reine accoucha du jeune prince dont il est ici question; on écrivait de Saint-Germain-en-Laye le 17 juillet à la Gazette : ... « Le 13, la Reyne au sortir de ses dévotions en l'église des Récollets, commença de sentir quelques douleurs qui l'empeschèrent d'assister au Conseil; et, sur les dix heures du soir, ces douleurs l'ayant reprise, Sa Majesté se délivra heureusement, environ un quart d'heure après minuit, d'un très-beau prince, qui remplit ce lieu d'une joie extraordinaire. » Le sieur de Villaserre (*sic*, c'est-à-dire Colbert de Villacerf) fut chargé de porter la nouvelle au Roi, « de la part de la Reyne, qui n'en pouvoit envoyer une meilleure à Sa Majesté, en échange de celles qu'Elle luy mande tous les jours du champ de ses victoires. »

La cour passa à Versailles le reste de l'été au milieu des fêtes. On lit dans la *Gazette* : « de Versailles, le 23 septembre : — La Cour continue de prendre ici les divertissemens de la saison, entre lesquels celui de la comédie a ses jours. — Le 17, la troupe du Roy y en représenta une des plus agréables, intitulée *les Femmes sçavantes*, et qui fut admirée d'un chacun. Le 20, les Italiens y jouèrent l'une de leurs pièces les plus comiques. Le 21, la seule

scène de tous les événements que je vais décrire, où l'amour et la vertu firent leurs derniers efforts.

Le Roi, qui veilloit toujours sur toutes les démarches de la comtesse, savoit qu'elle aimoit à se promener souvent dans le bois, où ce magnifique château est bâti; et, comme l'épaisseur des arbres empêche le soleil d'y pénétrer, on peut s'y promener à toutes les heures du jour. La comtesse, comme je viens de dire, prenoit souvent ce plaisir, et le Roi trouvoit ce lieu plus charmant qu'il ne lui avoit jamais paru, et parce qu'il servoit à entretenir la douce mélancolie où l'amour l'avoit plongé, et parce qu'il savoit que sa chère comtesse en faisoit le lieu de sa promenade.

Un jour qu'elle s'y promenoit, accompagnée seulement de ses femmes, le Roi, qui le sut d'abord, ne manqua pas de s'y rendre par un autre chemin, afin qu'il parût à la comtesse que leur rencontre n'étoit pas un dessein prémédité de la part du Roi, mais un effet du hasard. Dès qu'elle vit le Roi de loin, qui n'avoit que peu de gens à sa suite, elle se prépara d'abord à soutenir un grand combat; elle rougit, elle pâlit, elle trem-

---

troupe royale continua ses représentations avec beaucoup d'applaudissement. Et l'on peut juger par là s'il y a quelque cour en toute l'Europe qui soit divertie de cette manière qui ne peut, aussi, convenir qu'à la grandeur de notre monarque, qui paroît en toutes choses. »

L'année suivante, le Roi reprit la campagne sur le Rhin et la cour ne séjourna pas à Fontainebleau. Nous devions entrer dans ce long détail pour montrer combien le récit de l'auteur peut paraître suspect, puisque l'une des principales circonstances en est si évidemment fausse.

bla, sans savoir bien la cause de tous ces mouvements, que la présence du Roi n'avoit pas accoutumé de lui causer auparavant. Ce prince amoureux, qui soupiroit depuis longtemps après un tête à tête avec la comtesse, fit connoître à ceux qui étoient à sa suite qu'il vouloit l'entretenir en particulier pour une affaire qui la regardoit. A ce signal chacun se retira, et les deux suivantes de la comtesse en firent de même, quand elles virent approcher le Roi. Il ne l'eut pas plus tôt abordée, et jugé qu'il ne pouvoit pas être entendu de personne, qu'il lui dit d'un air passionné : — « Avouez, Madame, que ce lieu solitaire est tout-à-fait propre pour entretenir les tristes pensées d'un amant infortuné. — Comme je n'ai jamais éprouvé ces sortes d'infortunes, lui dit la comtesse, je ne sais que vous en dire. — Si vous l'ignorez par votre propre expérience, lui dit le Roi, vous devriez au moins le savoir par celle que vous en faites faire aux autres. — Je ne sais pas, répondit alors la comtesse, ce que les autres sentent pour moi ; mais s'il y en avoit quelqu'un qui fût dans l'état où vous dites, il feroit fort bien, s'il me vouloit croire, de mettre son esprit en repos, et de ne penser plus à moi. — Eh! peut-on s'empêcher de penser à vous, répartit le Roi précipitamment, lorsqu'on a vu ces charmes que vous ne sauriez cacher? Où peut-on avoir l'esprit en repos lorsqu'on sait qu'on aime une inexorable? — Oui, sans doute on le peut, reprit la comtesse, lorsqu'on veut écouter la justice et la raison. — Et quelle justice, dit alors le Roi, nous défend d'aimer ce qui est aimable? — Celle qu'on se doit à soi-même, et celle qu'on doit aux autres, lui dit la comtesse. — Eh bien, Madame, répliqua le Roi, je vous la rends cette justice en vous aimant comme je fais, puisque je ne vois rien sous les cieux de si aimable que vous; et je me la rends à moi-même, puisque j'ai un cœur sensible, et que la passion dont il brûle m'est plus chère que ma vie. Ce qu'on vous a dit de ma part n'est pas la centième partie de ce que je sens pour vous; croyez, Madame, croyez, ajouta le Roi, que je me suis dit à moi-même tout ce que vous pourriez me dire pour combattre ma passion; mais elle est plus forte que tout ce qu'on pourroit lui opposer. Si quelque chose devoit la détruire, ce seroient vos rigueurs; mais désabusez-vous, elles n'en viendront jamais à bout; elles peuvent me faire mourir, mais elles ne sauroient m'empêcher de vous aimer jusqu'au dernier soupir de ma vie. »

Le Roi prononça ces dernières paroles avec tant d'émotion et tant de véhémence que la comtesse en parut touchée, et ne put s'empêcher de laisser couler quelques larmes. Elle ne doutoit plus de l'amour du Roi; ses regards, ses démarches, ses actions, et ce qu'elle venoit de voir et d'entendre, lui faisoit assez connoître, que ce monarque aimoit jusqu'à la fureur. Elle en fut fort affligée, et pour l'amour d'elle-même, et peut-être même pour l'amour de son amant, qu'elle ne pouvoit pas s'empêcher de plaindre. Quand elle se fut un peu rassurée, elle dit au Roi : — « Sire, vous pouvez juger de la surprise où je suis, après ce que je viens d'entendre de la bouche d'un grand Roi; et s'il est vrai

que votre état soit tel que vous venez de le dire,
je puis bien vous assurer que, s'il ne falloit que
ma vie pour vous rendre heureux, je suis prête
à vous la sacrifier. Mais comme Votre Majesté
prétend autre chose, je veux qu'elle sache que
je renoncerois à mille vies, si je les avois, plutôt que d'abandonner ce qui m'est plus cher que
la vie, et que le repos de mon Roi. » Elle accompagna ces paroles d'un ton si ferme, que le
cœur du Roi en trembla, voyant qu'on ôtoit à
son amour toute sorte d'espérance. Ce qu'il y
avoit ici de rare, c'est que l'un et l'autre crurent
ce qu'ils se disoient d'obligeant; mais ni l'un ni
l'autre n'en furent contents. La comtesse étoit
persuadée que le Roi l'aimoit autant qu'on le
peut, mais cela ne faisoit que l'inquiéter. Le
Roi, de son côté, ne douta pas que la comtesse
n'eût pitié de ses maux; quelques larmes qu'il
vit couler de ses beaux yeux en étoient des
témoins fidèles; il crut sans peine que la protestation qu'elle lui faisoit de sacrifier sa vie
pour son repos, partoit du fond de son cœur;
mais aussi il ne croyoit que trop ce qu'elle avoit
ajouté, que son honneur lui étoit plus cher que
tout le reste, et c'est là où il ne trouvoit pas son
compte. Il dissimula néanmoins, et, suivant la
méthode qu'il avoit déjà marquée à son confident, il confirma à cette vertueuse comtesse ce
que le duc de La Feuillade lui avoit protesté de
sa part : qu'il bornoit tous ses désirs au seul
plaisir de la voir, de l'aimer, et de lui parler de
son amour. — « Vous m'offrez votre vie, pour
procurer mon repos, lui dit ce prince amoureux;
c'en est trop, généreuse comtesse; vous me pu-

niriez au lieu de m'obliger; je ne vous demande ni cette vie qui m'est plus chère que la mienne, ni cet honneur qui vous est plus cher que la vie, et que vous croyez être l'unique objet de mes prétentions; je ne veux que vous voir, vous aimer, et vous le dire.— Eh! de quoi vous peut servir cette vue? lui dit la comtesse; pourquoi voulez-vous entretenir une passion dont vous n'espérez aucun fruit? A quoi bon un entretien qui ne fera que troubler votre repos et me rendre malheureuse? — Ah! que vous savez peu, Madame, lui dit le Roi, en la regardant avec des yeux qui marquoient toute sa tendresse, que vous savez peu ce qui se passe dans le cœur des vrais amants! Une parole, un souris, un regard, la plus petite chose, un rien les contente, lorsque ce rien vient de la part de leur maîtresse. Ne me demandez donc plus quel fruit je prétends retirer de votre vue et de votre conversation; et n'est-ce pas beaucoup pour un amant que de voir et d'entretenir sa maîtresse? — Mais un amant en peut-il demeurer là? reprit la comtesse. Ne sait-on pas qu'ils ne sont jamais satisfaits; que, quand ils ont une chose, ils en veulent obtenir une autre? Au nom de Dieu, Sire, ne me mettez pas, et ne vous mettez pas vous-même à une si cruelle épreuve. — Ce que vous dites-là, dit le Roi, ne se voit que dans les passions ordinaires, et quand on aime des beautés communes; mais vous ne devez rien craindre de semblable; et quand vous le craindriez, et que je serois assez téméraire pour prétendre quelque chose au-delà de ce que je vous demande, n'êtes-vous pas toujours en droit de me la refuser, et de m'interdire même la grâce que vous m'aurez accordée, de vous voir et de vous parler de mon amour ? »

La comtesse trouvoit cette proposition assez raisonnable ; mais cela n'empêchoit pas que l'exécution ne lui en parût difficile pour le Roi, et l'essai périlleux pour elle. Cependant elle n'osoit trop le témoigner, de peur que ce prince ne la soupçonnât de quelque foiblesse dont il pourroit tirer avantage. Elle voulut donc lui laisser croire qu'elle avoit assez de vertu pour se défendre de ses poursuites, quand même il les voudroit pousser trop loin ; mais elle prit un autre tour pour détourner le Roi de ce dessein où il persistoit toujours. Elle dit à ce monarque que, bien qu'elle pût s'assurer de sa discrétion, et qu'elle ne craignît rien de sa propre vertu, elle avoit le monde à ménager ; qu'on ne manqueroit pas de mal interpréter les visites d'un grand roi à une simple comtesse ; que de quelque manière qu'il la vit, ou chez elle ou ailleurs, on ne manqueroit pas de le remarquer et de faire là-dessus des réflexions qui lui seroient désavantageuses ; et qu'enfin le Roi, venant à bout de toutes les dames qu'il entreprenoit, s'il en falloit croire le bruit commun, elle se voyoit perdue de réputation, si le Roi persistoit dans son dessein. — « Laissez parler le monde, lui dit le Roi, croyez-vous vous mettre à couvert de la médisance, de quelque manière que vous viviez ? Les mauvaises langues n'épargnent personne ; la vertu même ne peut pas se garantir de leurs traits ; ainsi ne ménageons point un monde qui nous ménage si peu ; faisons seulement notre devoir et moquons-nous de tout le reste. »

La comtesse, qui voyoit que le Roi lui rabattoit tous ses coups, lui opposa son dernier retranchement, et, reprenant les dernières paroles de ce prince : — « Je conviens, dit-elle, de ce que vous venez de dire, qu'en faisant son devoir on peut se moquer de tout. Mais le ferai-je mon devoir, en écoutant des discours qui blessent le lien conjugal? Une femme mariée peut-elle entendre une déclaration d'amour d'un autre que de son mari? Que direz-vous, Sire, là-dessus, ajouta-t-elle en souriant, si je vous prends pour mon casuiste, et pour le directeur de ma conscience? — Je vous dirai, dit le Roi, que vous avez l'esprit trop fort pour vous effaroucher de ce fantôme; que vous savez trop bien le monde, pour vous faire un crime d'une chose si innocente. Il faut laisser ces vaines terreurs, ajouta-t-il, aux plus petites bourgeoises; mais les dames comme vous, qui ont l'esprit épuré par l'air de la Cour, ne s'arrêtent pas à ces bagatelles. — Vous croyez bien pourtant, dit-elle, que le comte mon époux, qui a respiré toute sa vie ce même air, en jugeroit autrement si je le consultois là-dessus? — Je suis sûr, Madame, répliqua le Roi, qu'il en jugeroit comme moi, quoique peut-être il ne vous dît pas sa pensée, et la qualité de mari qui veut faire la cour à sa femme, lui feroit tenir un autre langage. — Mais enfin, dit la comtesse, quand le comte, mon époux, seroit un de ces maris commodes qui laissent faire à leurs femmes tout ce qu'elles veulent, sans s'en mettre en peine, ne dois-je compter pour rien la modestie de mon sexe, ma propre vertu, ma pudeur et les mouvements de ma conscience, qui répugnent à je ne sais quel commerce que vous demandez de moi, et qui ne peut aboutir à rien de bon? Encore une fois, Sire, je vous le demande pour dernière grâce, si vous avez quelque considération pour moi, demandez-moi des choses plus raisonnables. — Et que vous puis-je demander de plus raisonnable, dit alors le Roi, dans la triste situation où je me trouve? Je brûle d'un feu qui me dévore, j'aime sans espérance, je soupire, je meurs d'amour pour vous, et je ne vous demande que de vous voir et de vous parler; et vous trouvez que ce que je vous demande est déraisonnable? Peut-on vous demander moins? et la vertu la plus sévère s'en pourroit-elle offenser?

La comtesse, qui vit que le Roi persistoit toujours dans le dessein de la voir, ne voulut pas lui répliquer davantage, de peur de l'aigrir, et, sans lui accorder sa demande, elle se contenta de cesser de lui contredire; mais comme les amants prennent avantage de tout, le Roi ne manqua pas d'expliquer en sa faveur le silence de la comtesse. C'est ainsi qu'ils se séparèrent; le Roi continua sa promenade avec ceux qui l'accompagnoient, et la comtesse reprit le chemin du château avec ses deux femmes.

C'est une maxime certaine en fait d'amour que les femmes vont toujours plus loin qu'elles ne pensent, et les hommes au contraire se flattent d'avoir fait plus de chemin qu'ils n'ont fait en effet. Cela ne manqua pas d'arriver au Roi et à la comtesse, après leur dernier entretien. Ce monarque fut assez satisfait de sa maîtresse, et il ne jugea plus cette conquête aussi difficile qu'il avoit cru au commencement; au moins il ne la jugea pas impossible. La comtesse lui parut assez traitable, et il ne remarqua pas en elle cette même sévérité qui lui avoit fait tant de peur. Cependant cet amant se flattoit, et l'heure d'aimer de la comtesse n'étoit pas encore venue. Mais aussi cette vertueuse dame, qui n'y entendoit point de finesse, s'étoit plus avancée qu'elle ne croyoit, ce qui fut la cause de l'erreur du Roi. Ils reconnurent bientôt l'un et l'autre qu'ils s'étoient trompés, lui de croire qu'on le regardoit favorablement; elle, de s'imaginer qu'elle avoit soutenu jusques au bout sa première sévérité. Ce prince impatient, et par l'excès de son amour et par la facilité qu'il avoit trouvée dans toutes ses autres maîtresses, et parce qu'un roi se lasse bientôt d'attendre, chercha une nouvelle occasion de voir la comtesse, et de pousser plus loin les affaires.

Comme les principaux de la Cour avoient un appartement dans le grand et magnifique palais de Fontainebleau, le comte de L... et la comtesse sa femme y avoient aussi le leur. Cela fournissoit au Roi la commodité de la voir, et fit naître l'occasion qu'il attendoit avec tant d'impatience. Un jour que ce prince vit la porte de l'appartement de la comtesse entr'ouverte, il eut la curiosité d'y regarder, et, ne voyant personne, il entra comme à la dérobée. Il ne se fut pas plus tôt approché d'un lit de repos qu'il y avoit dans cette chambre, qu'il vit la comtesse tout endormie. C'étoit dans les plus grandes chaleurs de l'été ; et ses filles, voyant leur maîtresse qui reposoit, prirent ce temps pour s'écarter un petit moment. Cette charmante personne étoit étendue négligemment sur ce lit ; elle étoit seule dans sa chambre, et on auroit dit que tout cela s'étoit fait de concert, pour donner le moyen au Roi de surprendre une place qu'il n'osoit attaquer ouvertement. Son cœur fut agité de mille différentes pensées ; il craignoit et il désiroit tout à la fois. Il ne savoit s'il se contenteroit de regarder sa maîtresse qui dormoit si tranquillement. Il ne savoit s'il ne devoit lui dérober un baiser et profiter d'une occasion si favorable, qui peut-être ne reviendroit jamais ; d'un autre côté, il craignoit de l'offenser, et que la comtesse venant à s'éveiller ne lui pardonnât jamais cet attentat, et lui défendît absolument de la voir.

Il étoit dans cette cruelle incertitude, lorsque la gorge de cette belle comtesse venant à se découvrir par quelque mouvement qu'elle fît en dormant, acheva de le déterminer, et n'écoutant plus que l'excès de sa passion, il posa ses mains sur ces deux boules de neige, et les baisa trois ou quatre fois de sa bouche royale. La comtesse, qui sentit d'abord cet attouchement dans une partie si délicate, s'éveilla en sursaut et fit un grand cri ; et voyant que c'étoit le Roi, et que ses filles s'en étoient allées, elle crut qu'on l'avoit trahie, et qu'on vouloit la prostituer à ce monarque. Cette pensée lui fit tant d'horreur, qu'elle ne put s'empêcher de le témoigner : — « Allez, lui dit-elle, monstre exécrable, ôtez-vous pour jamais de devant mes yeux, ou faites-moi promptement mourir, puisqu'en vous parlant ainsi, je suis criminelle de lèse-Majesté. »

Le Roi, qui vit bien la faute qu'il avoit faite, voulut essayer de l'apaiser; mais elle ne lui donna pas le temps de parler, et, se débarrassant des bras du Roi, elle gagna d'abord la porte, et laissa cet amant plus mort que vif. Cependant le cri que la comtesse avoit fait avoit été ouï de plusieurs personnes, et particulièrement du comte de L... qui, reconnaissant la voix de sa femme, accourut en diligence pour voir ce que cela pouvoit être. Il ne fut pas plus tôt à la porte de sa chambre qu'il en vit sortir le Roi, et, ne voyant point sa femme, il ne savoit que penser de cette aventure. Le Roi, qui ne douta pas que le comte n'entrât dans des soupçons qui pourroient faire tort à la comtesse et traverser son amour, aima mieux lui dire la chose comme elle étoit, que de le laisser dans cette cruelle incertitude. Mais il n'eut garde de lui parler de la passion qu'il avoit pour la comtesse. Il lui dit donc sans façon : — « Comte, je vois que tu es en peine de ta femme, et que tu veux savoir la cause de ce grand cri qu'elle a fait. Je te dirai que je suis entré fortuitement dans sa chambre, et, la voyant endormie, j'ai voulu lui donner un baiser, ce qui l'a fait lever en sursaut. Va, comte, tu dois te féliciter d'avoir une femme si chatouilleuse; j'en connois bien d'autres qui, au lieu de s'éveiller, se seroient d'abord rendormies, ou en auroient fait le semblant. »

Le comte, qui se crut obligé de répondre galamment au Roi, lui dit : « Sire, ma femme n'est pas d'une meilleure trempe que les autres, et si elle eût su que c'étoit votre Majesté, infailliblement elle auroit fait semblant de dormir ; mais son sommeil l'a trompée, et l'a empêchée de vous reconnoître quand elle a jeté ce grand cri. — Elle m'a fort bien reconnu, reprit le Roi, et je t'assure que si ta femme est toujours si franche, tu n'as pas sujet d'en être jaloux. »

La chose ne fut pas poussée plus loin ; le Roi se retira dans son cabinet et congédia le comte, qui n'eut pas le moindre soupçon de l'amour du Roi, et la comtesse, revenue de sa frayeur, retourna dans son appartement, après avoir bien grondé ses filles de ce qu'elles l'avoient laissée toute seule.

Cependant le Roi, qui voyoit que cette affaire n'auroit point de suite fâcheuse, puisque celui qui y avoit le plus d'intérêt la traitoit de bagatelle, et qu'il espéroit de faire bientôt la paix avec la comtesse, ne put s'empêcher de faire un couplet de chanson sur cette aventure, et, quoiqu'elle se chantât en ce temps-là, on n'en a su le véritable sujet que quelques années après. Quoique ces vers soient presque connus de tout le monde, je ne laisserai pas de les rapporter ici :

> Jamais Iris ne me parut si belle,
> Que l'autre jour dans un profond sommeil ;
> Sa cruauté sommeilloit avec elle,
> Et je baisai son teint blanc et vermeil,
>   Quand, par malheur,
>   Je vis à son réveil
>   Réveiller sa rigueur.

Le comte ne vit pas plus tôt sa femme, qu'il lui fit mille railleries sur ce qui venoit de lui arriver. Elle ne savoit d'abord comment y répondre; elle ne traitoit point comme son mari cette affaire de bagatelle; elle connoissoit le cœur du Roi et le motif qui le faisoit agir ainsi; tout cela changeoit la nature de l'affaire; mais c'étoient des mystères pour le comte. Sa femme le reconnut d'abord, quand elle vit qu'il le prenoit sur un ton railleur. De sorte que, revenue de sa première émotion, elle crut qu'elle devoit feindre, dissimuler son juste ressentiment, et prendre le tour que son mari donneroit à cette aventure. Il fallut pourtant qu'elle se fît une grande violence, la liberté que le Roi s'étoit donnée, après les protestations qu'il lui avoit faites, étoit une chose qu'elle ne pouvoit pas lui pardonner et qui lui tenoit fort au cœur. Mais elle voyoit qu'il étoit pour elle de la dernière importance de cacher à son mari une chose si délicate, et qui auroit pu troubler le bonheur de leur mariage. Le voyant donc heureusement prévenu par le discours que le Roi lui avoit tenu en sortant de sa chambre, elle répondit comme elle devoit à toutes ses railleries, et en femme qui entend son monde : — « Je vous trouve fort plaisant, dit-elle au comte, de me railler d'une chose où vous avez pour le moins autant d'intérêt que moi. Il falloit pour la rareté du fait que je fisse toujours semblant de dormir, et que je laissasse pousser l'affaire jusqu'au bout; vous auriez vu si les rieurs seroient de votre côté. — Vous auriez agi en femme prudente, lui dit le comte, qui sait accommoder ses plaisirs avec son honneur; car, ayant toujours dit que vous étiez endormie, on n'avoit rien à vous reprocher; c'est la volonté qui fait tout en ces affaires, et la vôtre n'y ayant point de part, vous étiez innocente au jugement du monde. — Sans mentir, lui dit la comtesse, vous me donnez là de belles leçons; il me prend envie d'en profiter une autre fois. — Il n'est plus temps, Madame, lui dit le comte, qui étoit toujours en humeur de railler; on sait déjà que vous êtes extrêmement chatouilleuse, et que vous avez le dormir fort délicat, et que le mouvement d'une mouche suffit pour vous éveiller. Et puis, ajouta-t-il, qui osera désormais vous approcher, puisque vous ne pouvez souffrir les caresses du Roi? — Voulez-vous que je vous dise ce qui en est? répliqua la comtesse, qui vouloit plaisanter à son tour. Quand on dort, on ne sait ce qu'on fait; mais si le Roi se fût présenté à moi quand j'étois éveillée, peut-être que je n'aurois pas été si cruelle, et que j'aurois mieux reçu ses caresses. Je vous prie, Monsieur le comte, de lui en faire mes excuses. — Vous ferez cela mieux que moi, répondit le comte, ou, pour mieux dire, il n'y a point ici d'excuse à faire. Que savez-vous si le Roi trouveroit en vous les mêmes agréments quand vous seriez éveillée, qu'il a pu y remarquer lorsque vous dormiez? vous savez que ces sortes de choses dépendent entièrement du caprice; un certain air négligé ravit quelquefois un cœur que toute la parure d'une dame ne sauroit jamais attraper. Ainsi consolez-vous, vous avez manqué votre coup; le Roi trouvoit alors de certains charmes en vous, qu'il n'y remarquera plus ; vous voilà déchue de vos prétentions, si tant est que vous ayez aspiré à cette gloire, tant recherchée des dames, d'être la maîtresse du Roi. »

La confiance que le comte avoit en la vertu de sa femme le faisoit parler ainsi. Il avoit raison de s'y confier ; mais s'il avoit su que le Roi brûloit pour elle, et qu'elle en étoit bien informée, il n'auroit pas eu tant d'assurance, connoissant, comme il faisoit, la fragilité du sexe.

Cette petite aventure qui venoit d'arriver au Roi et à la comtesse, servit d'entretien à la cour durant quelques jours ; mais tout ce qui s'en dit ne fit aucun tort à la vertu de cette dame, et personne ne soupçonna que le Roi en fût amoureux. On crut seulement qu'il vouloit se divertir, par l'occasion agréable qui s'offrit à lui, sans avoir d'autre dessein. Il n'en étoit pas de même du duc de La Feuillade, qui savoit l'attachement du Roi pour cette comtesse. Il n'ignoroit pas pourquoi le Roi s'étoit ainsi émancipé ; mais il regrettoit pour ce prince d'avoir si mal réussi, et il blâmoit dans son cœur la cruauté de la dame. Le lecteur peut bien juger qu'il y en avoit un assez grand nombre à la cour, qui auroient voulu être à sa place, qui n'auroient pas eu tant de honte qu'elle de se montrer en cet état aux yeux du Roi, ou qui, pour cacher cette honte, auroient fait semblant de dormir.

Tandis que les Messieurs et les Dames s'entretenoient de cette affaire, et que chacun en jugeoit selon son humeur, le Roi étoit fort inquiet, et il ne savoit comment se raccommoder avec sa fière maîtresse. Au fond, l'offense n'étoit pas d'une nature qui méritât une grande punition, et qui dût si fort irriter le cœur d'une dame. Mais il connoissoit l'humeur de la comtesse, et il craignoit toujours cette vertu austère qu'il avoit remarquée en elle. Avant que de se déterminer de quelle manière il devoit se comporter avec elle, il voulut la voir en public, et tâcher de connoître dans ses yeux et par ses manières, quel étoit l'état de son cœur. Il ne l'eut pas plus tôt vue, qu'il jugea d'abord qu'elle n'étoit pas si irritée qu'elle lui avoit paru lorsqu'il s'émancipa de la manière que j'ai déjà dit, et qu'elle dit au Roi ces grosses injures. En effet sa pensée étoit, comme je l'ai remarqué, que ses filles l'avoient trahie et l'avoient abandonnée pour la livrer aux desseins du Roi, et ce fut la cause qu'elle ne put pas retenir son ressentiment. Mais quand elle eut reconnu par les discours de ses filles, qu'elles étoient innocentes d'une si noire trahison, et que ce qui étoit arrivé étoit un effet du hasard, sa plus grande colère fut amortie; et, dans son âme, elle ne pouvoit condamner la liberté d'un amant qui trouvoit une occasion si favorable. Elle joignoit à cela les paroles choquantes qu'elle avoit dites au Roi, et que ce monarque avoit doucement avalées. Toutes ces confidences servoient à désarmer la comtesse. Elle étoit dans cet état, quand le Roi la vit dans une compagnie de dames; et, comme il est bon physionomiste, comme le sont presque tous les amants, il connut d'abord ce qui se passoit dans le cœur de sa maîtresse. Il la vit rougir, dès qu'elle aperçut le Roi, puis baisser doucement les yeux par une espèce de honte, tourner quelquefois la tête d'un autre côté, parler à bâtons rompus, paroître distraite, inquiète, interdite; avec tout cela, il n'y remarqua rien d'ennemi, et il jugea seulement que le souvenir de ce qui s'étoit passé le jour précédent la déconcertoit un peu.

Ce fut la cause que le Roi se priva quelques jours de la voir, pour lui donner le temps de se remettre. Mais ne pouvant vivre si longtemps sans l'entretenir de quelque manière, il lui écrivit ce billet :

« *Quelque envie que j'aie de vous parler, je n'ose pas l'entreprendre; les derniers discours que vous me tîntes sont si terribles pour moi, que je n'oserai jamais me présenter devant vous, si je n'en ai une permission signée de votre main, qui porte l'absolution de mon crime. Je l'appelle ainsi par rapport à vous; mais si vous consultez l'amour, si vous consultez votre miroir, au lieu de blâmer mon trop de hardiesse, vous louerez ma discrétion et ma retenue. Je veux bien pourtant soumettre mon jugement au vôtre, et je l'attends avec impatience afin de m'y conformer et de régler ma conduite là-dessus.* »

La comtesse reçut ce billet, et y répondit ce peu de mots :

« *On vous pardonne tout, parce que vous êtes Roi. Je récuse le tribunal de l'amour, c'est un petit étourdi qui ne juge que par caprice. Si vous me voulez voir, ne consultez plus un si méchant conseiller. Consultez plutôt la sagesse, la justice et la raison, et l'on vous écoutera.* »

Quoique ce billet n'eût rien de tendre, le Roi parut en être satisfait, et c'étoit assez que la comtesse lui permît encore de la voir, sauf à lui à tenir les conditions où elle l'engageoit. Mais en amour, on promet tout, et souvent on ne tient rien.

Le Roi se voyant ainsi rétabli dans les bonnes grâces de sa maîtresse, ne songea qu'à pousser son premier dessein. Ce ne furent que bals, que festins, que carrousels, que parties de chasse, pendant le séjour du Roi à Fontainebleau; et tout cela se faisoit en faveur de la comtesse. Quoiqu'elle n'eût aucun dessein de rien accorder au Roi, elle n'étoit pas fâchée d'en être aimée; elle sentoit même que, si elle étoit capable de quelque engagement, ce seroit plutôt pour le Roi que pour toute autre personne; elle admiroit sa bonne mine, son port, et ces manières nobles qui accompagnoient tout ce qu'il faisoit; elle trouvoit qu'il faisoit tout en Roi, et ce dernier caractère étoit plus propre pour gagner une dame qui étoit fière naturellement. Mais sa vertu lui étoit d'un grand secours, qui arrêtoit le penchant qu'elle avoit pour le Monarque. Elle l'aimoit peut-être autant qu'aucune de ses maîtresses, qui n'avoient rien de réservé pour ce prince; et si le Roi eût pu voir son cœur, il y auroit peut-être vu autant de tendresse qu'en pouvoit avoir la Montespan et La Valière même. Mais, comme je viens de dire, sa vertu étoit un frein qui retenoit ses désirs, et qui lui faisoit un crime d'une tendresse qu'elle chérissoit dans le fond, et qu'elle ne put jamais étouffer.

Combien de fois a-t-elle souhaité de n'avoir

Hist. am. IV

jamais vu le Roi ! Elle cherchoit en lui des défauts qu'elle pût haïr ; mais elle n'y en trouvoit pas ; de quelque manière qu'elle regardât ce Monarque, elle le trouvoit toujours charmant. Elle l'auroit voulu voir toujours, et elle ne craignoit rien tant que sa vue. Il lui sembloit que toute sa vertu l'abandonnoit quand elle voyoit paroître ce prince. « Pourquoi se contraindre, disoit-elle quelquefois en elle-même ? Suivons un penchant si doux : serai-je la seule ennemie de mon contentement ? Je suis adorée de ce que j'aime ; j'ai un mari commode[1] ; ma réputation est si bien établie que je n'ai rien à craindre de la médisance, et pourquoi donc ne suivre pas une passion qui a tant de charmes pour moi ? » Mais un moment après, elle se reprenoit, et faisant réflexion sur les suites funestes de ce fatal engagement : « Je serai, disoit-elle, l'une des maîtresses du Roi ; j'en suis aimée, j'en suis estimée aujourd'hui, et demain j'en serai méprisée. Il se dégoûtera de moi comme il a fait des autres ; et quand cela ne seroit pas, pourrai-je me résoudre à vivre sans honneur dans le monde, abandonnée de mon mari, méprisée de tous les honnêtes gens, et travaillée d'un cruel remords qui me dévorera jour et nuit ? Je mourrai plutôt, ajoutoit-elle, avant que de tomber dans ce malheur. »

Le Roi qui ne pouvoit pas savoir ce qui se passoit dans son cœur, ne croyoit pas être si avant dans ses bonnes grâces ; il ne savoit pas

1. La conversation entre la comtesse et son mari, rapportée plus haut, permet en effet de le ranger parmi les maris commodes. Sous son enjouement percent quelques regrets.

que la vertu de la comtesse étoit le seul ennemi qu'il avoit à combattre ; il ne songeoit qu'à s'en faire aimer, quoique cela fût fait depuis longtemps ; mais la comtesse appliquoit tous ses soins à le lui cacher, et vivoit avec lui d'une manière extrêmement réservée. — « Ne me direz-vous jamais, Madame, lui dit un jour le Roi qui la pressoit plus qu'à l'ordinaire, de quelle manière je suis dans votre esprit ? Est-ce comme ami ou comme ennemi ? — On ne traite pas les ennemis de la manière qu'on vous traite, lui dit la comtesse d'un ton radouci. — Mais de quelle manière me traitez-vous ? lui dit le Roi ; puis-je être content de toutes ces marques extérieures de civilité qu'on rend à tout le monde ? Traitez-moi, je vous prie, avec moins de respect, et rendez-moi un peu de cette tendresse dont mon cœur est rempli pour vous. — Je vous rends, dit-elle, ce que je puis et ce que je dois, et je vous supplie de ne m'en demander pas davantage. — Votre pouvoir est bien petit à ce que je vois, lui dit cet amant ; mais c'est votre rigueur qui le veut borner ainsi, et vous vous faites un devoir à votre mode, et qui s'accommode assez avec votre indifférence. — Je voudrois que cela fût, lui répliqua la comtesse. — Eh ! qu'est-ce donc, lui dit le Roi, qui vous fait vivre avec moi d'une manière si réservée ? — C'est que vous êtes le plus redoutable de tous les hommes, lui dit alors la comtesse, témoin ce que vous fîtes l'autre jour. — Il paroît bien, Madame, répliqua le Roi, que je ne le suis pas beaucoup, et que vous l'êtes bien davantage, puisque je n'ose vous attaquer que

tout endormie, et encore est-ce en tremblant !
mais que je me soucie peu que vous me croyiez
redoutable ! je ne songe qu'à me faire aimer, et
non à me faire craindre. — L'un ne va jamais
sans l'autre, dit la comtesse, et vous en savez
plus que moi sur cette matière. — Eh ! de quoi
me sert toute ma science, dit alors le Roi, si je
n'ai pas pu encore vous l'apprendre ni vous
obliger à m'aimer ? — Je voudrois employer la
mienne à vous guérir et à vous mettre en repos,
lui répliqua la comtesse. — Pour guérir, lui dit
le Roi, cela n'arrivera jamais, et, pour me
mettre en repos, il ne dépend que de vous. —
Je vous ai déjà dit, Sire, lui répliqua la comtesse, que s'il ne falloit que ma vie, vous auriez
ce que vous désirez ; ne me reprochez donc plus
que je suis insensible, et croyez que je suis plus
à plaindre que vous ne pensez. »

Le Roi ne voulut pas la presser davantage
de peur de l'irriter ; et elle se contenta de lui
parler d'une manière ambiguë, et qu'on pouvoit également appliquer ou aux sentiments
tendres qu'elle avoit pour le Roi, ou à l'impor-
tunité que lui causoit son amour.

Le lendemain de cette conversation, le Roi
voulut se donner le plaisir de la chasse, où un
grand nombre de seigneurs et de dames devoient
accompagner Sa Majesté. Ce prince, qui avoit toujours son amour en tête, communiqua un dessein
qu'il avoit au duc de La Feuillade, qui devoit
aussi l'accompagner, afin qu'il employât toute
son adresse à le faire réussir. Le jour ne fut pas
plus tôt venu que tout se disposa pour cette
chasse. On ne pouvoit rien voir de plus beau

que cet équipage; tout répondoit à l'ordre et à la magnificence du Roi. Les dames ressembloient à de jeunes amazones, et les messieurs s'étoient ajustés d'une manière qui avoit quelque chose de galant et de guerrier. Le Roi surtout se distinguoit par dessus tous les autres, et, avec cette mine fière et cet équipage de chasseur, on l'auroit pris pour un Mars ou pour un Apollon. Il avoit toujours les yeux sur sa maîtresse, et il pensoit bien moins aux bêtes qu'on alloit courre, qu'au cœur qu'il avoit dessein de surprendre. On ne fut pas longtemps dans la forêt, que les chiens lancèrent divers cerfs, et plusieurs autres bêtes fauves; les uns se mirent à piquer [1] après les chiens, et les autres à se poster en divers endroits, pour voir passer la bête.

Comme je n'ai pas dessein de décrire cette chasse, je dirai seulement qu'il se fit tant de courses, tant de tours à droite et à gauche dans ces vastes forêts de Fontainebleau, que la plupart de ceux qui formoient cette partie de chasse furent dispersés en divers endroits. Le Roi ne perdoit jamais de vue la comtesse, qu'il regardoit déjà comme sa proie, et le duc de La Feuillade, qui conduisoit toute cette affaire, la fit réussir selon les désirs du Roi. Il le fit avec tant d'adresse, en plaçant les chasseurs dans de cer-

---

1. Terme d'équitation. « Piquer, à l'égard des chevaux, c'est, dit Furetière, les manier avec les éperons ou le poinçon (sorte d'aiguillon dont on piquait la croupe des chevaux). Il faut bien *piquer* pour aller de Paris à Rome en sept jours.» — On disait, et l'on dit encore, en faisant usage de ce mot, *piquer des deux*.

tains postes, et les dames en d'autres, sous prétexte de donner à tous le plaisir de cette agréable chasse, que le Roi se trouva, je ne sais comment, tout seul avec la comtesse, dans le lieu le plus écarté du bois, sans qu'elle eût eu le temps de s'apercevoir que ses compagnes l'avoient abandonnée, et que tout le reste de cette illustre troupe couroit, ou plutôt voloit avec une ardeur incroyable.

Qui pourroit décrire son étonnement de se trouver seule avec le Roi dans un lieu désert et solitaire; ne voyant personne pour venir à son secours, et n'ayant plus ni le son du cor, ni l'aboiement des chiens, ni les cris des chasseurs? Le lieu où ils se trouvèrent étoit un vallon couvert de deux petites montagnes, ombragé d'un grand nombre d'arbres à haute futaie, au pied desquels couloit un ruisseau, dont le murmure faisoit un bruit agréable. Cette situation fut cause qu'on perdit de vue tous les chasseurs, et qu'on n'entendit plus ce bruit qui accompagne ordinairement la chasse. Enfin il sembloit que Vénus et Diane s'étoient donné le mot pour faire venir en ce lieu nos deux amants.

Toutes choses sembloient conspirer au bonheur du Roi, et il croyoit de toucher à ce moment heureux après lequel il avoit tant soupiré, lorsqu'il remarqua un changement considérable sur le visage de la comtesse. Cette pauvre dame blêmit, trembla, et fut saisie d'une sueur froide, comme si elle alloit rendre l'âme. Le Roi lui demanda si elle se trouvoit mal, et elle lui ayant répondu que non, il comprit d'abord quelle étoit la cause de ce changement. C'étoit comme une innocente colombe qui se voit déjà entre les griffes d'un vautour. Elle fit pourtant tout ce qu'elle put pour se remettre, pour ne donner pas à penser au Roi qu'elle se défioit de lui, et qu'elle ne se croyoit pas en sûreté. Elle fit donc un effort sur elle-même, et, après avoir loué la beauté du lieu, elle dit qu'elle étoit surprise de ne voir personne, et que, si Sa Majesté le trouvoit bon, ils monteroient sur une de ces collines, pour découvrir de quel côté pouvoient être les chasseurs. — « N'en soyez point en peine, Madame, lui dit le Roi, nous les trouverons assez; délassons-nous cependant, et puisque vous trouvez ce lieu agréable, nous ferons bien d'en considérer les beautés. »

En disant cela, il descendit promptement de cheval, et voulut aider la comtesse pour en faire de même, à quoi elle s'opposa autant qu'elle put, disant que ce n'étoit point la peine, et qu'elle verroit plus commodément tous les lieux que le Roi vouloit lui faire voir, que si elle étoit obligée de marcher. — « Eh! bien, nous nous reposerons, et nous ferons reposer nos chevaux, dit le Roi. » Enfin il la pressa si fort de descendre de cheval, qu'elle ne put plus s'en défendre; le Roi la prit entre ses bras, et il ne pouvoit contenir sa joie, d'avoir en son pouvoir ce qu'il aimoit le plus dans le monde.

Après avoir attaché lui-même les chevaux à un arbre, il prit la comtesse par la main, et la fit asseoir sur un gazon extrêmement vert, tel que les poètes nous le décrivent dans leurs fables, et qui sembloit n'avoir jamais été foulé par les hommes, tant il étoit beau et riant. —

« Avouez, Madame, lui dit le Roi, que c'est un lieu bien charmant. — Je le trouve comme vous, répliqua la comtesse, mais il y a quelque chose de trop sombre et même d'affreux; cela vient sans doute de ce qu'il est si peu habité. — Et quelle habitation plus belle, peut-on lui souhaiter, dit alors le Roi, que celle de votre charmante personne? Il suffit que vous y êtes pour rendre ce lieu le plus beau qui soit dans l'univers; et pour moi, je renoncerois de bon cœur à toute la magnificence de ma cour pour y passer toute ma vie auprès de vous. »

En disant cela, il prit une de ses belles mains qu'il serra passionnément, et qu'il baisa plusieurs fois avec une tendresse extrême. La comtesse n'eut pas la force de retirer sa main, soit que la crainte se fût emparée de son cœur, soit qu'aimant véritablement le Roi, elle ne crût pas lui devoir refuser cette petite faveur. Ce prince amoureux, qui n'avoit pas dessein d'en demeurer là, et qui vouloit pousser plus loin sa conquête, ne songea qu'à gagner toujours du terrain; il mit sa main sur la gorge de la comtesse, et essaya de lui prendre quelques baisers; mais elle le repoussa et lui dit d'un ton sévère : — « N'étoit-ce que pour cela que vous m'arrêtiez ici? Je vous prie, Sire, remontons à cheval, et tâchons de rejoindre notre compagnie. — Et où voulez-vous aller, Madame? lui dit le Roi. Nous ne savons pas la route qu'ils ont prise; au lieu d'aller où ils sont, nous prendrons peut-être un lieu opposé; le plus sûr est de les attendre ici, et nous les verrons bientôt paroître par quelque endroit. — Mais que dira-t-on de vous et de moi, lui dit la comtesse, quand on saura que nous avons été tous deux ensemble dans ce lieu désert, l'espace d'une heure? — Eh! il n'y a qu'un moment que nous y sommes, lui dit cet amant passionné; il paroît bien que vous ne vous plaisez guère avec moi. Et quand nous y serions deux heures entières, que craignez-vous? la réputation de votre vertu vous met à couvert de tout. Ne craignez rien, Madame, ne craignez rien de ce côté-là; donnons-nous entiers à l'amour; tout nous y convie; personne ne nous voit ici, et vous voyez un prince à vos pieds, prêt à expirer par la violence de sa passion, si vous n'avez pitié de ses maux. — Ce n'est pas pourtant ce que vous m'aviez promis, dit la comtesse, que vous n'attenteriez jamais rien contre mon devoir. — Ah! cruelle, lui dit le Roi, que vous connoissez peu les lois de l'amour? Est-ce à un esclave à tenir ses promesses? Je ne suis plus à moi, je suis tout à vous, ma chère comtesse; je me sens entraîné par une force irrésistible; je ne suis plus maître de mes mouvements; je ne puis que vous aimer, je ne puis que vous le dire, et je me sens mourir si vous ne prenez pitié d'un malheureux. »

Le Roi accompagna ces paroles de plusieurs soupirs et de quelques larmes, qui attendrirent le cœur de la comtesse. Elle aimoit ce prince; mais elle ne pouvoit jamais se résoudre à lui abandonner ce qu'elle avoit de plus cher au monde. — « Si un amour réciproque vous peut contenter, lui dit cette sage comtesse, je vous ferai, Sire, une déclaration que je ne vous ai jamais faite, et que rien ne seroit capable de m'arracher, si elle n'étoit sincère ; je vous aime, mon cher prince, car je puis bien vous nommer ainsi, avec toute l'ardeur et toute la tendresse dont une femme comme moi peut être capable ; oui, je vous aime autant qu'on peut aimer ; mais je ne puis renoncer pour vous à l'honneur, à la vertu, ni à aucune chose qui me puisse faire perdre votre estime. »

Ces paroles de la comtesse ne firent qu'enflammer davantage le cœur du Roi. Il venoit d'entendre de la bouche de sa maîtresse, qu'il en étoit tendrement aimé ; il n'est rien de si doux pour un amant passionné, et ce prince ne pouvoit pas contenir sa joie. — « Mais seroit-il bien vrai que vous m'aimassiez, dit-il à sa charmante comtesse, et que vous m'en donniez si peu de marques ! Non, quoique vous en veuilliez dire, vous n'avez jamais senti les traits de l'amour. — Hélas ! si je ne vous aimois, lui répondit-elle avec un air languissant, je ne vous souffrirois pas comme je vous souffre. — Eh ! croyez-vous, Madame, lui dit le Roi, qu'un cœur qui vous aime se puisse contenter de si peu de chose ? Ah ! que vous aimez foiblement si vous en jugez ainsi ! »

Alors ce prince, devenu plus hardi par la déclaration que la comtesse venoit de lui faire, attacha sa bouche contre la sienne, et lui donna un baiser dont elle ne put jamais se défendre ; elle se laissoit entraîner par un si doux charme ; l'honneur ne battoit déjà que d'une aile ; l'amour commençoit d'avoir le dessus, et le Roi, profitant d'un temps si précieux à l'amour, alloit se mettre en possession d'un bien qui lui étoit plus cher alors que sa couronne, lorsque la comtesse, revenant comme d'un profond assoupissement, et voyant qu'elle ne pouvoit plus résister au Roi, fit semblant de consentir à tous ses désirs, et le pria seulement de changer de place, disant qu'elle étoit incommodée dans cette assiette.

Le Roi, qui voyoit qu'en procurant le plaisir de la comtesse, il ne feroit qu'augmenter le sien, consentit sans peine à tout ce qu'elle voulut. Ils changèrent d'abord de place, et la comtesse, prenant son temps, saisit l'épée du Roi, qu'elle tira du fourreau, et recula trois ou quatre pas en arrière. Le Roi qui crut qu'elle vouloit s'en servir contre lui, s'alla jeter à ses pieds, et lui dit : — « Madame, si vous demandez ma mort, me voici prêt à la recevoir de votre main. — Non, Sire, lui dit la comtesse, ce n'est pas votre mort que je demande; ma main ne vous fera jamais aucun mal, vous n'êtes point coupable. Mais c'est moi, c'est moi que je veux punir de la foiblesse où je suis tombée par mon malheur. »

En disant cela, elle alloit tourner la pointe de l'épée contre son estomac, si le Roi ne l'eût empêchée. — « Qu'allez-vous faire, dit-il, trop vertueuse comtesse? vous n'avez rien à vous reprocher; eh! pourquoi voulez-vous vous punir d'un crime que vous n'avez point commis? — Il est vrai, dit-elle, mais c'est pour m'empêcher de le commettre. »

Le Roi touché du triste état où il la voyoit, promit de ne la presser plus; et en effet elle étoit plus propre alors à inspirer la compassion que l'amour, et l'on voyoit dans ses yeux et sur son visage toutes les marques d'un véritable désespoir. De sorte que le Roi, qui l'aimoit plus que sa propre vie, et qui craignoit pour elle quelque chose de funeste, lui redemanda son épée, la fit remonter à cheval, et, après y être monté lui-même, ils sortirent de ce vallon, montèrent sur une des deux collines, et découvrirent de loin leurs chasseurs qui venoient de forcer un cerf. Ils étoient assez en peine de savoir où pouvoit être le Roi, et il n'y avoit que le duc de La Feuillade qui s'imaginât ce qui en étoit. Il ne les eut pas plus tôt joints, qu'il leur dit qu'il s'étoit posté à un endroit avec la comtesse, où il croyoit voir passer la bête, mais qu'il n'avoit pas eu tout le plaisir qu'il s'étoit promis, ni la comtesse non plus, avec laquelle il avoit espéré de le partager. Il n'y eut que le duc de La Feuillade, qui savoit l'amour du Roi, qui comprit le sens caché de ces paroles. Et la comtesse, qui vouloit bien qu'on l'entendît de la chasse, prit incontinent la parole et dit qu'elle ne s'étoit jamais tant ennuyée. — « Vous ne devez vous en prendre qu'à moi, lui dit ce prince, car c'est moi qui vous ai conseillé de prendre ce méchant poste. — Je ne m'en prends, dit-elle, qu'à ma mauvaise fortune, ou à cette maudite bête, qui n'a pas voulu passer devant nous, et qui fuit, je crois, devant Votre Majesté, comme tous vos autres ennemis. »

Quoiqu'elle n'eût pas grande envie de plaisanter, elle fit pourtant un effort sur elle-même, pour cacher le désordre de son cœur, qui étoit encore tout troublé de ce qui venoit de lui arriver. Ce fut ainsi que se passa cette chasse, où le Roi n'obtint pas tout ce qu'il auroit voulu, mais où il reconnut pourtant qu'il étoit plus aimé qu'il ne s'étoit imaginé. Il ne pouvoit comprendre qu'une femme qui l'aimoit si tendrement, qui l'avoit dit à lui-même, et qui en avoit donné des marques plus certaines encore que ses paroles, pût se refuser un plaisir qui est le tribut ordinaire de l'amour, et la fin que tous les amants se proposent. Cela le passoit, et il étoit si peu accoutumé à voir de semblables prodiges de vertu, qu'il ne pouvoit se lasser d'admirer celle de la comtesse, quoique ce fût cette vertu qui seule étoit contraire à son amour et s'opposoit à tous ses désirs.

Ce fut aussi environ en ce temps-là que le Roi dit ces paroles, que j'ai rapportées au commencement de cette Histoire, « qu'il n'y avoit que deux femmes à la Cour qui fussent véritablement chastes, et pour lesquelles il feroit serment qu'elles étoient fidèles à leurs maris. » C'étoit la Reine, comme j'ai dit, et la comtesse de L..., qu'il venoit de mettre à une si grande épreuve.

Cependant cette vertu, dont le Roi n'étoit que trop persuadé, ne fut pas capable de refroidir son amour. S'il n'en eût pas été aimé, peut-être qu'il auroit abandonné le dessein de cette conquête, qu'il auroit regardée comme une chose impossible, ayant à combattre ces deux redoutables ennemis, l'honneur et l'aversion de sa maîtresse. Mais, ayant l'amour de son côté, il se flatta toujours de quelque espérance. Il avoit vu cet honneur presqu'aux abois, et, sans ce moment fatal qui fit faire quelque réflexion à la comtesse, il alloit être le plus heureux de tous les amants. Enfin, on peut dire que l'amour du Roi augmentoit par toutes ces difficultés, et que la gloire et l'ambition, dont il est si fort touché, s'y mêloient en quelque sorte. Il se faisoit une espèce d'honneur de triompher de la plus vertueuse dame de son siècle; il se figuroit mille secrètes douceurs qu'il n'avoit jamais goûtées avec ses autres maîtresses, et il se promettoit des plaisirs infinis dans une jouissance qui lui auroit tant coûté.

Cela fait bien voir que les plaisirs des amants ne sont que dans l'imagination, et que, selon que cette imagination agit, ces plaisirs sont plus ou moins grands; et comme cette faculté de notre âme supplée au défaut des sens, pour grossir les objets que les sens n'aperçoivent pas, celle du Roi pouvoit agir dans toute son étendue par l'extrême sévérité de sa maîtresse, et son imagination, lui représentant des plaisirs que ses sens n'avoient jamais goûtés avec elle, les lui figuroit beaucoup plus grands; et tout cela, comme j'ai dit, le rendoit plus amoureux.

En ce temps-là, le Roi et la comtesse tombèrent malades presque en même temps [1]. Le Roi fut attaqué d'une grosse fièvre, qui lui fut causée par sa passion, et par la grande agitation qu'il s'étoit donnée le jour de cette chasse; et

1. Le *Journal de la santé du Roi* pour les années 1672, 1673, 1674, ne parle que de ses maladies ordinaires d'estomac, de ses étourdissements et de ses vapeurs : maladies fréquentes et qui demandoient de grands soins.

la comtésse, de la frayeur qu'elle avoit eue, du chagrin qu'elle avoit de s'être sitôt déclarée, et fâchée de sentir dans son cœur une passion qui alloit contre son devoir. Toutes ces choses jointes ensemble la firent tomber dans une maladie de langueur, qu'on craignoit dégénérer en phthisie. La fièvre du Roi redoubla quand il sut que la comtesse étoit malade. Et la comtesse, qui ne pouvoit haïr le Roi, devint encore plus triste et plus abattue, dès qu'elle apprit l'état de ce prince, dont la vie étoit en grand danger. Il ne se passoit point de jour, que le Roi ne s'informât de la santé de la comtesse, et cet empressement que le Roi faisoit paroître, fit ouvrir les yeux à quelques-uns, et leur fit soupçonner avec raison qu'il avoit des sentiments tendres pour cette dame.

La Montespan qui venoit de prendre les eaux de Bourbon [1], et qui n'avoit pas vu le Roi depuis quelque temps, fut la première à s'en apercevoir ; et comme elle croyoit alors posséder seule le cœur du Roi, car La Vallière avoit renoncé au monde, elle ne pouvoit pas se consoler qu'une autre le lui voulût disputer. Mais ce qui la fâchoit plus que tout, c'est que l'in-

---

1. Ce n'est pas en 1672, mais en 1676, que Mme de Montespan alla aux eaux de Bourbon. Le 8 avril, Mme de Sévigné annonce que la favorite va partir ; le 1er mai, qu'elle est partie ; le 15 mai, qu'elle est présentement à Bourbon ; le 8 juin, qu'elle est partie de Moulins le jeudi pour aller, en suivant le cours de l'Allier et de la Loire, jusqu'à l'abbaye de Fontevrault, où sa sœur étoit abbesse. — Cet anachronisme, rapproché d'autres erreurs, est de nature à diminuer la confiance qu'on pourroit avoir en ce petit roman.

térêt que le Roi témoignoit prendre à la santé de Madame de L... ne lui faisoit que trop connoître qu'il en étoit véritablement amoureux. Ce fut alors que toute sa jalousie se réveilla, et qu'elle chercha mille moyens pour traverser ce nouvel engagement, pour ruiner sa rivale, et pour la détruire dans l'esprit du Roi ou dans celui de son mari, ou pour faire tous les deux ensemble; mais elle ne fit ni l'un ni l'autre.

La première chose qu'elle fit, fut de tâcher de découvrir où elle en étoit avec le Roi. Elle en fut bientôt instruite par un cas fortuit, qui lui fit tomber entre les mains la réponse que la comtesse avoit faite à son billet. Comme la Montespan avoit la liberté d'entrer à toutes les heures du jour dans la chambre de ce prince, elle y fut un jour qu'il reposoit, et comme cet amant pensoit toujours à sa nouvelle maîtresse, il ne pouvoit se lasser de lire le billet qu'elle lui avoit écrit, quoiqu'il ne fût pas aussi tendre qu'il l'auroit bien souhaité. Le jour que la Montespan trouva le Roi qui dormoit, il avoit tenu ce billet entre ses mains, et le sommeil l'ayant saisi, il l'avoit laissé tomber à la ruelle de son lit.

Dès qu'elle vit ce papier par terre, elle le prit pour voir ce qu'il contenoit, et elle comprit d'abord que le Roi aimoit la comtesse avec toute l'ardeur d'un amant, et qu'il n'avoit encore obtenu d'elle aucune faveur considérable. Elle se contenta d'avoir satisfait sa curiosité, et, remettant le billet où elle l'avoit trouvé, elle sortit tout doucement de la chambre pour n'interrompre pas le sommeil du Roi, et alla penser aux moyens de ruiner une passion qui, selon toutes les apparences, lui devoit faire perdre son grand crédit et les bonnes grâces du Roi. Elle fit savoir au comte, par des voies indirectes, que sa femme recevoit des lettres d'un amant qui n'étoit pas à mépriser, et qu'elle, à son tour, lui en écrivoit de fort tendres.

Le comte méprisa d'abord cet avis, et, pour faire voir le peu de cas qu'il en faisoit, il voulut le dire à sa femme, et s'en divertir avec elle. — « Savez-vous, Madame, lui dit-il, qu'on me donne un rival, et un rival qui n'est pas à mépriser? » La comtesse, qui ne comprit pas d'abord ce qu'il vouloit dire, lui demanda s'il avoit quelque nouvelle maîtresse. — « Ce n'est point cela, lui dit son mari, c'est vous-même qui avez fait un amant. » La comtesse rougit un peu, et le comte attribua cette rougeur à la pudeur de sa femme. — « Et quel est cet amant, dit-elle, qu'on me donne? — On ne me l'a pas nommé, lui dit le comte, mais on dit que c'est un amant aimé, qui vous a souvent écrit, et à qui vous répondez d'une manière fort tendre; je ne vous croyois pas si secrète dans vos amours. — Elles sont si secrètes, lui dit la comtesse, que je n'en sais rien moi-même, et je vous promets que dès que cet amant paroîtra, vous en serez averti. Mais, toute raillerie à part, ajouta-t-elle, est-il bien vrai qu'on vous a fait un pareil rapport? — Il est aussi vrai, lui dit le comte, comme il est vrai que je n'en crois rien. »

Cela remit entièrement l'esprit de sa femme, qui s'étoit un peu alarmée; et dès aussitôt que son mari l'eut quittée, elle brûla le billet qu'elle avoit reçu du Roi, qui étoit la seule chose qui pouvoit la convaincre de ce qu'on avoit tâché de faire croire au comte son époux; et pour la réponse qu'elle avoit faite à ce prince, elle étoit conçue avec tant de retenue et tant de sagesse, qu'elle ne craignoit pas que son mari pût lui en faire une affaire. Ainsi l'esprit jaloux de la Montespan n'avança rien de ce côté-là pour perdre sa rivale dans l'esprit de son mari.

Elle attendoit que la santé du Roi fût un peu rétablie pour faire jouer d'autres ressorts, qui pussent le dégoûter de l'amour de la comtesse. Comme les maladies violentes ne sont pas de longue durée, celle du Roi, qui étoit une fièvre ardente, le quitta après le huitième jour. La Montespan le voyant déjà remis, et qu'il n'y avoit rien à craindre pour sa santé, fit ses visites plus longues, et ne songea qu'à divertir ce monarque, en lui apprenant tous les jours quelque nouvelle galanterie. — « Eh! vous ne me dites rien de la comtesse de L..., dit le Roi à la Montespan, d'un air qui marquoit qu'il prenoit beaucoup de part à ce qui la regardoit. Est-ce qu'elle est sans intrigue? Est-ce qu'elle manque de charmes? Est-ce enfin, comme on me l'a assuré, qu'elle est aussi austère qu'une carmélite, et que sa vertu fait trembler tous ceux qui osent l'approcher? »

La Montespan, qui attendoit à toute heure une semblable question de la bouche du Roi, fut bien aise de le satisfaire là-dessus, ou, pour mieux dire, de se satisfaire elle-même, en disant des choses de cette comtesse, qui pourroient

empêcher le Roi de penser plus à elle. —
« Sire, lui dit la Montespan, en affectant un air
ingénu, ceux qui la connoîtront bien ne se
feront pas une grande violence de renoncer à
cette conquête, et ce ne sera pas sa vertu qui les
en rebutera. — On dit pourtant, répliqua le Roi,
que jamais femme n'a été plus sévère que celle-
là. — Je ne sais pas, dit la Montespan, qui se
plaint de sa sévérité; mais je sais bien que la
maxime des fausses prudes, qui ne peuvent pas
avoir des amants, est d'affecter une vertu austère, afin qu'on ne dise pas d'elles dans le
monde que c'est faute d'appas qu'on les laisse
là; mais c'est qu'elles sont plus chastes que
tout le reste des femmes. — Ce que vous dites
là, reprit le Roi, est bon pour celles qui sont
sur le retour de l'âge, ou qui manquent de
beauté, mais cela ne se peut pas dire de la comtesse; elle est jeune et belle, elle a l'esprit brillant et poli, et il y a peu de femmes à la Cour
qui aient autant de charmes qu'elle. — Je conviens de ce que vous dites, répondit la Montespan, mais Votre Majesté me permettra de lui
dire que c'est une belle pomme qui est gâtée au
dedans. — Expliquez-vous, je vous prie, dit le
Roi; est-ce qu'elle a des défauts cachés? — Je
ne les ai pas vus, reprit-elle; mais il y a une
femme qui la sert depuis longtemps qui a dit à
l'une des miennes que sa maîtresse avoit des
ulcères en divers endroits de son corps; qu'il
n'y avoit qu'elle seule, qui les lui pansoit, et
son mari, qui le sussent; et que lui-même en
étoit si fort dégoûté, que la plupart du temps
il ne couchoit pas avec elle. — Je suis surpris,

repartit le Roi, de ce que vous m'apprenez. Cependant la comtesse a un embonpoint le plus frais et le plus beau du monde, et un teint des plus unis. — Et c'est cela même, dit la Montespan, qui produit cet embonpoint que vous dites; au moins c'est ce que j'entends dire tous les jours aux médecins, que toutes les mauvaises humeurs se jettent sur ces endroits, et que c'est pour cela que tout le reste du corps est si net et si poli. — Mais cela l'empêcheroit-il d'avoir des amants? dit alors le Roi. Peuvent-ils deviner une chose qui ne paroît pas du tout? — Je ne vous ai pas dit, Sire, répliqua la Montespan, que c'étoit cette raison qui éloignoit les amants. Mais j'ai dit à Votre Majesté, si elle y a pris garde, que c'est ce défaut, qui n'est que trop connu d'elle-même, qui lui fait fuir souvent le grand monde et lui fait aimer la retraite. Que lui serviroit après tout, ajouta-t-elle, de faire des amants qu'elle n'oseroit rendre heureux, quelque envie qu'elle en eût? ou si elle en venoit jusque-là, elle est assurée qu'ils se dégoûteroient d'abord, et qu'elle les perdroit de la manière la plus honteuse pour des personnes de notre sexe. — Elle fera donc bien de s'en tenir, dit le Roi, à ce qu'on appelle la petite oie [1], et de ne laisser prendre à ses amants que

---

1. « *Petite oye*, dit Furetière, est ce qu'on retranche d'une oye pour la faire rôtir, comme les pieds, les bouts d'ailes, le cou, le foye, le gesier... *Petite oye* se dit figurément des rubans et garnitures qui servent d'ornement à un habit, à un chapeau, etc... La petite oye consiste aux rubans pour garnir l'habit, le chapeau, le nœud d'épée, les bas, les gands, etc. — *Petite oye* se dit, en matière

le dehors de la place. — Cela seroit bon, dit la Montespan, si on pouvoit s'en tenir là; mais vous savez, Sire, qu'en amour, on va plus loin qu'on ne pense. »

Après cela, cette malicieuse femme, qui vouloit se réjouir aux dépens de sa rivale, dit que si son mari étoit jaloux, il n'avoit qu'à faire voir sa femme toute nue, et qu'il ne devoit pas craindre qu'il lui arrivât jamais ce qui arriva à cet ancien roi de Lydie. Le Roi, qui ne se pique pas fort de lecture, pria la Montespan de lui raconter cette histoire. — « La voici, dit-elle, Sire, en peu de mots, telle que je l'ai lue dans Hérodote. Candaulès, qui étoit le nom de ce prince, avoit une femme extrêmement belle, et, par une bizarrerie dont on ne sait pas la cause, il la fit voir toute nue à Gigès son favori, qu'il avoit fait cacher dans la chambre de la Reine. — C'étoit sans doute, dit le Roi, pour lui faire voir que son corps étoit aussi beau que son visage. — Il l'étoit en effet, dit la comtesse, et Gigès en devint amoureux; mais je ne crois pas que le comte doive craindre rien de semblable, de ceux qui verroient sa femme dans le même état. — Je n'aurai jamais cette curio-

d'amour, des menues faveurs qu'on peut obtenir d'une maîtresse dont on ne peut avoir la pleine jouissance, comme baisers, attouchements, etc. » — A la p. 111 du très-curieux roman intitulé *Araspe et Simandre* (2 vol. très-petit in-8°, 1672), on lit : « tel craint de donner dans une étoffe trop chère, qui, ajustant avec beaucoup de rubans une bien moindre, ne laisse pas de se trouver agréablement vêtu; c'est ce qu'on appelle la *petite oye;* c'est ce que nous donnons quelquefois, et ce que (l'auteur est une femme) nous ne devrions jamais donner. »

sité, dit le Roi, voulant dissimuler sa passion ; mais je suis fâché pourtant, pour l'amour de cette comtesse, que les apparences soient si trompeuses, et que, sous un si beau dehors, il y ait des choses si dégoûtantes. — Si Votre Majesté y prenoit la moindre part, je serois bien fâchée, dit la Montespan, de vous avoir dit une chose qui pût vous faire quelque chagrin. Mais en cas qu'il vous prît jamais envie de l'aimer, ajouta-t-elle, avec un souris forcé, il est bon que votre Majesté en soit avertie, de peur qu'elle n'allât trop avant, et qu'elle ne voulût voir des choses qui ne lui feroient pas plaisir. — Je vous sais gré de ce bon avis, lui dit le Roi, mais cela ne m'arrivera jamais. »

La Montespan ne fut pas plus tôt sortie, que le Roi fit de profondes réflexions sur ce qu'elle lui avoit dit. C'est un terrible embarras pour un amant qui aime une femme jusques à l'adoration, quand on lui vient dire qu'elle a des défauts cachés. Le Roi ne remarquoit rien en la comtesse qui ne l'assurât que c'étoit une beauté achevée. Sa gorge et son visage démentoient déjà le discours de la Montespan, et s'il n'avoit pas vu tout le reste, il en avoit assez vu, le jour de sa dernière chasse, pour lui faire juger que tout ce qu'on venoit de lui dire n'étoit qu'une calomnie. Il soupçonna même que la Montespan, ayant eu quelque connaissance de l'inclination qu'il avoit pour la comtesse, pourroit avoir inventé toute cette fable pour l'en dégoûter. Il savoit qu'elle étoit fort audacieuse, et d'une humeur fort jalouse. Enfin, il alla se ressouvenir que le même jour qu'il avoit laissé tomber le billet de la comtesse, après qu'il se fut endormi, on lui dit que la Montespan étoit entrée dans sa chambre, et qu'après avoir demeuré quelque temps à la ruelle du lit, elle s'étoit retirée, de peur d'éveiller le Roi. Faisant réflexion à toutes ces choses, il ne douta point que tout ce que la Montespan venoit de lui dire ne fût de son invention : de sorte que tous ses stratagêmes furent inutiles, et ne firent aucun mal à sa rivale. Elle vécut toujours le mieux du monde avec son mari qui n'eut pas le moindre soupçon de sa fidélité, et le Roi l'aima plus que jamais.

Ce monarque ne pouvoit plus contenir son feu ; les divers assauts qu'il avoit donnés à sa maîtresse, et qui avoient toujours échoué, ne servoient qu'à l'enflammer davantage, et à rendre ses désirs plus violents. Ce beau fruit qu'il n'avoit goûté que du bout des lèvres, ne faisoit qu'aiguiser, s'il faut ainsi dire, son appétit, et échauffer son imagination. Enfin, il lui tardoit de savoir comment la comtesse étoit faite, non pas pour s'éclairer de ce que la Montespan lui avoit dit, mais pour apaiser l'ardeur de sa flamme. Quelque expert qu'il fût en l'art d'aimer, il étoit au bout de sa science, et il ne savoit plus que faire, après avoir manqué la plus belle occasion que l'amour puisse offrir à un amant. Être seul avec sa maîtresse au milieu d'un bois, apprendre de sa bouche qu'on est aimé, profiter d'un si doux aveu, presser vivement la place, monter jusques à la brèche, et se voir repousser à l'entrée : c'est ce qu'il ne pouvoit pas comprendre. — « Il faut, disoit-il, ou que cette femme soit tout à fait insensible, ou qu'elle ait une vertu plus qu'humaine. Mais puisque les charmes de l'amour n'y peuvent rien, il faut se servir de quelque vieille ruse. Cette femme se fait un crime de ce que l'amour a de plus doux; il faut que l'hymen vienne ici à notre secours, et que nous nous servions du même stratagême dont se servit Jupiter pour jouir de la chaste et belle Alcmène. Puisqu'un amant, et un amant aimé, ne peut pas vaincre une vertu si farouche, tâchons de nous transformer et de prendre la figure du mari pour tromper une femme trop fidèle. Ce qui acheva de déterminer le Roi à prendre un dessein si périlleux, fut une aventure singulière qui venoit d'arriver depuis peu de jours, qui servit longtemps de divertissement à la Cour, et dont le bruit se répandit assez loin.

Deux gentilshommes, à peu près du même âge et de même taille, avoient épousé depuis quatre ans deux femmes bien faites, qu'ils aimoient beaucoup et dont ils étoient tendrement aimés, mais dont ils n'avoient eu aucun enfant. Comme ils avoient de grands biens et qu'ils craignoient de ne laisser point de successeurs, il n'est rien qu'ils ne tentassent pour rendre leurs femmes fécondes: remèdes, purgations, eaux minérales, tout étoit mis en usage, et, parce que les médecins leur dirent qu'il falloit réitérer ces remèdes à diverses fois, ces Messieurs ne manquoient pas d'aller tous les ans avec leurs épouses aux eaux de Bourbon[1]. Ils y furent cet été que le Roi

---

[1]. Les eaux de Bourbon avoient alors une vogue qu'elles n'ont pas conservée depuis, bien que leurs effets n'aient pas changé. Le médecin Delorme y attirait une grande clien-

étoit à Fontainebleau. Comme le temps étoit fort beau, il y eut plus de foule qu'à l'ordinaire : toutes les hôtelleries étoient remplies; et ces deux gentilshommes ne purent trouver qu'une chambre, où il y avoit pourtant deux lits; cela suffisoit pour eux et leurs femmes; car, pour leurs valets, ils couchèrent où ils purent. S'étant donc mis en possession de leur chambre, et ayant soupé en très-bonne compagnie, ils proposèrent à leurs femmes d'aller prendre un peu le frais, et de jouir du plaisir de la promenade. Mais elles dirent qu'elles étoient fatiguées du voyage, et qu'étant obligées de se lever de bon matin pour prendre les eaux, elles seroient bien aises de se délasser et de se coucher bientôt; mais que pourtant ils ne se privassent pas eux-mêmes de ce plaisir. Ces bons maris, qui ne vouloient point contraindre leurs femmes ni se contraindre eux-mêmes, firent tout ce qu'elles voulurent; ils allèrent se promener; ils virent là tout ce qu'il y avoit de beau monde de l'un et de l'autre sexe, et ce temps leur parut si court qu'il étoit près de minuit quand ils arrivèrent à leur logis. Leurs femmes étoient couchées il y avoit deux heures; elles dormoient profondément, et leurs maris, de peur de les éveiller, firent le moins de bruit qu'ils purent en se couchant; ils se déshabillèrent, ils éteignirent eux-mêmes la chandelle, et chacun d'eux se mit le plus doucement qu'il put au lit, où il croyoit de

---

tète. Mme de Montespan y alla, comme nous l'avons vu plus haut, et c'est là que Lauzun, sorti de prison mais non encore admis à la Cour, alla lui présenter ses hommages et solliciter sa protection.

trouver sa femme. On ne sait pas bien si leurs épouses n'avoient pas bien distingué les lits qui avoient été arrêtés par leurs maris, ou si ces Messieurs eux-mêmes, distraits par les différents objets qu'ils avoient vus à la promenade, ou peut-être accablés de sommeil, prirent un lit pour un autre; quoi qu'il en soit, car cela ne fait rien à l'affaire, chacun de ces deux gentilshommes, au lieu de s'aller mettre auprès de sa femme, s'alla coucher avec celle de son ami.

Ces quatre personnes passèrent ainsi toute la nuit, sans qu'aucune d'elles s'aperçût de cet étrange quiproquo. On peut bien croire que ces Messieurs, qui souhaitoient tant d'avoir des enfants, et qui étoient allés là pour cette seule raison, ne passèrent pas toute la nuit sans rien faire, et qu'ils travaillèrent de toute leur force à la propagation de leur espèce. Leurs belles épouses, qui avoient le même désir, s'y employèrent aussi avec affection et avec toute l'ardeur de leur sexe. Enfin, le matin étant venu, on voit paroître le jour, on songe à se lever, on tire le rideau, on se parle; mais qui pourroit exprimer la surprise de ces deux femmes et de ces deux maris, à la vue d'une si étrange métamorphose? Ils demeurent tout confus, ils sont tous quatre muets et interdits, personne n'ose parler, aucun n'a la force d'interroger son voisin ni de lui demander comment il a passé la nuit, de peur d'en trop apprendre; chacun se flatte que son compagnon a dormi toute la nuit; chacun se console d'avoir au moins tiré parti d'une affaire si délicate et de n'être pas la dupe. Chacun savoit bien ce qu'il avoit fait de son côté, mais il étoit en peine d'apprendre ce qui s'étoit passé à l'autre bout de la chambre. Aucune de ces femmes n'osoit regarder son mari, et encore moins celui qui venoit d'occuper sa place, et les maris n'osoient pas regarder leurs femmes, de peur de voir sur leur visage des marques trop certaines d'un affront irréparable. Il se passa une scène muette qui exprima plusieurs passions différentes. Enfin, il y en eut un plus impatient, qui, tirant brusquement sa femme par le bras, lui dit tout en colère : — « Pourquoi vous allâtes-vous coucher dans ce lit? Ne saviez-vous pas que c'étoit celui-ci que j'avois arrêté pour nous deux? — J'avois cru, dit-elle, que c'étoit l'autre, et je vous prie de ne pas me quereller pour une chose dont j'ai plus de chagrin que vous, et dont je ne me consolerai de ma vie. — Tant pis, » lui dit son mari, qui ne connut que trop, au langage de sa femme, ce qui s'étoit passé entr'elle et son voisin; mais il n'étoit pas juste aussi que les rieurs ne fussent que d'un côté. La femme de celui qui n'avoit pas encore parlé, paroissant toute honteuse, donnoit assez à connoître qu'elle n'étoit pas plus nette que sa voisine. — « Enfin, dit ce mari, qui parut plus raisonnable, ce qui est fait est fait, et tous les hommes ne le sauroient empêcher. Nous sommes à deux de jeu; nous avons fait, comme on dit, troc de gentilhomme [1] sans nous demander de retour; laissons passer dou-

---

1. On appelle « troc de gentilhomme » celui qui se fait but à but, *troc* pour *troc*, sans donner de l'argent de retour. (Furetière.)

cement la chose ; la volonté fait tout dans ces affaires ; c'est un pur effet du hasard ; nous sommes assurés de la chasteté de nos femmes ; plaignons-les, et les consolons, au lieu de les porter au désespoir. Que savons-nous si Dieu s'est voulu servir de ce moyen pour nous donner un enfant à l'un et à l'autre, et si cela arrive, qu'y a-t-il à faire qu'à compter de cette nuit ? Et si nos femmes sont enceintes, quand leur fruit sera mûr, et que le terme d'accoucher sera venu, chacun prendra ce qui lui appartiendra ; et ces enfants ne seront pas moins à nous, que si nous les avions eus de nos propres femmes. » Il y en eut une qui voulut répliquer, et qui dit que cela leur seroit bien fâcheux qu'on leur arrachât un enfant qu'elles auroient nourri et porté neuf mois dans leur sein, et qu'on leur en donnât un autre, où elles n'auroient aucune part. On leur ferma la bouche, en leur disant que c'étoit pour les punir de la bévue qu'elles avoient faite en changeant de lit, qu'il falloit que la chose allât ainsi ; que l'enfant qu'on leur donneroit seroit celui de leur mari ; que, puisque les hommes regardoient souvent comme leurs des enfants qui n'appartenoient qu'à leurs femmes, elles pouvoient bien une fois en recevoir un de la main de leurs maris, et qu'elles auroient un avantage que les hommes n'avoient pas : c'est qu'elles pourroient toujours distinguer leur propre enfant de celui qu'on leur supposoit, et lui donner leur bien si elles le jugeoient à propos. Un jugement si sage apaisa d'abord le tumulte ; tout le monde se tut, chacun fut content, et au bout de neuf mois ces deux femmes accouchèrent chacune d'un garçon, qui donna bien de la joie à ces deux familles.

Cette affaire ne put pas être si secrète qu'elle ne vînt à la connaissance du monde, et le Roi, qui en avoit ouï parler, trouvoit cela si plaisant qu'il souhaita plus d'une fois de tromper ainsi la comtesse, puisqu'il n'en pouvoit pas jouir autrement. Il communiqua son dessein au duc de La Feuillade. Le duc lui dit que cela étoit fort bien imaginé, et qu'il ne falloit que songer aux moyens de l'exécuter. — « Tout ce que j'y trouve, Sire, de fâcheux pour vous, c'est d'être obligé de faire le rôle du mari pour jouir d'une maîtresse; et comme vous avez, sans doute, toutes les délicatesses des amants, vous ne goûterez qu'imparfaitement un plaisir qui ne s'adressera point à vous et qu'elle croira donner à son mari. — Je sais tout cela, dit le Roi, mais il n'importe; il faut tirer de l'amour tout ce qu'on peut; j'ai déjà le cœur de cette fière comtesse, et elle ne veut pas m'accorder le reste; mais si je le puis avoir une fois, j'aurai tout ce qu'un amant peut souhaiter, et enfin elle pourra m'accorder de son bon gré ce que j'aurai une fois obtenu par cette ruse. Il n'est donc question que d'exécuter un dessein qui peut seul me rendre heureux. »

Cet habile confident dit au Roi qu'il alloit y travailler de ce pas; qu'il savoit que le comte, comme la plupart des gens de qualité, couchoit dans un lit séparé de sa femme, d'où il l'alloit trouver quand il lui prenoit envie; il lui dit encore qu'il croyoit, à force d'argent, gagner celui qui gardoit la porte de la chambre, et de l'obliger à se défaire adroitement des autres domestiques, et d'introduire le Roi vers les onze heures du soir à la chambre du comte de L... Et pour ce qui est du comte, dont la présence étoit le plus grand obstacle, il l'engageroit à une partie de jeu, où ils passeroient une bonne partie de la nuit. Le Roi fut ravi de l'expédient que le duc lui proposoit, et il lui sembloit déjà qu'il étoit entre deux draps avec sa chère comtesse. Il lui commanda d'aller travailler promptement à ce dessein, et de venir aussitôt lui rendre réponse.

Dès que le Roi eut congédié le duc, il entra dans la chambre de la Reine, où il trouva sa chère comtesse et plusieurs autres dames de la première qualité. Il ne l'avoit pas vue, il y avoit quelques jours, et il fut bien aise de voir qu'elle reprenoit son embonpoint. Son mal, dont on craignoit de fâcheuses suites, étoit tout-à-fait guéri, et il ne lui avoit laissé qu'une certaine langueur dans les yeux et sur son visage, qui la rendoit plus aimable, et surtout au Roi, qui n'y voyoit plus, ce lui sembloit, cette même sévérité qu'il avoit toujours si fort redoutée. — « A ce que je vois, Madame, lui dit le Roi tout bas, nous sommes tombés malades en même temps, et je sens qu'à mesure que vous guérissez, ma santé reprend de nouvelles forces. — Si cela étoit comme vous me le dites, je prendrois encore plus de soin de ma santé que je ne fais, répliqua cette comtesse. — Si ma santé vous étoit chère, lui dit ce prince, en tournant sa tête vers la fenêtre, afin qu'elle en fit autant, et qu'ils pussent parler sans être entendus, vous me traiteriez un peu plus doucement. — Et comment voudriez-vous qu'on vous traitât, dit-elle? — Comme on doit traiter un homme qu'on veut conserver, et que vos rigueurs font mourir, lui dit le Roi. — Quand on fait ce qu'on peut, ajouta-t-elle, on n'en doit pas demander davantage. — Que le comte est heureux, dit alors le Roi, puisque vous pouvez faire pour lui ce que vous ne sauriez faire pour moi ! — C'est un bonheur, Sire, lui dit-elle, que vous ne voudriez pas acquérir à ce prix-là. — Non-seulement à ce prix, si je le pouvois, lui dit ce prince passionné, mais au péril de mille vies. — Eh bien ! lui dit-elle, puisque cela ne se peut pas, il n'y faut plus penser, et nous consoler, vous et moi. » Après cela, elle se tourna du côté de la compagnie, et le Roi trouva ces dernières paroles si obligeantes, qu'elles le rendirent content tout le reste du jour.

Le Roi sortit quelque temps après, et il rencontra bientôt le duc de La Feuillade qui alloit trouver Sa Majesté pour lui rendre compte de sa commission. Il lui dit d'abord que les choses alloient comme il auroit pu le souhaiter; qu'il s'étoit assuré de ce domestique; que personne ne paroîtroit que lui dans le temps qu'il lui avoit marqué, et que le Roi pouvoit venir incognito, entrer dans la chambre du comte, et, quand il le trouveroit à propos, dans celle de la comtesse; que, pour le comte, ils devoient souper ensemble chez le prince de Marcillac [1], et qu'ils

1. Le prince de Marcillac dont il s'agit ici est le même que nous avons rencontré dans le 1ᵉʳ volume de ce recueil, et qui est devenu duc de La Rochefoucauld en 1680, à la

avoient fait une partie de jeu, où il y auroit plusieurs dames. — « Et comme je lui ai demandé si la comtesse son épouse en seroit, il m'a répondu que non; que depuis sa maladie elle n'aimoit point à veiller, mais se couchoit toujours à dix heures. — Cela va le mieux du monde, dit le Roi; pour moi, je vais dire qu'on me laisse seul, et je me déguiserai si bien, quand il sera nuit, que je sortirai sans qu'on s'en aperçoive. Il n'y a que cent pas à faire pour être à l'appartement de la comtesse.

Toutes choses étant ainsi disposées, le Roi se prépara à cette grande expédition; il comptoit les heures et les minutes, et jamais jour ne lui a paru si long. Enfin, la nuit vint, cette nuit tant désirée, et qui est si favorable aux amants.

Quand les onze heures sonnèrent, qui étoit l'heure du signal, il sortit de son cabinet en robe de chambre avec un simple gentilhomme qui l'accompagnoit. Dès qu'il fut à la porte de l'appartement du comte, il dit à ce gentilhomme de l'attendre, et de ne dire à personne où il étoit, sous peine de la vie. Les courtisans étoient assez accoutumés à voir faire au Roi de semblables équipées, qui marche en cela sur les traces de son aïeul Henri le Grand. Le Roi ne paroît pas plus tôt, qu'il rencontre un homme qui, sans lui dire « qui va là? » le fait entrer dans la chambre du comte, comme si c'eût été son maître, et, sans s'informer d'autre chose, ferme la porte après lui. Le Roi ne fut pas plus tôt

---

mort de son père, François VI, qui lui-même avait porté le nom de Marcillac jusqu'en 1650.

entré qu'il se reposa sur le lit du comte, et on auroit dit qu'il vouloit imiter en toutes choses le mari de la comtesse. Il est vrai qu'il ne s'amusa pas à dormir, mais il attendoit que le lièvre le fût, afin de tirer à coup sûr et qu'il pût le prendre au gîte. Quand il jugea que la comtesse pouvoit être endormie, il s'approcha tout doucement de son lit, et, laissant sa robe de chambre, il se glissa dans les draps du lit de sa maîtresse, sans qu'elle en sentît rien. Cet heureux amant, voyant qu'il avoit si bien réussi jusques-là, commença de prendre avec la comtesse toutes les privautés que prenoit le comte, dont il représentoit alors le personnage; il voulut faire en tout le mari; mais peut-être qu'il le voulut faire trop bien, comme dit La Fontaine, sur un sujet semblable[1]. Il n'eut pas plus tôt pris sa place qu'il reconnut d'abord que ce que la Montespan lui avoit dit de ces ulcères prétendus, n'étoit qu'une calomnie; il trouva un corps net et uni comme le cristal, et une peau la plus douce et la plus fine qu'il eût encore touchée. Après avoir reconnu tous les endroits de la place, et sentant que la comtesse étoit éveillée par le chatouillement que venoit de lui causer ce prétendu mari, il se mit en état de pousser l'affaire jusques au bout. La comtesse se tourna un peu de son côté, et, comme on ne s'amuse pas à parler dans ces occasions, et qu'il ne lui seroit jamais venu en pensée qu'autre que le comte la fût venu trouver dans son lit, elle ne

[1]. Est-ce dans le *Quiproquo*? Est-ce dans *Richard Minutolo*? On peut hésiter entre les deux.

rejeta point du tout ses premières caresses; mais, les recevant comme un doux fruit de leur mariage, elle y alloit répondre de son côté comme une bonne et fidèle épouse; mais il arriva une chose qui troubla les plaisirs qu'ils se préparoient de goûter. Comme elle avança un de ses bras pour embrasser celui qu'elle avoit pris jusques-là pour son mari, elle rencontra à l'endroit de ses reins une grosse verrue [1] qu'elle n'avoit jamais trouvée sur le corps du comte, quoique sa main se fût promenée mille fois en cet endroit. Cela la surprit un peu, non pas qu'elle crût qu'un autre homme fût venu occuper sa place; mais cette nouvelle verrue lui fit rompre un silence qu'elle avoit gardé jusque-là. — « D'où vient, monsieur le comte, dit-elle, que vous avez là cette verrue que je n'avois pas remarquée? Parlez, dit-elle, vous ne me répondez point? » Ce silence parut suspect à la comtesse, et, voyant qu'on ne lui répondoit que par des embrassements, elle fit un grand effort pour se débarrasser de celui qui la tenoit; et, comme il la venoit rejoindre : — « Si tu ne me laisses, dit-elle, qui que tu sois, je t'arracherai les yeux, et je ferai venir mes gens. » Et, en disant cela, elle lui donna un coup d'ongle entre l'œil droit et la tempe [2], dont le Roi porta les marques qui

---

1. Le *Journal de la Santé du Roi* ne parle pas de cette malencontreuse verrue; mais bien qu'en 1672 « Sa Majesté ait joui d'une santé digne d'elle », il avoit eu cependant, à plusieurs reprises, soit sur la poitrine, soit sur d'autres parties du corps de nombreuses tumeurs et duretés squirreuses.

2. La *tempe*. Cette forme s'est conservée dans le patois

parurent durant quelques jours, et dont peu de gens savoient la cause.

Quand il vit que la comtesse alloit faire du bruit et appeler du monde, il crut que le plus sûr étoit pour lui de se retirer et de sortir comme il étoit entré. Le même homme qui lui avoit ouvert la porte en entrant, la lui ouvrit quand il vit qu'il vouloit sortir; et il trouva son gentilhomme qui l'attendoit, et qui l'accompagna jusques à l'entrée de la chambre de la reine, que le Roi fut trouver au lit, et qui profita sans doute de ce que ce prince avoit destiné pour la comtesse. Cette dernière ne dormit guère le reste de la nuit. Elle étoit en peine comment elle devoit se gouverner en cette rencontre. Elle ne douta point que ce ne fût le Roi qui l'étoit venu trouver au lit, qui, n'ayant pu jusqu'alors satisfaire son amour, s'étoit servi de ce dernier stratagême. Son premier dessein fut d'abord d'appeler ses domestiques, de leur dire qu'un homme étoit entré dans sa chambre, qu'elle vouloit savoir absolument qui l'y avoit introduit, la chose n'ayant pu se faire sans leur participation, et que, dès que le coupable lui

---

normand (voy. le *glossaire* de Du Bois); le glossaire genevois de Gaudy l'a également relevée. Furetière, Richelet n'admettent pas la forme *tempe*, aujourd'hui en usage. — Chapelain a dit, en parlant d'Agnès Sorel :

> Les glaces lui font voir un front grand et modeste
> Sur qui vers chaque *temple*, à bouillons séparés,
> Tombent les riches flots de ses cheveux dorés.

Le Richelet de 1719 n'admet encore que *temple;* mais le dictionnaire de Trévoux de 1732 dit : « *tempe,* voyez *temple.* »

seroit connu, elle en vouloit faire un exemple. Un peu après elle considéra l'éclat que cela feroit, les conséquences malignes que quelques-uns en pourroient tirer pour ternir sa réputation, le chagrin, et peut-être les soupçons qu'une affaire si délicate causeroit à son mari, et l'affront que le Roi lui-même en alloit recevoir, quand la chose seroit divulguée; enfin, plusieurs autres considérations de cette nature la déterminèrent à laisser passer la chose, sans en parler à personne. Cette prudente dame savoit encore, que la réputation de celles de son sexe est extrêmement délicate, que le plus sûr pour elles est de conserver leur honneur et de se défendre contre tous ceux qui l'attaquent, sans en faire tant de bruit; que l'éclat est ce qui les perd dans l'esprit des gens, lors même qu'elles sont les plus innocentes, et qu'enfin n'ayant rien à se reprocher, elle ne craignoit les reproches de personne, puisque celui qui l'étoit allé trouver au lit s'en étoit retourné comme il étoit venu, et que ceux qui lui avoient prêté la main avoient pu juger, par son prompt retour et par le bruit qu'elle avoit fait, du peu de succès de son entreprise.

La comtesse donc, satisfaite de s'être bien défendue, ne voulut point prôner sa victoire. Qui sait encore si l'Amour ne se mêla pas là-dedans, et si la tendresse qu'elle ne pouvoit s'empêcher d'avoir pour le Roi, ne l'empêcha pas aussi de publier une chose dont elle pourroit se repentir un jour, n'étant pas assurée si elle n'auroit pas enfin pour ce prince des sentiments plus humains? et, quoiqu'elle n'appuyât pas beaucoup sur cette dernière considération, il est certain qu'elle y entra.

Le Roi, après cette honteuse retraite, perdit entièrement l'espérance de gagner jamais une telle dame; il résolut même de n'y penser plus; mais il ne savoit pas bien lui-même s'il seroit capable de tenir sa résolution. L'image de tant de beautés qui étoient répandues sur le corps de la comtesse, et dont ses yeux et même ses mains avoient été les témoins, lui revenoit toujours dans l'esprit. Il ne put s'empêcher de convoiter une chair si ferme et une peau si blanche et si délicate. — « Je vois bien, ajouta-t-il en lui-même, que la Montespan craignoit la touche d'un bijou si précieux, qu'elle vouloit me faire passer pour une happelourde[1]. Mais je n'ai que trop vu l'effet de sa jalousie, qui vouloit me dégoûter de la plus charmante beauté qui soit dans l'univers. Oui, je n'ai que trop vu que la comtesse a le plus beau corps du monde, et il vaudroit bien mieux pour mon repos avoir ajouté foi aux discours de la Montespan, me dégoûter de cette dame, et n'y penser jamais. Mais mon malheur a voulu que j'aie vu, et que j'aie touché moi-même des beautés qui m'ont charmé et dont je n'ai pu me réjouir. »

C'est ainsi que le grand Alcandre entretenoit ses pensées. Après avoir demeuré tout le reste de la nuit au lit de la reine[2], il s'en retourna

1. « *Happelourde*, faux diamant, ou toute pierre précieuse contrefaite, ou qui n'est pas arrivée à la perfection », dit Furetière. Le mot est pris ici dans son sens propre; on connoît son sens figuré.

2. On assure que le roi Louis XIV, voulant sauver les

dans le sien, selon la coutume, qui étoit à la chambre prochaine. L'heure de se lever étant venue, ceux que leur devoir appeloit auprès du Roi ne manquèrent pas de s'y rendre, et particulièrement le duc de La Feuillade, qui s'y trouva des premiers. Dès que le Roi eut paru en robe de chambre[1], on remarqua d'abord cette petite égratignure qu'il avoit au visage. Les courtisans se regardèrent tous, pour se demander les uns aux autres la cause de ce qu'ils voyoient ; mais personne n'osa en parler au Roi. Ce monarque, qui connut d'abord le sujet de leur étonnement, et qui avoit assez près de lui le duc de La Feuillade, lui dit à l'oreille : « la belle a été cruelle. » Ce mot fut entendu de quelques-uns des courtisans, et il fut su à la cour et jusques dans les provinces ; mais personne ne devina quelle étoit cette cruelle qui avoit ainsi traité le Roi, et qui lui faisoit porter des marques de sa rigueur. Il n'y eut que le duc de La Feuillade qui comprît d'abord ce que c'étoit.

Après que ce prince fut habillé, il témoigna qu'il vouloit être seul une demi-heure, et il ne retint auprès de lui que le duc de La Feuillade. — « Eh bien ! lui dit le grand Alcandre, tu vois que je porte des marques de mon dernier combat. — A la bonne heure, Sire, lui dit le duc, pourvu que vous ayez remporté la victoire ; vous savez que l'Amour, aussi bien que Mars, aime quelquefois à se baigner dans le sang. —

apparences, ne passa jamais une nuit sans aller coucher dans la chambre de la reine.

1. Voyez ci-dessus, p. 25, note 2.

Je t'assure pourtant, dit le Roi, que ce n'est pas à l'Amour que je dois me plaindre de celui qu'on m'a fait répandre cette nuit, et dont je porte les marques. — Mais quoi, Sire, lui dit le duc, n'alliez-vous pas comme ami vous présenter devant cette place? D'où vient qu'on vous a traité comme un ennemi? Vous alliez trouver cette femme non pas comme amant, mais comme mari; est-ce que les rigueurs s'étendent jusqu'à son époux? Car je ne puis pas comprendre que, l'étant allé trouver la nuit, elle ait pu vous reconnoître, ni vous prendre pour un autre que pour le comte. — Il faut donc te dire ce qui en est, » répartit le Roi, et alors il lui raconta comment il étoit entré dans la chambre de la comtesse; de quelle manière il s'étoit glissé dans son lit pendant qu'elle dormoit; comment, après s'être réveillée, elle avoit souffert quelques-unes de ses caresses, le prenant toujours pour son mari. « Enfin, ajouta-t-il, les affaires alloient jusque-là le mieux du monde; j'allois me rendre maître d'une place qui m'a toujours résisté, lorsqu'une maudite verrue que j'ai aux reins, sur laquelle elle porta fortuitement la main, éventa la mine et me découvrit. — Quoi, si peu de chose, reprit le duc, la fit entrer en soupçon? — Cela l'obligea à parler, lui dit le Roi, et à me demander depuis quand j'avois cette marque sur le corps; et, voyant qu'on ne lui répondoit point, elle ne douta plus qu'on ne l'eût trahie. Elle sauta promptement du lit, elle me repoussa, et elle alloit appeler ses gens. Enfin, au lieu qu'avant cela, elle étoit douce comme un mouton, après qu'elle eut touché cette fatale verrue, ce ne fut plus qu'une tigresse et une lionne, qui ne répondit à mes caresses qu'à coups de griffes, et qui m'a mis en l'état où tu me vois. De sorte que, voyant qu'il n'y avoit rien à gagner que de la honte pour moi, je me retirai tout doucement. — Il faut avouer, dit alors le duc, qu'en amour aussi bien qu'en toute autre chose, il y a de fatales conjectures. Qu'une petite verrue qui n'est pas, peut-être, plus grosse que la tête d'une épingle, arrête et fasse échouer un dessein si bien concerté[1] ! Je ne m'étonne plus, après cela, si la remore[2], qui n'est qu'un petit poisson, arrête tout court les plus grands vaisseaux, puisque si peu de chose s'oppose au bonheur du plus grand monarque du monde. — Mais il y a cette différence, répondit le Roi, c'est que je portois avec moi cette maudite remore qui a rompu tous mes projets amoureux, et a repoussé tout-à-coup mon vaisseau, qui alloit entrer à pleines voiles dans le port[3]. —

1. C'est la pensée de Pascal, sur le nez de Cléopâtre et le grain de sable de Cromwell.
2. Remora. Furetière conteste déjà l'opinion de Pline et de tous les anciens qui, après lui, attribuaient au remora la force d'arrêter un vaisseau dans sa course : « mais les modernes tiennent que c'est une fable. »
3. La 1re édition de ce petit roman, reproduite par M. Paul Lacroix, remplace le passage qui suit par un texte tout différent, que nous reproduisons ci-dessous :
« — Je suis bien aise, répliqua le duc, que Votre Majesté soit en humeur de railler sur cette aventure, et si vous n'étiez pas mon roi, je dirois encore une plaisanterie qui m'est venue dans l'esprit sur le malheur qui vient de vous arriver.
« Le Roi lui permit de dire tout ce qu'il voudroit, ne cherchant qu'à dissiper son chagrin. — Je ne puis penser à la fatalité de votre aventure, dit alors le duc, qu'il ne

Permettez-moi de dire à Votre Majesté, répliqua le duc, qu'elle ne devoit pas sitôt abandonner son entreprise, et qu'elle auroit peut-être bien fait de se donner à connoître à la comtesse, pour l'empêcher de faire du bruit. Que sait-on, ajouta le duc, si, dans la pensée où elle étoit que ce fût quelqu'un de ses domestiques, qui, profitant de l'absence du comte, avoit eu l'audace de se glisser dans son lit, elle a paru si transportée de rage? Ces sortes d'attentats ne sont pas sans exemple; l'Amour hasarde tout, et ce n'est que par un pareil stratagême que cette espèce de gens peut réussir dans une entreprise de cette nature, ayant affaire surtout à des femmes qui sont de l'humeur de cette comtesse. Mais toute tigresse qu'elle est en fait d'amour, elle auroit été douce comme un mouton si elle

me souvienne de ce que j'ai ouï dire autrefois d'un certain Martin qui, ayant un âne noir, voulut faire une gageure qu'on n'y trouveroit pas un seul poil d'une autre couleur. Aussi étoit-il noir depuis les pieds jusques à la tête. Cependant il y eut un homme qui se présenta pour faire cette gageure. Il offrit de payer le prix de l'âne s'il n'y remarquoit aucun poil qui ne fût noir, et le maître de la bête s'engagea à la lui livrer s'il trouvoit un seul poil d'une autre couleur. La chose étant ainsi arrêtée entr'eux, il se trouva que la bête avoit un poil qui étoit grisâtre, mais si menu qu'il ne paroissoit que comme un point; ce qui fut cause que son maître la perdit, et de là est venu ce proverbe : *pour un point, Martin perdit son âne*. Et vous, Sire, pour quelque chose de semblable, vous avez perdu la comtesse, qui, sans cela, ne pouvoit pas vous échapper.

« Le Roi ne fit que rire de cette plaisanterie, et dit qu'effectivement il ne s'étoit jamais aperçu de cette marque sur son corps. Cependant, ajouta-t-il, c'est ce qui m'a fait perdre la bête que je tenois sans cela. Voilà la deuxième fois....., etc. »

eût reconnu d'abord que c'étoit Votre Majesté qui la tenoit embrassée. — Ah! que me dis-tu, répliqua le grand Alcandre, veux-tu me désespérer? N'est-ce pas assez, pour me faire mourir, d'avoir manqué la plus belle occasion où un amant se puisse trouver? Faut-il que tu m'assassines de plus fort, en voulant me persuader que c'est par ma faute que je suis tombé dans ce malheur? Mais comment pouvois-je espérer de toucher cette insensible en me faisant connoître? elle qui m'a toujours rebuté, elle qui a méprisé mon sceptre et ma couronne, et ma vie même, que j'ai voulu lui sacrifier pour tâcher de la fléchir? Non, non, je ne me flatte point là-dessus; elle ne m'a reconnu que trop, et ce n'étoit que par la voie dont je me suis servi que je pouvois venir à bout d'une femme qui n'est pas faite comme les autres, et qui n'aime que son mari. En puis-je douter après ces terribles paroles, « qui que tu sois, si tu ne me laisses, je t'arracherai les yeux, et j'appellerai mes gens? » Tu vois que je porte les marques de cette furie; et plût à Dieu qu'elle en eût le visage comme elle en a le cœur! je ne serois pas si malheureux. Comment peux-tu croire, après cela, qu'elle se seroit adoucie si je me fusse fait connoître après en avoir été rebuté tant de fois? Je crois que ma retraite fut sage, et que le meilleur parti que j'avois à prendre, étoit de sortir sans bruit de la chambre de la comtesse, comme j'y étois entré. Quel affront pour moi, de me voir assiégé d'une foule de pages et de laquais, qui eussent été les témoins de ma honte! Tout Roi que je suis, je n'aurois pas échappé aux railleries secrètes de mes courtisans; tu sais, cher La Feuillade, combien je suis sensible à de pareils coups. Je n'ai jamais pu les pardonner à Vardes [1] et à Bussi [2], qui s'étoient émancipés jusque-là. Enfin, que veux-tu que je te dise? ajouta ce monarque affligé; je tenois entre mes bras ce que j'aime le plus dans le monde; je me croyois au comble de mes désirs, et je ne sais quel malheur, que je traîne après moi, m'a fait échouer tout d'un coup de la manière du monde la plus fatale; jamais monture plus douce et plus maniable dans mes premières approches; mais je ne sais quelle mouche lui fait prendre aux dents [3], la met en fureur contre moi, et m'en laisse de tristes marques. — Il n'importe, Sire, dit le duc au Roi, pour le consoler; il faut que V. M. tâche de remonter sur sa bête. — [4] Voilà la deuxième fois que j'ai failli la prendre, dit le Roi, et je ne vois que trop la vérité du présage que j'eus à la chasse où étoit le comte, lorsque je manquai deux fois un sanglier. La comtesse est ce sanglier que je n'ai pu blesser encore, et qui m'a mis dans l'état où tu me vois. Pour moi, je crois, ajouta-t-il, que cette femme n'est pas faite comme les autres, et si je ne l'avois pas bien maniée, je croirois qu'elle n'est pas de chair, mais de quelque autre matière. — Vous verrez, Sire, qu'elle ne sera pas toujours insensible, lui dit le duc; assurez-

1. Voy. t. I, p. 272, et *passim*, à la table.
2. Voy. t. I, préface.
3. Nous dirions prendre le mors aux dents.
4. A partir de cette réplique du Roi, les deux textes se confondent. — Voy. p. 88, *note* 3.

vous que vos coups ne seront pas perdus, ils feront leur effet tôt ou tard. Savez-vous, ajouta-t-il, que la main d'un amant qui manie le corps de sa maîtresse, a un certain charme secret qui éveille en elle de certaines idées dont elle ne peut se défendre? Qu'elle fasse la farouche tant qu'elle voudra; cela lui revient de temps en temps dans l'esprit; son imagination en est doucement chatouillée, et l'on peut dire que c'est un germe qui doit produire un fruit auquel l'amant ne s'attend pas. Enfin, l'attouchement d'un homme amoureux envers une femme qu'il aime, est comme celui d'un chien enragé, dont la seule écume produit la rage, quoique cela n'arrive que plusieurs années après. Ainsi je ne doute pas que ce que la comtesse a déjà senti de votre part, et lorsque vous la trouvâtes endormie la première fois, et lorsque vous la poussâtes de si près, au vallon de la forêt de Fontainebleau, et les privautés que vous avez eues avec elle la nuit passée, je ne doute pas, dis-je, que tout cela ne soit un secret poison dans son cœur, qui fera éclater enfin la fureur de l'amour. N'en doutez point, Sire, je sais un peu comment les femmes sont faites. Tenez-vous seulement à l'écart, faites un peu le froid avec elle, et vous verrez qu'elle regrettera peut-être l'occasion qu'elle a perdue. Les femmes négligent ce qu'elles peuvent avoir à toute heure, mais elles font bien des pas pour retenir ce qu'elles craignent de perdre. La comtesse compte sur vous comme sur une conquête assurée, et c'est pour cela qu'elle diffère, autant qu'elle peut, à payer le tribut qu'on doit à l'amour. Quand vous reculerez, elle s'avancera; et, faisant réflexion alors aux plaisirs imparfaits qu'elle a goûtés avec vous, et craignant de ne les retrouver plus, elle désirera que vous acheviez ce qui n'est que commencé; et peut-être même qu'elle vous en prieroit si la pudeur de son sexe ne la retenoit. Voilà, Sire, comment les femmes sont faites, et vous en savez plus que moi sur ces matières. »

Le grand Alcandre fut ravi d'entendre raisonner le duc d'une manière qui flattoit si fort sa passion. Il approuva son conseil, et, sans affecter de fuir la comtesse, il ne témoigna plus pour elle les mêmes empressements. Cette belle inhumaine ayant vu le Roi à la messe, fut confirmée dans l'opinion qu'elle avoit, que c'étoit lui-même qui l'étoit venu trouver au lit. Elle prit garde d'abord aux marques qu'il en portoit sur son visage, et elle ne put voir sans quelque émotion ces effets de sa cruauté. Son cœur sentit dans ce moment quelque chose de plus tendre qu'à l'ordinaire; elle fut touchée de compassion pour cet amant malheureux; et, faisant réflexion à toutes les basses démarches que ce grand prince avoit faites, et qui ne pouvoient partir que d'un cœur amoureux jusqu'à la folie, peu s'en fallut qu'elle n'eût quelque espèce de honte d'avoir été si sévère en son endroit, dans un temps où la cruauté, parmi les femmes du beau monde, étoit si peu à la mode. Elle voyoit qu'elle avoit perdu la plus belle occasion du monde pour accommoder son amour avec son devoir, en feignant de croire que celui qui avoit pris la place de son époux étoit son époux lui-même. Mais comme cette feinte ne la mettoit pas à couvert des reproches de sa conscience, elle rejetoit cette pensée comme une dangereuse tentation, et, sa vertu reprenant le dessus, elle se contenta de faire bon visage au Roi, sans lui accorder rien de solide. Voilà quel étoit l'état de nos deux amants : la comtesse, plus adoucie, étoit résolue de paroître moins sévère; et Alcandre piqué de ressentiment, se voulut montrer plus froid et plus réservé.

Quelques jours se passèrent de cette manière, pendant lesquels le Roi parut de plus belle humeur, et plus magnifique qu'à son ordinaire. Mais il vivoit avec la comtesse comme un homme tout-à-fait guéri de sa passion, ou du moins comme un amant qui n'espère plus, qui a épuisé tous ses soins et toute sa tendresse, et qui ne cherche que les plaisirs, les jeux et les divertissements. Cependant, bien loin de témoigner le moindre chagrin contre elle, il lui faisoit beaucoup de civilités, mais de la nature de celles que tous les cavaliers rendent aux dames, et où il ne paroissoit pas que l'amour eût la moindre part. Pas le moindre mot, pas un seul regard qui marquât quelque tendresse; et le meilleur de tout cela, c'est qu'il n'y avoit rien de forcé ni de contraint; tout paroissoit naturel, et qui auroit vu le Roi agir de cette manière avec la comtesse, ne l'auroit jamais jugé amoureux. Elle-même s'y trompa toute la première, et elle crut effectivement que le Roi ne sentoit rien pour elle, et qu'il étoit tout-à-fait guéri. Une façon d'agir si peu attendue la surprit étrangement. Si elle eût trouvé le Roi chagrin, ou qu'il eût été froid avec elle, elle s'en seroit consolée ; mais un procédé si civil et si tendre faillit la déconcerter.

Un jour qu'elle se trouva près de ce prince, elle voulut prendre un air radouci et plus tendre qu'à l'ordinaire ; le Roi, qui le vit fort bien, fit semblant de n'y prendre pas garde, et d'avoir l'esprit ailleurs, et, comme elle vouloit le rengager, elle le jeta insensiblement sur des matières de galanterie, où le Roi répondit toujours fort à propos, sans faire ni le doucereux ni le sévère. — « Pour moi, quand j'étois en état d'avoir des amants, disoit-elle, je n'aimois pas qu'ils se rebutassent d'abord comme plusieurs que je connois. — Vous aviez raison, Madame, lui dit le Roi, d'être dans ce sentiment, et je trouve que n'est guère aimer si l'on n'essuie toutes les rigueurs d'une maîtresse. — Il n'est pas juste pourtant, ajoutoit-elle, qu'une maîtresse abuse de son pouvoir, et exerce une autorité tyrannique sur ses amants. — Pourquoi non, Madame? répondit le grand Alcandre ; chacun peut user de ses droits ; une maîtresse ne doit rien à son amant, et c'est à lui à prendre parti ailleurs, s'il n'est pas content. »

La comtesse entendant parler le Roi d'une manière si désintéressée, sur une affaire où elle avoit cru qu'il avoit tant d'intérêt, ne pouvoit cacher le dépit secret qu'elle en avoit dans le cœur. — « Les dames vous sont bien obligées, dit-elle au Roi, de défendre si bien leurs droits ; et que je m'estimerois heureuse d'avoir un tel avocat ! — Comme vous n'avez aucun intérêt à ces sortes de disputes, mes soins vous seroient fort inutiles, répondit le grand Alcandre. — On ne peut pas savoir ce qui peut arriver, lui dit la comtesse. — Alors on y pensera, » lui dit le Roi, et en disant cela, il alla joindre la Montespan, qui traversoit la galerie pour entrer dans la chambre de la Reine.

Les dames, et surtout celles qui sont naturellement fières, ne connoissent jamais bien qu'elles aiment un amant que lorsqu'elles croient l'avoir perdu. C'est ce qu'éprouva la comtesse en cette rencontre; cette fière personne, qui avoit reçu les hommages d'un grand Roi sans en être fort émue, le fut beaucoup plus qu'on ne sauroit dire, quand elle crut que cette conquête lui alloit échapper. Elle commença de sentir le plaisir qu'il y avoit d'être aimée, lorsqu'elle ne l'étoit plus, car elle le croyoit ainsi, et il lui arriva comme à ceux qui ne connoissent le prix de la santé qu'après qu'ils l'ont perdue.

Le Roi, qui lisoit dans le cœur de la comtesse, étoit charmé d'avoir suivi le conseil que son confident lui avoit donné, puisqu'il s'en trouvoit si bien. — « Je vois bien, dit-il à ce duc, quand il se trouva seul avec lui, qu'il en est de l'amour comme de la guerre, et que le plus grand coup d'un habile capitaine est de savoir battre son ennemi en retraite. C'est ce que je fais, cher La Feuillade, à l'endroit de la comtesse, et je vois que j'ai plus avancé mes affaires en trois jours, en tenant cette conduite, que je n'avois fait pendant six mois. — Continuez seulement de cette manière, lui dit cet habile confident; faites semblant de vous retirer devant cette fière ennemie; laissez-lui gagner du terrain tant qu'elle voudra, et quand vous

aurez assez reculé, donnez-lui un coup fourré. »
Cela fit rire le Roi, qui lui répondit d'un air
content : « Je me suis si bien trouvé de tes
conseils, que je les veux suivre aveuglément. »

La Reine ayant fait ses couches, la Cour s'en
retourna à Versailles, et le Roi résolut de faire
la plus magnifique fête qu'on eût encore vue.
C'étoit au commencement de mai [1], qui est la
saison de l'année la plus belle et la plus riante,
et où tout ce qu'on voit semble inviter à l'amour.
Cette fête dura neuf jours [2], pendant lesquels le
Roi traita plus de six cents personnes; le bal,
la comédie, la musique, les carrousels, les mas-
carades, rien n'y fut oublié. Je ne ferai pas la
description de toutes ces magnificences qu'on
peut voir ailleurs; il suffit de dire que tout cela
se passa, non pas dans le château, qui auroit
été trop petit, mais dans ce beau parterre [3] qui
est un assemblage de bois, de fontaines, de vi-
viers, d'allées, de grottes, et de mille diversités
qui surprennent agréablement la vue. On y avoit
tendu de hautes toiles, on y avoit fait un grand
nombre de bâtiments de bois, peints de diverses
couleurs, et un nombre prodigieux de flambeaux
de cire blanche, qui suppléoient [4] à plus de quatre
mille bougies, rendoient les nuits plus belles et

---

1. Erreur. Voir ci-dessus, page 31, note 1.
2. Nous sommes en 1672. Il s'agit évidemment des divertissements donnés à Versailles par le Roi à toute sa cour à cette époque. La relation qui en a été publiée répartit ces fêtes en six journées.
3. Furetière définit un parterre : « la partie d'un jardin découverte où on entre en sortant de la maison. »
4. Qui s'ajoutoit à plus de...

plus charmantes que les plus beaux jours de l'année. Enfin, on peut dire que cette plaine étoit un camp magnifique, où plusieurs palais enchantés parurent dans un moment.

Cette grande fête commença par divers ballets, où le Roi lui-même, Messieurs les princes du sang, et plusieurs autres seigneurs parurent sur les rangs. Les festins, la comédie et tous les autres divertissements suivoient tour à tour, et alloient en augmentant. La nuit même ne les faisoit pas cesser, ou pour mieux dire, il n'y avoit pas de nuit, à cause du grand nombre de flambeaux qui éclairoient tous les endroits du bois. On peut juger si cet agréable mélange de tant de différentes personnes de l'un et l'autre sexe, ce grand concours de monde, cette confusion du jour et de la nuit, cette liberté qu'inspirent les plaisirs champêtres, et enfin cette joie qui accompagne les grandes fêtes, et qui fait que grands et petits, hommes et femmes, se mêlent sans distinction; on peut, dis-je, juger si ces charmants désordres étoient propres pour les aventures et pour les mystères d'amour.

Le Roi qui ne songeoit qu'à se rencontrer seul avec la comtesse en quelque lieu écarté du bois, fit naître diverses occasions, dont une lui parut réussir enfin. Le troisième jour de cette fête, qui finit à l'ordinaire par un magnifique festin, le Roi proposa une mascarade après le souper, où chacun, tant hommes que femmes, pourroit se masquer à sa fantaisie, se promener dans le bois ainsi déguisé, et faire cent petites malices. La chose fut ainsi exécutée, chacun prit la figure qui lui plut le plus; les uns se travestirent en bergers et en bergères, les autres en guerriers et en amazones, d'autres en sauvages [1], et chacun prit la forme qui lui convenoit le mieux, ou qu'il jugea la plus propre à ses desseins. On n'a pas bien sú quelle fut celle du grand Alcandre et de la comtesse, mais on sait bien que cette dernière ne put pas se déguiser si bien que son amant ne sût les habits et le masque qu'elle devoit prendre. Il seroit trop long de dire tout ce qui se passa dans cette belle mascarade. Chacun y joua son rôle à la faveur de la nuit, de l'épaisseur des arbres, et du masque qu'il portoit sur le visage. Tout cela rendoit aussi les dames plus hardies, et les disposoit à être plus facilement trompées.

La Montespan ne manqua pas de se prévaloir d'une si belle occasion pour jouer à sa rivale quelque mauvais tour, et pour la perdre de réputation, si elle ne pouvoit la détruire dans le cœur du grand Alcandre. Elle sut, par le moyen d'une fille de la comtesse, qu'elle avoit gagnée, de quelle manière sa maîtresse se déguiseroit, et quel masque elle devoit porter. Elle pria cette fille de lui en donner un semblable, ce qu'elle fit; et la Montespan imita si bien la comtesse dans tous ses ajustements, qu'il n'y a personne qui ne s'y fût trompé, car leur taille étoit à peu près la même, et quand il y auroit eu quelque différence, le déguisement empêchoit de la remarquer. Le dessein de cette malicieuse femme

[1]. Voir sur ces costumes l'intéressant ouvrage de M. Ludovic Celler : *Les décors, les costumes et la mise en scène au XVIIe siècle*, 1 vol. in-12. Paris, Liepmannsohn et Dufour, 1869.

étoit de se divertir comme tous les autres, et de voir si, sous ce déguisement tout à fait conforme à celui de sa rivale, elle pourroit tromper le Roi, et découvrir ainsi le secret de leur intrigue. Mais ce qu'il y avoit de plus malin, c'est qu'elle espéroit par là de décrier la comtesse, de la perdre dans l'esprit de son mari, en faisant courir le bruit, sous cette fausse apparence, que sa femme avoit un commerce secret avec le Roi, et qu'on les avoit trouvés ensemble la nuit de cette mascarade.

Dans cette pensée, la Montespan, qui ne doutoit pas que le grand Alcandre ne se fût informé exactement de quelle manière la comtesse seroit habillée, fit tout ce qu'elle put pour joindre le Roi, et pour tâcher de lui faire prendre le change. La chose ne lui fut pas difficile, parmi cette confusion de masques qui passoient et repassoient en divers endroits du bois. Comme chacun s'écartoit, les uns d'un côté, les autres d'un autre, pour faire quelque bon tour, à la manière ordinaire des masques, le hasard, ou, pour mieux dire, le dessein, fit en sorte que le Roi se trouva seul avec la prétendue comtesse, dans un endroit assez reculé, où il y avoit un petit cabinet et de longs siéges de gazon en forme de lit de repos. Il n'y avoit dans cet endroit que quelques bougies, dont le vent éteignit quelques-unes, et celles qui restoient le furent par quelque masque qui vouloit favoriser ces deux amants, et peut-être par le grand Alcandre lui-même. Quoi qu'il en soit, les voilà tous deux dans une nuit sombre, abandonnés à la garde de l'amour et sur leur bonne foi.

La Montespan, qui craignoit que le Roi ne l'eût tout à fait oubliée, fut la première à parler et à lui dire : — « Avouez, Sire, que vous êtes bien attrappé, et que mon masque vous a trompé; vous avez cru d'être avec une autre, et le hasard a voulu que vous vous trouviez avec une personne qu'apparemment vous ne cherchiez pas. » Ce discours étoit assez ambigu, et on pouvoit l'appliquer à la comtesse; aussi le Roi ne douta point que ce ne fût elle-même quand il vit son masque et ses habits; et quoique la voix de celle qui lui parloit fût un peu différente de celle de la comtesse, il crut que le masque qu'elle avoit sur le visage faisoit cet effet. La prenant donc pour sa nouvelle maîtresse, il répondit à ce qu'on venoit de lui dire : — « Le hasard est quelquefois plus sage que nous, et puisqu'il m'a mené jusqu'ici, je veux bien m'abandonner aveuglément à sa conduite, et si vous m'en croyez, vous en userez aussi de même : profitons de cette belle occasion, ma chère comtesse. » En disant cela, il porta un de ses bras sur le cou de sa maîtresse, la serra fort amoureusement, et lui prit quelques baisers. La Montespan, qui vit que le Roi donnoit de lui-même dans le panneau, voulut se donner le plaisir d'une si agréable aventure; et pour mieux imiter la comtesse, elle fit quelque temps la difficile. Le grand Alcandre, qui vouloit absolument se satisfaire, lui dit : — « Madame, vous savez à quel point je vous aime, une si longue résistance me va porter au désespoir; votre vertu n'a que trop longtemps combattu, et j'attends aujourd'hui de vous la fin de toutes mes peines.

— Eh ! je croyois que vous ne pensiez plus à à moi, lui dit la fausse comtesse. — Et à qui penserois-je qu'à vous? lui dit cet amant passionné; vous êtes mon cœur et ma vie; ne me faites donc plus languir; je meurs si vous n'avez pitié de moi. »

La dame, à qui ce discours s'adressoit, rioit de tout son cœur, entendant parler ainsi le Roi. — « Contentez-vous, lui dit-elle, d'avoir un entretien secret avec moi. — Et de quoi me sert cet entretien, lui dit le grand Alcandre, qu'à me rendre plus malheureux, si je ne puis satisfaire mon amour? Encore un coup, ma chère comtesse, prenez pitié d'un amant qui va expirer à vos pieds, si vous ne le soulagez promptement. Que je sois heureux au moins dans ce moment; après cela, faites-moi tout ce qu'il vous plaira; sacrifiez-moi, si vous voulez, à votre ressentiment; je me figure avec vous des plaisirs infinis; ne me les refusez pas, et s'il faut ensuite les payer de tout mon sang pour satisfaire ce vain honneur que vous m'opposez toujours, je suis prêt à le répandre. »

La dame, qui n'étoit pas une roche, et qui n'avoit pas accoutumé d'être si cruelle au grand Alcandre, l'entendant parler d'une manière si passionnée, s'imagina aussi elle-même des douceurs nouvelles, avec un amant si tendre et si éperdu d'amour; et, quoique cela ne s'adressât point à elle, mais à sa rivale, elle fut bien aise d'en profiter, et de rappeler ces doux moments qu'elle avoit passés avec le Roi, la première fois qu'elle en fut aimée. Cependant, pour mieux jouer le rôle de la comtesse, elle se défendit autant qu'elle put. Quand le Roi vit qu'elle commençoit de se rendre, il la pria d'ôter son masque; elle lui répondit qu'elle ne sauroit y consentir, qu'il perdroit lui-même beaucoup à cela, et que ce voile la rendoit plus hardie. Enfin, après mille petites façons, qui faisoient enrager le grand Alcandre, elle se laisse pencher doucement entre ses bras, et voulant toujours contrefaire une femme qui n'a jamais connu d'autre homme que son mari, elle se défend encore, mais foiblement; et imitant les derniers abois d'une chasteté mourante, elle pousse un profond soupir, et tombe à demi-pâmée dans les bras de son amant. Le grand Alcandre ne se sentant plus lui-même, et transporté d'une joie extraordinaire de se voir, après tant d'écueils et tant de naufrages, arrivé heureusement au port, se prépare d'y entrer avec toute la force et toute l'ardeur de l'amant le plus passionné; lorsque, par une funeste disgrâce, il se vit arrêté tout court :

> Près de goûter mille délices,
> Ce triste et malheureux amant
> Vit changer son contentement
> En de très-rigoureux supplices.

Un trop grand excès d'amour, un transport de joie, trop de précipitation, ou peut-être une trop longue attente, l'ardeur, le désir de bien faire, la crainte d'échouer, une grande dissipation d'esprits, et je ne sais quelle constellation maligne qui présidoit sur son amour, troublèrent tellement le grand Alcandre, qu'il ne se connut plus lui-même, et, sur le point de se voir le plus heureux de tous les amants, il tomba dans la plus cruelle disgrâce qui puisse arriver en amour. Enfin ce malheureux amant se trouva sans armes, lorsqu'il crut que sa maîtresse n'étoit plus en état de lui résister.

La fausse comtesse, qui s'aperçut bien de son malheur, ne fit pas semblant de le connoître, et revenant de son feint assoupissement, elle dit au grand Alcandre : — « Nous nous arrêtons ici trop longtemps ; que pourra-t-on dire de nous ? — Vous avez raison, Madame, lui répliqua-t-il, nous ne faisons rien ici ; mais on ne peut rien dire qui vous fasse tort, quand on sauroit même ce qui s'est passé. »

Comme le grand Alcandre achevoit de parler, on vit venir du monde de divers endroits, où ils se mêlèrent eux-mêmes, sans qu'on y prît garde ; après cela, chacun alla se reposer le reste de la nuit.

Qui pourroit représenter les inquiétudes où étoit le grand Alcandre, après le malheur qui venoit de lui arriver ? Il éprouva tout ce que le déplaisir, la honte et le désespoir ont de plus cruel : — « Faut-il, disoit-il, que ce moment favorable que j'avois tant désiré, soit le plus fatal et le plus malheureux de ma vie ? Que le seul moment où celle qui m'a tant fait souffrir se vient jeter entre mes bras, me devienne inutile par ma lâcheté ! C'est un affront que je ne puis me pardonner à moi-même. Toutes mes autres disgrâces n'étoient rien en comparaison de cette dernière. Être rebuté par une maîtresse, c'est un malheur assez ordinaire ; mais se voir au comble de toutes les faveurs qu'on en peut jamais espérer, et ne profiter pas d'un temps si précieux, je ne vois rien qui puisse égaler un tel

désastre. » Puis revenant à lui-même, il disoit :
« c'est pourtant quelque douceur, que cette
cruelle se soit enfin attendrie, et il n'a pas tenu
à elle que je n'aie été le plus heureux de tous
les amants. Tentons encore la fortune; elle ne
me sera pas toujours contraire; celle que j'ai pu
toucher, tout foible que j'ai paru, ne sera pas
peut-être insensible, quand j'aurai repris mes
forces. »

Dans cette pensée, il reposa quelques heures
assez tranquillement, et dès que l'heure de se
lever fut venue, et qu'il eut pris tout ce qu'il
jugea lui être meilleur pour lui donner du courage et de la force, il se rendit dans le bois.
L'heure du matin fut employée à la promenade,
et le grand Alcandre, qui cherchoit partout la
comtesse, ne l'eut pas plus tôt aperçue que, se
dérobant insensiblement du reste de la compagnie sur quelque léger prétexte, il l'alla d'abord
accoster. Quoique les dames qui l'accompagnoient ne soupçonnassent pas que le Roi eût le
moindre attachement pour elle, voyant néanmoins qu'il lui adressoit toujours la parole, et
qu'il témoignoit la vouloir entretenir en particulier, elles s'écartèrent par respect et les laissèrent seuls. Le grand Alcandre, continuant sa
promenade avec elle vers l'endroit du bois qui
lui parut le plus favorable à son dessein, l'entretint d'abord de choses indifférentes; puis,
étant entrés dans une autre allée, où ils ne
virent personne, ils se trouvèrent près d'une
grotte, où le grand Alcandre dit à la comtesse
qu'il vouloit lui faire voir quelques raretés
qu'elle n'avoit pas peut-être remarquées; comme

il ne songea qu'à profiter de l'occasion, il ne s'amusa pas à parler à la comtesse de ce qui s'étoit passé le jour précédent, et moins encore à lui en faire quelques méchantes excuses; il ne vouloit pas réveiller de si fâcheuses idées, et il songeoit à se justifier auprès d'elle d'une manière plus forte et plus convaincante, bien plus par les effets que par les paroles.

Dans cette généreuse résolution, et se sentant une vigueur extraordinaire, il embrassa sa maîtresse, et, sans lui donner le temps de lui demander ce qu'il vouloit faire, il alloit se saisir d'un bien qu'il avoit perdu, à ce qu'il croyoit, la nuit précédente par sa seule faute, et qu'il prétendoit être dû à son amour. La comtesse, qui ne savoit rien de tout cela, repoussa la main du Roi avec sa sévérité ordinaire, et lui demanda fièrement qui l'avoit rendu si hardi. Le Roi, qui crut qu'elle lui reprochoit sa faiblesse du jour précédent, lui dit : — « Vous avez raison, Madame, de vouloir savoir de moi qui m'a rendu si hardi, après la honteuse lâcheté où vous me vîtes tomber la nuit passée. — Je ne sais de quoi vous me parlez, lui répliqua froidement la comtesse. » Le Roi, qui crut toujours qu'elle vouloit dissimuler, et qui se flattoit peut-être qu'elle le vouloit épargner, en faisant semblant de ne se souvenir plus d'une chose qui le couvroit de honte : — « Je le veux bien, Madame, lui dit-il, que nous oubliions le passé, pourvu que vous me permettiez de profiter de ce moment favorable; ne vous opposez donc plus à mes désirs; je suis prêt à vous donner des marques si fortes de mon amour, qu'il ne tiendra plus qu'à vous que je ne sois le plus heureux de tous les amants. — Je vous ai dit si souvent, lui répliqua la comtesse, que j'ai pour vous toute l'estime et toute l'affection que l'honneur me peut permettre; vous devez, ce me semble, être content, et ne m'en demander pas davantage. — Il me semble pourtant, lui dit cet amant passionné, que, la dernière fois que je vous ai vue en masque, vous m'avez fait concevoir d'autres espérances; est-ce qu'en reprenant vos habits ordinaires, vous avez repris cette cruauté qui me fait mourir? — Je vous ai déjà dit, lui répliqua la comtesse, que je ne sais de quoi vous me parlez; mais je veux bien vous apprendre que je suis toujours la même, et que le masque peut bien déguiser mon visage, mais non pas changer mon cœur; apparemment vous aurez pris quelque autre pour moi. »

Le grand Alcandre, qui crut qu'elle se repentoit des avances qu'elle lui avoit faites la nuit précédente, ne voulut pas la presser davantage, de peur de l'aigrir, sachant que les femmes ne veulent jamais avouer leur défaite. Il cessa donc de lui parler d'une chose qu'elle vouloit désavouer, et il songea à faire naître une occasion semblable à celle qu'il avoit perdue, et surtout à en profiter mieux qu'il n'avoit fait.

Il ne l'eut pas plus tôt quittée, qu'il forma le dessein de continuer la mascarade dès qu'il feroit nuit, s'imaginant qu'à la faveur du masque et des ténèbres, il trouveroit sa maîtresse dans les mêmes dispositions pour lui, où il avoit cru la trouver la nuit précédente. — « Je vois bien, disoit-il en soi-même, qu'un reste de pudeur ne permet pas à cette comtesse de m'accorder pendant le jour ce qu'elle ne me refusera pas la nuit, et ce que j'aurois déjà obtenu d'elle sans mon malheur. Peut-être, ajouta-t-il, qu'elle craint un second affront, et que je tombe dans une disgrâce semblable à celle qui m'est arrivée. Mais je prendrai si bien mes mesures, qu'elle n'aura pas sujet de se plaindre de moi. »

Flatté de cette pensée, il donna les ordres nécessaires pour une seconde mascarade. La plupart de ceux qui s'étoient masqués le jour précédent, changèrent d'habit et de masque, soit qu'ils voulussent plaire au Roi par cette diversité, soit qu'ils eussent quelqu'autre dessein. La comtesse, qui n'en avoit aucun, et qui ne se déguisa que parce qu'elle ne pouvoit pas s'en dispenser, n'y fit aucun changement, et parut avec les mêmes habits. La Montespan, qui la vouloit encore imiter pour les raisons que j'ai dites, sachant le dessein de la comtesse, par cette même fille qui étoit à sa dévotion, ne changea rien non plus à son ajustement; et voulant achever ce qu'elle avoit commencé, elle résolut de s'écarter quand il feroit nuit, et de se rendre dans le même endroit où le Roi l'avoit trouvée le jour précédent, lorsqu'il l'avoit prise pour la comtesse, s'imaginant bien qu'il ne manqueroit pas d'y aller lui-même, dans l'espérance d'y rencontrer celle qu'il cherchoit, et parce que c'étoit un lieu tout-à-fait propre à son dessein.

Cependant, elle fit avertir le comte, par des gens qui dépendoient d'elle, de prendre garde à sa femme; qu'ils avoient remarqué la nuit passée, qu'une dame, vêtue à peu près comme la comtesse, étoit entrée dans un cabinet du bois assez écarté, avec un homme qu'ils ne connoissoient point et qu'il pourroit bien être qu'ils continueroient le même manége; que s'il le trouvoit bon, ils feroient garde en cet endroit et l'iroient avertir de ce qu'ils auroient vu. Le comte leur répondit qu'ils fissent comme ils voudroient, mais qu'il étoit assuré de la vertu de sa femme.

Dès que nos masques se furent mis en campagne, la Montespan, ou la fausse comtesse, se déroba de la foule, et alla toute seule dans ce petit cabinet où elle avoit vu le Roi le jour précédent. Ce prince, qui venoit de voir qu'une dame, habillée à peu près comme la comtesse, prenoit ce chemin écarté, ne douta point que ce ne fût elle-même. Et comme il étoit aussi en masque, il n'eut pas de peine à se tirer de la foule, et à se rendre insensiblement vers le même endroit. Il n'y fut pas plus tôt, qu'il crut d'y voir sa chère comtesse, assise sur le lit de gazon qui étoit dans ce petit cabinet, et c'étoit aussi la même personne qu'il y avoit vue la nuit précédente. Il l'aborda incontinent, et ôtant son masque, il se donna à connoître.

La dame le reçut comme elle devoit; mais, sachant déjà par expérience qu'un masque sur le visage déguise beaucoup la voix, elle pria le grand Alcandre de l'excuser si elle ne levoit pas son masque, lui disant qu'elle savoit bien le respect qu'elle devoit à Sa Majesté [1], mais qu'elle

---

1. Du temps où les loups de velours noir étaient en

ne voudroit pas pour rien au monde être reconnue seule avec un homme dans cet endroit écarté. Le Roi, qui n'étoit que trop prévenu de la délicatesse de la comtesse, pour ce qui regarde l'honneur et la réputation, n'eut pas de peine à croire que la modestie et la honte étoient la seule raison qui l'empêchoit de quitter son masque. — « Il n'importe, lui dit cet amant, demeurez comme vous êtes, puisque vous le trouvez bon, quoique je sois privé par là de la vue d'un objet si charmant. Je suis choqué seulement de ce terme de respect dont vous venez de vous servir; laissons là le respect, je vous en prie, et donnez-moi quelques preuves de votre tendresse. »

En disant cela, il se mit à baiser sa gorge, puisqu'il n'en pouvoit pas faire autant à son visage. Elle le repoussa quelque temps, plus par ses gestes que par ses paroles, de peur de se découvrir. Enfin, après une feinte résistance, elle lui accorda tout ce qu'il voulut; et cet amant qui crut posséder une nouvelle conquête, goûta des douceurs qu'il n'avoit point encore senties : ce qui fait voir qu'en amour, c'est l'imagination qui fait tout. Il ne pouvoit se lasser de caresser sa chère comtesse, et se croyant victorieux de cette fière beauté, il voulut se dédommager de tout le temps qu'il avoit perdu. — « Il faut avouer, disoit ce crédule amant, qu'il n'est rien de si doux qu'un bonheur qui a coûté tant de soupirs et tant de peines ! » Il trouvoit en sa

---

usage, ils devaient tomber devant le Roi ou la Reine; à plus forte raison les masques.

maîtresse mille nouveaux charmes; et cependant c'étoit cette même Montespan dont il avoit joui tant de fois, dont il commençoit même à se dégoûter, et qui lui donnoit pourtant mille nouveaux plaisirs sous cette nouvelle forme. Cette feinte comtesse profita, comme elle devoit, de l'ardeur excessive où étoit le Roi, et, quoique cela ne s'adressât point directement à elle, elle le recevoit à bon compte; et si la jalousie ne s'y fût mêlée, elle n'auroit jamais été si satisfaite de l'amour du grand Alcandre. Au fond elle étoit jalouse d'elle-même, car la comtesse n'étoit là qu'un fantôme; elle n'y étoit qu'en idée, et les plaisirs qu'elle goûtoit avec le Roi étoient tout-à-fait réels. Aussi voulant y répondre de son côté, elle l'embrassoit avec beaucoup de tendresse, et lui faisoit entendre par ses regards, plutôt que par ses paroles, qu'elle étoit aussi contente que son amant.

Après ces félicitations muettes qu'ils se faisoient l'un à l'autre de leur commun bonheur, il fallut se séparer; un bruit importun, que ces deux amants entendirent, troubla cette petite fête. La dame, qui ne vouloit pas être découverte, sortit promptement de ce cabinet, et, traversant l'allée qui le joignoit, vint par un autre chemin se joindre à la compagnie.

Elle ne sortit pas pourtant si secrètement, que le comte de L..., mari de la comtesse, ne s'en aperçut. Il alloit avec la comtesse sa femme, vers ce même endroit, d'où on lui avoit dit qu'une femme, qui ressembloit à la sienne, étoit sortie assez en désordre la nuit précédente, ayant un homme avec elle. Il vit en effet que celle qui venoit de sortir de ce cabinet de verdure avoit le port et la taille de la comtesse, et portoit des habits tout-à-fait semblables. Cette vue le frappa d'abord, non pas qu'il eût aucun soupçon de sa femme, qui ne l'avoit point quitté, mais il crut qu'il y avoit quelque chose de mystérieux dans cette ressemblance; et, tirant dans ce moment sa femme à l'écart, il lui fit part de ce qu'il venoit de voir, et de l'avis qu'on lui avoit donné quelques heures auparavant. Ils ne savoient l'un et l'autre que penser de tout cela; mais cette conformité d'habillement leur fit soupçonner quelque malice. Alors la comtesse se ressouvenant du discours que le Roi lui avoit tenu le matin, ne douta point que ce prince n'eût été dupé, et qu'il n'eût pris pour elle une autre qui lui avoit été plus favorable, comme elle en pouvoit juger par les discours que le Roi lui avoit tenus. Ce qu'elle trouvoit de fâcheux pour elle, c'est qu'elle voyoit que, par une noire malice, on vouloit commettre sa réputation dans le temps qu'on trompoit le Roi, et qu'on abusoit de sa ressemblance pour la faire passer pour ce qu'elle n'étoit pas.

Voilà ce que la comtesse pensa de cette aventure; mais il étoit de sa prudence de n'en rien dire à son mari, ne jugeant pas que cela fût nécessaire. Elle lui dit seulement qu'il falloit tâcher de découvrir ce mystère. — « Si nous savions, dit-elle, quel est l'homme qui étoit avec cette femme, nous pourrions peut-être avoir un plus grand éclaircissement. — Je ne sais que vous en dire, répartit le comte, mais si j'ose vous dire ma pensée, je crois que c'est le

Roi ; j'ai remarqué tantôt qu'il s'est écarté, et il alloit, ce me semble, vers l'endroit d'où j'ai vu sortir cette femme, et je ne l'ai pas vu depuis. »

Le comte n'eut pas plus tôt achevé de dire ces paroles, que le Roi, qu'on ne pouvoit méconnoître, parut, venant de ce même endroit, ce qui acheva de les confirmer dans la pensée du comte. Si ce dernier fut surpris quand il vit sortir de ce cabinet une femme qui ressembloit si fort à la sienne, le grand Alcandre ne le fut pas moins, quand il vit sa chère comtesse tête à tête avec un homme. — « Je ne me trompe pas, disoit-il, c'est elle-même, c'est elle qui vient de me quitter, ce sont les mêmes habits. » Il avoit raison en effet de la prendre pour la comtesse ; mais il se trompa quand il crut que c'étoit celle qui venoit de lui donner tant de plaisir dans ce petit cabinet ; elle étoit bien loin de là ; car la Montespan, de peur d'être découverte, alla incontinent changer d'habit et de masque. Croyant donc que c'étoit la même personne, il sentit d'abord quelques mouvements de jalousie. Mais cette passion fit bientôt place à une autre. Le comte et la comtesse s'étant donné à connoître au grand Alcandre, ce prince fut tout remis de voir que c'étoit le mari de la comtesse, qu'il regarda d'abord comme un rempart à ce qu'il craignoit, et à l'aventure secrète qu'il croyoit avoir eue avec sa femme. Dans cette pensée, il se mit en humeur de railler, et il dit agréablement au comte et à la comtesse, qu'apparemment ils ne s'étoient pas déguisés pour chercher quelque bonne fortune, puisqu'il les voyoit ensemble. — « Il est vrai, répondit le comte, que ma femme n'a jamais voulu me quitter ; je ne sais si elle a cru que j'eusse quelque dessein amoureux qu'elle ait voulu empêcher. Mais si de son côté elle avoit eu quelque intrigue, elle pouvoit bien cacher son jeu ; car je viens de voir passer une femme vêtue et masquée comme elle, et je suis bien sûr que je m'y serois trompé, si je ne l'avois eue près de moi. »

On ne sauroit exprimer la surprise et la confusion du grand Alcandre, à l'ouïe de ces paroles ; elles furent comme un coup de foudre, qui accablèrent tout d'un coup ce pauvre amant, et le masque qu'il avoit sur le visage lui rendit alors un bon office pour cacher le désordre où il étoit. Revenant pourtant un peu après de sa première surprise, et ne pouvant pas croire qu'il eût été trompé si grossièrement, il s'imagina que le comte se pouvoit tromper lui-même, et que celle qu'il avoit près de lui n'étoit pas sa femme ; il lui tint quelques discours pour s'en éclaircir, et comme elle ôta tout-à-fait son masque, il ne vit que trop son malheur et la pièce qu'on lui avoit jouée. Il tâcha pourtant de dissimuler son déplaisir, ou plutôt mille passions différentes qui l'agitoient ; et ayant dit au comte qu'il se vouloit donner le plaisir de voir ce masque qui ressembloit si fort à sa femme, et essayer s'il s'y tromperoit, d'abord l'ordre fut donné de les faire venir tous, et de les faire passer en revue devant Sa Majesté. Mais la fausse comtesse ne parut plus sous le même habit, et toute la recherche du Roi fut inutile. Il n'osa pas en faire du bruit de peur de nuire à la réputation de la comtesse, et de s'exposer lui-même à la raillerie secrète de sa cour ; il se contenta de dire, qu'il auroit été bien aise de satisfaire sa curiosité là-dessus, mais que, puisque la personne qui avoit emprunté la forme de la comtesse, n'osoit pas paroître devant elle, il n'en falloit pas parler davantage. Après cela, tout le monde se retira pour aller prendre quelque repos.

Il est facile de juger que le Roi n'en prit guère de toute la nuit. Il étoit en peine de découvrir ce fantôme qui l'avoit trompé, et qui, sous la vaine apparence de celle qui le faisoit mourir d'amour, l'avoit fait jouir d'un bonheur imaginaire. Mais son plus grand chagrin étoit de ne posséder pas la comtesse, comme il l'avoit cru, et d'être toujours à recommencer avec elle. — « Quoi, dans le temps que je me croyois le plus heureux de tous les amants, disoit-il en lui-même, je me trouve plus malheureux que jamais, et je me laisse duper de la manière du monde la plus honteuse ! Mais duper par une femme, moi qui les ai tant pratiquées ! » Puis se fâchant contre soi-même : « C'est moi, disoit-il, c'est moi qui ai été ma propre dupe, en donnant si aisément dans un panneau qui flattoit ma passion pour la comtesse. Si je pouvois au moins jouir de mon erreur, et être heureux en idée ! mais tout conspire[1] ma perte ; et lorsque je me flatte d'avoir eu entre mes bras la plus charmante beauté du monde, on me détrompe de la manière la plus cruelle. Fut-il jamais un amant

---

1. Conspirer étoit alors employé comme verbe actif ou comme verbe neutre ; on disoit également bien : *conspirer la mort de quelqu'un, conspirer à la fortune de quelqu'un et conspirer contre quelqu'un*. (Furetière.)

plus malheureux? L'amour m'offre les plus belles occasions qu'un amant pourroit souhaiter pour jouir de sa maîtresse; elles échouent toutes, ou par son adresse ou par mon malheur; et lorsque je crois la tenir entre mes bras, je n'embrasse qu'un fantôme. Au moins, ajoutoit-il, si je n'avois été trompé qu'une seule fois, j'aurois quelque consolation ! A la bonne heure que je n'eusse point encore joui de la comtesse, pourvu que ce fût celle que je trouvai si favorable le jour de la première mascarade, lorsque je fis paroître tant de faiblesse. Mais pour mon malheur, elle n'a aucune part ni à l'une ni à l'autre aventure. Ses rigueurs et sa fierté ordinaire ne me l'ont que trop appris, et si j'ai eu quelques petites libertés auprès d'elle, ce n'est pas de son consentement; c'est la force, c'est la supercherie, c'est la forme trompeuse d'un mari qui me les a fait obtenir. » De sorte que le grand Alcandre fut autant ingénieux à se tourmenter, qu'il avoit été facile à se tromper lui-même et à flatter sa passion.

Pour la comtesse, elle jugea bien qu'on la vouloit perdre de réputation, et elle soupçonna la Montespan du déguisement dont elle se servit pour tromper le Roi, et pour la faire passer pour une coquette. Elle crut donc qu'elle ne devoit plus dissimuler à son mari la passion que le grand Alcandre avoit pour elle et le dessein que la Montespan avoit de la perdre; mais elle se garda bien de lui dire les mauvais pas où elle s'étoit trouvée avec le Roi. Car, quoiqu'elle en fût sortie à son honneur, ces sortes de choses ne sont pas bonnes à dire à un mari, qui en pourroit tirer des conséquences fâcheuses. Elle se contenta de le faire ressouvenir de ce qui arriva lorsque le Roi l'avoit trouvée endormie, et de l'alarme qu'elle avoit eue, qu'il n'eût voulu attenter quelque chose contre son honneur. — « Je m'en souviens fort bien, dit le comte, et il me semble que j'entends encore ce grand cri que vous fîtes. — Et moi je me souviens fort bien, lui dit la comtesse, de toutes vos railleries que je ne trouvai point de saison; mais je vous les pardonnai, parce que vous n'y entendiez point de finesse. »

Ensuite, elle pria le comte son mari de lui dire de quelle manière elle devoit se conduire dans une affaire si délicate : — « Vous le savez mieux que moi, lui répondit le comte. — Vous avez raison, dit-elle; je sais mon devoir et je ne l'oublierai jamais; mais je voudrois que vous me dissiez si je dois quitter la cour sur quelque autre prétexte, ou si je dois éviter l'entretien du Roi, ou enfin de quelle manière je me dois conduire. — A moins que vous ne craigniez de succomber à la tentation, lui dit le comte en riant, je ne vois pas que vous deviez vous éloigner de la cour. — Moi succomber, dit-elle en l'interrompant? non pas, quand le Roi me donneroit sa couronne. — Eh bien! Madame, lui dit le comte, vous n'avez pas de plus fort rempart que votre vertu, et je ne veux pas d'autre garant de votre fidélité. Quelque passionné que soit le grand Alcandre, il se retirera de lui-même quand il n'aura rien à espérer. »

Il est certain que ce prince n'étoit pas haï de la comtesse, et c'est ce qui entretenoit son amour et ses espérances. On peut dire même que cette dame, toute vertueuse qu'elle étoit, plaignoit ce monarque de s'être engagé mal à propos dans une passion qu'elle ne pouvoit pas soulager sans blesser l'honneur qui lui étoit plus cher que la vie. Enfin cet orgueil, qui est assez naturel à toutes les belles, lui faisoit trouver quelque douceur à être aimée du plus grand Roi du monde. C'étoient les seules choses qu'elle avoit à se reprocher, et qui l'avoient engagée dans de petites démarches dont le grand Alcandre croyoit tirer un jour de grands avantages. Mais il est certain qu'à cela près, elle fut toujours ferme dans son devoir, et qu'elle n'eut jamais la moindre pensée de contenter une passion criminelle, comme étoit celle du Roi.

Cependant, ce grand monarque se flattoit quelquefois de vaincre cette invincible ; et comme l'amour grossit les objets, il regardoit les moindres honnêtetés de sa maîtresse comme les erres[1] d'une conquête assurée. Prévenu de cette pensée, il voulut faire un dernier effort. Il ne cherchoit que l'occasion d'un tête à tête avec sa maîtresse. Elle se présenta bientôt, puisqu'au lieu de l'éviter, elle-même la fit naître, dans le dessein qu'elle avoit de désabuser entièrement le Roi, et de lui parler plus fortement qu'elle n'avoit fait des sentiments de son cœur.

Le lendemain de cette mascarade, elle s'alla

1. C'est-à-dire comme les arrhes, comme les gages d'une conquête assurée. Furetière donne *erres* comme une forme corrompue de *arres*, mais il n'admet pas le mot *arres*. Richelet (1685) fait une différence entre *arres* qui s'emploie au figuré, et *erres* qui s'emploie dans le sens propre.

promener avec peu de suite dans le bois de Versailles ; et le Roi, qui la faisoit observer, n'eut pas plus tôt su qu'elle y étoit, qu'il fit atteler un carrosse. Dès qu'il eut joint celui de la comtesse, il lui fit dire qu'il la vouloit entretenir en particulier ; et elle, se faisant ouvrir la portière, alla au-devant du Roi, qui étoit déjà descendu de son carrosse pour l'aller joindre.

Après avoir marché quelques pas, ils entrèrent dans le premier cabinet qu'ils rencontrèrent, et étant tous deux assis, le grand Alcandre dit à la comtesse : « Je ne vois que trop, Madame, par votre conduite, que vous aviez raison de me dire que je vous prenois pour une autre, lorsque j'avois cru que vous aviez pour moi des sentiments favorables ; mais si mon attente a été vaine, voulez-vous qu'elle le soit toujours? — Je ne sais pas, lui dit-elle, ce que vous prétendez de moi ; mais je sais que je n'ai rien fait espérer à Votre Majesté, dont elle ait lieu de se plaindre. Vous ne demandiez qu'à m'entretenir, et à me parler de je ne sais quelle passion que vous vous êtes mise dans la tête ; je l'ai souffert, je vous ai laissé parler, peut-être plus que je ne devois, et je ne le vois que trop aujourd'hui, puisque vous avez conçu des espérances que je n'ai jamais eu dessein de vous donner ; mais enfin, je n'éprouve que trop ce que j'avois toujours craint, et ce que je vous avois dit à vous-même, que vous n'en demeuriez pas là. — Eh ! où en suis-je, Madame, lui dit cet amant désespéré? Quels progrès ai-je fait dans votre cœur? — Je vous prie, lui dit-elle, ne rappelez point le passé, et quoique je n'aie point de crimes à me reprocher, ne me faites point rougir de mes foiblesses. — Vous appelez foiblesses, lui dit le Roi, une insensibilité qui me tue. Que n'ai-je pas fait pour gagner ce cœur que vous défendez si bien, et que ne ferois-je pas encore si j'en pouvois venir à bout? — Sire, lui dit la comtesse, il ne faut pas vous tourmenter pour une chose qui ne mérite pas le moindre de vos soins; mais si, telle que je suis, vous pensez encore à moi, je veux bien vous parler à cœur ouvert, et vous dire, Sire, que tout puissant que vous êtes, vous ne l'êtes pas assez pour me faire commettre un crime. J'ajouterai même, que tout aimable que vous me paroissez, par mille belles qualités dont vous brillez, je n'oublierai jamais ce que je me dois. Enfin, je vous ferai cette confession que je vous ai déjà faite, que j'ai pour Votre Majesté tout le respect, toute l'estime, et si je l'ose dire, toute la tendresse qu'une sujette peut avoir pour son Roi; mais, avec tout cela, n'attendez rien de moi qui puisse faire honte à mon sexe. »

Le grand Alcandre, entendant parler ainsi la comtesse, ne savoit plus que lui répondre : « Mais quoi, Madame, lui dit-il, ne me distinguerez-vous pas de tout le reste des hommes? N'aurez-vous aucun égard à la passion d'un prince qui ne sauroit vivre sans vous, et qui donneroit tout son royaume pour gagner un cœur comme le vôtre? — Je vous distingue si bien, lui dit la comtesse, que je n'ai jamais souffert, ni ne souffrirai jamais de personne ce que j'ai souffert de vous; et je connois si bien le prix de votre affection, et les témoignages de tant de bontés que vous avez pour moi, que s'il ne falloit que ma vie, je suis prête à vous la sacrifier, pour vous marquer ma reconnoissance. Mais, grand Roi, cessez d'attaquer mon honneur, qui m'est plus cher que la vie, et puisque la gloire est le grand objet de votre ambition, ne m'enviez pas cette heureuse conformité avec le plus grand monarque du monde. Laissez-moi cet honneur qui est si cher à toutes les belles âmes, que vous soutenez vous-même avec tant d'éclat, et quelquefois au péril de votre vie. Souffrez qu'il tienne toujours la première place dans mon cœur, et ne m'enviez pas le seul bien qui peut me conserver votre estime, et un bien qu'on ne retrouve plus quand on l'a perdu. »

Le Roi, vaincu par de si beaux sentiments, répondit à la comtesse: «Vous avez des qualités qui me ravissent; c'est trop peu que de l'amour, vous méritez d'être adorée; et désormais je suis plus épris de votre vertu que je ne le suis de vos charmes. »

En disant cela, le Roi la prit par la main, la ramena lui-même dans son carrosse, et, étant rentré dans le sien, il continua sa promenade.

Depuis ce temps-là, il n'a plus parlé d'amour à la comtesse, et lui a donné, dans toutes les occasions, des marques de son estime.

Quand la Montespan le vit guéri de cette passion, elle lui apprit que c'étoit elle qui l'avoit trompé jusqu'à deux fois pendant les nuits de la mascarade; et, comme il ne pensoit plus à la comtesse, il pardonna à la Montespan cette petite malice, et ne fit que s'en divertir avec elle.

Ce prince a dit depuis à ses plus chers confidents qu'il trouvoit que la victoire que cette dame avoit remportée sur son amour, étoit quelque chose de plus difficile que toutes les conquêtes d'Alexandre.

Il faut en effet qu'une femme ait un grand fonds de vertu, pour soutenir les assauts qui furent livrés à cette pauvre comtesse, et dont elle sortit toujours à son honneur. Elle eut à combattre la passion du Roi, le doux penchant qu'elle avoit pour ce grand monarque, et tant d'occasions périlleuses où les plus chastes succomberoient, et où l'honneur a si souvent fait naufrage : de sorte que, surmonter tous ces obstacles, comme a fait notre héroïne, est le plus grand effort de la vertu d'une femme, et le plus beau triomphe que l'honneur ait remporté sur l'amour.

AMOURS

DE LOUIS LE GRAND

ET

DE MADEMOISELLE DU TRON.

AMOURS
DE LOUIS LE GRAND
ET

DE MADEMOISELLE DU TRON[1].

PRÉFACE DES ENTRETIENS.

Vénus, *reine des amours;* Cupidon *son fils, ayant jeté ses flèches et son flambeau par terre.*

Vénus. — Que fais-tu donc, mon fils, dans ce lieu solitaire, et quelle est donc la cause de ton chagrin? La terre, l'air et l'onde se plaignent de toi tous les jours : les élémens ne font que murmurer depuis que tu n'animes plus le cœur des amans. La voix des oiseaux, le chant des Syrènes, tout languit ici bas, et les eaux du beau séjour où tu es coulent plus doucement, et disent, par leur muet langage, que toutes choses périssent si tu ne les soutiens.

1. Voir la Préface.

L'Amour, *en fureur, voulant rompre son arc et son flambeau.* — Ah! Madame, je me désespère, et je ne veux plus servir le monde : je perds courage depuis qu'un grand Héros, autrefois favori des Dieux, n'est plus sensible à mes traits. C'est en vain que je frappe; son cœur s'endurcit de plus en plus; et Louis le Grand [1], ce redoutable vainqueur, qui triomphe si facilement de toutes les beautés du tendre empire, semble avoir formé le dessein de ne plus aimer; j'en suis si chagrin, que j'ai résolu de briser mes armes et d'éteindre mon flambeau pour jamais.

Vénus. — Hélas! mon enfant, que veux-tu faire? que deviendra l'Univers? C'est toi qui par tes soins empressés fournis de matière à tout ce qui l'anime, et sans ton secours la nature seroit aux abois.

L'Amour. — Je me soucie peu d'elle, après l'affront que j'ai reçu ce matin du Dieu des combats : Mars m'a reproché, d'un air peu agréable, que ce monarque n'étoit plus occupé que des lauriers qu'il lui donnoit, et que mon règne étoit achevé.

Vénus. — Mars n'a pas lieu présentement de parler si haut; mais en vérité, mon fils, j'ai honte de tes foiblesses. Si le Roi n'aime plus, à qui en est la faute? toi qui fais toutes choses, n'as-tu pu faire durer sa passion pour toujours?

---

1. Louis le Grand. Le surnom de Grand fut donné pour la première fois à Louis XIV en 1672, après la campagne, célèbre par le passage du Rhin, dont il fut le prudent témoin. Le président Le Pelletier fit frapper une médaille avec ces mots : Ludovico magno.

L'Amour. — Mes grandes occupations, Madame, en sont peut-être la cause : Il est vrai que j'ai négligé la revue de son cœur, pour courir à des conquêtes plus nouvelles, où l'on m'appelle incessamment.

Vénus. — Allez, mon enfant; Mars se raille de vous mal à propos. Le Roi est plus sensible qu'il n'a jamais été. Mercure nous dit l'autre jour au palais de Jupiter, que le prince est fortement occupé d'une passion naissante qui le charme tendrement.

L'Amour. — Il est donc piqué? Ma foi, je ne croyois pas que mes traits lui fussent encore si redoutables.

Vénus. — Quoi! l'amour ignore ce que l'amour fait? ah! l'étrange surprise! je vois bien que toutes choses dégénèrent : c'est le vrai moyen de faire périr la nature et l'univers, et de les ensevelir dans un éternel silence.

L'Amour. — Ne craignez rien, aimable reine de Cythère, il ne tiendra qu'à moi de le faire renaître; j'y vais travailler de ce pas avec des soins assidus et dignes de vous. Calmez vos chagrins, et n'en doutez aucunement; ma gloire y est intéressée.

Vénus, *baisant son fils*. — Adieu, mon cher fils; reprens promptement tes flèches et ton flambeau, ne vois-tu pas que tout se ressent de ton inquiétude, et que tu es l'âme et le soutien de toutes choses? vole donc vîte dans les airs : on t'attend au palais de Louis, pour un dessein nouveau.

AMOURS DE LOUIS LE GRAND

ET DE

MADEMOISELLE DU TRON

ENTRETIEN I

LE ROI[1] : *Mademoiselle* DU TRON[2], *la mar-*

1. Louis XIV, né le 5 septembre 1638, avait alors 57 ans. Nous sommes, en effet, en 1695, ainsi que le prouvent plusieurs détails de ce récit, notamment la réception de l'ambassadeur vénitien Frizzo. Voyez ci-dessous.

2. Nous avons fait de longues recherches pour reconstituer la parenté qui aurait existé entre Mlle du Tron et M. Bontemps, son oncle. Le nobiliaire de La Chesnaie des Bois fait du célèbre valet de chambre du Roi le premier de sa race et ne lui donne ni frères ni sœurs : donc, aucune nièce de son côté. Il épousa Marguerite Bosc, sœur de Claude Bosc, chevalier, seigneur d'Ivry, conseiller du Roi en ses conseils, procureur général de Sa Majesté en sa Cour des aides, prévôt des marchands de la ville, prévôté et vicomté de Paris : de ce côté encore, aucun lien de parenté entre Bontemps et la famille du Tron.

Mlle du Tron a-t-elle existé? Nous connaissons sous ce nom, mais avec l'orthographe du Tronc et du Troncq :

1° Du Troncq, dont parle Dangeau (*Mémoires*, mardi 19 octobre 1706) : « Le Roi depuis quelques jours a fait brigadiers le comte de Melun et du Troncq, qui se sont signalés en Italie. » — Ce même du Troncq (Dangeau, 8 mars 1718), figure dans une liste de promotions au grade de maréchal de camp.

2° N... du Tronc, femme de Savary, sieur de Saint Just, sur laquelle on trouve le couplet suivant dans le *Recueil de Maurepas*, t. XI, p. 325, année 1709 :

CHANSON sur l'air : *ne m'entendez-vous pas?*

2e couplet.

De Saint Just à Paris

quise de Maintenon [1] : *Monsieur* Bontems [2], *gouverneur de Versailles, étant tous dans le parc de Meudon.*

Le Roi, *la tête nue à* Mlle *du Tron.* — Hé bien, Mademoiselle, que dites-vous de la nou-

> La Savary fait course
> Pour attraper la bourse
> Du beau Towienski ;
> Mais Luxembourg l'a pris.

Le beau Towienski était un polonais, alors de passage à Paris, qui avoit obtenu, d'après le chansonnier, les bonnes grâces de la duchesse de Luxembourg.

S'il s'agit de Mlle du Tronc, aimée de Louis XIV, elle pouvoit avoir en 1709 de 30 à 31 ans, soit 16 à 17 ans en 1695.

L'abbé de Choisy, dans son *Histoire de la comtesse des Barres*, raconte que, lorsqu'il alla sous son déguisement, s'établir dans le Berry, il acheta les glaces de la marquise du Tronc, morte dans son château, à trois ou quatre lieues de Bourges.

1. Sur Mme de Maintenon, voyez t. III, pages 65 etc.
2. Bontemps. Voy. ci-dessus, page 128, note 2. Premier valet de chambre ordinaire du Roi, servant par quartier, il prenoit le titre d'écuyer et de conseiller du Roi. Ce titre de conseiller du Roi, aussi prodigué que celui de maître d'hôtel, étoit purement honorifique : il en étoit de même du titre de valet de chambre, que prirent d'abord les tapissiers du Roi, et, après eux, jusqu'aux menuisiers du Roi. (Voy. les *Etats de la France*.)

Alexandre Bontemps fut en outre secrétaire général des Suisses et des Grisons, gouverneur de la ville de Rennes, intendant des châteaux, parcs, domaines et dépendances de Versailles et de Marly. C'est à lui qu'est adressée, dans les termes les plus respectueux, la première lettre de Ch. Perrault (*Œuvres diverses*), qui lui demande une place pour son livre dans la Bibliothèque du palais de Versailles et surtout la fondation d'une Bibliothèque dans la ville.

Alexandre Bontemps eut trois enfants, un fils aîné, Louis, qui eut encore plus de titres et dignités que son père ; Alexandre-Nicolas, qui fut premier valet de chambre de la garde-robe ; Marie-Madelaine qui épousa le riche Lambert

velle acquisition¹ que j'ai faite pour monsieur le Dauphin?

Mlle DU TRON, *d'un ton précieux*. — Je dis, Sire, qu'elle est incomparable et digne du choix de Votre Majesté.

LE ROI. — Voilà qui est fort obligeant, Mademoiselle; mais encore, n'en dites-vous rien de plus? n'ai-je pas bien fait de changer Choisy pour Meudon avec la marquise de Louvois², moyennant le prix que j'en ai donné de retour?

---

de Thorigny, président en la Chambre des comptes, dont l'hôtel étoit et est encore un des plus riches de l'île St-Louis. — Voy. l'*Erratum* à la fin de ce pamphlet.

1. Meudon. — « Mardi, 1ᵉʳ juin (1694). — Le matin, le Roi proposa à M. de Barbezieux l'échange de Choisy avec Meudon; il lui demanda pour combien Mme de Louvois avoit pris Meudon dans son partage. M. de Barbézieux lui dit qu'elle l'avoit pris pour 500,000 fr.; sur cela, le Roi dit qu'il lui donneroit 400,000 de retour et Choisy qu'il comptoit pour 100,000 fr., si cela accommodoit Mme de Louvois; …qu'il vouloit qu'elle traitât avec lui comme avec un particulier et ne songeât qu'à ses intérêts. » (*Journal* de Dangeau.) L'affaire se fit, et dès le vendredi suivant M. de Villacerf étoit choisi par le Roi et Mme de Louvois « pour régler le prix des tableaux, des statues et des glaces qui sont à Meudon et que Monseigneur voudra conserver. » (*Ibid.*) — A partir de cette époque, le *Journal* de Dangeau parle fréquemment des promenades du Roi à Meudon, et du séjour qu'y faisoit Monseigneur.

2. La marquise de Louvois, arrière-petite-fille du maréchal de Souvré, petite-nièce de Mme de Sablé, mourut en 1715 : « Ce fut, dit Saint-Simon, une perte fort grande pour sa famille, pour ses amis et pour les pauvres. Elle avoit la plus grande mine du monde, la plus belle et la plus grande taille; une brune avec de la beauté; peu d'esprit, mais un sens qui demeura étouffé pendant son mariage, quoiqu'il ne se puisse rien ajouter à la considération que Louvois eut toujours pour elle. — Au lieu de tomber à la mort de

Mlle DU TRON, *en riant*. — Admirablement, Sire; Choisy n'est point à comparer aux beautés de Meudon, et je trouve que Votre Majesté a gagné à cet échange, quoiqu'elle l'ait bien payé.

LE ROI, *la regardant d'un air gracieux*. — Vous plairez-vous, Mademoiselle, dans cet agréable séjour?

Mlle DU TRON, *d'une manière tout engageante*. — Il n'y a pas lieu, Sire, d'en douter; s'il m'appartenoit, j'aimerois passionnément un lieu si rempli de charmes, où tout ne respire que le plaisir.

LE ROI. — Vous pouvez, ma belle, compter qu'il sera à vous, si je suis assez heureux pour vous plaire.

Mlle DU TRON, *avec fierté*. Qui, moi, Sire? je n'ai pas assez de mérite et de vanité pour aspirer à la conquête du plus grand Roi de l'Univers.

LE ROI, *en lui baisant la main*. — Que ces douceurs sont charmantes, Mademoiselle, et en même temps dangereuses pour le cœur d'un mortel! vous joignez aux charmes que le ciel vous a donnés, un esprit tout divin.

Mlle DU TRON. — Sire, Votre Majesté me raille agréablement; mais je n'ose, par respect, lui dire que la sincérité est plus agréable et embarrasse moins une fille comme moi, qui

---

ce ministre, elle se releva et sut s'attirer une véritable considération personnelle... » La suite de cet éloge, surtout dans Saint-Simon, donne la p'us haute idée du mérite de Mme de Louvois, et de l'estime qu'avoient pour elle le Roi, la cour et la ville.

vient de province, que ces délicatesses obligeantes et ces agrémens que suggère la politesse de la cour.

Le Roi. — Je vous trouve, Mademoiselle, plus de grâces et plus de charmes que n'en ont toutes celles de ma cour, que l'artifice seul soutient ; cette aimable innocence qui règne chez vous, fait ressentir un des plus grands plaisirs de la vie.

Mlle du Tron, *en rougissant*. — Ah! Sire, vous désarmez de tous côtés, et je ne trouve plus d'armes pour me défendre; vous combattez si bien tout ce que je dis à Votre Majesté, qu'il faut céder et se rendre.

Le Roi, *à M. Bontemps*. — En vérité, Monsieur, vous avez une aimable nièce; elle a l'esprit aussi joli que le corps, et j'éprouve que tout ce qu'elle dit va droit au cœur.

M. Bontemps. — Sire, ma nièce vous est infiniment redevable, et Votre Majesté a de grandes bontés pour elle; qu'en dites-vous, Madame?

Mme de Maintenon, *d'une manière inquiète*. — Je ne m'étonne point, Monsieur, de voir l'encens du Roi donné à mademoiselle du Tron; ce grand monarque aime toutes les jolies femmes, et se fait un plaisir de le leur faire connoître.

Le Roi, *l'interrompant*. — Il est vrai, Madame, que de tout ce qui est au monde, c'est ce que je trouve de plus beau et de plus engageant ; si c'est un crime que d'aimer, tous les hommes en sont coupables, et seront malheureux pour avoir suivi un chemin si doux.

M. Bontemps. — Sire, je crois, sans déguiser ma pensée, que c'est le moindre de tous les crimes que celui de l'amour. Hé! qui peut justement condamner un penchant que la nature donne à tout ce qui respire?

Mme DE MAINTENON. — Monsieur, vous appuyez les inclinations du Roi avec un peu trop de complaisance. Savez-vous que la flatterie est un péché mortel, et qu'il ne faut jamais dire plus qu'on ne pense.

M. BONTEMPS. — Madame, je ne tais point mes sentiments, et j'ai toujours cru que les péchés d'amour étoient bien pardonnables.

Mme DE MAINTENON. — Ce n'est pas ce que nos Révérends Pères Jésuites disent; car ils comptent au rang des plus grands crimes la galanterie et les amusements de Cour. Oui, ces Saints Pères disent que Dieu y est offensé mortellement et que l'on se ferme par cette voie peu conforme à la morale de Notre Seigneur, la porte du paradis.

M. BONTEMPS, *en riant*. — Quoi, Madame, croyez-vous entièrement toutes les idées du péché que ces religieux nous donnent? Ah! croyez-moi, ces bonnes âmes en font un nombre que l'on ne peut condamner avec justice, et qu'en particulier ils approuvent eux-mêmes.

LE ROI, *en frappant sur l'épaule à M. Bontemps*. — Ma foi, Monsieur, vous êtes admirable en conclusions, et vous avez raison; ces bons Pères ne suivent pas toujours la morale qu'ils nous présentent[1].

---

[1]. Voyez ci-dessous. Ce trait paraît tout anodin si l'on se reporte aux œuvres des fondateurs ou des réformateurs d'ordres religieux; il paroîtra bien plus inof-

M. Bontemps. — Sire, souvenez-vous que la chair est foible et sujette à rebellion; la volonté peut être, mais.....

fensif encore si on le compare à tel passage du Théâtre italien que nous signalerons, pour montrer à quelle hardiesse de langage on étoit arrivé depuis l'époque où le Tartufe avoit été interdit. Nous en citerons un seul exemple, tiré du *Banqueroutier*, « comédie en 3 actes, représentée pour la première fois par les comédiens ordinaires du Roi dans leur hostel de Bourgogne, le 19° d'avril 1687. »

« Perrillet. — Ne t'aperçois-tu pas d'un certain jeune abbé qui vient fréquemment au logis, et que...

» Colombine. — Qui? l'abbé Goguette? ah! Monsieur, n'en prenez point d'ombrage... Je me connois un peu en gens. Premièrement, c'est un garçon de qualité qui a dix mille écus de rente en bons bénéfices, et qui est bien aise de manger son revenu avec quelque sorte d'éclat. Il voit tout ce qu'il y a de jolies femmes à Paris. Il joue gros jeu; son train est leste; il a une belle maison, des meubles magnifiques, et un cuisinier qui dame le pion au vôtre. Ha! le joli homme d'abbé que c'est! Je voudrois que Madame vous eût dit comme il fait bien les choses.

» Perrillet. — Ouf!... est-ce que ma femme sait cela?

» Colombine.— Bon, ils ne bougent d'ensemble... Rêvez-vous de croire que cet abbé soit amoureux parce qu'il fait de la dépense? Non moins que cela. C'est qu'il a de l'ambition : et, comme dans le monde on ne parvient à rien sans l'estime et l'approbation des femmes, il fait de son mieux pour les mettre de son parti. Il les promène, il les régale, aujourd'hui à l'Opéra, demain à la Comédie. De l'air qu'il s'y prend, c'est un drôle qui s'avancera en fort peu de temps et qui se va mettre dans une grande réputation.

» Perrillet. — Mais, Colombine, crois-tu qu'il ne se feroit pas autant de réputation en donnant une partie de son bien aux pauvres qu'en le mangeant avec les femmes?

» Colombine, *riant*. — Et d'où venez-vous, Monsieur? est-ce qu'on se fait abbé pour donner l'aumône? je pense que vous perdez l'esprit. N'est-ce pas une assez belle charité de faire vivre de pauvres diables de parfumeurs qui ne

Le Roi. — Ce n'est pas ce que madame de Maintenon dit ; la bonne chrétienne veut que les sens obéissent à la volonté et à la raison, qui sont les tyrans de l'homme ; cette dernière ne conclut rien, quoiqu'elle s'oppose à tout d'une manière sévère.

Mme de Maintenon. — Ah ! mon illustre Prince, décidez-vous de la sorte des facultés des créatures, qui rendront compte des biens qu'elles ont reçus du Créateur, qui ne les a créées que pour sa gloire ?

Le Roi, *riant, à M. Bontemps.*—Ne trouvez-vous pas, Monsieur, que madame de Maintenon est extrêmement savante ? Elle se perd avec un saint plaisir dans la contemplation des mystères divins, qui la ravissent en admiration.

Mme de Maintenon, *en soupirant*. — Hélas ! mon cher Monarque, je souhaiterois n'avoir plus aucuns sentimens pour la terre qui m'éloignassent du ciel ; mais la foiblesse humaine est si grande, que l'on ne triomphe pas toujours de soi et de la pente naturelle qui vous mène vers le vice.

Le Roi, *s'éclatant de rire*. — Oh, la belle âme ! Oh, la divine personne, qui est élevée jusques aux cieux par de saints et pieux transports, qui la distinguent des autres femmes !

Mme de Maintenon, *quittant le Roi*. — Je vois bien qu'il faut céder à Votre Majesté : mais, mon Prince, ne raillez pas davantage les

gagnent rien avec les femmes et qui mourroient de faim sans messieurs les abbés ? »

Cette cruelle satire est anonyme ; elle n'en fut pas moins jouée à l'hôtel de Bourgogne, vingt ans après le Tartufe, qui eut tant de peine à paroître.

personnes qui font tous leurs efforts pour parvenir à l'Eternité.

Le Roi. — Très-volontiers, Madame ; adieu, je vous la souhaite.

ENTRETIEN II.

Monseigneur le Dauphin [1], *et la princesse* de Conti [2].

Monseigneur. — Ne trouvez-vous pas, Madame, ce lieu tout charmant ? Pour moi j'y vois des beautés mille fois plus grandes qu'à Choisy, particulièrement pour la chasse, qui est ce que j'aime le plus.

La princesse de Conti. — Je ne sais, Monseigneur, quel plaisir vous prenez dans un exercice si pénible et si peu profitable : la défaite de vos ennemis vous seroit mille fois plus glorieuse que celle des bêtes, à laquelle vous ne remporterez pas grands lauriers.

Monseigneur. — Je l'avoue, Madame, j'irois les combattre si l'on étoit sûr des victoires ; mais depuis que j'ai été sur le Rhin [3] à me mor-

---

1. Monseigneur le Dauphin. — Cf. ci-dessous. — Voy. aussi t. III, p. 185.
2. La princesse de Conti. — Cf. ci-dessous. — Voy. aussi t. III, p. 163.
3. La campagne du Rhin à laquelle le Dauphin prit part fut celle de 1694. Le *Mercure galant* de juin 1694 (pp. 338-348) donne un journal de la marche de M. le Dauphin en France... « Je donnerois des louanges à Monseigneur, si je croyois pouvoir faire des éloges dignes de ce prince. Ce qu'il fait dit plus que je ne pourrois dire. Toutes les fois que l'armée campe, ce prince ne vient point chez lui sans avoir examiné le camp et vu si les gardes sont bien posées.

fondre, où je n'ai eu nul avantage, la guerre ne me plaît plus; et je trouve beaucoup plus de charmes à courir des loups¹ que j'arrête quand je veux. Dernièrement, dans la forêt de Saint-Germain mes gens prirent deux louves qui peuploient ces bois de petits loups, et, sans le malheur qui m'arriva, j'aurois pris le mâle : le maraut se sauva dans une île où l'on ne put le trouver.

La princesse de Conti. — Voilà qui est fâcheux, mon Prince; mais parlons un peu du grand chemin que le Roi fait faire depuis Versailles jusqu'à Meudon; qu'en dites-vous? La pieuse Maintenon n'en paroît pas trop contente.

Monseigneur. — Parbleu, Madame, la vieille bigotte a bien d'autres choses en tête que le chemin de Meudon! Depuis que le Roi a fait jouer les comédiens à Trianon² pour la nièce du

---

Il donne des ordres fort exacts à tous les officiers, et fait publier des bans pour empêcher le cavalier et le soldat de courir, c'est-à-dire d'aller en maraude... Quoi qu'il n'aime point le jeu, il joue pour faire plaisir à ceux qui aiment ce divertissement. »

1. Le goût du Dauphin pour la chasse et surtout pour la chasse aux loups étoit fort dispendieux; pour le satisfaire, il entretenoit depuis 1682 une meute de cent chiens et soixante chevaux; le personnel des chasses de la maison comprenoit six lieutenants ordinaires, à 1500 liv. d'appointements, payés sur la cassette par les mains du premier valet de chambre, un aumônier, quatre veneurs ou piqueurs, huit valets de limiers, six garde-laisse des levriers, à 1,000 liv. par an, huit valets de chien à 800 liv., un pourvoyeur de l'écurie des chevaux pour le loup : tout ce personnel servoit sous le commandement de M. le marquis d'Heudicourt, grand louvetier de France.

2. Le 20 juin, le Roi étoit à Trianon, et c'est là qu'il recevoit le serment du sieur de La Tresne, nommé premier

gouverneur de Versailles, elle est devenue jalouse comme un diable.

La princesse de Conti. — Ah! la vieille proscrite! l'amour l'inquiète-t-il encore? mais je crois que le Roi ne sera jamais aimé de mademoiselle du Tron, quoiqu'il fasse tout son possible pour parvenir à cette conquête : la belle est prévenue d'un amant.

Monseigneur. — Qui est donc le galant de cette aimable fille?

La princesse de Conti. — Monseigneur, c'est le duc de ***[1] qui en est passionnément amoureux ; et qu'elle aime plus que sa vie. Voilà une copie d'une lettre en vers, qu'on prétend qu'elle lui a écrite, qui est la plus tendre et la plus spirituelle du monde.

Monseigneur. — Voyons les beaux sentiments de mademoiselle du Tron.

---

président du parlement de Bordeaux. Entre cette date et celle du 26 octobre que nous avons indiquée plus haut (page 4, note 5), le Roi alla à Fontainebleau.

1. D'après la Gazette, quatre ducs étoient alors à l'armée du Rhin, dont les vers suivants prouvent qu'il est question ici : le duc de Bourbon, le duc de Roquelaure, le duc de Villeroy, le duc de Luxembourg.

Le duc de Bourbon, né le 12 octobre 1668, marié le 24 juillet 1685, à Mlle de Nantes, légitimée de France.

Le duc de Villeroy était très-âgé ; il était marié depuis 1662 ; son fils ne prit le titre de duc qu'en 1696.

Le duc de Roquelaure, marié aussi, avait épousé, le 20 mai 1683, Marie-Louise de Laval-Montmorency.

Le duc de Luxembourg, né le 18 février 1662, épousa, le 28 août 1686, Marie-Thérèse d'Albert, fille aînée du duc de Chevreuse, qui mourut le 17 septembre 1694. Le duc étoit donc veuf à l'époque où se place ce récit ; il se remaria le 15 février 1696, et épousa Mlle de Gillier de Clérembault.

La princesse de Conti. — Ils sont délicats et fort tendres.

Monseigneur. — C'est ce que je demande.

(*La princesse de Conti lit :*)

Lettre en vers de mademoiselle du Tron au duc de *** à l'armée [1].

Ma vertu, cher amant, ne me pouvoit permettre
Le funeste plaisir de t'écrire une lettre;
Et malgré mon amour, mon devoir inhumain,
M'a cent fois arraché la plume de la main.
Mais quoi? le mal me presse, et si je l'ose dire,
Il faut absolument ou mourir ou t'écrire.
Dans cette extrémité, mon courage se rend;
Et si je fais un mal, j'en évite un plus grand :
Car enfin je veux vivre, et l'amour m'y convie
Puisque tu reviendras me faire aimer la vie,
Et que je ne sçaurois abandonner le jour,
Sans quitter mon amant et perdre mon amour.
Dis-moi donc, notre Roi veut-il, sans résistance,
Sur tous ses ennemis exercer sa vengeance?
Trouve-t-il tant d'attraits dans ces travaux guerriers?
N'est-il pas encor las de cueillir des lauriers?
Son bras victorieux, pendant une campagne,
Fait plus qu'en soixante ans n'a pu faire l'Espagne.
N'est-ce donc pas assez? veut-il que malgré moi,
J'ose me repentir d'avoir un si grand Roi;
Et que mon cœur, outré de dépit et de rage,
Autant que les Anglois déteste son courage?
Je regrette souvent le règne des Césars, [Mars.
Qui se plaisoient bien moins de vivre au Champ de

---

1. A l'armée du Rhin, comme on le voit dans la pièce de vers qui suit :

... N'as-tu pu, sans le perdre, aller jusques au Rhin?
... Tu voudrois quelquefois aller, comme un tonnerre,
Ravager la Hollande et terminer la guerre.

Et, dans le grand désir de revoir ce que j'aime,
Je fais presque des vœux contre la France même.
Mais toi, mon cher amant, ne me déguise rien ;
La guerre te plaît-elle, et t'y trouves-tu bien?
Défaire un escadron, forcer une muraille,
Prendre une ville, un fort, gagner une bataille,
Cela te charme-t-il? et ce funeste honneur
Te plait-il aux dépens de tout notre bonheur?
Aimes-tu les lauriers qui me coûtent des larmes?
Ce qui fait tous mes maux a-t-il pour toi des charmes?
Et quand tu fais trembler un peuple malheureux,
Ne te souvient-il pas que je tremble plus qu'eux?
Que malgré tous les maux que leur fait ton courage,
Je suis plus misérable et perds bien davantage?
Arrête donc, cruel, il ne t'est pas permis
De me faire du mal plus qu'à tes ennemis.
Hélas! je le sçay bien, tu n'as plus de tendresse,
Tu ne me connois plus, la gloire est ta maîtresse :
Elle occupe aujourd'hui ma place dans ton cœur
Et je mérite moins qu'un fantôme d'honneur :
Les blessures d'amour te semblent méprisables,
Et celles du Dieu Mars te sont plus agréables.
Autrefois tu jurois qu'il te seroit bien doux
De pouvoir quelque jour mourir à mes genoux.
Mais la guerre en trois mois t'a fait changer de stile ;
Tu ne veux plus mourir qu'aux pieds de quelque ville,
Et le feu de l'amour qui t'a brûlé longtems,
Cède à ce noble feu qui fait les conquérans.
Tu te ris de mes yeux et de leur doux langage,
Et crois qu'être amoureux ce n'est pas être sage.
Ingrat! seroit-il vrai, ne m'abusé-je point?
Serois-tu devenu tigre jusqu'à ce point?
M'aurois-tu violé cette foi tant jurée?
Ce feu, que je croyois d'éternelle durée,
Seroit-il en trois mois étouffé dans ton sein?
N'as-tu pu sans le perdre aller jusques au Rhin?
Je pourrois bien courir sur la terre et sur l'onde,
Et porter mon amour de l'un à l'autre monde,

Sans qu'il se puisse éteindre ou bien qu'il s'altérât?
Mais ai-je le malheur d'adorer un ingrat?
Sans doute que tu crois que c'est une bassesse,
Que d'être au Champ de Mars, songer à sa maîtresse,
Et que d'y conserver de l'amour dans le cœur,
Ce n'est pas le moyen d'acquérir de l'honneur :
Ah! que tu connois mal le chemin de la gloire!
Quoi? tous les conquérans dont nous parle l'histoire,
Et dont on vante tant le courage et le bras,
Ont-ils cessé d'aimer au milieu des combats?
Regarde un Alexandre, un César, un Pompée :
Ces grands hommes jamais ont-ils tiré l'épée,
Sans songer qu'il falloit par mille beaux exploits
Mériter la beauté qui leur donnoit des loix?
Apprens donc que l'amour renverse des murailles,
Ravage des Etats, remporte des batailles.
Si dans le Champ de Mars tu veux être vainqueur,
Tu te dois efforcer de mériter mon cœur.
C'est l'unique moyen de gagner la victoire,
Que de m'avoir toujours présente en ta mémoire.
Mais pourquoi te donner ces conseils superflus?
Mon triste cœur me dit que tu ne m'aimes plus,
Qu'en vain de quelque espoir se flatte une insensée,
Que Casal et Namur occupent ta pensée,
Que, fatiguant sans cesse, et la nuit et le jour,
Tu n'as guère de temps pour penser à l'amour;
Et que, blessé peut-être, et mourant de foiblesse,
Tu n'es point en état d'aimer une maîtresse;
Que le sang et le meurtre ont changé ton esprit,
Que ton cœur est de fer, que rien ne l'attendrit.
Ah Ciel! qu'à m'affliger je suis ingénieuse,
A m'entendre, on diroit que je crains d'être heureuse.
Non, toutes ces raisons pour lui ne valent rien;
Je ne crains point cela d'un cœur comme le tien;
Et j'ai de ta constance une trop belle idée,
Pour croire que déjà tu m'ayes oubliée.
D'un feu trop violent j'eus soin de t'enflammer,
Pour croire que déjà tu cesses de m'aimer.

Il est certain moment où, seul devant la tente,
Tu fais quelques soupirs pour ta fidèle amante;
Et, malgré les appas que la guere a pour toi,
Tu souhaites la paix peut-être autant que moi;
Tu voudrois quelquefois aller comme un tonnere
Ravager la Hollande et terminer la guerre;
Et le mortel regret d'avoir quitté mes yeux
Contre les Hollandois te rend plus furieux.
Rapporte donc à moi ta plus louable envie;
Conserve bien tes jours pour conserver ma vie,
Et, quoique ta valeur te porte à tout oser,
Ne t'expose jamais de peur de m'exposer.

MONSEIGNEUR. — Il faut avouer, Madame, que voilà quelque chose de bien écrit et de bien tendre. C'est en vain que le Roi tente d'attendrir un cœur si pénétré de passion; elle n'aimera jamais Sa Majesté, quelque protestation qu'elle lui en fasse.

LA PRINCESSE DE CONTI. — J'en doute fort; mais que deviendra notre vieille dévote, si le Roi continue d'aimer cette belle fille?

MONSEIGNEUR. — Ma foi, Madame, je n'en sais rien; ses affaires sont en mauvais état; n'en parlons pas, la voici avec son Maure qu'elle aime beaucoup.

ENTRETIEN III.

La marquise DE MAINTENON *et son Maure.*

LA M^{ise} DE MAINTENON. — Page, va voir où est le Roi. Je suis en peine de ce que Sa Majesté fait.

LE MAURE. — J'y cours sans différer d'un moment.

Mᵐᵉ DE MAINTENON, *après le retour du Maure.* — Hé bien que fait le Prince ? à quoi s'occupe-t-il ?

LE MAURE. — Madame, il est dans un salon, avec le gouverneur de Versailles et sa nièce.

Mᵐᵉ DE MAINTENON. — Hélas, mon enfant, ce n'est pas pour les beaux yeux de M. Bontemps que ce grand Monarque a tant de complaisance; il a une autre idée qui lui fait trouver ces moments agréables. Sexe inconstant et volage, qui n'aime que les nouveautés; vieux pécheur [1], est-ce encore à toi de sentir les appétits de la chair, qui es tout ruiné et rendu incapable de satisfaire une jeune coquette comme est la du Tron?

LE MAURE. — Madame, je ne saurois qu'y faire; mais le Roi est de fort belle humeur.

Mᵐᵉ DE MAINTENON. — C'est ce qui me chagrine. — Maure, va dire à Sa Majesté que je viens de recevoir une lettre de l'armée du ma-

---

1. Le Roi, vieux pécheur tout ruiné, se seroit assez bien porté, d'après le *Journal de la Santé*, pendant l'année 1695; cependant on ne manque pas de signaler ses purgations habituelles et quelques attaques de goutte, qui l'obligeoient à « se chausser d'un soulier moucheté. » — Le portrait qu'on peut faire de lui à cette époque ne ressemble guère à celui qu'on a pu lire, t. II, page 4. — Louis XIV tenoit de Henri IV et de Louis XIII cette odeur *sui generis*, qui faisoit dire au baron de Fæneste : — « Tenez, ye me devoutonne : vous sentirez. — Ho vertubieu! quel parfum. — Et les pieds de mesme. » En outre, on lui avoit arraché une grande partie de la mâchoire gauche, et il en étoit résulté une plaie d'où s'exhaloit au loin une odeur cadavérique nauséabonde; ses maux de tête et d'estomac l'avoient rendu fort taciturne et avoient assombri son humeur... Du brillant Louis XIV, quand on a lu le *Journal de la Santé du Roi*, il reste alors bien peu de chose.

réchal de Boufflers [1] qui se trouve fort embarrassé dans Namur à repousser les ennemis.

Le Maure. — Madame, je n'ose.

[1]. Voici ce que dit, à ce sujet, la *Gazette de France*...
— « De Dinant, le 5 septembre 1695 : Le 30 du passé (août), à 11 heures du matin, les ennemis donnèrent un assaut général avec 15,000 hommes à la partie de la ville (de Namur) que les assiégés (commandés par Boufflers) occupoient au poste de la Cassote et au fort Guillaume.

« Le 1er de ce mois, les alliés donnèrent un autre assaut général avec 20,000 hommes...; les brèches étoient si grandes qu'il pouvoit y monter un bataillon de front... Le carnage fut si grand qu'il n'y en a point eu de pareil en Europe depuis plus d'un siècle, puisque les ennemis eurent, dans cet assaut, 9,000 hommes tués ou blessés et les nôtres 3,000. Mais comme la garnison se trouva réduite à 5,000 hommes, dont il ne restoit que 2,300 en état de combattre, et que tous les ouvrages étoient presque entièrement renversés, on jugea à propos de capituler. Les articles furent arrêtés le 2 avec l'Electeur de Bavière. Ils contiennent en substance que la place seroit rendue le 5, en cas qu'elle ne fût pas secourue auparavant, et que la garnison sortiroit par la brèche, pour être conduite à Givet sous Charlemont, avec six pièces de canon, deux mortiers, armes et bagages, enseignes déployées, tambour battant, et toutes les autres conditions les plus honorables. La garnison est sortie aujourd'hui, mais le maréchal de Boufflers a été arrêté par ordre du prince d'Orange, au préjudice de la capitulation. Les ennemis ont demeuré soixante-sept jours devant la place, et on n'a jamais vu une plus courageuse défense. »

« Du camp de Cambron le 10 septembre. » — Le maréchal de Boufflers fut transféré le 8 à Maëstricht ; la ville lui fut donnée pour prison.

— « De Versailles, le 9 septembre : Le Roi, pour tesmoigner de la satisfaction qu'il eut de ses services dans la vigoureuse défense de Namur, l'honora du titre de duc. »

— Ce triste événement est resté complètement et sans doute volontairement ignoré de l'abbé de La Brizardière dans son « Histoire de Louis le Grand depuis le commencement de son règne jusques en 1710 » ; il n'en dit mot.

Mme DE MAINTENON. — Tu n'es qu'un animal; j'y vais moi-même.

LE MAURE *seul*. — Allez-y si vous voulez, vieille médaille; le Roi se moquera de vous et aura raison.

ENTRETIEN IV.

LE ROI, *Madame* DE MAINTENON, et M. BONTEMPS.

Mme DE MAINTENON. — Sire, voici des nouvelles, mais non pas des meilleures. Que dites-vous du mauvais état de nos affaires? Un exprès est venu ce matin, qui m'a dit que Casal et Namur[1] sont assiégés par les ennemis, et que nos généraux commencent à perdre courage.

---

1. Nous avons dit, à la note précédente, comment s'étoit terminé le siége de Namur par les alliés, et la capitulation du maréchal de Boufflers. Quant à Casal, assiégé en 1629 par Gonzalve de Cordoue, délivré par les François, réassiégé en 1630, mais défendu avec succès par le marquis de Toiras, assiégé une troisième fois en 1640 par le marquis de Leganez et délivré par le comte d'Harcourt (Cadet la Perle), il fut pris en 1652 par les Espagnols et, depuis, rendu par eux au duc de Mantoue qui l'ouvrit aux troupes du roi Louis XIV en 1682. En 1694, le duc de Savoie, le prince Eugène et le marquis de Leganez en firent le blocus le 22 août; au mois de novembre, malgré les conseils du marquis de Leganez, à qui cette conduite le rendit suspect, le duc de Savoie leva le blocus, effrayé par l'approche de l'armée de Catinat; un incident curieux se produisit pendant le siége : les ennemis voulurent faire sauter les magasins à poudre de la place au moyen d'un ressort d'horlogerie caché dans la crosse d'un pistolet. (*Mercure galant*, octobre 1694.) Le siége fut repris en avril 1695. Trois mois après, en juillet, on lit dans le *Mercure galant* : « Sa Majesté vient d'ordonner à M. le marquis de Crenan, qui en étoit

Le Roi. — Parbleu, Madame, je n'y puis que faire ; je suis si las de la guerre que je voudrois n'y avoir jamais songé. Les inquiétudes d'amour sont mille fois plus douces que celles de Mars, qui ne fait que des impressions de sang et de carnage, qui ne donne point de repos ; et, pour être partout où l'on donne une bataille, cela n'est point de mon goût.

Mme de Maintenon. — C'est donc pour cela, Sire, que vous avez toujours des retours de cette passion qui rejaillissent incessamment, quelques prières que je fasse à saint Benoît [1] pour la con-

---

gouverneur, de remettre la place de Casal au duc de Mantoue, avec tous les droits souverains qui lui appartiennent, et de faire, pour cet effet, un traité avec M. le duc de Savoie et les généraux des alliés. Il est réglé par ce traité que la garnison en sera tirée aussitôt que la démolition tant de la ville que de la citadelle et du château sera achevée ; que la garnison sera conduite en toute sûreté à Pignerol avec les provisions et les munitions et la quantité d'artillerie stipulée ; qu'il sera permis aux François établis à Casal de sortir avec leurs effets. En conséquence de cette capitulation, les troupes du Roi et celles du duc de Savoie travaillent conjointement à ruiner les fortifications. » — Cf. *Gazette de France* du 23 juillet 1695 ; lettre du 16 juillet.)
— Deux ans après, la fille du duc de Savoie, âgée de 12 ans et un jour, épousoit le duc de Bourgogne, fils du Dauphin (7 décembre 1697), âgé de quinze ans et demi.

Il est intéressant de remarquer que, dans cette guerre, Catinat compta parmi ses adversaires un Simiane établi en Savoie, le marquis de Pianezza, qui, après une vie aventureuse, servit plus tard en France avec le titre de maréchal de camp.

1. Prière à saint Benoît. — Ni dans les livres de proverbes, ni dans l'*Apologie pour Hérodote*, où H. Estienne donne une assez longue énumération des attributions données à plusieurs saints, nous n'avons rien trouvé qui nous permette d'expliquer pourquoi l'auteur met en avant

tinence de Votre Majesté? O sang rebelle et désobéissant au Souverain : quand triompherons-nous de vous?

M. BONTEMPS. — Madame, ces petits emportements sont pardonnables à notre grand Monarque; c'est dans les bras de Vénus qu'il se délasse des travaux de la guerre et des soins de son royaume, qui fatiguent Sa Majesté nuit et jour.

Mme DE MAINTENON, *peu contente et montrant un chapelet*. — Monsieur, ne flattons pas les Princes dans leurs défauts, par politique et par intérêt. Voilà où mon Prince doit appliquer tous ses soins, à dire souvent son chapelet et bien prier Dieu.

LE ROI, *d'un ton méprisant*. — Madame, cessez de me rompre la tête de vos dévotions outrées. Allez seulement porter une chandelle de Saint-Cyr à votre bon saint Hilaire, afin qu'il vous rende plus discrète.

(*Madame de Maintenon s'en va.*)

ENTRETIEN V.

LE ROI *et Mademoiselle* DU TRON, *seule au bord d'un bassin*.

LE ROI. — Que faites-vous ici, belle rêveuse? j'étois en peine de vous.

Mlle DU TRON. — Sire, j'admirois l'eau comme

---

ici saint Benoît, et, un peu plus loin, saint Cyr et saint Hilaire.

le principe de toutes choses, suivant la pensée d'un philosophe [1].

Le Roi. — Quoi, Mademoiselle, vous suivez déjà les idées de ces grands hommes à l'âge où vous êtes? Ah! défaites-vous de ces pensées obscures et douteuses, qui ne font que fatiguer les personnes qui s'y abandonnent.

Mlle du Tron, *d'une manière précieuse*. — Sire, Votre Majesté saura aussi que je ne m'embarasse pas beaucoup des sentiments erronés des philosophes; je n'en parle seulement qu'en passant, et pour me divertir.

Le Roi. — Vous faites très-bien, ma chère demoiselle, de ne vous pas occuper l'esprit de ces fadaises qui n'ont rien de solide; l'Amour, ce petit Dieu des cœurs, est quelque chose de bien plus doux.

Mlle du Tron, *poussant un grand soupir*. — Ah! Sire, ce nom me fait trembler. Dieux, qu'il est redoutable, cet amour que Votre Majesté trouve si charmant!

Le Roi. — Hé! que vous a fait, Mademoiselle, ce pauvre enfant pour le traiter de la sorte? Ce n'est pas l'amour qui fait peur aux belles comme vous; car je sais que vous aimez, et peut-être de plus d'une manière.

Mlle du Tron. — Votre Majesté, mon Prince, m'apprend qu'il y a plusieurs amours; mais j'ai toujours cru qu'il n'y en avoit qu'un qui soutenoit l'Univers.

Le Roi, *se passionnant*. — Il est vrai, ma

---

1. Le philosophe Thalès prétendait que l'eau était l'origine de toutes choses.

charmante, c'est justement celui-là que je souhaite qui vous puisse blesser. Aimez-moi donc, si vous ne l'avez pas encore fait.

Mlle DU TRON. — Ah! Sire, je crains...

LE ROI. — Hé! que craignez-vous, Mademoiselle? ne suis-je pas Roi?

Mlle DU TRON. — Il est vrai, Sire; mais...

LE ROI. — Mais vous doutez, peut-être, si je vous aimerai; ah! quelle injustice vous me faites, mon adorable! vous n'avez que trop de mérite et de charmes pour rendre mon amour éternel.

Mlle DU TRON. — Ah! mon Prince, Votre Majesté ne doit pas être surprise de cette foiblesse; l'on craint toujours ce que l'on ne veut pas voir, et l'amour est toujours occupé de plusieurs passions.

LE ROI. — Enfin, ma belle, venons au fait : m'aimerez-vous, ou non? Si vous le faites, vous sauverez la vie d'un prince qui va mourir à vos pieds, et qui, sans ce charmant aveu, seroit le plus malheureux de tous les hommes.

Mlle DU TRON, *en rougissant*. — Sire, qu'une déclaration tendre d'un si grand prince embarrasse une personne comme moi! je veux tout, je crains tout; mais hélas! je ne trouve point de force pour rien résoudre, et je flotte toujours entre l'incertitude que mon cœur m'a fait naître.....

LE ROI. — Bannissez cette incertitude, Mademoiselle, et me rendez heureux.

ENTRETIEN VI.

Le Roi, *Mademoiselle du Tron, et Madame de Maintenon, qui surprend le Roi aux pieds de cette belle, dans un cabinet*[1] *d'orangers*.

Mme de Maintenon. — Ah! ciel, que vois-je? le Roi qui ne s'est point souillé depuis cinq ou six ans des plaisirs de la chair, et le voici aux pieds d'une fille! Ah! Sire, je veux qu'un ange m'emporte, si vous ne perdez la santé qui vous reste, par vos mouvements passionnés.

Le Roi, *faisant un signe de croix*. — Madame, je remarque que vous extravaguez. Allez vous mettre au lit; vous êtes plus malade que vous ne pensez. Mon bel ange aura soin de me guérir. Les blessures d'amour ne sont pas dangereuses.

Mlle du Tron. — Quelquefois, Sire, ce Dieu a renversé des murailles et gagné de grandes victoires; et tout cela en faisant souffrir bien des peines à ceux qui les défendoient[2].

Mme de Maintenon, *présentant un petit crucifix au Roi*. — Voilà, Sire, la véritable pierre de touche; voilà quel doit être à présent l'objet de votre adoration; c'est là où Votre Majesté doit attacher toutes ses affections et toutes ses pensées, sans s'amuser à ternir sa gloire aux pieds des créatures mortelles.

---

1. *Cabinet*. Ce mot, dans le sens où il est pris ici, de petite enceinte d'arbres, est très-ancien dans la langue. On le trouve déjà dans Nicot : *Cabinet* ou *Gabinet en jardin, suffugium*.

2. Le texte porte : *la* ; — *les* se rapporte à *murailles*.

Le Roi, *en colère*. — Allez, Madame, aux petites maisons; l'on y en met de moins folles que vous. Est-il saison de m'aporter un crucifix dans le temps que je suis aux pieds d'un ange? Attendez du moins que j'aie commerce avec quelque lutin, afin de l'exorciser par votre dévotion.

Mme DE MAINTENON. — Hélas! Sire, la conversation d'une fille est à présent plus dangereuse pour Votre Majesté, que celle du plus méchant lutin du monde [1]. M. Fagon [2], votre

---

[1]. C'est l'idée exprimée dans la fameuse lettre adressée à Fouquet par Mlle de Menneville, trouvée dans sa cassette et conservée à la Bibliothèque nationale parmi les papiers de Baluze : « Rien ne me peut consoler, lui disoit-elle, de ne vous avoir point vu, si ce n'est quand je songe que cela vous auroit pu faire mal. » — Chéruel, *Mém. sur Fouquet*, t. I, p. 480, *appendice*.

[2]. Fagon (Guy Crescent), né à Paris le 11 mai 1638, étoit fils d'un commissaire ordinaire des guerres et de Louise de La Brosse, fille de Guy de La Brosse, le célèbre médecin de Louis XIII. Reçu docteur en 1664, il fut chargé par Mme de Maintenon des soins à donner aux enfants du Roi et de Mme de Montespan. Médecin de la Dauphine en 1680 et de la reine quatre mois après, il devint en 1683, après la mort de la reine, médecin des enfants de France. En 1693, il fut nommé premier médecin du Roi Louis XIV, en remplacement de d'Aquin, alors exilé de la cour, peut-être par les intrigues jalouses de Fagon lui-même. Saint-Simon, ordinairement si sévère, lui est très-favorable. Fagon fut reçu membre de l'Académie des sciences en 1699. Il quitta la cour en 1715, à la mort de Louis XIV, et mourut le 11 mars 1718, dans le jardin du Roi, où il étoit né, auprès de son grand-père maternel.

L'éditeur du *Journal de la Santé du Roi* lui attribue à tort le volume intitulé : « les Admirables qualitez du Quinquina, confirmées par plusieurs expériences... etc. Paris, Martin Jouvenel, 1689, » in-12. Cet ouvrage, publié sans nom d'auteur, est précédé de plusieurs approbations de

premier médecin, m'a témoigné mille fois que l'exercice d'amour ne vous vaut rien, parce qu'il ébranle et dissipe les forces naturelles de l'homme ; cependant Votre Majesté ne peut étouffer les désirs charnels qui renaissent toujours. Brisez les chaînes du péché, et vous attachez entièrement à votre salut.

Le Roi, *se radoucissant*. — Je le ferai, Madame ; ce sont mes affaires, qui ne vous regardent pas. Allez seulement vous reposer, cela fera du bien à votre esprit, qui est en mauvais état.

(*Madame de Maintenon s'en va.*)

Le Roi. — Parbleu, Mademoiselle, cette dame-là radote, de venir ainsi troubler nos plaisirs. Que ne demeure-t-elle à Saint-Cyr [1], pour donner le nécessaire à ses filles ?

Mlle du Tron. — Sire, il paroît bien à l'emportement de madame de Maintenon qu'elle aime Votre Majesté, puisqu'elle prend tant de part dans ses intérêts.

Le Roi. — Je ne puis pas bien démêler

---

médecins de la Cour, et la première est celle de Fagon, qui, en retour, est cité plusieurs fois avec éloge par l'auteur anonyme.

1. La maison de St-Cyr, à cette époque (1695), comptoit neuf années d'existence, les lettres patentes pour sa fondation étant du mois de juin 1686. — C'est le 3 août suivant qu'eut lieu l'inauguration de la maison, en présence seulement de quelques dames de la Cour et de Mme de Maintenon. « Alors, dit M. Lavallée, commença pour elle un travail qu'elle a continué pendant toute sa vie avec un zèle égal à sa persévérance... Durant les premières années, elle fut obligée, à cause de l'ignorance et de l'inhabileté des jeunes religieuses, de remplir presque toutes les charges de la maison. » (*Mme de Maintenon et la maison royale de St-Cyr.*)

le motif qui la fait agir de la sorte; mais je vous dirai, Mademoiselle, qu'un simple gentilhomme est plus heureux que moi, parce qu'il peut faire ses affaires en secret.

Mlle DU TRON. — Je vous l'avoue, Sire.

Mme DE MAINTENON, *revenant*.— Sire, je viens dire à Votre Majesté, que voici deux lettres que je viens de recevoir; l'une est du maréchal de Boufflers, et l'autre m'a été donnée par M. Bontemps pour mademoiselle du Tron : c'est une de ses tantes de Normandie qui lui mande de venir promptement.

LE ROI, *d'un air de dépit*. — Et l'autre, Madame, que contient-elle? Apparemment vous en savez aussi la substance?

Mme DE MAINTENON. — Non, Sire, je n'ai osé l'ouvrir; mais je crois que le maréchal se plaint fort de ses soldats qui désertent à tout moment : ce général en a perdu six mille dans Namur [1].

LE ROI. — Depuis un temps vous ne me dites rien que de désagréable.

Mlle DU TRON. — Sire, je prends congé de Votre Majesté.

LE ROI. — Où allez-vous, ma belle? demeurez, je vous prie.

Mlle DU TRON, *après avoir lu sa lettre [la lettre de sa tante]*. — Sire, je viens de lire la lettre de ma tante qui me mande absolument; Votre Majesté aura la bonté de me laisser aller.

---

1. Sur le siège de Namur et la capitulation du maréchal de Boufflers, voyez ci-dessus, p. 144, note 1, et p. 145, note 1.

Le Roi, *chagrin et trépignant du pied.* — Ah ! fâcheux contre-temps, ne cesserez vous point de me persécuter.

ENTRETIEN VII.

Le Roi, *et le* Père la Chaise [1], *son confesseur.*

Le Roi, *l'apercevant.* — Approchez, mon révérend Père, j'ai bien de la joie de vous voir.

Le Père la Chaise. — Ah ! Sire, celle que je sens n'est pas exprimable. Il y a plusieurs jours que je meurs d'envie d'entretenir Votre Majesté sur quelques affaires qui me paroissent importantes.

Le Roi. — Parlez, mon révérend Père, qu'avez-vous à me dire d'important ?

Le Père la Chaise, *étant entré dans le cabinet du Roi.* — Sire, je prends la liberté de dire à Votre Majesté, qu'étant il y a quelques jours en prières, j'eus une vision qui m'étonna fort, et où je me trouvai très-embarrassé. L'esprit qui me parla, me dit qu'il étoit l'âme du père Bobinet [2] mon confesseur, que le conseil céleste avoit député pour venir me dire combien les puissances souveraines des cieux étoient fâchées contre Votre Majesté, qui met le clergé au rang des sujets contribuables de son royaume, en les taxant comme les autres [3]. Ce qui ne doit pas

---

1. Sur le Père de la Chaise, voy. t. III, p. 147.
2. Aucun des ouvrages biographiques ou satiriques consacrés au Père de la Chaise ne parle du Père Bobinet.
3. « Quoique les Papes se soient souvent opposés aux demandes que nos Princes ont faites au Clergé, celui-ci a, de lui-même, voulu contribuer à l'avantage public, et il n'y

être, suivant la pensée d'un grand Saint, qui nous dit que ceux qui servent à l'autel doivent être exempts de tous impôts et de toutes taxes.

a plus aujourd'hui de difficultés, tout le corps de l'Eglise de France s'étant lui-même soumis à payer le dixième de ses revenus, sous le titre de décime, et de payer encore extraordinairement pour les neuf autres parts à proportion des besoins. — La répartition de ces deux espèces d'impositions est faite par les Prélats ecclésiastiques et autres ecclésiastiques de réputation, ce qui porteroit à croire qu'elle est toujours très-équitable; mais l'expérience y est contraire... L'autorité et le crédit du clergé n'ont pas permis de penser que cette taxe pût être imposée par les laïques; ainsi on l'a laissé se taxer lui-même. Cependant on voit communément qu'un bénéfice de 100,000 liv. de rente paye 1,500 liv. pour toutes décimes et qu'une communauté de 30,000 liv. de revenu paye 6 à 7,000 liv. Les curés sont encore plus vexés que tous les autres par proportion. » (*Mém. de Boulainvilliers*, 6ᵉ *mém.*, 1727, t. II, p. 201.)

Dès la troisième année de la fatale guerre de 1688 à 1697 contre le prince d'Orange, le Roi avait dû écrire à l'archevêque de Paris : « Mon cousin..., comme j'ay esté informé qu'il y a beaucoup d'argenterie dans les églises au-delà de celle qui est nécessaire pour la décence du service divin, dont la valeur étant remise dans le commerce apporteroit un grand avantage à mes sujets, je vous fais cette lettre pour vous exhorter à examiner ce qu'il y a d'argenterie dans chaque église de votre diocèse..., vous assurant que vous ferez chose qui me sera fort agréable et fort utile au bien de mon Etat, d'ordonner qu'elle soit portée dans mes monnoies pour être converties en espèces d'or et d'argent, la valeur en être payée comptant sur le pied porté par ma déclaration du 14 décembre dernier à ceux qui l'apporteront, et ce qui proviendra de ladite argenterie superflue être ensuite employé au profit des églises à laquelle ladite argenterie appartenoit. » (8 février 1690.) — Le 16 février suivant, l'archevêque de Paris écrivoit au clergé tant régulier que séculier de son diocèse pour l'inviter à se conformer aux ordres du Roi; ce qui se faisoit dans le diocèse de Paris devait évidemment se faire dans tous les autres. — Voy. p. 156, note 4.

Le Roi, *fort pensif*. — Cela est-il bien véritable? Mais, mon Dieu, mon révérend Père, ce n'est pas ma faute; si j'ai péché dans cette occasion, ce n'est que par conseil. Messieurs de Pomponne [1], de Harlay [2], et Pontchartrain [3], ne m'ont-ils pas porté à demander à mon clergé les dix millions de don gratuit [4] qu'il m'a fourni

1. M. de Pomponne. Voy. la table.
2. M. de Harlay. Voy. la table.
3. M. de Pontchartrain. La *Gazette de France* de 1693 parle du sieur Phelipeaux de Pontchartrain qui, déjà conseiller au Parlement, est nommé secrétaire d'Etat en survivance de son père : il est le septième de son nom qui ait été revêtu d'une semblable charge (*Gazette* du 26 décembre). — Il fut nommé chancelier et garde des sceaux de France le 5 septembre 1699. — Né le 29 mars 1643, Louis Phelipeaux de Pontchartrain était fils de Louis Phelipeaux de Pontchartrain, président à la Chambre des comptes, et de Suzanne Talon. Mme de Sévigné, St-Simon, Dangeau, parlent de lui fréquemment.
4. Dix millions de don gratuit. — Voy. la note 3 de la page 154.— L'assemblée du clergé s'ouvrit le 28 mai 1695. « Le 8 juin, le sieur Pussort, doyen du Conseil d'Etat, le sieur Le Peletier, le sieur d'Argouges, le sieur de Harlay et le sieur de Pontchartrain, ministres et secrétaires d'Etat, commissaires du Roi, allèrent à l'assemblée générale du clergé. Le sieur Pussort parla avec beaucoup de dignité et d'éloquence, et fit une proposition sur laquelle l'assemblée accorda tout d'une voix à Sa Majesté un don gratuit de dix millions. » (*Gazette de France* du 11 juin 1695.) — « Le grand objet d'une assemblée, c'est le don qu'on y fait au Roi; mais, comme avant qu'elle commence, ce don ordinairement est réglé entre le ministre, le futur président de cette assemblée et le receveur du clergé, il ne reste, quand elle se tient, qu'à en faire la répartition et qu'à trouver les moyens de payer promptement la somme que l'on a promise. Cette commission est la plus recherchée, parce qu'elle donne occasion de témoigner au Roi le zèle qu'on a pour son service. » (*Mém. de l'abbé Le Gendre*, Paris, Charpentier, 1863, in-8°, p. 102.) — En 1690, le clergé

pour soutenir la guerre, qui, comme vous savez, est fort difficile à supporter [1]?

à qui l'archevêque de Paris avoit fait espérer qu'on ne demanderoit aucun nouveau sacrifice en 1695, avoit accordé 12 millions de don gratuit : on peut juger de la pression à laquelle il céda lorsqu'on lui demanda ces dix millions qui furent, dit la *Gazette*, accordés tout d'une voix. La stupeur, le chagrin furent d'autant plus grands que, lorsque parut, en janvier 1695, l'édit imposant une capitation dont personne ne seroit exempt et qui seroit levée tant que la guerre dureroit, l'archevêque avoit en quelque sorte racheté cet impôt en proposant un abonnement de quatre millions par an, supérieur de deux millions, d'après l'évêque d'Orléans, à ce que le Roi attendoit. — (Voy. les *Mém. de l'abbé Le Gendre*, p. 199.)

1. La guerre étoit fort difficile à soutenir en effet, et voici des chiffres qui le prouvent : « Si l'on suppose que la guerre du prince d'Orange, commencée en 1688 et terminée en 1697, a employé au service du Roi, pendant les neuf années qu'elle a duré tant sur mer que sur terre, six cent mille hommes qui auront coûté chacun quinze sols par jour en vivres, en solde, habits, armes, chevaux, équipages, vaisseaux, artillerie, le tout par proportion, depuis le général d'armée, jusqu'au dernier tambour et au mousse du vaisseau, la dépense de chaque année a monté à 164,250,000 liv.; mais le revenu ordinaire ne passoit pas 116,000,000. — Cela supposé, il fallut recouvrer de nouveaux fonds pour l'entretien de la dignité royale, les rentes, les gages et autres dépenses publiques. Cependant tout s'est fait ; mais, pour en venir à bout, il fallut emprunter par des créations d'office, des aliénations, des constitutions de rentes et de nouvelles impositions sur le public déjà chargé des impositions ordinaires, et de plus par la capitation imposée en janvier 1695. Ainsi cette guerre a porté ces charges à près de 600,000,000 de liv. au-dessus des revenus ordinaires pendant les neuf années de guerre. — Il est vrai que ces grandes sommes ne sont pas entrées en entier dans le trésor... Si, par exemple, un traitant se charge d'un recouvrement de six millions de liv., il en retient un pour son profit et a de plus 600,000 liv. pour les deux sols pour livre. Il y a encore les frais de recouvrement estimés à 20 pour cent; et enfin, quoique le recouvrement soit souvent

Le Père la Chaise. — Je l'avoue, Sire; mais cependant on murmure fort à la cour céleste de tout ce qui se passe en France et le père Bobinet dit encore que saint Ignace prit la parole au nom de l'assemblée, et dit, comme en colère, qu'il étoit impossible qu'un prince qui renverse le service divin entrât en paradis.

Le Roi, *frappant de son chapeau sur la table.* — Parbleu, mon Père, je n'y saurois que faire, quand tous les saints du Paradis y trouveroient à redire, et que ce seroit un crime, j'y ai été forcé ; ce n'est que pour un bien qui est la gloire de mon Etat ; et, quoique j'en aie donné les ordres, ce ne peut être au plus à mon égard qu'un péché philosophique [1], comme vous me l'avez dit mille fois.

---

assez facile, si le traitant veut payer à titre d'avance, il retire les intérêts à 10 pour cent : d'où il arrive que le Roi ne tire que quatre millions et demi de ce dont le peuple paye sept à huit millions de livres. » (6ᵉ *mém.* de Boulainvilliers, t. II, pp. 128-132.)

Du reste, plus étoient grandes les charges imposées au pays, moins le trésor royal avoit de ressources. Le comte de Boulainvilliers (ibid., p. 153) nous en fournit la preuve. En 1688, les tailles étoient de 32,486,911 liv.; sur cette somme, le trésor a reçu 29,929,240 liv.; en 1707, elles étoient de 36,755,985 liv.; sur cette somme, le trésor n'a reçu que 23,538,408 liv. — Ainsi, les tailles ayant augmenté de 4,269,074 liv., la recette, entre 1688 et 1707, a diminué de 6,390,832.

1. « Le péché, en tant qu'il blesse la raison, est appelé *philosophique*; et, en tant qu'il offense Dieu, il est appelé *théologique.* » Un grand débat eut lieu dans le clergé à l'occasion de ce *péché philosophique* ; il eut pour origine une thèse qu'un jésuite nommé Meunier, professeur au collége de Dijon, avoit fait soutenir en 1686, thèse conçue en ces termes : « Le péché philosophique, commis sans aucune connoissance de Dieu et sans aucune attention à lui, n'est

Le Père la Chaise. — Sire, ne vous emportez pas, nous tâcherons de réconcilier Votre Majesté avec les puissances célestes, et de rendre véniels tous les péchés qu'elle commettra par ignorance.

Le Roi. — Vous ferez bien, car je n'aime pas les querelles, et ne veux pas être contredit dans mes actions. Tâchez donc, mon révérend Père, de faire ma paix avec les saintes Intelligences, et de me bien mettre dans leurs esprits; car autrement je craindrois fort qu'il me laissent longtemps brûler en purgatoire pour se venger.

Le Père la Chaise. — Ne vous alarmez point, Sire; je donnerai un bon passe-port à Votre Majesté pour la rendre heureuse en l'autre vie; d'ailleurs, ne doit-elle pas tout espérer de tant de belles actions qu'elle a faites pendant son règne, et de toutes les âmes qu'elle a converties par ses dragons [1], que nous appelons les gendarmes du ciel?

---

point une offense à Dieu ni un péché mortel. » — La Société le désavoua; mais, en 1689, M. Arnaud la dénonça au pape, aux évêques, aux princes et aux magistrats comme une nouvelle hérésie; les poètes en firent des chansons, dont quelques-unes fort jolies, dit l'abbé Le Gendre, sur l'air du Noël : *Or, dites-nous, Marie*. Les enfants, les femmes, les laquais apprirent par cœur ces vaudevilles; on les fit chanter dans les rues. (*Mém. de l'abbé Le Gendre*, pp. 123-125.)

1. Le Roi, ayant en quelque sorte codifié, par l'édit de révocation de l'édit de Nantes, tous les autres édits antérieurement portés par lui et qui, d'année en année, rendoient plus difficile en France l'exercice de la religion protestante, compléta son œuvre en envoyant, particulièrement dans les Cévennes, des missionnaires dont les prédications étoient soutenues par des dragons : « Nous envoyions dix, douze ou quinze dragons dans une maison qui y faisoient

Le Roi. — Lorsque j'ai fait chasser les huguenots, qui ne vouloient pas se convertir, j'ai suivi en cela les conseils que vous m'aviez donnés ; car vous savez que vous m'avez toujours dit que je ne pouvois faire une plus belle pénitence de mes fautes passées, et acquérir plus sûrement le Paradis, qu'en donnant tous mes soins pour l'extirpation de l'hérésie [1], et en établissant la maison de Saint-Cyr [2].

Le Père la Chaise. — Cela est vrai, Sire, et c'est aussi ce que l'on considérera toujours comme les merveilles de votre règne. Ne doutez donc pas que vous n'en receviez la récompense dans le ciel.

Le Roi. — Cela suffit ; adieu donc, mon révérend Père ; je me recommande à vos bonnes prières et à celles des Saints Pères de votre société.

---

grosse chère jusqu'à ce que tous ceux de la maison se fussent convertis. Cette maison s'étant faite catholique, on alloit loger dans une autre, et partout c'étoit nouvelle aubaine. » (*Mém. de Vordac*, cités dans le *Bulletin du protestantisme françois*, 2ᵉ année, 1854, p. 203. — *Ibid.*, passim.)

1. L'hérésie détruite : deux médailles furent frappées à cette occasion ; dans la première, la Religion couronne le Roi ; l'inscription porte : *Ob vicies centena millia calvinianæ ecclesiæ revocata*, 1685 ; dans la seconde, la Religion foule aux pieds l'Hérésie. L'inscription porte : *Hæresis exstincta ; edictum octobris* 1685.

2. La maison de Saint-Cyr fut fondée en 1686. Voyez p. 152, note 1.

ENTRETIEN VIII.

Madame DE MAINTENON *et Monsieur* FAGON, *premier médecin du Roi.*

M. FAGON. — Madame, je suis votre très-humble serviteur; comment vous portez-vous?

Mme DE MAINTENON. — Je me porterois bien, Monsieur, si je n'avois point de chagrin qui est, comme vous savez, un poison pour la santé.

M. FAGON. — Il est vrai, Madame, Hypocrates nous dit aussi, dans son traité de médecine, que les personnes gaies sont rarement malades [1].

Mme DE MAINTENON. — Hé, comment, Monsieur, pouvoir rire? l'on a du chagrin à tout moment.

M. FAGON. — Quel est donc le vôtre, Madame, ose-t-on vous le demander?

Mme DE MAINTENON, *poussant de gros soupirs.* — Oui bien, Monsieur, c'est le Roi qui me le donne.

M. FAGON. — Quoi, Madame, un prince si bénin, si débonnaire pourroit vous affliger?

Mme DE MAINTENON. — Monsieur, le déplaisir que ce monarque me cause est qu'il veut s'attacher de nouveau à une petite beauté qui lui donnera bien à songer. Vous savez que

---

[1]. Les Aphorismes d'Hippocrate ne disent rien de semblable; mais l'école de Salerne dit :
> Si vis incolumem, si vis te reddere sanum,
> Curas tolle graves.....

l'exercice amoureux ne lui vaut rien à l'âge où il est [1].

M. Fagon. — J'en conviens, Madame; l'amour rend l'homme foible et chancelant quand il ne se conduit pas sagement; mais user un peu de cette passion sobrement, n'est pas méchant pour la santé. Nous avons même un de nos savants docteurs qui ordonne de temps en temps de se servir de femmes et de vin pour se bien porter [2].

Mme de Maintenon. — De grâce, Monsieur, n'allez pas dire cela au Roi. Ce prince, qui est naturellement sensible à l'amour, en profiteroit plus que vous ne croiriez, et Sa Majesté se perdroit dans les combats de Vénus.

M. Fagon, *riant*. — Est-il possible, Madame?

Mme de Maintenon, *branlant la tête*. — Il n'est que trop vrai, Monsieur; je connois ce monarque, il pousse les choses jusques à l'excès; et c'est son penchant que les femmes.

M. Fagon. — Quelle est donc la beauté, Madame, qui engage à présent le Roi? je le croyois détaché de tout attachement charnel.

Mme de Maintenon. — Monsieur, est-ce que vous ne le savez pas?

M. Fagon. — Non, Madame; qui est-ce qui me l'auroit dit?

Mme de Maintenon. — C'est la nièce de M. Bontemps notre gouverneur de Versailles,

---

[1]. Le Roi avait alors cinquante-sept ans.
[2]. L'école de Salerne a, dit-on, formulé ce précepte; mais nous l'avons vainement cherché dans son *Régime de santé*.

qui a ravi la liberté de ce prince, pour l'avoir vue une fois à l'Opéra.

M. Fagon. — Quoi, Mlle du Tron! qui auroit jamais dit que cette fille avec son air précieux et languissant[1], auroit pris le cœur d'un si grand prince?

Mme de Maintenon. — Cependant, c'est elle-même; le Roi en est si charmé que, hors de sa présence, il ne peut trouver de repos.

M. Fagon. — Ah! Madame, je la plains : Il faut que ce prince fasse de grands efforts pour contenter cette jeune amante, cela détruira infailliblement sa santé.

Mme de Maintenon. — C'est ce que je dis aussi, Monsieur; je vous prie instamment de vous servir de tout l'ascendant que vous avez sur ce monarque, pour le détourner de cette amourette qui lui est si désavantageuse pour le corps et pour l'esprit, qu'il n'est occupé que de sa nouvelle passion.

M. Fagon. — Je ferai tout mon possible, Madame, pour persuader à ce prince que sa santé y est intéressée; et comme Sa Majesté ajoute assez de foi à ce que je lui dis, j'espère de réussir dans mon dessein.

Mme de Maintenon. — Dieu le veuille, Monsieur, pour mon repos. Il me souvient que, quand vous dîtes au Roi dernièrement que l'air de Meudon lui étoit meilleur que celui de Versailles, il a cru votre conseil, puisque Sa Majesté y va une ou deux fois la semaine, et

---

1. Il est à remarquer précisément que, excepté Mme de Montespan, toutes les maîtresses du Roi eurent cet air « précieux et languissant. »

particulièrement depuis qu'il a sa belle en tête.

M. Fagon. — Ne vous chagrinez point, Madame, de cette amourette : c'est un feu volant qui passera comme les autres ; il est trop ardent, à ce que vous m'avez dit, pour être de durée.

Mme de Maintenon. — Cependant, Monsieur, je ne laisse pas d'en avoir bien du chagrin.

M. Fagon. — Madame, vous avez trop de vertu et trop de politique pour ne pas savoir vous contraindre ; un peu de complaisance sied bien, et principalement à la Cour où il s'en faut beaucoup servir.

Mme de Maintenon. — Rien de plus vrai, Monsieur, la feinte et la dissimulation sont les qualités les plus nécessaires aux courtisans.

M. Fagon. — Madame, je prends congé de vous ; voici le Roi qui vient, je m'en vais au-devant.

Mme de Maintenon. — Adieu, Monsieur, n'oubliez pas de dire au Roi qu'il prenne soin de sa personne.

M. Fagon, *prenant la main de Mme de Maintenon*. — Je n'y manquerai pas, Madame, prenez du repos.

Mme de Maintenon. — Monsieur, avant que je vous quitte, tâtez un peu mon pouls.

M. Fagon, *lui prenant le bras*. — Il est un peu ému, mais ce ne sera rien ; et si cela continue, mon chirurgien[1] vous saignera par la veine

---

1. « Chirurgica tota continui divisione, divisi unione et extractione alieni comprehenditur. » La chirurgie étoit donc un métier tout manuel, et, dans le serment que les chirurgiens prêtoient, ils s'engageoient à ordonner seulement « quæ

céphalique et basilique¹, ce qui vous guérira indubitablement; je vous laisse, Madame.

Mme DE MAINTENON. — Je suis votre servante, Monsieur.

ENTRETIEN IX.

LE ROI, et Monsieur FAGON.

LE ROI, *en souriant*. — Ah! Monsieur le médecin, comment vous portez-vous depuis avant-hier?

M. FAGON. — Fort bien, Sire, comme un homme qui est toujours prêt à servir Votre Majesté, avec la plus grande inclination du monde.

LE ROI, *lui prenant la main*. — Voilà qui est fort honnête, Monsieur, comptez aussi sur mon amitié.

M. FAGON. — Sire, Votre Majesté me fait plus d'honneur que je ne mérite.

LE ROI. — Monsieur, point de compliments, asseyez-vous ici. Quelles nouvelles m'apprendrez-vous?

M. FAGON. — Sire, je ne sais rien de nou-

---

spectant ad operationem chirurgiæ. » S'ils pratiquoient à Paris ou dans les faubourgs, ils ne pouvoient le faire qu'avec un médecin, maître ou licencié dans l'Université de Paris, ou approuvé par la Faculté. (*Decreta, ritus... saluberrimi medicorum parisiensium ordinis consuetudines.* — Parisiis, Quillau, 1714, in-12, pp. 30 et 107.)

1. La veine *céphalique* « est celle qu'on a coustume d'ouvrir pour les douleurs de teste, d'où son nom, du grec *kephali*, tête. — La veine *basilique*, ou *hépatique*, est une veine qui naît du rameau axillaire, va au milieu du pli du coude où elle se divise en deux rameaux. » (Furetière.)

veau, sinon, que je trouve un grand changement en Votre Majesté.

Le Roi, *le regardant*. — Eh! que trouvez-vous en moi de changé? est-ce à mon avantage ou à mon désavantage?

M. Fagon. — Non, Sire, c'est à votre avantage.

Le Roi, *en riant*. — Parlez donc, Monsieur le docteur, et vous expliquez; qu'est-ce que vous remarquez en moi?

M. Fagon. — Une abondance de santé, Sire, causée par une joie qui se répand sur toute votre personne royale.

Le Roi. — Bon, voilà qui va bien, Monsieur; je ne laisse pas cependant d'avoir du chagrin de toutes les pertes que je fais cette année de tous côtés.

M. Fagon. — C'est le sort de la guerre, Sire, qui a toujours été de la sorte; l'amour récompense Votre Majesté de ses pertes, en lui faisant faire des conquêtes dans son empire.

Le Roi, *d'un air agréable*. — Monsieur, je vois bien que vous êtes aussi savant en amour qu'en médecine; mais, dites-moi un peu, je vous prie, avez-vous des remèdes pour les cœurs des amants?

M. Fagon. — Oui, Sire, je les guéris à peu de frais.

Le Roi. — Ah! Monsieur, donnez-m'en un pour un prince qui souffre beaucoup, qui vous en saura bien du gré.

M. Fagon. — Sire, je ne puis guérir personne si je ne le connois; mes herbes n'ont point d'effet, si je ne vois et ne touche.

Le Roi, *en souriant*. — C'est moi, Monsieur, qui serai votre nouveau malade ; je vous prie, guérissez-moi donc promptement.

M. Fagon. — Votre Majesté, Sire, n'a pas besoin de mes remèdes, étant maître de la beauté qui l'engage ; mais je prends la liberté de lui dire, qu'un grain ou deux d'amour de plus pris par excès, sont capables de lui faire bien du mal, et même de lui affoiblir le reste du corps.

Le Roi. — Je vous entends, Monsieur ; nous n'en prendrons pas plus qu'il n'en faut pour se bien porter. Adieu, je vous quitte, voilà M. de Pontchartrain.

ENTRETIEN X.

Le Roi, *et Monsieur* de Pontchartrain, *ministre d'Etat.*

Le Roi. — Eh bien, Monsieur, aurons-nous de l'argent ?

M. de Pontchartrain. — Sire, en exécution de vos ordres, nous nous sommes assemblés extraordinairement, pour tâcher de trouver à Votre Majesté les sommes qu'elle demande, nous avons longtemps délibéré...

Le Roi. — Il ne falloit pas perdre tant de temps à délibérer, et passer promptement aux effets pour remplir nos coffres.

M. de Pontchartrain. — Nous le souhaitons tous ardemment ; mais...

Le Roi, *se fâchant*. — Mais, mais ; ne vous ai-je pas dit que quand j'ai commandé, je ne veux pas qu'on me contredise.

M. de Pontchartrain. — Sire, je prends la liberté de remontrer à Votre Majesté que l'on ne peut à présent aller si vite ; la ville et la campagne sont ruinées par les taxes, les impôts et les contributions ; vos peuples meurent de faim [1], et sont tellement accablés de misères, qu'ils ont beaucoup plus besoin d'un prompt soulagement, que d'être encore surchargés par de nouveaux impôts.

Le Roi. — Qu'ils fassent comme ils l'entendront ; mais il faut bien qu'ils payent ou qu'ils crèvent. Voilà qui est admirable ! doivent-ils travailler pour d'autres que pour moi qui suis leur Roi, et tous leurs biens ne m'appartiennent-ils pas de droit, comme madame de Mainte-

---

1. Vos peuples meurent de faim. — « Si, en 1688, on se plaignoit que les paysans n'avoient point de lits pour se coucher, aujourd'hui plusieurs manquent de paille (1707). » — *Mém. de Boulainvilliers*, II, 152. — « On ne sçauroit compter combien il meurt de pauvres paysans à la porte des plus riches bénéficiers, sans secours spirituel ou temporel, faute d'un peu de nourriture ou du plus simple remède. » (*Ibid.*, p. 126.) — « Le règne de Louis XIV, — despotique, bursal, très-long et par conséquent odieux, — a détruit l'abondance en tirant des sujets au-delà de leurs forces et en détruisant la consommation intérieure... il a pareillement détruit la confiance en découvrant un fonds de mauvaise intention et d'artifice dans les ministres, digne d'une éternelle exécration. » (*Ibid.*, pp. 1, 8-9.) — « Les fortunes subites des financiers ont excité plusieurs marchands à quitter le commerce,... et une infinité d'autres à quitter l'agriculture... De là vient que tant de fabricants et de laboureurs ou fermiers ont été ruinés, que les terres sont incultes ou mal façonnées, et que les banqueroutes sont si fréquentes. » (*Ibid.*, p. 16-17.) — Les extraits qui précèdent nous dispensent de citer les passages si connus où La Bruyère, Vauban, etc., dépeignent la misère du peuple. — Cf. Vie de Mme de Miramion, pp. 320 et sq.

non et les bons Pères Jésuites me le représentent si souvent[1]! C'est aussi le sentiment des principaux de ma Cour, qui disent que mes sujets doivent s'estimer fort heureux que je leur laisse la vie et l'habit, que je pourrois leur ôter si je voulois.

M. de Pontchartrain. — Il ne me convient pas, Sire, d'entrer dans cet examen; cependant je prends la liberté de vous dire, qu'encore que Votre Majesté soit toute puissante sur la terre, elle ne peut faire trouver de l'argent où il n'y en a pas. Il n'y a que le Créateur de l'Univers qui puisse faire un si grand miracle.

Le Roi. — Enfin, Monsieur, sans tant de raisons, faites ce que vous pourrez et mettez tout en usage; mais il faut au plus tôt de l'argent, tant pour mes dépenses ordinaires et extraordinaires, que pour celles de la guerre[2] et de Marly[3], dont je ne prétends pas absolument [en] rien retrancher.

---

1. Dans ses *Mémoires*, Louis XIV, parlant des souverains, dit que « le Ciel les a faits dépositaires de la fortune publique. » (*Édition* Dreyss, I, p. 177); — il ajoute (t. II, p. 230) que « les Rois sont nés pour posséder tout et commander à tout. »

2. La France soutenoit alors trois guerres, en Hollande, en Savoie et dans le Palatinat, — sans parler de ses guerres navales dans la Méditerranée, sur les côtes de France et dans les colonies. — Nous avons donné plus haut (p. 157, note 1) un aperçu des frais énormes de ces guerres.

3. Un mémoire de Marinier, commis des bâtiments du Roi, sous Colbert, Louvois et Mansart, et reproduit en appendice dans les Mém. de Saint-Simon (*Édition* Hachette), nous donne l'état des dépenses faites par Louis XIV à Versailles, Saint-Germain, Marly, etc.— De 1679 à 1690 les dépenses pour Marly seul s'élevèrent à la somme totale de

M. de Pontchartrain. — C'est à ces grands recouvrements que je travaille aussi avec toute l'application possible; mais en vérité, Sire, nous avons inventé tant de nouvelles affaires, que mon imagination en est tarie [1], et il ne

4,501,279 liv. 12 s. 3 d., somme qu'il faut au moins quadrupler pour en avoir la valeur en monnoie actuelle. — A cette somme, il faut ajouter les frais d'une cascade en forme de rivière qui tomboit du haut de l'allée derrière le château : on estime, dit Marinier, qu'elle passe cent mille écus.

1. La liste serait longue de toutes les mesures prises pour augmenter les ressources du Trésor. Nous citerons les principales qui furent arrêtées dans les cinq dernières années, de 1690 à 1695.

1690. — 3 *Janvier.* — Déclaration du Roi : « ... Pour mettre tout d'un coup dans le commerce une grande quantité de matières d'or et d'argent et la faire convertir en espèces à nos coins et armes, nous avons fait porter aux hostels de nos monnoyes une grande partie des ouvrages d'orfévrerie qui servoient d'ornements à nos palais (malheureusement, d'après l'abbé Le Gendre, ces ouvrages étoient dus au célèbre orfèvre Claude Ballin, dont on trouve la vie et le portrait dans les *Hommes illustres* de Perrault); et, après avoir donné cet exemple à nos sujets, nous avons, par notre déclaration du 14e du mois de décembre dernier, deffendu à l'avenir la fabrication de toute sorte d'ouvrages d'argenterie de pur ornement, et nous avons ordonné que ceux de nos sujets qui auroient de ces ouvrages deffendus les porteroient aux hostels de nos monnoyes..., sans aucun profit pour nous, puisque nous leur faisons payer la matière desdits ouvrages d'argenterie deffendus à 35 sols du marc de plus qu'elle n'est évaluée par les tarifs arrestez en nos cours des monnoyes. Nostre prévoyance et nos soins ont eu tant de succez que nous avons eu la satisfaction de voir que, depuis la publication de cette déclaration, nos sujets y obéissent avec tant de zèle et d'empressement qu'ils portent aux hostels de nos monnoyes, non-seulement les ouvrages d'argenterie deffendus, mais encore beaucoup de vaisselle plate (*plata*, esp., argent) dont l'usage leur étoit permis... »

1690. — 8 *Février.* — Lettre du Roy à Mgr l'Archevêque

nous reste plus qu'une découverte à mettre en œuvre.

de Paris : « Mon cousin,... comme j'ay esté informé qu'il y a beaucoup d'argenterie dans les Eglises au-delà de celle qui est nécessaire pour la décence du service divin, dont la valeur estant remise dans le commerce apporteroit un grand avantage à mes sujets, je vous fais cette lettre pour vous exhorter à examiner ce qu'il y a d'argenterie dans chaque église de votre diocèse..., vous asseurant que vous ferez chose qui me sera fort agréable et fort utile au bien de mon Etat, d'ordonner qu'elle soit portée dans mes monnoyes pour estre converties en espèces d'or et d'argent, la valeur en estre payée comptant sur le pied porté dans ma déclaration du 14 décembre dernier... » — Semblable lettre dut être envoyée à tous les Evêques de France.

1690. — 16 *Février*. — Lettre de l'Archevêque de Paris au Clergé tant régulier que séculier de son diocèse, pour l'inviter à se conformer aux ordres contenus dans la lettre royale du 8 février.

1690. — *Février*. — Edit du Roi portant création en titre d'office d'un premier président et de huit présidents au Grand Conseil, qui payeront « en nos revenus casuels la somme à laquelle sera taxée chaque charge... »

1690. — *Novembre*. — Edit du Roi portant création de deux présidents, seize conseillers et autres officiers au Parlement de Paris, Requêtes de l'Hôtel et Requêtes du Palais... « Les dépenses excessives que nous sommes obligez de faire pour faire garantir notre Royaume de la multitude des ennemis qui l'attaquent, nous engageant de suppléer par des fonds extraordinaires aux défauts de nos revenus, nous nous trouvons obligez, après les grandes aliénations que nous en avons fait, de recourir aux moyens dont on peut tirer des secours plus considérables avec moins de charge pour nos sujets et pour nos finances...

» A ces causes..., nous avons fixé à 500,000 liv. au lieu de 350,000 llv. le prix des charges de président, et celles de nos advocats généraux à 350,000 liv. au lieu de 300,000 liv. » — Les nouveaux titulaires payoient le droit annuel sur le prix de l'évaluation des offices. D'où ce résultat que « les plus hautes charges de l'Etat ne rapportent pas le denier quarante, et celles des finances vont à dix et quinze pour cent, sans les autres facilités qu'elles procurent. » — 6ᵉ *Mém.* du comte de Boulainvilliers.

Le Roi. — Quelle est donc cette découverte?

1690. — *Décembre.* — Edit du Roi portant création de deux présidents, quatre maîtres ordinaires, quatre correcteurs, quatre auditeurs et autres officiers en la chambre des comptes de Paris. — La charge de premier président est taxée à 550,000 liv. au lieu de 400,000 liv., celle de président, à 300,000 liv. au lieu de 200,000 liv., celle de procureur général à 300,000 liv. au lieu de 250,000 liv.

1691. — *Mars.* — Edit du Roi portant création de maîtres et gardes et de jurez syndics des corps des marchands et des arts et métiers dans toutes les villes du royaume. Les droicts de marc d'or desdits offices sont fixez pour la première classe à 30 liv.; pour la deuxième à 24 liv.; pour la troisième à 18 liv.; pour la quatrième à 12 liv. En outre, pour les droits de réception, selon la classe, 15 liv., 12 liv., 9 liv. et 5 liv.; plus, pour le droit royal rétabli en remplacement du droit domanial supprimé, les marchands et maîtres des corps et communautés payent 40 liv. pour la première classe, 30 liv. pour la deuxième, 20 liv. pour la troisième, 10 liv. pour la quatrième.

1691. — 3 *Mai.* — « Les marchands bonnetiers se réunissent au bureau de la communauté, rue des Ecrivains, paroisse Saint-Jacques-la-Boucherie, pour délibérer sur les moyens de trouver les fonds de la somme [de 36,000 liv.] que la communauté doit offrir au Roi pour réunir au profit d'icelle les offices héréditaires de six maîtres et gardes de la communauté créés, ainsi que dans tous les autres corps et communautez des marchands et artisans des villes du royaume par l'édit du mois de mars... » — Il résulte d'un arrêt du Conseil du Roi en date du 8 mai, que les bouchers, après avoir refusé d'abord, auroient fait leur soumission.

1691. — 22 *Mai.* — Extrait des Registres du Conseil d'Etat : ... « Sa Majesté en son Conseil a ordonné et ordonne que la déclaration du 14 novembre 1689 sera exécutée selon sa forme et teneur; en conséquence a fait et fait très-expresses inhibitions et défenses à tous ouvriers de luxe de dorer ou argenter des chandeliers à branches, girandoles, bras, chenets, grilles, brasiers, bordures de miroirs, balustres, bois de chaises, tables, bureaux, guéridons et autres semblables ouvrages... »

1691. — 14 *Août.* — Déclaration du Roi... « Ceux qui ont acquis quelque domaine aliéné de bénéfices, commu-

M. DE PONTCHARTRAIN. — La voici : Mes-
nautez, colléges ou hôpitaux, à la charge d'en remplacer le prix en maisons ou héritages, seront tenus, à la réquisition des créanciers, d'en porter les deniers à nostre trésor royal, pour estre employez en acquisitions de rentes constituées sur l'hostel de nostre bonne ville de Paris... »

1692. — *Janvier.* — Edit du Roi portant création des charges de surintendant général des postes et relais de France et de grand maître des courriers... « A l'égard de tous les droits utiles, profits et revenus appartenant auxdites charges..., nous les avons unis et unissons à notre domaine pour estre reçus par nos receveurs avec nos autres revenus, chacun dans leur généralité. » — Cf. 6ᵉ *Mém.* de Boulainvilliers.

1692. — *Février.* — Édit du Roi portant création de lieutenants de S. M. dans toutes les provinces du royaume : « Si l'état florissant où nous conservons notre royaume au milieu de la plus grande guerre que la France ait jamais soutenue nous en a fait connoître les forces inépuisables, le zèle ardent et empressé avec lequel nos sujets et principalement notre noblesse sacrifient tous les jours leurs biens et leurs vies nous fait trouver en même temps notre puissance trop bornée, lorsque, voulant proportionner nos bienfaits à leurs services, nous voyons à regret que nous manquons de récompenses à mesure que les raisons d'en donner augmentent... » — Les lieutenants du Roi ne pourront être remplacés « sans que celuy auquel nous en aurons donné l'agrément n'ait actuellement remboursé les sommes que lesdits lieutenants auront financés en nos coffres... »

1692. — *Février.* — Edit du Roi portant création de 200 notaires royaux dans l'étendue du Parlement de Tournay, etc.

1693. — 17 *Mars.* — Tarif des droits que le Roi en son conseil veut et ordonne être payez pour le controlle et enregistrement des titres et autres actes qui seront reçus à l'avenir dans toute l'étendue du royaume. Exemples : contrats de mariage, jusqu'à 500 liv., dix sols ; — de 500 à 1,000 liv., 20 sols ; — de 1,000 à 5,000 liv., 40 sols, etc.

1693. — 8 *Mars.* — Tarif des droits qui seront payez par les juges ou officiers de justice des seigneurs qui ne se sont point fait recevoir ou qui n'ont point esté immatriculez aux greffes de nos cours ou juridictions. Exemple : les juges des duchés-pairies et autres justices seigneuriales

sieurs d'Argouges et Barbezieux [1], ministres

qui ressortissent immédiatement au Parlement, chacun 150 liv.; procureurs desdits, 100 liv., etc.

1693. — 16 Juin. — Tarif des droits que le Roi en son conseil veut estre payez à commencer du 1ᵉʳ juillet prochain par les communautez des marchands et artisans de la ville et faubourgs de Paris, pour avoir la faculté d'avoir chez eux des balances, romaines et fléaux de quelque poids que ce soit. Exemple : chacun des maîtres de la communauté des épiciers, apothicaires, grossiers, confiseurs, ciriers, 6 liv.; — merciers, grossiers, joailliers, 6 liv.; — bouchers, 10 liv.; — boulangers, 3 liv., etc.

1695. — Janvier. — On lit dans le MERCURE GALANT : « Enfin la déclaration du Roi pour l'établissement de la capitation a esté publié. Il y avoit longtemps que cette publication étoit souhaitée, tant le zèle des sujets du Roi est grand pour contribuer à sa gloire et au bien de l'Etat : en sorte que les taxes ont paru fort modiques à plusieurs. »

Comme complément de cette curieuse nouvelle, voici un extrait de la lettre (insérée au Mercure galant de mars 1695) par laquelle les Etats de Languedoc sollicitent la faveur d'être soumis à la capitation : « L'Assemblée des Etats de Languedoc a toujours donné des marques de la passion qu'elle a eue pour le service du Roi et pour le bien du royaume, en supportant les impositions dont cette province est chargée; mais elle sent croître cette passion dans le cœur de ceux qui la composent, en ce temps où les ennemis de l'Etat se sont faussement persuadé que le zèle des sujets du Roi peut diminuer ou leurs forces s'épuiser, après le don gratuit de trois millions qu'elle vient de faire à S. M. et de plusieurs autres sommes considérables..., elle demande à Sa Majesté qu'il luy plaise de faire une subvention générale de capitation qui soit supportée par tous ses sujets, et demande que l'établissement en soit fait dans la province de Languedoc pendant la guerre... »

1695. — 30 Avril. — Edit du Roi, registré au Parlement, portant aliénation de douze cent mille livres de rente au denier quatorze sur l'hôtel-de-ville de Paris.

Nous pourrions multiplier ces extraits; ceux qui précèdent peuvent déjà donner l'idée des souffrances que l'état de guerre faisoit supporter au pays.

1. Messire François d'Argouges, conseiller d'Etat et du Conseil royal, ci-devant premier président du Parlement de

d'Etat, ne pouvant plus mettre de taxes, et voyant que les finances de Votre Majesté commencent à s'épuiser, M. d'Argouges, toujours fertile en moyens, nous en proposa un nouveau, qui est de mettre un impôt sur les vents; ce qui attireroit, dit-on, de grandes sommes d'argent pour soutenir la guerre dans tout le royaume; les mariniers, les bateliers, les meuniers et autres gens semblables, ne pouvant se servir de cet élément sans payer la somme imposée.

Le Roi. — Cet avis me paroît assez bon, et n'est pas à négliger.

M. de Pontchartrain. — L'on étendroit le règlement jusques sur les apothicaires, qui par leurs remèdes tirent un gros profit des vents du corps humain, et sur les médecins qui n'en tirent pas moins, et y contribuent autant par leurs ordonnances.

Bretagne, mourut à Versailles le 16 de ce mois. (*Gazette de France*, 1695; de Versailles, le 19 août) [quelques jours avant la perte de Namur.]

Louvois étant mort le 16 juillet 1691, à 51 ans, son troisième fils, le marquis de Barbezieux, fut nommé secrétaire d'Etat, et prêta serment le 19 août entre les mains du Roi pour la charge de chancelier et garde des sceaux qu'avoit son père, le 25 août 1693; le 12 novembre il épousoit Mlle de Crussol, fille du duc d'Usez et petite-fille de Montausier. Il mourut à Versailles le 5 janvier 1701, épuisé par une vie de plaisirs, après une courte maladie. — Lorsqu'il succéda à son père, il avoit 23 ans, « d'ailleurs nulle expérience, et il eut ordre de ne rien faire dans l'exercice de sa charge que par l'avis de Chanlay, qui lui fut donné comme collègue et comme modérateur. » (*Mém.* de l'abbé Le Gendre, p. 136.) — Voy. sur les griefs du Roi contre lui, Saint-Simon, *édit.* Hachette en 13 vol. in-12, VIII, 457.

Le Roi, *se frottant le front*. — Je consentirois avec joie, si cela se pouvoit; mais chacun se révoltera d'abord contre ce nouvel impôt, particulièrement les médecins et les apothicaires qui crieront comme des diables.

M. de Pontchartrain. — Sire, il suffit d'avoir votre consentement, nous les réduirons comme les autres.

Le Roi. — Monsieur, je ne sais ce que je dois faire : mon confesseur m'a rapporté que tous les saints du Paradis crient contre moi comme des enragés d'avoir osé taxer le service divin [1].

M. de Pontchartrain. — Cela se peut-il, Sire?

Le Roi. — Il n'y a rien de plus vrai, Monsieur; mais que le Père Bobinet, confesseur du Père de la Chaise qui est mort depuis peu, a été député de l'assemblée céleste pour m'en avertir.

M. de Pontchartrain. — C'est cependant, Sire, le dernier moyen que nous avons trouvé pour avoir de l'argent.

Le Roi. — Morbleu, Monsieur, je suis au

---

1. L'auteur veut sans doute parler du tarif imposé au Clergé le 10 juin 1693 pour les droits à payer à l'occasion des mariages, sépultures, baptêmes, etc. — Voici, par exemple, l'article relatif aux mariages : bans, 30 sols; fiançailles, 40; célébration du mariage, 6 liv.; certificat de publication des bans, 5 liv.; honoraires de la messe de mariage, 30 sols; pour le vicaire, 30 sols; pour le clerc des sacrements, 20 sols; la bénédiction du lit, tant pour celui qui la fait que pour le clerc qui l'assiste, 30 sols, soit en totalité 20 liv., soit de 60 à 80 francs de notre monnoie.

désespoir de voir les côtes de France bombardées par les Anglois et les Hollandois[1]. Je voudrois n'avoir jamais vu Tourville[2] qui m'a conseillé de mener ma flotte dans la Méditerranée : les alliés en ont bien su profiter et n'auroient pas fait de même[3].

1. Il y a peu de numéros de la *Gazette de France* de cette époque où il ne soit parlé des incessantes incursions des Anglois sur nos côtes ; mais nos nombreux corsaires leur faisoient bonne guerre, et ce que la *Gazette* enregistre surtout ce sont nos succès. — Voy. les notes suiv.

2. Anne Hilarion de Constantin, comte de Tourville, célèbre par ses actions sur mer, fut fait lieutenant-général des armées du Roi et vice-amiral du Levant en 1689 (*Gaz. de France*). Souvent vainqueur des Anglois et des Hollandois, notamment en 1690 (*Gazette* du 27 juillet), il fut repoussé par les Anglois le 7 juin 1692. Maréchal de France en 1693, il mourut à Paris dans la nuit du 7 au 8 mai 1701.

3. *Gazette de France* du 19 mars 1695 : « On a eu avis de Livourne que les vaisseaux du Roy *le Content* et *le Trident*, commandez par le comte du Chalard et le sieur d'Aulnay, avoient esté attaquez par six vaisseaux de guerre anglois, » et contraints de se rendre après une résistance désespérée qui ne dura pas moins de deux jours.

Gazette du 2 juillet (Toulon, 19 juin) 1695. — « Les ennemis ne paroissent plus sur nos costes, et on a appris que leurs grands préparatifs et une flotte si nombreuse n'ont abouti jusqu'à présent qu'à transporter en sûreté quelques troupes en Catalogne. »

Gazette du 17 septembre (Marseille, 5 septembre) 1695. — « L'armée navale des alliez, après avoir jeté inutilement 2,500 bombes dans Palamos, partit le 27 du mois dernier et parut le 30 devant Toulon avec environ cent bastimens, parmy lesquels il y avoit 55 vaisseaux de guerre ou frégates. » — A Toulon, à la Ciotat, à Marseille et dans les autres ports de la côte, le maréchal de Tourville, en Provence le comte de Grignan prirent toutes les mesures nécessaires pour empêcher le débarquement des ennemis qui, fort heureusement, furent éloignés par une tempête.

M. de Pontchartrain. — Sire, c'est un malheur, mais la chose est faite.

Le Roi. — Oui, de par tous les diables, mais je n'en suis pas mieux, et mes forces s'affoiblissent toujours de plus en plus.

M. de Pontchartrain. — Rien n'est plus vrai, Sire; car les trois Etats de Votre Majesté sont aux abois et n'en peuvent plus; le Clergé, le Parlement et la Noblesse se sont saignés jusques à la dernière goutte de leur sang, et je ne sais par quel nouvel impôt on pourra trouver de l'argent.

Le Roi, *après avoir rêvé*. — Monsieur, il me semble qu'il seroit plus à propos de taxer les heures que les vents, parce qu'elles font toujours leur même révolution, et que chacun s'en sert généralement sans pouvoir s'en passer, particulièrement l'heure du berger, qui est d'une nécessité importante aux amants.

M. de Pontchartrain. — Mais, comment, Sire, connoître les heures destinées à l'amour, à moins de taxer tous les jeunes gens.

Le Roi. — Monsieur, l'on ne sauroit manquer de comprendre au rôle de cette taxe tous les vieux et les jeunes; car je puis vous assurer que les vieillards aiment autant à se divertir que les autres.

M. de Pontchartrain. — Mais, Sire, Votre Majesté ne trouveroit-elle pas bon d'y mettre les religieux et les abbés[1], qui font...

Le Roi. — Ah! ciel! Monsieur, vous n'y songez pas; il est vrai que les abbés sont amis

---

1. Voy. ci-dessus, p. 133, note 1.

de la galanterie; mais les autres sont de saintes âmes qui ne font que prier Dieu nuit et jour.

M. DE PONTCHARTRAIN. — Sire, M. de Pomponne proposa encore un autre moyen, qui semble être une dépendance de celui que Votre Majesté veut dire : c'est de taxer toutes les filles de joie[1] de votre royaume, et ceux qui les entretiennent.

LE ROI, *en riant*. — Il faut donc qu'il se mette le premier en tête; car je sais qu'il ne hait pas les femmes[2].

M. DE PONTCHARTRAIN. — Cela s'entend, Sire, c'est peut-être pour avoir le plaisir de payer et vous marquer son zèle, que ce ministre a inventé ce moyen qui n'est pas méchant.

LE ROI. — Cela est assez sujet à caution; mais quittons la raillerie, et pour conclusion de cet entretien, faites fond, suivant le plan que

---

1. Il n'étoit point question, à cette époque, de taxer les filles de joie, mais de les retirer du vice. C'est alors, en effet, que Mme de Combé, hollandoise de nation, fonda le Bon Pasteur, qui, après des commencements modestes, fut définitivement établi en 1698. Voy. Delamare, *Traité de la police*, 1, 530 et suiv.

2. Ce qu'on reprochoit surtout à Pomponne c'étoit sa négligence; l'abbé Le Gendre dit qu'il « laissoit quelquefois des dépêches deux ou trois jours sans les ouvrir. On disoit encore qu'il faisoit part aux jansénistes de tous les secrets de l'Etat, qui étoient son conseil, et qu'il ne faisoit rien par lui-même. » Ce fut là la cause avouée de sa destitution, mais « la principale peut-être fut que son emploi faisoit envie à M. Coibert qui étoit bien aise de l'exercer sous le nom de son frère de Croissy, à qui il le fit tomber. » (*Mém.* de l'abbé Le Gendre, pp. 137-138.) — Voir les *Mém.* de Louis XIV, édit. Dreyss.

nous venons de faire, de me trouver au plus tôt de l'argent, et surtout n'y manquez pas.

M. de Pontchartrain. — Sire, j'y ferai de mon mieux.

ENTRETIEN XI.

Le Roi, Monsieur de Chanvalon [1], *archevêque de Paris, et son Page.*

Le Page. — Sire, M. l'Archevêque de Paris demande s'il n'incommodera point Votre Majesté.

Le Roi. — Où est-il ?

Le Page. — Sire, il est en bas où il attend vos ordres.

Le Roi. — Qu'on le fasse monter.

M. l'Archevêque, *en entrant.* — Sire, je vous demande pardon si j'interromps Votre Majesté.

Le Roi, *le saluant.* — Ah! mon cousin, ne parlez pas de cela, je sens une joie parfaite de vous voir. Page, donnez un siége.

M. l'Archevêque s'assied sur un siége pliant [2].

---

1. Sur Harlay de Champvalon, archevêque de Paris, voy. la table.
2. Grande question que la question des siéges. Chez le Roi ou la Reine, les duchesses seules et les femmes d'ambassadeur avoient les honneurs du tabouret. Dans le monde, les femmes de qualité pouvoient avoir des fauteuils ; mais une femme plus qualifiée, comme la duchesse de La Meilleraie, par exemple, lorsqu'elle étoit à Nantes dans le gouvernement de son mari, s'asseyoit volontiers sur le dossier de son fauteuil pour être plus élevée que les autres dames. On se rappelle la colère de la comtesse d'Escarbagnas contre Criquet, son laquais, qui, lorsqu'elle lui dit d'approcher un siége pour M. Thibaudier, apporte une chaise. — « Un pliant, petit animal, » lui dit-elle tout

Le Roi. — Eh bien, mon cousin, comment vous portez-vous?

M. l'Archevêque. — Fort bien, Sire, au chagrin près.

Le Roi. — Comment un prélat comme vous peut-il avoir du chagrin? Vous vivez plus content dans votre diocèse que moi dans mon Louvre.

M. l'Archevêque. — Sire, les apparences sont fort trompeuses, car la paix et la tranquillité n'y règnent pas toujours.

Le Roi. — Quel est donc le sujet de votre inquiétude?

bas. M. Thibaudier n'est que conseiller. Voici un passage bien curieux tiré de *Polyandre*, histoire comique (1648), attribué à Ch. Sorel ; il nous conduit au bal chez un riche financier : « ... Force chaises et tabourets avoient esté mis partout. Les dames et les demoiselles les plus qualifiées estoient assises au premier rang, et il y avoit quelques femmes que la beauté et la jeunesse mettoient à l'égal des filles. Elles faisoient plus d'un demi cercle, qui laissoit de l'espace pour danser, et derrière il y avoit des dames plus âgées qui, par leurs ajustemens et leur contenance estudiée, témoignoient qu'elles prétendoient encore à la bonne mine et qu'elles ne pensoient point estre au rebut. Quelques hommes estoient assiz en confusion parmy elles, et vers la porte il y en avoit une grosse foule qui estoient debout. *Les plus galands*, refusans des chaises, *quoy qu'ils fussent gens de condition*, estendoient leurs manteaux par terre et s'alloient coucher aux pieds des belles dames, où ils se trouvoient encore trop honorez, et tantost les uns, tantost les autres estoient pris pour danser, » pp. 178-180. — Voy. l'*Introduction* à notre édition du *Dict. des Prétieuses*, de Somaize (Bibl. elzev.), et la préface de notre ouvrage *Précieux et Précieuses*, 1 vol. in-8°. Paris, Didier. — Voy. aussi dans les *Mémoires* de Louis XIV le refus d'une « chaire à dos » sollicitée par Monsieur, pour Madame, et les motifs de ce refus.

M. L'Archevêque. — Sire, c'est une dispute qui est survenue entre M. l'Evêque de Noyon [1]

[1]. L'Evêque de Noyon étoit de la famille de Clermont-Tonnerre. Saint-Simon a fait connoître la vanité de ce prélat, qui couvroit de ses armoiries tous les murs de son évêché, qui étaloit à une place d'honneur un tableau généalogique où on le faisoit descendre en même temps des empereurs d'Orient et des empereurs d'Occident, etc. Il a raconté son admission, par ordre du Roi, à l'Académie françoise où un discours amphigourique et emphatiquement louangeur, malignement prononcé à sa réception par l'abbé de Caumartin, fit de lui la risée de la Cour. « M. de Paris ne l'aimoit point. Il y avoit longtemps qu'il avoit sur le cœur une humiliation qu'il en avoit essuyée; il n'étoit point encore duc et la Cour étoit à Saint-Germain, où il n'y avoit point de petites cours comme à Versailles. M. de Noyon, y entrant dans son carrosse, rencontra M. de Paris à pied; il s'écrie, M. de Paris va à lui et croit qu'il va mettre pied à terre; point du tout; il le prend de son carrosse par la main et le conduit ainsi en laisse jusqu'aux degrés, toujours parlant et complimentant l'archevêque, qui rageoit de tout son cœur. M. de Noyon, toujours sur le même ton, monta avec lui et fit si peu semblant de soupçonner d'avoir rien fait de mal à propos que M. de Paris n'osa en faire une affaire; mais il ne l'en sentit pas moins. » Premier grief; en voici un second : « Cet archevêque... s'étoit mis peu à peu au-dessus de faire aucune visite aux prélats, même les plus distingués, quoique tous allassent souvent chez lui. M. de Noyon s'en piqua et lui en parla fort intelligemment. C'étoient toujours des excuses. Voyant que ces excuses durèrent toujours, il en parla si bien au Roi qu'il l'engagea à ordonner à M. de Paris de l'aller voir. Ce dernier en fut d'autant plus mortifié qu'il n'osa plus y manquer aux occasions et aux arrivées. » — Un troisième grief, c'est que Monseigneur de Harlay avertit charitablement M. de Noyon du ridicule que le discours de l'abbé de Caumartin avoit jeté sur lui. Tous ces petits événements sont de l'année 1694, à la veille de l'Assemblée du Clergé. Quel nouveau conflit vit-on éclater dans l'Assemblée entre les deux prélats si hautains? Ni Dangeau, ni l'abbé Le Gendre n'en ont parlé; mais on les devine. Saint-Simon parlant des dégoûts qui assaillirent Monseigneur de Harlay

et moi, qui a été fort loin, et qui nous rendra ennemis pour la vie.

Le Roi. — Au sujet de quoi, mon cousin?

L'Archevêque. — Sire, c'est au sujet de l'abbé Quélus[1], qui fit dernièrement son premier sermon aux grands Cordeliers[2]. Tout l'auditoire parut content de lui, à la réserve de quelques personnes de qualité de mes amis, qui trouvèrent à redire à plusieurs propositions qu'il avança, condamnées par les conciles de Trente et de Vienne, et tout-à-fait damnables, mais que cet Evêque trouva excellentes, qui sont des sentiments nouveaux en matière de religion. Rome, jalouse de tout ce qu'elle enseigne, ne peut souffrir une autre doctrine que la sienne.

Le Roi. — Eh! quels sont ces sentiments nouveaux?

L'Archevêque. — Sire, ce sont ceux du quiétisme[3], dont votre royaume est rempli, tant

---

dans ses dernières années, ajoute que « les chagrins de cette assemblée l'achevèrent. » Le 6 août, on le trouva mort, étendu sur un canapé dans sa maison de Conflans... « M. de Noyon eut son cordon bleu. »

1. L'abbé de Caylus, frère du chevalier de Caylus qui épousa Mlle de Villette, fille du cousin-germain de Mme de Maintenon. Il devint évêque d'Auxerre, après avoir été aumônier du Roi; il avoit refusé l'évêché de Toul.

2. Les Cordeliers dits du Grand Couvent avoient leur maison dans la rue de l'Observance, quartier du Luxembourg. Les Cordeliers de l'*Ave Maria* avoient leur couvent, rue des Barres, quartier Saint-Paul, et les Cordeliers, sans épithète, rue de Lourcine, quartier de la place Maubert.

3. « La dispute du quiétisme est une de ces intempérances d'esprit et de ces subtilités théologiques qui n'auroient laissé aucune trace dans la mémoire des hommes sans le nom des deux illustres rivaux (Bossuet et Fénelon) qui combattirent. » (*Siècle de Louis XIV.*) — Mme Guyon, la

parmi les religieux que parmi les prêtres, dont j'ai été bien surpris. Ces hérétiques croient, et se sont fait une idée de faire parvenir les âmes à la perfection pendant leur vie sans pénitence, sans austérité, sans mortification; enseignant même que l'homme se doit tenir dans l'indifférence pour ses péchés et dans l'abandon; et qu'il ne faut pas même demander à Dieu aucune grâce du ciel, ayant une assurance imaginaire que l'on possède Dieu en cette vie, en lui-même et sans milieu.

Le Roi. — Voilà une doctrine bien pernicieuse, mon cousin; il faut y apporter du remède.

M. l'Archevêque. — C'est à quoi je vais travailler, Sire, et faire condamner les trois livres [1] qu'on a imprimés sur ce sujet.

Le Roi. — Vous ferez très-bien, et j'y donne ma voix avec beaucoup de chaleur, pour le bien de mes peuples.

M. l'Archevêque. — Sire, ils auront une éternelle reconnoissance d'un si grand bienfait, et je puis bien en porter parole pour eux à Votre Majesté. Je prends congé d'Elle, de peur de lui être importun.

---

fondatrice illuminée de cette hérésie mort-née, s'étant mise, d'après le conseil de Fénelon, entre les mains de Bossuet, regardé comme un père de l'Eglise, l'Evêque de Meaux s'associa, pour l'examen de ses œuvres, l'Evêque de Châlons, depuis cardinal de Noailles, et l'abbé Transon, supérieur de Saint-Sulpice. Ils s'assemblèrent secrètement à Issy. L'Archevêque de Paris, jaloux que d'autres que lui se portassent pour juger dans son diocèse, fit afficher une censure publique des livres qu'on examinoit. (*Ibid.*)

1. Ces trois livres étaient les ouvrages de Mme Guyon et peut-être la *Guide spirituelle* de Molinos.

Le Roi. — Adieu, mon cousin, je vous souhaite une sainte prospérité dans vos affaires. Prions votre bon ange qu'il vous conseille bien dans vos entreprises.

M. L'Archevêque. — Je le souhaite, Sire, pour la plus grande gloire de Dieu.

Le Roi, *en le quittant*. — Ah! le saint personnage, ah! le digne prélat, et qu'il sera bien récompensé dans le ciel de toutes ses vertus.

ENTRETIEN XII.

Madame de Maintenon, *son valet de chambre, et le sieur* Bernier, *chirurgien du Roi.*

Mme de Maintenon, *au valet de chambre*. — Mon Dieu, La Fortune[1], je n'en puis plus, j'ai des vapeurs qui me tuent et me montent à tout moment : Va, je te prie, chercher le chirurgien du Roi, afin qu'il me saigne.

La Fortune. — Madame, c'est une chose assez surprenante qu'à l'âge où vous êtes[2], les vapeurs vous incommodent si fort.

Mme de Maintenon. — Tu vois, mon enfant, j'en suis plus fatiguée que jamais, comme si je n'avois que quinze ans.

---

1. Il étoit d'usage que les militaires et les valets prissent ainsi des noms de guerre. Nous avons sous les yeux un modèle du Registre journal du Directeur d'un hôpital militaire; la septième colonne est destinée aux « noms de fiefs des officiers et aux noms de guerre des soldats. » Nous y relevons les sobriquets de Va de bon cœur, la Joie, la Grandeur, Boitout, le Tapeur, la Valeur, Tope à tout, etc.

2. Mme de Maintenon, née en 1636 (voy. t. III) avoit alors 59 ans.

La Fortune. — Madame, c'est un mal de mère, que l'on a bien de la peine à guérir surtout quand la matrice...

Mme de Maintenon. — Ne raisonne pas davantage, va où je te dis.

La Fortune. — J'y cours, Madame.

Mme de Maintenon, *seule*. — Peut-on voir un impertinent pareil à ce garçon? est-ce à un valet de parler de mal de femme, et de matrice? Oh! siècle avancé où toutes choses sont prématurées! chacun raisonne de tout, sans respect et sans distinction.

La Fortune, *tout essoufflé*. — Madame, Monsieur Bernier[1] va venir tout à l'heure, il m'a prié seulement de vous dire, que vous eussiez la bonté d'attendre qu'il eût saigné la cavale du prince de Conti, qui vient d'être blessée, et qu'il aime autant que lui-même.

Mme de Maintenon. — Le compliment est assez honnête; la belle comparaison qu'il fait d'une cavale à moi! de quoi s'avise-t-il d'aller saigner une cavale?

La Fortune, *en riant*. — Madame, un chirurgien, un médecin et un maréchal[2], ne met-

---

1. Bernier, chirurgien, nous est inconnu. Il ne peut être question, en effet, du célèbre médecin voyageur, François Bernier; celui-ci étoit mort en 1688. Peut-être s'agit-il de Jean Bernier, auteur d'une Histoire de la Médecine et des Médecins (1688 et 1693); mais il n'étoit pas chirurgien du Roi.

2. « On prend enfin ce mot *mareschal* pour un médecin de chevaux..., et Nicot dit que ces mareschaux avoient soin des chevaux du Roy, à la manière des Empereurs romains qui tenoient un médecin pour leurs chevaux, qui, après, parvenoient à de plus grands emplois. Ainsi Virgile fut médecin des chevaux d'Auguste et puis son favory: Et

tent point de différence entre toutes les bêtes et les animaux qu'ils pansent, pourvu qu'ils gagnent de l'argent.

Mme DE MAINTENON, *en colère*. — Va, tu n'es qu'un sot, La Fortune, avec tous tes petits raisonnements; cours dire à Bernier qu'il vienne promptement, que le Roi en a à faire.

LA FORTUNE, *bas*. — Peste soit de la vieille P... [1]; je voudrois qu'il te mît la lancette si avant qu'elle n'en sortît jamais pour tes péchés.

M. BERNIER, *arrivant*. — Ah! Madame, mille excuses de vous avoir tant fait attendre; j'étois occupé au service du prince de Conty.

Mme DE MAINTENON, *d'un air fier*. — Vraiment vous lui rendez là un beau service, de saigner sa cavale! c'est le fait d'un maréchal, mais non pas le vôtre.

M. BERNIER. — Madame, c'est la plus jolie bête du monde, qu'il aime comme sa vie, et je n'ai pu me dispenser de lui rendre un tel office.

Mme DE MAINTENON. — Je vois bien, Monsieur, que les gens de votre trempe font tout pour de l'argent; mais quoi qu'il en soit, entrons en matière. Je veux que vous me saigniez du pied à l'eau [2], pour m'apaiser les vapeurs qui me montent incessamment, et qui me rendent rouge comme vous me voyez.

M. Heroart fut médecin des chevaux du roy Louis XIII, et après il le fut du Roy mesme. » — (Borel, *Trésor des recherches et antiquités françoises*. In-4°, 1655.)

1. C'étoit le langage de la Reine parlant de Mme de Montespan : « Il lui échappoit souvent de dire : cette pute me fera mourir. » (Saint-Simon.)

2. Furetière admet la locution : « Saigner le pied en l'eau » et c'est ainsi sans doute qu'il faut lire.

M. Bernier. — Le remède est admirable, Madame, pour se rafraîchir le sang.

Mme de Maintenon. — Il faut que le Roi se fasse aussi saigner, car je remarque que ce prince a le sang fort échauffé depuis qu'il...

M. Bernier, *en riant*. — Il n'y a point de doute, Madame, les jolies femmes incommodent toujours la santé des hommes, parce qu'ils font plus que leurs forces.

Mme de Maintenon. — Hélas! mon cher Monsieur, le Roi se perdra.

M. Bernier. — Madame, notre grand monarque reviendra de cette mort.

Mme de Maintenon. — Avec bien de la peine; à l'âge où il est, la nature s'épuise.

M. Bernier. — Madame, voilà ma lancette prête; vous plaît-il que je vous saigne?

Mme de Maintenon. — Très-volontiers, Monsieur; tenez, voilà mon pied : songez que je suis difficile à tirer du sang.

M. Bernier. — Ne craignez rien, Madame, nous en viendrons à bout; tournez seulement la tête, et ne vous mettez point en peine du reste.

Mme de Maintenon. — La Fortune, apportez un bassin et de l'eau.

La Fortune. — Madame, en voilà.

M. Bernier. — Madame, c'est fait.

Mme de Maintenon. — Quoi, Monsieur, si promptement, sans que je l'aie presque senti? A la vérité, vous êtes un brave homme, et ce n'est pas sans raison que le Roi vous aime.

M. Bernier, *en faisant une profonde révérence*. — Madame, je suis votre serviteur aussi bien qu'à Sa Majesté, qui a mille bontés pour moi, sans que je les aie méritées.

Mme DE MAINTENON. — Monsieur, sans compliment, prenez l'argent que voici.

M. BERNIER *s'en défend.* — Vous vous raillez de votre valet, Madame; je vous ai bien d'autres obligations, et je n'en ferai rien.

Mme DE MAINTENON. — Monsieur, je vous prie, mettez ce louis d'or [1] dans votre poche.

M. BERNIER. — Madame, c'est donc pour vous obéir; commandez à votre très-humble serviteur quand il vous plaira.

Mme DE MAINTENON. — Cela suffit, Monsieur, adieu, je vous quitte.

ENTRETIEN XIII.

LE ROI et *Mademoiselle* DU TRON.

LE ROI, *à genoux devant cette belle.* — Enfin, adorable mignonne, l'amour que je sens pour vous n'est plus exprimable. Ah! quels redoublements et quels transports inconnus vous me causez!

Mlle DU TRON. — Sire, Votre Majesté change de couleur.

LE ROI, *se pâmant.* — Ah! mon bel ange... ma divine... je n'en puis plus... je me pâme.

(*Le Roi tombe évanoui.*)

---

1. Le louis d'or valoit alors 12 liv., soit 60 fr. de notre monnoie; ordinairement, le prix de la visite des médecins étoit d'un petit écu. Voy. le *Trio de la Médecine*, de l'abbé d'Aubignac. Les chirurgiens et les apothicaires étoient moins bien traités; cependant, quand maître François du Tertre faisoit au Roi une saignée au bras, il touchoit 300 liv., et 600 liv. pour une saignée au pied.

Mlle du Tron, *lui prenant la main.* — Ah! Ciel, Sire, que vous m'embarrassez par votre foiblesse; revenez, mon cher prince, de ce triste état, ou je vais mourir moi-même.

Le Roi toujours pâmé.

Mlle du Tron, *lui baisant la bouche, continue.* — Mon illustre monarque, que vous m'alarmez! vous me donnez de mortelles inquiétudes, hélas! que dira madame de Maintenon si elle vous trouve en cet état? Que deviendrai-je alors?

Le Roi, *revenant de son évanouissement, dit :* — Mon petit amour, ma charmante, où ai-je été? que le paradis des amants est un séjour délicieux, et quel plaisir de s'y perdre avec vous!

Mlle du Tron, *soupirant.* — Que vous m'avez causé de peine, Sire, en voyant Votre Majesté changée!

Le Roi, *lui baisant la main.* — Mon Dieu, ma chère demoiselle, que vous êtes bonne de vous affliger pour un pauvre prince qui mérite si peu de vous adorer, mais qui vous aime plus que sa vie.

Mlle du Tron. — Sire, serois-je assez malheureuse pour vous avoir causé cette foiblesse?

Le Roi. — Appelez-vous foiblesse, mon bel ange, la chose du monde qui me rend le plus heureux? Non, non, j'en chéris la cause comme mon unique bien.

Mlle du Tron. — Mon auguste prince, ménagez donc la tendresse que vous avez pour moi, de crainte que Votre Majesté ne devienne malade, ce qui me mettroit au désespoir.

Le Roi. — Peut-on, Mademoiselle, se posséder, lorsqu'on est charmé de vous ? Vous inspirez aux personnes qui vous voient des sentiments qu'elles n'ont jamais eus, et qu'un mortel ne peut exprimer.

Mlle du Tron. — Mes charmes, Sire, sont donc bien extraordinaires, puisque les mortels ne les peuvent connoître ?

Le Roi. — Ah ! qu'ils sont puissants ! ah ! qu'ils sont merveilleux, ma divine beauté !

Mlle du Tron. — Sire, Votre Majesté va retomber dans son évanouissement, si elle y songe davantage.

Le Roi. — Non, non, Mademoiselle, je sens quelques forces qui viennent à mon secours.

Mlle du Tron. — Tant mieux, Sire, j'en suis ravie, et cela vient à propos, car voici Madame de Maintenon qui paroît.

Le Roi. — Eh ! où va cette vieille jalouse ? Elle enrage de n'être plus jeune, et de ne pouvoir charmer.

Mlle du Tron. — Quoi ! dans l'âge où elle est ?

Le Roi. — Oui, sans doute, et la bonne dame est plus amoureuse que jamais. Cachez-vous, mon soleil, pour un moment.

Mlle du Tron. — Il le faut bien.

ENTRETIEN XIV.

Le Roi, Mademoiselle du Tron, *cachée, et* Madame de Maintenon.

Le Roi, *la saluant*. — Où allez-vous donc, Madame, avec tant d'empressement ?

Mme DE MAINTENON. — Sire, j'appréhendois que Votre Majesté fût trop longtemps seule ; c'est pourquoi je viens l'entretenir.

LE ROI, *voulant la conduire*. — Madame, je vous quitte[1] de ces soins obligeants ; aujourd'hui j'ai des embarras en tête, qui demandent la solitude. Un courrier m'a dit ce matin le pitoyable état où mes côtes sont réduites, Saint-Malo, etc...[2] bombardés et réduits en cendres, sont des choses bien sensibles pour un prince

---

1. Je vous *quitte,* pour *je vous tiens quitte.* Le *Dict.* de Furetière donne ce sens qu'on ne trouve pas dans Richelet. Les lexiques de la langue de Corneille par M. Godefroy et par M. Marty-Laveaux ne le relèvent pas ; mais le lexique de la langue de Mme de Sévigné (*Collect.* des Grands Ecrivains) en cite plusieurs exemples : « Je vous quitte de la peine de me répondre, » etc.

2. Saint-Malo étoit d'autant plus exposé qu'il étoit plus redoutable aux ennemis. On lit dans la *Gazette :* « de Paris le 12 janvier 1692 : « on a reçu avis que les armateurs, principalement ceux de Saint-Malo, continuoient d'amener incessamment un grand nombre de prises.

« 2 février. — Deux vaisseaux du Roi, l'un de 20 ; l'autre de 26 pièces de canon, attaquèrent le 24 du mois dernier à la hauteur de Jersey deux anglois, l'un de 50 et l'autre de 60 pièces de canon : après six heures de combat ils les obligèrent à se retirer assez maltraitez. »

Les années suivantes, Saint-Malo fut bombardé deux fois par les Anglois, le 26 novembre 1693 et le 14 juillet 1695. (Cunat, *Saint-Malo et ses marins.*) Le *Mercure galant* (vol. de juillet) contient, de la p. 262 à la p. 275, un Journal du bombardement de Saint-Malo, avec des extraits de lettres sur le même sujet, de la page 275 à la page 280. A la fin de l'hiver précédent, les habitants qui se rappeloient le bombardement de 1693 et qui ne prévoyoient pas celui qu'ils devoient subir, sans en souffrir d'ailleurs, au mois de juillet suivant, avoient multiplié chez eux les divertissements ; un ballet, *le Retour des plaisirs,* dont la musique avoit été faite par le maître de musique de la cathé-

qui se voyoit il n'y a pas longtemps maître des mers.

Mme DE MAINTENON. — Peut-être, Sire, que le dommage n'est pas si grand que l'on croit, et que pour peu de chose on rétablira ce désordre.

LE ROI, *d'un ton chagrin*. — Parbleu, Madame, vous n'en savez rien ; l'on ne rétablira pas la ville de Saint-Malo pour cent mille écus.

Mme DE MAINTENON. — Enfin, Sire, ce sont des coups du ciel que l'on n'a pu éviter, et il faut s'y résoudre.

LE ROI. — Je l'avoue, Madame ; mais cela n'en est pas moins désagréable.

Mme DE MAINTENON. — Mon cher prince, il me semble que ce sont vos péchés qui sont cause de ces châtiments si touchants ; n'y réfléchissez-vous point quelquefois ?

LE ROI. — Ce n'est pas à vous, Madame, que j'en dois rendre compte ; l'homme est né pour pécher, et sans le péché la miséricorde de Dieu seroit inconnue sur la terre.

Mme DE MAINTENON. — Il est vrai, Sire ; mais Votre Majesté croit-elle que Dieu autorise tous les plaisirs criminels que la corruption du siècle ne fait passer que pour bagatelles et pour de simples passe-temps ? Elle devroit éviter avec soin tous les plaisirs inutiles, qui sont de vrais obstacles au salut.

LE ROI. — Eh ! quels sont ces plaisirs inu-

---

drale, fut dansé ; à la seconde entrée, un chœur de Malouins chantoit devant Neptune :

> Désormais sur ces bords vivons sans épouvante ;
> Neptune a de l'Anglois repoussé la fureur.

Hist. am. IV

tiles, Madame, que vous condamnez de la sorte? La nature n'a rien fait en vain.

Mme DE MAINTENON. — C'est la galanterie, et ces amusements de Cour par lesquels le Seigneur est offensé.

LE ROI, *en riant*. — Bon, n'est-ce que cela? pure bagatelle, Madame; ce sont les actions les plus innocentes de l'homme que celles de l'amour, et où il entre le moins de crime. N'est-ce pas la nature qui les a formées elle-même? Est-il donc rien de plus injuste que de condamner un penchant si doux et si universel?

Mme DE MAINTENON. — Je sais bien, Sire, que c'est celui qui vous entraîne. Il faut donc se rendre, sans combattre davantage vos sentiments. Mon Dieu, que Votre Majesté me paroît changée, depuis qu'elle voit Mademoiselle du Tron!

LE ROI. — En quoi, Madame, me trouvez-vous si changé?

Mme DE MAINTENON. — En toutes manières.

LE ROI. — Mais encore, Madame?

Mme DE MAINTENON. — En votre personne royale, en vos sentiments. Hélas! avant la vue fatale de cette syrène, Votre Majesté avoit un langage bien plus édifiant!

LE ROI, *avec mépris*. — Vous êtes dans l'erreur, Madame; c'est la force de votre dévotion qui vous inspire ces idées chagrines, qui ne viennent que d'une bile noire qui se répand dans vos veines. Prenez médecine, si vous m'en croyez, pour dissiper ces méchantes humeurs qui vous rendent insupportables à vous-même.

Mme DE MAINTENON, *se fâchant.* — Sire, je mettrai en usage ce remède que Votre Majesté me donne ; et pour ne pas l'importuner davantage, je prends congé d'Elle.

LE ROI. — Allez, Madame, vous ne sauriez mieux faire.

Madame de Maintenon s'en va.

LE ROI, *seul.* — O ciel, que cette femme est insupportable avec son esprit jaloux ! Tout l'incommode, tout la chagrine, et rien ne lui plaît, sinon l'encens que l'on lui donne. Mais quel moyen de dire toujours des douceurs à une personne comme elle, de qui les appas sont usés et dans la dernière décadence ? Non, je ne le puis faire, mon penchant ne me le peut permettre, et la présence d'une beauté naissante me fait renaître. Il est des moments dans lesquels, sans ce secours innocent, la vie me seroit à charge. La vieille dévote a beau prêcher la pénitence sur ce sujet, je ne m'en puis passer.

ENTRETIEN XV.

LE ROI et *Mademoiselle* DU TRON.

LE ROI, *en souriant.* — Eh bien ! Mademoiselle, vous avez entendu le beau sermon que Madame de Maintenon m'a fait ; que dites-vous de son éloquence ?

Mlle DU TRON. — Sire, je dis que cette dame est infiniment savante, et qu'elle a la plus belle rhétorique du monde.

LE ROI. — Il est vrai, Mademoiselle, elle est toute sublime.

Mlle DU TRON. — Elle est animée d'un si grand zèle, qu'elle persuade facilement ce qu'elle dit, et rien ne touche plus que sa conversation.

LE ROI. — La vôtre, ma chère demoiselle, est bien d'un autre prix ; elle a pour moi des charmes qui ne se trouvent point ailleurs.

Mlle DU TRON. — Sire, Votre Majesté a trop de bonté pour moi, et je ne mérite pas une préférence si avantageuse ; mais je vois M. de Pontchartrain qui monte l'escalier ; apparemment ce ministre veut entretenir Votre Majesté sur quelques affaires.

LE ROI, *chagrin*. — Cela se peut bien, Mademoiselle ; mais, dieux ! que cet importun vient mal à propos interrompre mes plaisirs ! Je suis plus à plaindre que le plus chétif gentilhomme de mon royaume, n'ayant pas la liberté d'entretenir ce que j'aime ; cependant je vois bien qu'il faut encore me résoudre à l'écouter.

Mlle DU TRON. — Sire, il ne demeurera peut-être pas longtemps.

LE ROI. — Hélas ! je le souhaite, mais je connois trop ces messieurs ; leur conversation est toujours longue.

ENTRETIEN XVI.

LE ROI, *Mademoiselle* DU TRON *et Monsieur* DE PONTCHARTRAIN.

Mademoiselle du Tron, à l'arrivée de ce ministre, se retire comme auparavant pour le laisser seul avec le Roi.

M. DE PONTCHARTRAIN, *s'en apercevant, dit* :

— Sire, j'interromps sans doute Votre Majesté, étant occupée si agréablement.

Le Roi, *d'un air chagrin*. — Monsieur, vous êtes toujours le bien venu; mais je ne suis pas présentement en humeur de vous entretenir.

M. de Pontchartrain. — Sire, je m'en vais, plutôt que d'être incommode à Votre Majesté.

Le Roi, *en le retenant*. — Demeurez, Monsieur, puisque vous voilà; qu'avez-vous à me dire ?

M. de Pontchartrain. — Sire, le sujet qui m'amène est celui des impôts dont Votre Majesté m'a parlé l'autre jour.

Le Roi, *d'un air sévère*. — Eh bien, Monsieur, avancez; que voulez-vous dire ?

M. de Pontchartrain. — Sire, je viens vous représenter que l'impôt sur les vents qui avoit été projeté, s'étant divulgué malgré moi dans Paris, chacun murmure contre les ordres de Votre Majesté, et que le peuple crie, et se mutine avant qu'on lui fasse du mal.

Le Roi. — Monsieur, je me moque du peuple et de ses cris. Il faut soutenir la guerre à quelque prix que ce soit.

M. de Pontchartrain. — Je le sais bien, Sire; mais cependant on ne peut fermer les oreilles à tout ce qui se dit.

Le Roi. — Eh bien, il faut laisser parler le monde et continuer d'agir. Mais enfin avançons, quel est votre but ?

M. de Pontchartrain. — Sire, c'est de vous communiquer un avis qui paroît être utile à votre dessein : je l'ai trouvé écrit en un papier que quelqu'un a mis dans mon cabinet sur ma table.

Le Roi. — Voyons-le au plus vite, je vous prie, car...

M. de Pontchartrain. — Un fameux pilote expérimenté a fait une nouvelle découverte d'une probette [1], qui fait connoître la force et les relâchements des vents, et combien par chaque air de vent on peut faire de lieues en une heure; ce qui nous est nécessaire pour mettre un impôt sur cet élément.

Le Roi. — Eh bien, faites faire l'expérience de cet instrument; et s'il se trouve bon et juste, on n'a qu'à s'en servir.

M. de Pontchartrain. — Auprès de ce papier j'en ai trouvé un autre, qui vient, à ce qu'il me paroît, de quelque esprit satirique; il contient des remontrances que les vents ont adressées à Votre Majesté; si Elle n'y fait pas droit, elles pourront la divertir. Les voici.

Le Roi. — Voyons donc vite, car je suis sans cesse exposé à lire et entendre bien des sottises.

Le Roi lit :

Très-humbles remontrances des vents
et des zéphirs, au Roi.

Puissant et souverain Monarque, Nous, Éléments, habitants de l'air, enfants d'Éole notre Père, favoris des astres, nous soupirons et nous

---

[1]. Probette, boussole. Vieux mot que n'ont recueilli les dictionnaires ni de Nicot, ni de Cotgrave, ni de Monet, ni de Joubert, ni les dictionnaires flamand-françois de 1618 ou de 1634, ni le dictionn. françois-italien de 1648, etc.

nous abaissons tranquillement devant Votre Majesté, pour lui faire connoître notre profond chagrin, et lui demander justice. Nous voyons avec un extrême regret que ses ministres nous veulent assujettir à un dur esclavage de maltôte[1], honteux pour notre franchise que nous avons reçue de la nature; comme elle nous a placés au plus éminent et au plus beau séjour qu'elle ait formé, nous ne pouvons souffrir de contrainte sur notre liberté. De plus, Sire, l'auteur souverain de la nature nous a créés pour le bien et la satisfaction des hommes, qui ne peuvent vivre sans nous. Quelle tyrannie ce seroit de nous voir sous le joug d'un impôt infâme qui arrêteroit notre course céleste et naturelle, en nous privant de nos avantages! Permettez-nous donc, grand Roi, de nous retirer de France sans être dragonnés, ni bombardés, et de nous réfugier dans des pays de paix où les puissances souveraines ne troublent point leurs sujets par aucune tyrannie, faute de quoi, nous déclarons à Votre Majesté que nous serons contraires à toutes ses flottes qu'elle mettra sur mer, et à tout ce qu'elle entreprendra sur les eaux. Nos chères Sœurs, même nos Zéphirs qui lui ont été si favorables, ont résolu de ne plus paroître dans ses palais, ni dans les belles solitudes qui font ses délices. Combien de fois, Sire,

---

[1]. « *Maletoulte*, c'est-à-dire extorsion, imposts extraordinaires, et *maltoutiers* sont ceux qui lèvent ces imposts. Ce qui vient du mot *tollir*, c'est-à-dire oster. Ce nom fut donné à l'impost de 1296, selon M. Bignon sur Marculphe. D'où vient que *maletoste*, selon Ragneau, veut dire tout subside extraordinaire. » (Borel, *Thresor de Recherches*.)

avez-vous loué notre agréable fraîcheur, étant aux pieds des beautés qui vous ont enchanté ! Tous ces bienfaits sont oubliés aussi bien que ceux des Vents nos alliés, qui ont tant de fois favorisé vos armées navales. Souvenez-vous donc, illustre Prince, de toutes nos faveurs, et ne nous ôtez point notre liberté ordinaire, à faute de quoi, nous vous quittons tous pour n'être plus occupés qu'au service de l'Empereur [1], le grand Achille de ce siècle, qui fait respirer le repos et la paix dans l'île Britannique et dans les pays où il règne.

Signé : Les Vents et les Zéphirs.

Le Roi, *en colère*. — Je me soucie fort peu de ces menaces et de leurs impertinents auteurs ; je ne veux avoir aucun égard pour les éléments, ils m'ont trop peu favorisé dans cette dernière guerre.

M. de Pontchartrain. — Sire, vous savez que les vents ne sont pas la cause que votre flotte est dans la Méditerranée ; c'est la faute d'un ingénieur du parti ennemi, qui a trahi Votre Majesté.

Le Roi. — Je l'avoue, Monsieur ; mais cependant, malgré toutes ces raisons, il nous faut de l'argent à quelque prix que ce soit.

M. de Pontchartrain. — Je le sais fort bien, Sire, aussi vos ordres passeront ; c'est ce que nous avons arrêté dans notre conseil.

Le Roi. — Je vous en prie, Monsieur, et

---

1. L'Empereur d'Allemagne était alors Léopold I*er*, qui succéda en 1657 à Ferdinand III, mourut en 1705 et laissa le trône à Joseph I*er*.

donnez-moi du repos, je vous serai obligé. Adieu, jusqu'à une autre fois.

M. de Pontchartrain s'en va.

ENTRETIEN XVII.

Le Roi et Mademoiselle du Tron, *qui sort du cabinet où elle s'étoit retirée.*

Le Roi. — Quel chagrin pour moi, ma belle demoiselle, de ne pouvoir jouir de la liberté qui est si commune aux hommes! toujours fatigué d'affaires, je me vois malgré moi privé de ce doux repos, de cette innocente paix, qui fait tout le bonheur de la vie. Oh! je suis résolu de ne voir plus personne que mon bel enfant, et je défendrai à mes pages et à mes gardes de laisser entrer personne lorsque nous serons ensemble.

Mlle du Tron. — Votre Majesté a raison, Sire; c'est une peine effroyable que d'être sans cesse occupé du monde; il est des heures et des moments où la solitude a bien des charmes pour les cœurs.

Le Roi, *se passionnant.* — Il est vrai, ma divine, particulièrement quand on est avec vous, qui donnez des agréments aux déserts les plus affreux.

Mlle du Tron, *en riant.* — Sire, Votre Majesté est toujours galante.

Le Roi, *lui donnant un baiser.* — Qui ne le seroit avec vous, ma chère demoiselle, qui inspirez les beaux sentiments?

Mlle du Tron, *d'un air tendre.* — Mon illustre Monarque, que l'amour a d'attraits pour des cœurs bien unis, et qu'il est difficile de résister à ses coups charmants! Mon Dieu, que je sens de foible dans mon âme, et que je me vois peu en état de les repousser. Ah! Sire, ayez pitié de ma foiblesse!

Le Roi, *voulant profiter de ce moment favorable à sa passion, demeure court, et dit auparavant :* — Oui, je la vais secourir, cette foiblesse si ravissante, adorable beauté; mais que dis-je? des charmes si extraordinaires ne me permettent plus d'avancer, et je sens mes forces qui m'abandonnent. Hélas! faut-il pour mon malheur, que je me trouve incapable de vous servir?

Mlle du Tron, *rougissant.* — Sire, la course est trop pénible pour Votre Majesté.

Le Roi, *confus, en l'embrassant.* — Mon petit amour, me pardonnez-vous cette infortune? Hélas! la nature et le trop d'amour m'ont trahi dans le même temps.

Mlle du Tron. — Oui, oui, mon cher Prince, je n'y songe pas; c'est un défaut commun aux amants sur le retour.

Le Roi. — Ah! que votre sincérité me plaît! il est vrai, Mademoiselle, qu'à mon âge l'on n'est plus bon soldat d'amour. Ce Dieu qui est dans sa vigueur, n'enrôle sous ses étendards que de jeunes personnes capables de soutenir les batailles auxquelles il les expose; je veux, et je ne puis. O désirs inutiles et qui ne finissent rien!

Mlle du Tron. — Mon Prince, ne vous chagrinez pas; Votre Majesté sort triomphante d'une attaque amoureuse.

Le Roi. — Que vous êtes bonne, Mademoiselle, d'excuser mes défauts!

Mlle DU TRON. — Sire, je suis obligée de vous quitter; Votre Majesté aura, s'il lui plaît, la bonté de me le permettre.

LE ROI. — Où allez-vous, ma Déesse?

Mlle DU TRON. — Il faut que je sorte pour une chose indispensable.

LE ROI. — Je serois au désespoir de vous contraindre; mais, mon cher cœur, revenez le plus tôt que vous pourrez si vous voulez me retrouver en vie.

Mlle DU TRON. — C'est à quoi, Sire, je ne manquerai pas.

LE ROI, *en la quittant*. — Ah! qu'il est dur de se séparer de ce que l'on aime.

ENTRETIEN XVIII[1].

LE ROI, *le mareschal* DE DURAS[2], *capitaine des Gardes du corps de Sa Majesté, Monsieur* DE BRISSAC[3], *major des Gardes du corps, et* DEUX PAGES *de la Chambre*.

---

1. Dans l'édit. que nous reproduisons, le texte suit, divisé par *Entretiens*; dans une édition postérieure, l'*Entretien* XVIII est précédé d'un nouveau titre et des mots « seconde partie », qui ne semblent pas motivés.

2. Jacques-Henri de Durasfort, duc de Duras, chevalier des trois ordres du Roi, gouverneur de Besançon et du comté de Bourgogne, capitaine des gardes du corps, fut nommé maréchal de France le 30 juillet 1675. Il avoit épousé Marguerite Félice de Lévis Ventadour, dont il eut un fils. Sa terre de Duras en Guyenne avoit été, dès 1668, érigée en duché avec cette clause que, faute d'hoirs mâles, cette terre reprendroit son ancienne qualité et ne retourneroit pas à la Couronne. Les lettres ne furent vérifiées en parlement que le 1er mars 1689. — Son frère, Guy de Durasfort, fut duc de Lorge et aussi maréchal de France. Des filles de ce dernier, l'une épousa le duc de Saint-Simon, l'auteur des *Mémoires*, l'autre le duc de Lauzun.

3. M. de Brissac, major des gardes du corps, chevalier

Le Roi. — Monsieur, je vous prie de ne laisser entrer personne aujourd'hui ; j'ai mes raisons de n'être point visible.

M. de Duras. — Sire, il suffit que Votre Majesté l'ordonne.

Le Roi. — Oui, je le veux ainsi, Monsieur ; vous m'obligerez.

M. de Brissac, *à M. de Duras*. — Le Roi le commande, il faut suivre ses ordres exactement.

Un Page de la Chambre[1], *à M. de Brissac*. —

---

de Saint-Louis depuis la fondation de l'ordre en avril 1693, étoit lieutenant-général depuis le mois de mars de la même année. Il étoit gouverneur de Guise. Saint-Simon fait de lui « un fort simple gentilhomme tout au plus, qui n'étoit ni ne se prétendoit rien moins que des Cossé... C'étoit de figure et d'effet une espèce de sanglier, qui faisoit trembler les quatre compagnies des gardes du corps, et compter avec lui les capitaines, tout grands seigneurs et généraux d'armée qu'ils étoient... Il s'étoit acquis toute la confiance du Roi par son inexorable exactitude... Avec tout l'extérieur d'un méchant homme, il n'étoit rien moins, mais serviable sans vouloir qu'on le sût. » — Voir à la suite dans Saint-Simon le récit du tour qu'il joua aux fausses dévotes de la Cour. Elles attendoient le Roi au Salut, toutes munies d'une petite bougie qui éclairoit leur livre pour elles, et leur visage pour le Roi. Brissac ayant dit tout haut aux gardes de se retirer, les bougies s'éteignirent et les dames quittèrent la chapelle. Le Roi arriva peu après, et rit beaucoup lorsqu'il apprit pourquoi l'église, ordinairement trop petite, étoit déserte ce soir-là. « Toutes ces femmes auroient voulu l'étrangler. »

1. Les pages de la Chambre appartenoient à de très-bonnes familles nobles du royaume ; en échange des services qu'ils lui rendoient, le Roi se chargeoit de leur éducation et de leur avenir. Il a daigné leur consacrer une page de ses *Mémoires*. On lit dans l'*Etat de la France* de 1669 : « Le Roi entretient vingt-quatre pages de sa Chambre toute l'année, dont chacun des quatre premiers gentilshommes a six ; et Sa Majesté leur entretient des

Monsieur, voici le carrosse de Son Altesse Royale Monsieur le Duc d'Orléans, qui vient au château.

M. DE BRISSAC. — Dites que Sa Majesté n'est pas ici.

LE PAGE. — Eh! où dirai-je qu'elle est, si ce Prince le veut savoir absolument?

M. DE DURAS. — Vous répondrez, Monsieur, que le Roi est monté à cheval, mais que vous ne savez de quel côté Sa Majesté est allée.

LE PAGE. — Cela suffit.

L'AUTRE PAGE DE LA CHAMBRE, *riant, à M. de Duras.* — Monsieur, parce que le Roi ne veut voir personne aujourd'huy, voici encore M. de Noyon, qui vient rendre visite à Sa Majesté.

M. DE BRISSAC, *s'éclatant de rire.* — C'est toujours de pis en pis; faites à tous ceux qui viendront le même compliment.

ENTRETIEN XIX.

Monsieur le DUC D'ORLÉANS[1]; *Monsieur* L'EVÊQUE DE NOYON[2] *et les deux* PAGES DE LA CHAMBRE.

maîtres sur tous les exercices convenables à des personnes de qualités. Les Pages entrent avec la garde-robe le matin et le soir dans la chambre du Roi pour donner les mules à Sa Majesté. » — En outre, la grande écurie avoit 55 pages, bien qu'il n'y eût de fonds que pour 19; ils avoient un gouverneur, un sous-gouverneur, un aumônier, un précepteur. On leur enseignoit les exercices de guerre, la carte (géographie), la musique, la danse; la petite écurie avoit 21 pages, dont deux à la vénerie, élevés dans les mêmes conditions.

1. Le duc d'Orléans, frère du Roi.
2. Sur l'évêque de Noyon, voyez ci-dessus, page 182, *note* 1.

M. LE DUC D'ORLÉANS. — Messieurs, le Roi est-il en haut; peut-on lui parler?

UN DES PAGES. — Non, Monsieur, Votre Altesse saura que Sa Majesté est montée à cheval, mais nous ne savons où Elle est allée.

M. DE NOYON, *arrivant, dit tout haut, à l'autre Page.* — Monsieur, peut-on voir le Roi?

L'AUTRE PAGE. — Non, Monseigneur, il est sorti à cheval.

M. LE DUC D'ORLÉANS, *à M. de Noyon.* — Il me paroît que nous ne sommes pas plus heureux l'un que l'autre.

M. DE NOYON. — Hélas! tout de même; il faut que Votre Altesse Royale se console aussi bien que moi; la fortune nous favorisera une autre fois davantage.

M. LE DUC D'ORLÉANS. — Il faut l'espérer.

M. DE NOYON. — Messieurs, vous présenterez mes respects au Roi, et direz à Sa Majesté que j'étois venu lui faire la révérence, et en même temps l'entretenir de quelques affaires importantes.

LES PAGES. — Nous n'y manquerons pas, Monseigneur.

M. LE DUC D'ORLÉANS. — Vous lui direz aussi, je vous prie, que j'étois venu pour avoir l'honneur de La saluer.

LES PAGES, *faisant une profonde révérence.* — C'est assez, mon Prince, nous suivrons vos ordres.

M. LE DUC D'ORLÉANS, *à M. de Noyon.* — Allons, mon cousin, remontons en carrosse.

ENTRETIEN XX.

Le Roi, *dans son cabinet, seul avec Mademoiselle du Tron.*

Le Roi. — Je viens, Mademoiselle, d'éviter un grand embarras par les ordres que...

Mlle du Tron. — Eh! quel est-il mon Prince?

Le Roi. — Celui des visites qui m'auroient sans doute accablé de complimens; mais j'en suis délivré, grâce au Ciel.

Mlle du Tron. — J'en suis ravie, Sire; quel chagrin de n'être point à soi quand on le veut! En vérité, les personnes Royales sont exposées à mille et mille inquiétudes qui les rongent à tout moment.

Le Roi, *en riant.* — On trouve le moyen de s'en défaire quand on le veut, ma belle; il suffit de le vouloir.

Mlle du Tron. — Je n'en doute pas, Sire, mais...

Le Roi, *en s'approchant d'elle.* — Où avez-vous donc été, Mademoiselle, depuis que j'ai eu le chagrin de vous quitter?

Mlle du Tron. — Sire, j'ai été prendre l'air dans le parc, où j'ai goûté mille plaisirs.

Le Roi. — Quoi, Mademoiselle, toute seule en cet endroit solitaire?

Mlle du Tron. — Oui, Sire, je l'aime passionnément, et j'en fais mes délices; je ne trouve rien de si agréable que la rêverie.

Le Roi. — En amour, Mademoiselle, c'est quelque chose de charmant quand deux cœurs sympathisent bien ensemble ; de petites absences ont je ne sais quoi de ravissant ; serois-je bien le motif de votre rêverie ?

Mlle du Tron. — C'est quelque chose d'approchant, mon Prince.

Le Roi. — Parlez, belle mignonne, parlez, m'aimez-vous ? suis-je assez fortuné pour jouir d'un si grand bien ?

Mlle du Tron. — Mon Dieu, mon illustre Prince, qu'il est inutile de vous le dire ! un monarque comme vous, le plus aimable du monde, peut-il en douter ? Il ne faut avoir qu'un cœur et des yeux pour sentir véritablement qu'on aime Votre Majesté, quand elle n'auroit ni sceptre ni couronne ; et l'amour se feroit un reproche sensible de ne pas faire adorer un grand héros comme vous.

Le Roi. — Ah ! Mademoiselle, que vous êtes honnête ! et qui peut reconnoître tant de bontés ! mais hélas ! que ne suis-je assez pénétrant pour démêler l'amour d'avec la civilité ! Ce mot « je vous aime », est fort facile à prononcer ; mais qu'il est difficile à remplir !

Mlle du Tron. — Je l'avoue, Sire.

Le Roi. — Une véritable tendresse est hors de prix ; mais l'on s'en pique rarement aujourd'hui, où la politique et l'intérêt triomphent en tyrans des cœurs mercenaires.

Mlle du Tron, *rêveuse, ne répond rien.*

Le Roi *lui dit*. — Où en êtes-vous, belle rêveuse ?

Mlle du Tron, *en remuant la tête*. — Sire,

j'en suis en l'île de Tendresse[1], que j'ai trouvée remplie d'un nombre infini d'amants, empressés, mais peu sincères.

LE ROI, *en riant*. — Vous n'éprouverez pas Mademoiselle, un pareil sort; mais ce que vous dites dans le général n'est pas une fiction, la chose est plus réelle que vous ne pensez.

Mlle DU TRON. — Je le sais fort bien, Sire, c'est aussi pour cela que je le dis.

LE ROI. — Vos rêveries, Mademoiselle, sont si spirituelles, que je suis curieux de reconnoître cet heureux endroit de mon parc, que vous me marquez vous en avoir fait naître de si agréables.

Mlle DU TRON. — Sire, il est fort facile de satisfaire Votre Majesté, il ne tiendra qu'à Elle d'en être bientôt le témoin oculaire; d'ailleurs, le temps est fort beau pour la promenade.

LE ROI. — Cela est vrai, et nous nous en trouverons mieux de prendre un peu l'air. Allons-y donc promptement.

---

1. L'île de Tendresse appartient à la géographie des précieuses, comme ce pays de l'Amour-propre où La Rochefoucauld dit qu'il reste beaucoup de terres inconnues. Il existe un livre italien fort singulier, intitulé : « *della Geografia trasportata al morale*, del Padre Daniello Bartoli, della compagnia di Giesù. Milano, 1665. » 1 vol. in-18. L'auteur, dans les Iles Fortunées voit les espérances de Cour; dans les cataractes du Nil, le domaine des grands parleurs qui assourdissent ceux qui les écoutent; dans le mont Parnasse, la vie insensée de qui chante sur autrui et pleure sur soi-même, etc. Chaque pays est le sujet d'un long chapitre, bourré de citations et de préceptes moraux empruntés à toute l'antiquité.

ENTRETIEN XXI.

Le Roi, *Mademoiselle* du Tron, *Madame* de Maintenon *et Monsieur* Fagon.

Le Roi entre dans le parc avec Mademoiselle du Tron ; Madame de Maintenon, l'apercevant, va au-devant de lui, suivie de M. Fagon, et dit :

Mme de Maintenon. — Quoi, Sire, toujours occupé avec les dames, pendant que vos ennemis prennent et bombardent vos villes? Ah! croyez-moi, Votre Majesté ne gagnera pas de batailles à Meudon, à Versailles ni à Marly ; il faut qu'elle fasse d'autres efforts pour cueillir des lauriers cette campagne. Voyez les dépêches qu'un courrier vient d'apporter, qui marquent que nos affaires sont en très-mauvais état par mer et par terre.

Le Roi, *en colère et d'un ton fort haut.* — Parbleu, Madame, de quoi vous mêlez-vous? Vous êtes toujours sur pied. Et de qui viennent ces dépêches?

Mme de Maintenon. — Je ne sais pas bien encore, Sire ; voici le paquet que Votre Majesté aura la bonté d'ouvrir.

Le Roi *ouvre un paquet de lettres et dit :* — Voyons d'abord, en voici une du maréchal de Boufflers [1] ; l'autre, du duc de Villeroy [2] ; et

---

1. Voyez ci-dessus, page 144, note.
2. Le maréchal de Villeroy avoit confié à M. de Montal la direction du siége de Dixmude. François de Neufville, duc de Villeroy et de Beaupreau, pair et maréchal de France, étoit fils de Nicolas, duc de Villeroy, aussi maréchal de France, et de Magdelaine de Créqui. Nommé chevalier

cette dernière est du comte de Montal, qui m'envoie apparemment les étendards et les drapeaux de la garnison de Dixmude[1]; la prise de cette place est un coup d'adresse, auquel mes louis ont eu un peu de part.

Mme DE MAINTENON *lit la première.* — Ah! Sire, le maréchal de Boufflers n'est point content des alliés; il dit qu'il n'a jamais vu pousser un siége avec tant de vigueur ni de courage.

LE ROI. — Ne me parlez plus de lui, Madame; ce n'est qu'un étourdi d'avoir laissé prendre Namur, qui étoit une place imprenable depuis qu'elle m'appartenoit.

Mme DE MAINTENON. — Sire, il ne faut pas jeter toute la faute sur le Maréchal; il n'étoit

---

des ordres en 1688, maréchal de France en 1693, il étoit alors commandant de l'armée de Flandres. Il dirigea en personne le bombardement de Bruxelles, malgré une armée de 25,000 hommes, et continua longtemps encore ses succès militaires, interrompus cependant en 1702, qu'il fut fait prisonnier à Crémone. Malgré la perte de la bataille de Ramilies, en 1706, il conserva la confiance du Roi, et fut nommé, en 1714, ministre d'Etat, chef du Conseil royal des finances; après la mort de Louis XIV, il fut nommé gouverneur du jeune roi Louis XV.

1. « En vous apprenant le siége de Dixmude, je vous apprends en même temps sa prise [après 36 heures de tranchée], dit le *Mercure galant* de juillet 1695. M. de Blanchefort en apporta la nouvelle au Roi le 30 de ce mois. M. de Montal en a fait le siège... Après quelques contestations, le gouverneur consentit à se rendre prisonnier de guerre avec toute la garnison, montant environ à 5,300 hommes... J'apprends en ce moment qu'aussitôt après la prise de Dixmude, Deinse ouvrit ses portes aux troupes du Roi, et qu'il y avoit dans la place cinq régiments faisant environ 2,500 hommes qui se sont rendus prisonniers de guerre. »

pas le seul commandant dans la ville. Prenons courage, nous avons encore le château.

Le Roi. — Ma foi, Madame, je n'estime plus une chose à demi partagée ; je veux tout ou rien ; qu'en dites-vous, monsieur le Médecin ?

M. Fagon. — A la vérité, Sire, les choses sont plus agréables quand on les peut posséder entièrement.

Le Roi. — C'est aussi ma pensée ; mais passons de la guerre à la médecine. Dites-moi, je vous prie, d'où me viennent de grandes oppressions de rate, et des palpitations continuelles que je sens ?

M. Fagon. — Sire, Galien nous dit que les oppressions de rate viennent d'une grande mélancolie, laquelle fait enfler cette partie interne par les vapeurs qu'elle renvoie au cœur, qui la mettent en cet état.

Le Roi, *soupirant*. — Galien est sans doute un habile docteur ; mais quel remède donne-t-il contre ce mal ?

M. Fagon. — Sire, ce savant ordonne contre tous les maux, et nous aussi, tout ce qui leur est opposé. Par exemple, la joie est opposée à la mélancolie qui fait son séjour dans la rate : pourquoi il la faut bannir si l'on peut ; et pour cet effet, on doit prendre dans la journée, deux ou trois onces de joie bien préparées [1], qui dissipent la bile noire que le chagrin fait naître.

Mme de Maintenon. — Voilà un remède

---

1. C'est ainsi que Citois, médecin de Richelieu, lui ordonnoit parfois de prendre deux ou trois drachmes de Bois-Robert : *Recipe Bois-Robert*.

souverain, Monsieur; ne voyez-vous pas que Sa Majesté le met en usage?

M. Fagon, *regardant Mlle du Tron*. — Le remède est bon et agréable, Madame, mais il faut craindre...

Le Roi. — Qu'y a-t-il, Monsieur, à redouter? le breuvage est si doux.

M. Fagon, *en riant*. — Il est vrai, Sire, si Votre Majesté le prend avec modération, il ne lui fera point de mal; mais si elle passe la dose du médicament, Elle est en risque.

Mme de Maintenon. — Que je suis ravie, Monsieur, que vous avertissiez mon cher monarque de son salut! A l'âge où il est, les efforts ne lui valent rien, non plus que de certaines agitations d'idées et d'imagination qui lui échauffent le cerveau.

M. Fagon. — Rien n'est plus sûr, Madame; toutes les émotions ébranlent le corps et les parties sensibles qui se trouvent obligées de faire leur devoir par rapport aux passions qui les excitent, et si l'homme n'est bien fort, il succombe indubitablement.

Mlle du Tron. — Quel langage parlez-vous donc, Monsieur? l'on ne peut rien comprendre à votre discours.

Mme de Maintenon. — Mademoiselle, le style vous est peut-être inconnu; mais cependant j'en doute fort.

Mlle du Tron, *d'un air fier et dédaigneux*. — Je ne suis pas si savante que vous, Madame; mais le temps m'apprendra ce que je dois savoir.

Le Roi. — Si bien donc, Monsieur le Docteur, que pour se bien porter il ne faut point voir de femmes? Et comment s'en passer? Sans elles la vie est à charge, et nous devons au beau sexe les plus doux moments que la nature a formés.

M. Fagon. — Cependant, Sire, ces doux moments en font quelquefois naître de bien mauvais, et le tempérament foible et destitué de forces ne doit se servir des femmes et du vin que très-peu, seulement pour lui réjouir le cœur.

Le Roi, *en riant*. — Croyez-vous, Monsieur, que j'en use autrement?

M. Fagon. — Je ne sais, Sire, l'excès que Votre Majesté fait, mais l'un et l'autre sont dangereux.

Le Roi, *lui prenant la main*. — Monsieur, reposez-vous sur ma conduite, j'ai du ménagement dans mes passions.

Mme de Maintenon, *à demi bas*. — Pas trop.

Le Roi *continue*. — Je vous suis pourtant infiniment obligé de la part que vous prenez à ma santé.

M. Fagon. — Sire, ce n'est pas, comme Votre Majesté le peut croire, un autre motif qui me fait agir, que l'envie de voir régner plus longtemps votre personne Royale, tant pour la satisfaction de ses peuples, que pour la mienne; quel coup sensible ne seroit-ce point pour nous, si nous avions le malheur de perdre un Roi si doux et si débonnaire?

Mme de Maintenon. — Ah! Sainte-Vierge qu'entends-je? Vous avez grand tort, Monsieur, de nous faire un tombeau de douleurs avant le temps. Hélas! que deviendrois-je, mon Sauveur, si la mort m'enlevoit mon cher Prince?

Le Roi, *d'un air railleur.* — Calmez vos ennuis, Madame; eh! monsieur le Médecin, je ne suis pas encore si près de la mort que vous pensez ; il me semble que je renais depuis quelque temps, je sens même augmenter ma vigueur de moment en moment.

M. Fagon, *en riant.* — Sire, Votre Majesté en a besoin.

Le Roi. — Je vous entends, Monsieur, nous en viendrons à bout avec le temps.

Mme de Maintenon. — Saint Ignace me puisse-t-il abandonner, si avant qu'il soit un mois, Votre Majesté ne regrette la paix et la douceur qu'elle goûtoit dans l'indifférence.

Mlle du Tron, *au Roi.* — Que cette vieille dame est ridicule avec son discours suranné, et ses expressions sanctifiées! Plût à Dieu que Saint Ignace l'emportât d'ici, et qu'elle nous laissât en repos.

Le Roi *lui dit tout bas.* — Un peu de complaisance, Mademoiselle, je vais bientôt la renvoyer dire son chapelet.

Mme de Maintenon. — Sire, Monsieur Erizzo[1], ambassadeur de Venise, est arrivé à

---

1. Erizzo, ambassadeur de Venise, étoit reçu en audience le mardi, comme tous les ministres étrangers. Le 15 octobre 1695, la *Gazette de France*, d'accord avec Dangeau, rapporte que le Roi lui accorda le 5 du même mois une faveur sans précédent : il donna une audience à sa femme : « le Roi étoit debout auprès de sa table, dit Dangeau, et, dès qu'il vit l'ambassadrice, il avança deux ou trois pas à elle et la baisa; et après quelques compliments qu'ils se firent, toujours debout, l'ambassadrice se

Versailles ; il demande audience à Votre Majesté.

Le Roi. — Quelle diable de figure voulez-vous que je fasse, Madame, avec cet envoyé? J'enrage de ce que les Turcs ont été défaits [1].

Mme de Maintenon. — Sire, il faut dissimuler, et lui faire connoître que Votre Majesté prend beaucoup de part à la victoire que la République a remportée sur les Turcs dans la Morée.

Le Roi. — Comment accorder ces paroles à son cœur?

---

retira. » Saint-Simon, dans ses notes sur Dangeau, donne les règles d'étiquette ordinairement suivies dans des occasions analogues.

Quatre jours après, le dimanche 9 octobre « le Roi tint sur les fonts de baptême la fille du sieur Erizzo. Sa Majesté la nomma Louise, Madame fut la marraine, et la cérémonie fut faite dans la chapelle du château par le cardinal de Bouillon, grand aumônier de France. Le Roi et la Reine d'Angleterre y assistèrent. » (*Gazette de France.*)

Erizzo ne se montra pas reconnoissant de ces faveurs répétées. Le jeudi 13 avril 1700, il arriva, dit Dangeau, un courrier de Rome envoyé par le cardinal d'Estrées, notre ambassadeur, pour rendre compte de ses démêlés avec Erizzo, qui continuoit à Rome contre lui les démêlés commencés en France ; il avoit même fait un écrit très-offensant contre le cardinal d'Estrées dont le Roi approuvoit la conduite (Dangeau).

1. « *Mercredi, 27 juillet* 1695. — On a eu nouvelle que les Vénitiens dans la Morée ont repoussé les Turcs...; l'ambassadeur en doit venir donner part au Roi mardi prochain. — *Lundi 19 septembre* : Il court un bruit que les Vénitiens ont gagné un grand combat naval contre les Turcs dans les mers de Chio, qu'ils ont fait 6,000 prisonniers et entre autres l'amiral Turc : les nouvelles de ce pays-là méritent confirmation. » (Dangeau). — Dangeau ne dit rien des sentiments du Roi sur ce sujet ; la *Gazette* raconte les faits avec une indifférence marquée ; il semble cependant qu'on peut lui reconnoître quelque partialité en faveur des Turcs.

Mme DE MAINTENON. — Mon Prince, il faut s'accommoder au temps.

LE ROI, *poussant un soupir*. — L'étrange politique! mais qui ne peut dissimuler ne peut régner. Madame, qu'on fasse mes compliments à l'Envoyé de Venise, et qu'on lui dise qu'en bref je lui donnerai audience.

Mme DE MAINTENON. — L'on suivra vos ordres, Sire; mais quand Votre Majesté viendra-t-elle à Versailles?

LE ROI, *d'une façon impatiente*. — Je verrai, Madame; allez seulement.

M. FAGON. — Sire, je prends la liberté d'accompagner, Madame.

LE ROI. — Vous ferez bien, de peur qu'elle ne s'amuse en chemin.

Mme DE MAINTENON. — Adieu, mon cher Monarque, conservez votre santé.

LE ROI. — Adieu, Madame, conservez votre esprit.

ENTRETIEN XXII.

LE ROI *et Mademoiselle* DU TRON.

LE ROI. — La pauvre femme n'en peut plus, la jalousie l'étouffe, elle croit que je suis mort, éloigné de ses yeux; mais de la mort dont l'amour me menace, j'espère d'en revenir.

Mlle DU TRON. — Ah! mon Prince, qu'une tendresse aussi outrée est peu agréable! il y entre du dépit, de l'envie, de l'intérêt, de la rage, et enfin tout ce qui est de plus lâche, et de plus abominable. Le cœur de cette dame est un labyrinthe fort obscur, qu'il est bien difficile de pénétrer.

Le Roi, *souriant*. — Comme celui de toutes les dames, Mademoiselle, qui sont cachées au dernier point.

Mlle du Tron, *d'un ton sérieux*. — Votre Majesté, Sire, doit mettre beaucoup de différence entre une femme et une femme, comme nous en mettons entre un homme et un homme.

Le Roi. — Je l'avoue, Mademoiselle, elles ont plus de mérite les unes que les autres, et sont beaucoup plus aimables ; mais cependant il faut demeurer d'accord que la feinte et la dissimulation sont toujours leur partage.

Mlle du Tron. — Je ne m'aperçois point de cela, Sire.

Le Roi. — Oh ! que vous le savez pourtant bien, ma chère Demoiselle ! vous ne m'avez point encore fait un aveu tendre qui ait pu me contenter.

Mlle du Tron. — Ah ! qu'il seroit peu à propos, mon cher Prince, de vous dire ce que vous pouvez faire naitre ! de grâce, que Votre Majesté ne m'embarrasse pas davantage sur cet effet ; je sens trop la...

Le Roi. — Et pourquoi, ma belle ? expliquez-moi, je vous prie...

Mlle du Tron. — Sire, je ne puis à présent ; permettez que je me retire.

Le Roi. — Adieu donc, charmante ; vous voulez me quitter ?

Mlle du Tron. — Sire, un peu de repos pour rappeler mes esprits étonnés.

Le Roi. — Ah Ciel ! faut-il que le mien soit

troublé par des doutes si fâcheux, et si embarrassants !

ENTRETIEN XXIII.

Le Roi, *dans son cabinet, rêveur et parlant seul.* — Ce n'est pas en vain que je m'inquiète, cette beauté ne m'aimera jamais. Elle est prévenue, à mon malheur, d'un autre objet qui la flatte, et qui l'entretient jour et nuit d'autres idées plus agréables; mais que faire? il est impossible de forcer les cœurs; peut-être que le temps m'en rendra le maître. L'absence de cet heureux amant et mes soins assidus pourront me procurer l'avantage auquel j'aspire. Ah! que la conquête d'un cœur est souvent difficile à faire, surtout lorsque l'amour en a disposé pour un autre! Il est vrai qu'elle a lieu de se plaindre de ma foiblesse qui a si mal secondé mes désirs, et n'a pu répondre à son attente. C'est un affront pour cette belle, qu'elle ne me pardonnera jamais, quoiqu'elle n'ose me le témoigner, et je crains que son cœur ne refuse de se donner à un Prince si peu capable de remplir ses devoirs dans les occasions les plus importantes. Ah! qu'il est dur de sentir tant d'amour, et de se trouver si peu en état d'en donner des marques sensibles! Quelle honte n'en rejaillira-t-il point sur l'histoire de ma vie, et à quelles railleries ne serai-je pas exposé si cette belle n'est pas discrète? il faut tâcher de réparer au plus tôt cet affront; petit Dieu des cœurs, viens à mon secours! hélas! pourquoi m'as-tu cruellement abandonné? Falloit-il laisser si peu de force et de courage à un Prince surnommé le Grand?

ENTRETIEN XXIV.

Madame DE MAINTENON, *et Monsieur* BONTEMS.

Mme DE MAINTENON, *venant d'écouter à la porte du cabinet.* — Monsieur, à qui parle donc le Roi? qui est-ce qui est avec lui?

M. BONTEMS. — Ma foi, Madame, je n'en sais rien.

Mme DE MAINTENON. — Mais j'ai vu sortir votre nièce du cabinet.

M. BONTEMS. — Vous êtes donc plus savante que moi, car je puis assurer que je n'en sais rien.

Mme DE MAINTENON. — Il faut avouer que vous avez grand tort de la laisser davantage ici; elle trouble entièrement le repos de notre grand Monarque.

M. BONTEMS. — Je ne saurois qu'y faire, car c'est par l'ordre du Roi qu'elle demeure si long-temps à Versailles.

Mme DE MAINTENON. — O fatalité sans égale! quand elle parut à l'Opéra et que ce Prince la vit, il en devint d'abord amoureux. Depuis ce triste moment je ne fais que languir.

M. BONTEMS. — J'en suis bien fâché, Madame; si j'avois prévu ce malheur, je ne l'aurois pas fait venir de Normandie. J'entre trop dans vos intérêts pour pouvoir jamais vous déplaire, du moins volontairement, et je suis au désespoir que sa présence vous chagrine.

Mme DE MAINTENON, *poussant deux ou trois gros soupirs.* — Ah! grands Saints, qui connoissez mes pensées, vous n'ignorez pas que j'enrage de la voir. De grâce, envoyez un de vos bons anges pour me consoler et me soutenir dans mes douleurs.

M. Bontems. — Madame, ne vous chagrinez pas, c'est un amour qui passera ; l'infidélité du Roi ne détruira rien de vos affaires ; ce Prince retournera toujours à vous comme à son souverain bien.

Mme de Maintenon. — Dieu le veuille, Monsieur, c'est le vœu que je fais tous les jours ; mais hélas ! que votre nièce est redoutable.

M. Bontems. — Ce n'est pas, Madame, par ses caresses, car rien n'est si indifférent qu'elle, et jamais elle n'a fait d'amitié à personne qu'au duc de [1]... son galant, qu'elle aime assez tendrement.

Mme de Maintenon. — Cependant, Monsieur, il faut vous avouer que je ne la trouve pas déplaisante en ses manières ; elle charme quand elle parle, et le son de sa voix est incomparable ; de plus, elle a beaucoup l'air de Cour, ce qui est un grand avantage.

M. Bontems. — Il est vrai, Madame ; avez-vous aussi remarqué ce souris ravissant, qui l'embellit extrêmement ?

Mme de Maintenon. — Oui, oui, Monsieur ; ne me faites point son portrait ; elle n'est que trop peinte dans mon esprit, et vous voyez que quelque tort qu'elle me fasse, je ne laisse pas de rendre justice à ses bonnes qualités. Mais, pour revenir au Duc dont vous m'avez parlé, qu'elle aime, le Roi peut-il s'accommoder d'un

---

1. Voyez page 138, note 1.

amour partagé, lui qui est si délicat en tendresse ?

M. Bontems. — Je ne sais, Madame, comme cela va, j'en ai du chagrin aussi bien que ses tantes; et si elle nous avoit voulu croire, elle n'auroit jamais écouté le Roi.

Mme de Maintenon. — Son motif est, Monsieur, que le Roi fera sa fortune, et qu'il la mettra au rang de ses maîtresses, lesquelles à la vérité il n'a pas payées d'ingratitude pour leurs bons services.

M. Bontems. — La pensée est plus intéressée et plus maligne que je ne croyois. Quoi! ma nièce, à l'âge où elle est, use de politique aussi fine! De bonne foi je ne l'aurois jamais cru. Eh! que deviendra donc son pauvre amant? Il formera sans doute un ruisseau de larmes à ces tristes nouvelles.

Mme de Maintenon. — Bon, le Duc s'en consolera, et l'épousera quand le Roi en sera dégoûté.

M. Bontems. — Mais cependant, Madame, son front ne s'en trouvera pas mieux.

Mme de Maintenon. — Hélas! Monsieur, comptez-vous cela pour quelque chose? Dans le siècle où nous sommes, il n'y a point de familles distinguées qui ne joignent, même avec plaisir, l'aigrette de Vulcain aux armes que l'hymen leur donne, pourvu qu'elles y trouvent leur compte du côté de la fortune. Bon, bon, l'on fait semblant d'ignorer ce que l'on ne veut point connoître, sitôt qu'il nous apporte du bonheur.

M. Bontems. — En vérité, Madame, j'ai été

fort heureux sur ce chapitre ; car j'ai l'imagination fort sensible à échauffer de ce côté-là.

Mme DE MAINTENON. — Allez, allez, Monsieur, si votre sort avoit voulu vous faire cornu, vous auriez porté votre charge aussi bien que les autres ; rendez-en grâces à votre étoile qui vous a préservé de ce malheur, puisque vous l'appelez ainsi.

M. BONTEMS. — Quoi, Madame, vous n'estimez pas un malheur d'être cocu ?

Mme DE MAINTENON. — Non, Monsieur ; il y a tant d'honnêtes gens qui le sont, que rien n'est plus à la mode. Combien avons-nous de princes, de comtes et de ducs, qui ne se font pas un déshonneur de dire : ma mère fut autrefois la maîtresse du Roi, ou celle du Dauphin, ou celle de l'Empereur [1].

M. BONTEMS, *s'éclatant de rire*. — Sur ma foi, Madame, vous êtes admirable en raisons convaincantes ; les maris aux aigrettes n'ont qu'à venir chez vous pour recevoir des consolations sur la démangeaison de leur front ; mais quant à moi, toute la plus belle rhétorique du monde ne pourroit me persuader de bonheur de ce côté-là.

Mme DE MAINTENON. — Monsieur, changeons

---

[1]. La duchesse de Chartres, Mme la duchesse (de Bourbon-Condé), et la princesse de Conti ajoutoient à leur nom *légitimée de France*. La princesse seule conserva cette addition, que les autres supprimèrent pour signer comme les princesses du sang. Elle ne perdoit point une occasion de faire sentir aux deux autres princesses qu'elle seule avoit une mère connue et nommée. (*Mémoires* de Saint-Simon, 1696.) — Elle assista à la mort de Mme de La Valière, et obtint du Roi la permission d'en porter le deuil.

de thèse, et concluons que mademoiselle du Tron ne se mariera jamais, ou bien elle fera son époux de l'ordre des Chevaliers à la Crète [1].

M. BONTEMS. — Tant pis pour elle, Madame; je ne veux point me mêler des affaires de Cour. Mais quittons la place, je vois venir monseigneur le Dauphin avec madame la princesse de Conty.

Mme DE MAINTENON. — Mon Dieu, que je hais cette femme! Je vous prie, Monsieur, de lui dire que je ne suis point à Meudon.

M. BONTEMS. — Je le ferai, Madame, si elle me le demande; mais de l'humeur qu'elle est, vous savez qu'elle ne s'en souciera point du tout.

Mme DE MAINTENON. — Cela m'est fort indifférent; je me soucie aussi peu d'elle qu'elle se soucie de moi. Adieu, je vous quitte; je la laisse avec son Dauphin aller à la chasse entre deux toiles [2].

M. BONTEMS, *faisant un signe de croix*. — Ah! Madame, que dites-vous là? la pauvre Princesse n'y pense pas.

Mme DE MAINTENON, *en riant*. — Je crois qu'elle n'y pense que quand elle s'y trouve, ou quand la bête est dans ses filets.

M. BONTEMS. — Silence donc, Madame, s'il vous plaît, les voici.

Madame de Maintenon se retire.

---

1. Portant l'aigrette des chevaliers du pays de Cornouailles.
2. Entre deux toiles, comme les braconniers qui font usage du drap de mort. — Entre deux draps.

ENTRETIEN XXV.

Monseigneur le DAUPHIN, *la Princesse* DE CONTI, *et Monsieur* BONTEMS.

MONSEIGNEUR. — Ah! c'est vous, Monsieur Bontems, comment vous portez-vous?

M. BONTEMS. — Monseigneur, comme le plus humble de vos serviteurs; votre santé me paroît aussi très-parfaite.

MONSEIGNEUR. — Oui, Dieu merci, vous voyez un chasseur qui vient de descendre de cheval.

M. BONTEMS. — Eh bien, mon Prince, la chasse a-t-elle été favorable?

MONSEIGNEUR. — Nous avons tué deux ou trois loups, ce qui nous est assez rare dans la forêt de Saint-Germain, qui n'est pas bien féconde en ces espèces d'animaux.

M. BONTEMS. — Parbleu, Monseigneur, voilà une belle victoire! diable, deux ou trois loups? la prise n'est point méchante.

MONSEIGNEUR. — J'en suis assez content.

M. BONTEMS, *se tournant vers la Princesse de Conti.* — Et vous, Madame, quelle est la chasse que Votre Altesse aime le plus?

LA PRINCESSE, *en riant.* — Monsieur, c'est celle des plats et des verres.

M. BONTEMS. — Ma foi, Madame, c'est la plus douce, et celle qui fatigue moins le corps.

MONSEIGNEUR. — Monsieur, le Roi est-il ici?

M. BONTEMS. — Oui, mon Prince, Sa Majesté est seule dans son cabinet.

MONSEIGNEUR, *à la Princesse.* — Madame, avançons, le Roi est sans compagnie.

LA PRINCESSE. — Allez toujours devant, je vous suis dans un moment.

ENTRETIEN XXVI.

LE ROI et MONSEIGNEUR.

LE ROI. — Vous voilà donc enfin arrivé ; je vous attends depuis hier. Comment vont les affaires à Versailles ?

MONSEIGNEUR, *d'un air indifférent.* — Ma foi, je ne sais, Sire ; Votre Majesté pouvoit le demander au Gouverneur, qui vient de partir de Meudon.

LE ROI. — Quoi, Bontems est ici ! Il y est donc venu sans que je l'aie su ?

MONSEIGNEUR. — Oui, sans doute, je viens de parler à lui.

LE ROI. — C'est que j'étois peut-être embarrassé quand il y est venu.

MONSEIGNEUR. — Cela se peut.

LE ROI. — Qui est donc avec vous, mon fils ? êtes-vous seul au château ?

MONSEIGNEUR. — Non, Sire, la princesse de Conty est avec moi.

LE ROI. — Où est-elle donc, qu'elle ne paroît point ?

MONSEIGNEUR. — Sire, elle est dans l'antichambre, où elle regarde quelques peintures de défunt Mignard [1], elle ne peut tarder à venir.

---

1. La *Gazette de France* du 4 juin 1695 dit : « Le 29 du mois dernier, le sieur Pierre Mignard, premier peintre du Roi, fameux par beaucoup d'excellents ouvrages, mourut

ENTRETIEN XXVII.

Le Roi, Monseigneur, *et la Princesse* de Conti.

La Princesse, *entrant*. — Il faut avouer, Sire, que Mignard étoit un habile peintre; il a peint ici Vénus qui pleure son Adonis[1] si au naturel, qu'il n'y manque que la parole pour l'animer.

Le Roi. — Il est vrai, Madame, la Cour a beaucoup perdu par sa mort. Les derniers portraits qu'il a faits des trois jeunes Princes du sang[2], sont admirés de tout le monde.

La Princesse. — Particulièrement le duc

---

en cette ville (Paris), âgé de 84 ans. » — Dangeau : « *Dimanche, 29 mai :* le bonhomme Mignard mourut à Paris ; il avait 84 ans ; il étoit premier peintre du Roi, charge qui vaut 12,000 francs et des logements ; les ouvrages qu'il faisoit présentement étoient les plus beaux qu'il eut faits de sa vie. » — La charge de premier peintre fut supprimée par Louis XIV ; mais à sa mort, le Régent la rétablit en faveur de Coypel, honoré précédemment du titre de premier peintre de Monsieur.

1. Ce tableau ne figure pas dans la liste des tableaux de Mignard.
2. « Mignard ayant eu ordre alors de faire les portraits de la famille royale, peignit dans le même tableau Monseigneur, Madame la Dauphine et les trois princes leurs enfants... Il a été gravé avec ces vers de Santeul :

> Aspice venturos futura in sæcula Reges ;
> Gallia, quondam orbis sentiet esse suos.

> Dans ces jeunes héros dont l'auguste naissance
> Promet cent miracles divers,
> Tu vois tes Rois, heureuse France,
> Et peut-être y vois-tu ceux de tout l'Univers.

(*Vie de Mignard*, par l'abbé de Monville, Paris, 1730, in-12, p. 137.)

de Bourgogne est si bien représenté, qu'il ne lui manque que la parole.

Le Roi. — C'est un bel art que la peinture; mais qu'a fait la princesse de Lislebonne [1] du petit portrait qu'elle avoit, qui venoit de Mignard? C'est à la vérité un chef-d'œuvre [2], où l'on voit Lucrèce qui se perce le cœur d'un poignard après avoir perdu sa virginité, que Sextus lui avoit enlevée en la violant.

La Princesse, *en riant*. — La pauvre fille étoit bien folle de se priver de la vie pour un mal où il n'y avoit point de remède! Cette prude farouche n'a rien emporté de sa violence, que le péché de se défaire soi-même, lequel est criant devant Dieu. Ce n'étoit au plus qu'un fantôme d'honneur qui lui fit commettre ce crime.

Le Roi. — Il est vrai, Madame; mais autrefois la vertu tenoit lieu de tout chez les Romains; présentement les dames de ce pays sont plus apprivoisées, et l'on trouve rarement chez elles des Lucrèces dont la vertu fasse tant de bruit.

La Princesse. — Il en est de même parmi nous, Sire; je ne crois pas que les femmes soient aujourd'hui moins sensibles à l'honneur, qu'elles l'ont été du temps que les Dieux venoient se promener sur la terre, et qu'ils avoient commerce avec elles.

---

1. Voyez la table.
2. « Revenu à Avignon, Mignard y trouva Molière... Pendant le temps que Mignard y passa encore avec son frère, il fit une Lucrèce pour un conseiller au Parlement de Grenoble. » (*Vie de Mignard*, pp. 56-57.) — C'est sans doute ce tableau qui passa aux mains de Mme de Lislebonne.

Monseigneur. — C'est aussi ma pensée, Madame. Parbleu rien n'est si difficile à trouver qu'une fille qui ait gardé la fleur de sa virginité.

Le Roi, *en riant*. — Eh! comment le savez-vous, Monsieur?

La Princesse. — Sire, la dernière aventure que le Prince a eue à Marly, confirme ce qu'il dit. Le comte de Saint-Maure l'a trompé plaisamment [1].

Monseigneur, *s'approchant de la Princesse.* — Ah! la méchante! elle va découvrir le pot aux roses.

Le Roi. — Dites-moi donc, Madame, le tour qu'on lui a joué?

La Princesse, *regardant Monseigneur.* — Parlerai-je, mon cher?

Monseigneur, *en souriant*. — Tout comme il vous plaira, Madame, la chose m'est indifférente à présent; je n'ai plus que faire de la provinciale aux yeux charmants.

La Princesse, *malicieusement*. — Voilà comme on parle, quand on s'est servi des dames.

Monseigneur. — Ma foi, Madame, la pauvre fille m'a très-peu servi; car dès la première fois que je touchai son teton, je vis bien qu'elle n'étoit pas pucelle.

Le Roi. — Il vous en faut des pucelles? je gage à coup sûr que ce comte de Saint-Maure lui avoit assuré que jamais on n'avoit forcé ses lignes.

La Princesse. — Voilà justement l'affaire,

---

[1]. Le comte de Sainte-Maure étoit en grande faveur auprès de Monseigneur qui, d'après Saint-Simon, lui donna un jour jusqu'à 2,000 louis, à la prière de la princesse de Conty, pour payer ses dettes de jeu. Voy. t. III, p. 197.

Sire, et il s'est trouvé que c'est la plus grande coquette du monde, qui n'a pas moins que six ou sept galants à sa toilette.

Le Roi, *souriant*. — C'est assez pour en être contente ; mais il me semble, mon fils, qu'il seroit plus glorieux pour vous d'aller attaquer quelque place considérable, ou d'aller secourir le siége de Namur, que de vous amuser à ces galanteries.

Monseigneur. — Puis-je manquer, Sire, en suivant l'exemple qu'on me donne? Quand Votre Majesté parle de la sorte, il me souvient d'une fable que j'ai lue, où l'écrevisse d'Esope reprenoit sa fille de ce qu'elle marchoit à reculons; mais cette fille plus avisée que sa mère, lui dit : Ma mère, vous me l'avez appris de la sorte, et vous ne pouvez marcher autrement, même sur la fin de votre vie; trouvez donc bon que je vous imite.

Le Roi, *confus*. — Mon fils, vous avez raison de condamner mes actions à l'âge où je suis ; je défends ce que je fais; mais aussi considérez qu'il y a bien plus de lauriers à cueillir pour un jeune prince comme vous, que pour moi qui suis sur le retour.

Monseigneur. — Il est vrai, Sire; mais j'aurois eu aussi bien l'affront de voir rendre cette place à mon nez, que le maréchal de Boufflers qui a fait de son mieux pour la conserver.

Le Roi. — Je goûte vos raisons; hélas! nous avons tout perdu à la mort du maréchal de Luxembourg [1]; ce général habile et consommé

---

1. Le maréchal de Luxembourg étoit mort le 4 janvier

dans la guerre, auroit tout mis en usage pour préserver cette place de la fureur des ennemis, que l'on m'écrit s'être battus en diables.

MONSEIGNEUR. — Jamais siége n'a été poussé avec tant de violence.

LA PRINCESSE. — Avez-vous vu le prince d'Orange[1], Monseigneur? la renommée le fait passer pour un grand capitaine, qui même ne craint point la mort dans les plus grands périls.

MONSEIGNEUR. — Je l'ai vu plusieurs fois; c'est un prince fort généreux.

LE ROI. — Il ne l'est que trop pour nous, il seroit à souhaiter qu'il eût moins de courage, aussi bien que le prince de Vaudemont[2], qui tient toujours tête au duc de Villeroy.

1695, peu regretté du Roi, qui ne l'aimoit point, dit Saint-Simon, et qui lui refusa ce qu'il lui demanda à son lit de mort.

1. Les éloges donnés au prince d'Orange et au prince de Vaudemont, ennemis de la France, dénotent l'origine de ce libelle.

Guillaume Henri de Nassau, prince d'Orange, fils de Guillaume, prince d'Orange, et de Marie d'Angleterre, laquelle étoit fille de Charles Ier et de Henriette Marie de France, se distingua dans toutes les guerres dirigées contre la France. Battu en 1672 à Charleroy par le comte de Montal, en 1674 à Senef par le prince de Condé, à Cassel en 1677 par Monsieur, en 1678 près de Mons, en 1691 à Leuse, en 1692 à Steinkerque, en 1693 encore à Steinkerque, toujours par le maréchal de Luxembourg, il fut, à plusieurs reprises, forcé de lever des siéges entrepris contre nos armées. Il mourut le 19 mars 1703.

2. Charles Henri, légitimé de Lorraine, prince de Vaudemont, né en février 1649, étoit fils de Charles IV de Lorraine et de Mme de Cantecroix, frère aîné de Mme de Lislebonne, dont il a été parlé ailleurs. Il avoit épousé, le 27 avril 1669, Anne-Elisabeth de Lorraine d'Elbeuf.

Monseigneur. — Le dernier est vieux et n'a plus guère à vivre.

La Princesse. — Mon Dieu, que je voudrois bien que la guerre fût finie! Il me semble que l'âge d'or reviendroit.

Le Roi. — Je ne ferai jamais la paix à mon désavantage, mes peuples en dussent-ils crever.

La Princesse. — La résolution est cruelle, Sire.

Le Roi. — Je n'y saurois que faire, Madame; l'honneur du Roi marche à la tête de toutes considérations politiques et chrétiennes.

La Princesse. — Du moins c'est le sentiment des Révérends Pères Jésuites.

Le Roi. — Je trouve que les raisons sont bonnes, et que sans elles les Etats et les Royaumes périroient.

La Princesse. — Sire, ces saints Pères sont admirables en moyens.

Le Roi. — Qu'en dites-vous, Madame? ces dévots religieux sont le sel de la terre.

La Princesse. — Sire, j'en croirai ce qu'il vous plaira.

Le Roi. — Madame, je vous quitte et vous laisse avec M. le Dauphin; voici mademoiselle du Tron qui vient d'entrer dans cette chambre; j'ai à lui parler.

La Princesse. — Il est juste, Sire, de lui céder la place, et nous nous retirons pour ne vous pas être incommodes.

ENTRETIEN XXVIII.

Le Roi, *et Mademoiselle* du Tron.

Le Roi. — Eh bien, ma belle demoiselle,

saurons-nous aujourd'hui les véritables sentiments de votre cœur? qu'avez-vous résolu en faveur d'un prince qui vous adore? faut-il vivre, faut-il mourir?

Mlle DU TRON, *en riant*. — Sire, il faut vivre; la vie d'un grand monarque comme vous est si précieuse, que vous ne devez pas douter que je ne contribue de tout mon possible à sa conservation.

LE ROI. — Cela est fort obligeant; vous voyez, ma belle, qu'elle ne dépend plus que de vous; et si vous me refusez ce que je vous demande, qui est la préférence de votre cœur, je suis le plus malheureux de tous les hommes.

Mlle DU TRON. — Comme cette préférence est due au rang que tient Votre Majesté, c'est si peu de chose pour elle, que je crois qu'elle ne s'en inquiète pas beaucoup.

LE ROI. — Ah! quelle injustice vous me faites, ma chère demoiselle, de me croire indifférent pour la plus grande de toutes les conquêtes! Désabusez-vous, de grâce, d'une telle erreur, et croyez au contraire que c'est cette heureuse préférence qui fera toute ma félicité, si vous voulez bien me l'accorder. Oui, c'est un bien que j'estime infiniment. A quel désespoir ne me réduirez-vous point si vous me refusez? Prononcez-en donc au plus tôt l'arrêt; car je ne puis vivre plus longtemps dans cette cruelle incertitude où vous m'avez laissé.

Mlle DU TRON. — Eh bien, Sire, puisque vous voulez que je croie que votre déclaration est sincère, quelque sujet que j'aie de me défier de mon peu de mérite, je consens d'y ajouter foi, et veux bien me flatter que vous m'aimez ; mais souffrez en même temps que je vous dise que je ne donnerai mon cœur qu'avec de grandes précautions ; il faut, outre la sincérité, une longue persévérance pour l'obtenir véritablement.

Le Roi. — Je sais fort bien, Mademoiselle, que plus un bien est précieux, plus il doit se faire désirer longtemps ; ce seroit une grande témérité d'oser l'espérer entièrement du premier abord ; mais aussi il est certaines dispositions favorables, sans lesquelles un amant perd courage dès sa première poursuite. Dites-moi donc ingénuement, mon bel ange, sentez-vous quelque chose qui vous parle en ma faveur? Ne me déguisez point la vérité.

Mlle du Tron. — Hélas! Sire, qu'un pareil aveu coûte à faire à une personne de mon humeur! est-il nécessaire de m'expliquer sur un secret que je voudrois que l'on devinât? mes yeux, qui sont les interprètes de mon cœur, ne vous ont-ils pas assez parlé? un prince aussi spirituel comme vous, a dû dès le premier jour entendre leur langage à demi-mot.

Le Roi. — Le langage des yeux trompe si souvent, que l'on ne doit pas toujours les croire, et il est très-facile de s'y méprendre! D'ailleurs, Mademoiselle, je vous avoue que je ne suis pas assez pénétrant pour pouvoir me flatter de bien développer leurs mystères. Faites donc, s'il vous plaît, comme s'ils ne m'avoient rien dit ; que votre bouche m'explique, de grâce, ce qu'ils ne m'ont pas fait comprendre assez clairement, et qui pourroit décider de mon repos.

Mlle du Tron. — Souffrez, Sire, avant de vous satisfaire là-dessus, que je vous interroge à mon tour, et vous demande s'il est bien vrai que vous m'aimiez autant que vous le dites, si vous n'en aimez plus d'autre que moi, et si vous avez cette noble résolution que je demande à mon amant, qui est de m'être toujours fidèle ? car malgré votre autorité souveraine, j'ose vous déclarer que mon cœur ne se donnera véritablement qu'à ce prix.

Le Roi, *l'embrassant*. — Hélas! ma belle enfant, pouvez-vous encore en douter, et ne vous l'ai-je pas fait assez connoître? Douter de mon amour pour vous et de ma persévérance, c'est douter de la lumière du soleil. Oui, je vous aime et vous aimerai toute ma vie avec la plus forte passion; l'expérience vous en convaincra à loisir, et s'il est nécessaire de vous en faire des serments...

Mlle du Tron, *en riant*. — Non, non, Sire, ne jurez point; j'aime mieux vous croire de bonne foi, que de vous rendre parjure.

Le Roi. — Si vous consentez à mon bonheur, ma chère demoiselle, sans me faire languir davantage, dites-moi donc aussi à votre tour que vous m'aimez véritablement, et récompensez toujours mes feux d'une ardeur réciproque.

Mlle du Tron. — Je me pique, Sire, d'être judicieuse et reconnoissante de ce que l'on a fait pour moi. Mais si Votre Majesté, par un principe de délicatesse, ne peut souffrir le partage de mon cœur, il est juste que je sois aussi jalouse du sien. Eh! qui me répondra que madame de Maintenon ne le possède pas encore tout entier comme elle a fait depuis longtemps? Si cela étoit par hasard, comme j'ai lieu de le soupçonner, vous exigez beaucoup plus de moi que je ne puis espérer de vous, et vous voyez bien que la partie ne seroit pas égale.

Le Roi. — Ah! de grâce, n'ayez aucun ombrage à son égard, et rendez plus de justice à vos charmes; croyez qu'elle est morte dans mon cœur dès le premier moment que je vous ai connue; je ne la souffre quelquefois que par politique; parce qu'elle sait tous les secrets de mon Etat[1], et m'a donné assez souvent de bons conseils.

Mlle du Tron. — Sire, elle est fort heureuse que Votre Majesté en juge si favorablement pour elle, car il est certain que le public en parle

---

1. Nous saisissons ici l'occasion de protester contre la prétendue influence que Mme de Maintenon auroit eue dans la conduite des affaires de l'État; sa situation auprès de Louis XIV, qui voulut toujours être maître absolu, auroit été impossible si elle eût voulu le diriger ; les écrivains protestants eux-mêmes (*Bulletin de la Société du protestantisme*) reconnoissent aujourd'hui qu'elle n'eut aucune part à la révocation de l'Édit de Nantes, où l'on ne fit que codifier des édits et ordonnances dont beaucoup étoient antérieurs à son entrée à la Cour. Il suffit d'ailleurs de lire ses œuvres pour arriver à cette conviction d'abord qu'elle n'étoit pas bigotte, ensuite qu'elle étoit à peine assez catholique pour n'être pas protestante. En effet, elle conseilloit à ses jeunes élèves de Saint-Louis de soulager leur mère dans les soins du ménage plutôt que d'aller à la messe, excepté le dimanche ; ce jour-là même, elle les dispensoit, lorsqu'elles seroient dans leurs familles, d'assister aux vêpres : ce qui n'est pas d'une bigotte;—elle n'admettoit ni le culte de la Vierge ni le culte des Saints: et ceci rappelle plutôt sa première éducation, toute protestante, que les leçons du couvent.

tout autrement et ne regarde au contraire cette femme que comme le fléau de la France, qui causera infailliblement sa ruine, si Votre Majesté ne se garantit de ses artifices, et se laisse conduire plus longtemps par ses dangereuses persuasions.

Le Roi. — Elle dit pourtant qu'elle ne travaille que pour le bien de mon royaume, et semble aller au-devant de tous mes souhaits.

Mlle du Tron. — Sire, sa politique est bien fine, elle a ses vues particulières qui sont plus intéressées que Votre Majesté ne pense; mais je n'en parle qu'en passant, et ce ne sont point mes affaires; je vous dirai seulement que vous devez vous en défier, étant fort à craindre. Pour revenir à notre sujet, il faut que vous demeuriez d'accord que j'aurois eu peu de raison de vous avouer que vous possédez seul mon cœur, si elle étoit encore maîtresse du vôtre.

Le Roi, *se passionnant*. — Votre délicatesse me charme. Non, ma chère demoiselle, mon cœur est tout à vous, et elle n'y a plus aucune part; cessez donc de vous alarmer sur de fausses apparences, et croyez que vous seule me tiendrez toujours lieu de tout ce que j'ai de plus cher au monde.

Mlle du Tron. — Si vous ne me trompez point, mon cher prince, mon cœur est à vous à ces conditions, et je répondrai de ma part à tous les sentiments de tendresse que Votre Majesté aura pour moi; mais ne me trompez pas.

Le Roi, *la baisant*. — Non, ma charmante demoiselle, j'en suis incapable; que nos cœurs soient donc unis pour toujours, et goûtons en paix tous les plaisirs d'un amour réciproque. Cet éclaircissement me redonne la vie.

Mlle DU TRON. — Je n'ai pu le refuser à vos empressements et à la bonne opinion que j'ai de votre constance. Mais Votre Majesté m'a retenue ici plus longtemps que je ne pensois, et je n'ai pas fait réflexion que l'on m'attend.

LE ROI. — Je ne vous arrêterai donc pas plus longtemps. Adieu, ma chère enfant ! Ah ! qu'il nous sera doux d'aimer toujours de même.

FIN.

POST-SCRIPTUM. — La feuille qui contient les premières pages de la pièce qui précède étoit tirée, lorsqu'un mot, qui nous avoit échappé dans le *Journal* de Dangeau, est venu nous apprendre qu'il existoit un abbé du Troncq, « neveu de Bontemps ». La parenté de M^{ll}° du Troncq avec Bontemps nous étoit ainsi révélée, et, bien que l'auteur du pamphlet soit le seul écrivain de l'époque qui ait parlé de la passion tardive du Roi pour cette jeune fille, nous y avons vu une preuve de plus qu'il étoit très-bien renseigné. L'amourette elle-même est peut-être fausse, peut-être vraie; en l'absence de renseignements qui confirment les dires du pamphlétaire, nous n'osons ni la nier ni l'affirmer; mais il est certain, et nos notes en font foi, que tous les détails groupés autour du sujet sont d'une rigoureuse exactitude.

LE

TOMBEAU DES AMOURS

DE LOUIS LE GRAND

ET SES DERNIÈRES GALANTERIES

LE

TOMBEAU DES AMOURS

DE LOUIS LE GRAND

ET SES DERNIÈRES GALANTERIES[1].

Depuis que la nature a fait naître l'amour, ce Dieu a toujours porté ses traits par tout l'Univers. Il a foulé même à ses pieds les sceptres et les couronnes, et tout ce qui respire le jour ressent son pouvoir, jusqu'aux plus innocentes créatures. Les divinités n'ont point été insensibles à cette char-

---

1. A Cologne, chez P. Marteau, 1695. In-12 de 171 pp.
Au frontispice, Louis XIV, l'air triste et soucieux, regarde un Amour étendu mort à ses pieds; à sa gauche, deux Amours; à sa droite, deux autres Amours s'empressent auprès de lui; une femme, coiffée d'une fontange, tient par la main les Amours de droite. A chaque extrémité du tombeau où gît l'Amour, un Amour tient son flambeau

mante sympathie qui nous force d'aimer ; pourquoi seroit-on surpris qu'un grand Roi comme le nôtre ait fait consister tout son bonheur dans la tendresse ? L'amour est la plus noble de toutes les passions, et sans lui la vie seroit fade et sans goût.

Mais il faut mettre une grande différence entre l'amour brutal et le raisonnable. Le premier fait peur et n'est point aimable, n'étant accompagné que du crime qui est affreux dans son être ; au contraire, l'amour honnête possède des charmes qui sont opposés aux manières du premier, qui ne consiste qu'en mille petits soins empressés, et mille services que l'on veut rendre à l'objet aimé. Il est vrai que les bornes qui séparent l'un et l'autre sont un peu délicates, et qu'il faut posséder l'indifférence, pour sa sûreté ; cependant, nous voyons tous les jours bien des personnes qui ont triomphé, par le secours de la vertu, des forces de l'amour, et, quoique cet enfant soit souvent robuste, il ne laisse pas d'être aimable quand la modestie l'accompagne, et l'on peut lui donner l'encens qui suit avec justice :

Est-il rien de si doux qu'une ardeur innocente

renversé. — Le titre est donc justifié ; c'est bien le tombeau des Amours.

Sur le devant du tombeau, on lit : « Hélas ! notre règne est fini ! » au bas de la gravure, ces quatre vers informes :

Adieu, trop aimables amours
Qui avez su me charmer si tendrement.
Ah ! je ne sens plus pour vous
L'ardeur qui me touchoit si vivement.

De la main droite du Roi se déroule une bande avec ces mots : « Il est incomparable. »

qu'un rare mérite fait naître dans nos âmes? Je ne vois point de bonheur à respirer le jour, si de l'Univers on en banissoit l'amour. Tous les plaisirs se trouvent dans sa suite, et la vie sans aimer seroit un supplice [1].

Les peintres n'ayant pu trouver des couleurs assez belles ni assez vives pour faire des yeux au fils de Vénus, l'ont représenté aveugle; ce Dieu auroit-il eu bonne grâce en faisant toutes les conquêtes qu'il a faites sans voir? C'est une erreur un peu grossière, car quand l'Amour veut s'emparer d'un cœur, il se sert toujours des yeux d'un bel objet, pour en blesser un autre : ce qui ne seroit pas, si ce malicieux enfant ne savoit très-bien que de tous les sens, les yeux sont les plus susceptibles, parce qu'ils découvrent, les premiers, les redoutables attraits des belles. Il faut donc raisonner en cet endroit philosophiquement, et dire qu'un aveugle ne peut devenir savant quand il est privé des facultés les plus nécessaires, comme la vue. L'on voit aussi que ce conquérant est fort éloquent et grand rhétoricien, puisqu'il confond les raisonnements les plus sublimes et les plus solides.

---

1. Ces lignes en italique ont la prétention d'être des vers de mesure inégale; ils valent ceux du frontispice. Voir page 242, note. Il faut lire sans doute :

>   Est-il rien de si doux qu'une ardeur innocente
>   Qu'un rare mérite fait naître dans nos âmes?
>   Je ne vois nul bonheur à respirer le jour
>   Si de l'univers on bannit l'amour.
>   Tous les plaisirs se trouvent dans sa suite
>   Et sans aimer la vie est un supplice.

Voyez également ci-dessous; l'auteur a risqué d'autres vers aussi dépourvus de sens, de mesure et de rime que le sont ceux-ci.

C'est donc avec raison qu'il faut défendre le tort que l'on fait à ce pauvre enfant en lui tirant son plus bel ornement.

> Amour infortuné songe à tes intérêts ;
> L'on ne sent plus pour toi l'honneur et les respects.
> Tout est perdu, si cela continue.
> Ramène-nous des siècles plus doux,
> Où l'on verra plus de retenue,
> Et qui dureront toujours.

La durée dans les choses du monde est presque impossible. On la souhaite assez dans ses termes et ses expressions, et si nous avions un bien qui sût une fois nous charmer sensiblement, nous ne voudrions jamais le quitter. C'est pourquoi l'auteur de la nature a prévu cet attachement comme criminel, et nous a donné toutes choses changeantes et variables et de peu de durée.

Les philosophes sont fondés sur de bons principes, quand ils regardent tout avec indifférence, et qu'ils n'aiment que le présent. Cependant, parmi nous, ces sentiments sont condamnés, et l'on seroit mal instruit, si l'on vouloit les suivre.

Laissons donc pour une autre fois ces idées, et voyons avec plaisir toutes les galanteries de notre prince. Examinons-en le tour et la délicatesse, et disons qu'il est le seul au monde qui a su aimer si tendrement ; mais présentement son cœur est rempli de sentiments pieux qui ont banni la tendresse humaine de ses idées [1]. Ce

---

[1]. Ce libelle a été publié en 1695. — C'est à peu près le temps où la pièce précédente place les amours du Roi avec Mlle du Tron.

qui faisoit autrefois sa félicité, ne le charme plus que foiblement, et les douceurs qui ont enchanté ce Monarque paroissent mourantes et sur leur fin. Pendant qu'il languit, et que sa raison et ses transports sont de retour, il faut faire la revue de ses amours, et voir le terrible changement qui se trouve chez ce Prince, après avoir décrit les plus doux moments de sa vie.

> L'on ne voit rien dans cet Univers,
> Qui soit constant et solide,
> Le sort des humains décide,
> Selon les sentiments divers.

Je reviens à l'ardente passion du Roi, et je laisse ma Muse pour une autre fois; je veux suivre toutes les démarches qu'il a faites dans ses amourettes, et dire que rien dans la vie ne l'a touché si sensiblement que la possession d'une personne aimable. Mademoiselle de Manchini [1] avec son air commun et sa petite taille, mais de l'esprit comme un ange, a fait passer à ce Prince des heures charmantes [2]. Souvent madame de Venelle [3] les surprenoit dans leurs conversations touchantes; mais il faut dire à la vérité que leurs joies n'ont été qu'imparfaites. Notre Prince l'auroit épousée, sans les oppositions du cardinal Mazarin [4] qui étoit prié de la reine-

---

1. Voy. t. II, pp. 1-24.
2. Les deux lignes qui précèdent et celles qui suivent jusqu'au dernier paragraphe de la p. 10 sont copiées sur la deuxième historiette du 2ᵉ volume de ce Recueil (pp. 31-33).
3. Voy. t. II, p. 32.
4. Voy. t. II, pp. 10 et 21 (notes).

mère, et qui lui fit promettre, un jour qu'il souhaitoit d'elle des preuves de son amour [1], qu'il empêcheroit la chose. — « Ce que je vous demande, lui disoit la Reine, n'est pas une si grande assurance de votre passion que vous croyez. Car si le Roi épouse votre nièce, de l'humeur que je lui connois, il ne manquera jamais à la répudier et vous serez mal avec lui ; ce qui [me] chagrinera plus que le mariage, quoique mes desseins soient entièrement ruinés pour la paix, si le Roi n'épouse pas la fille du Roi d'Espagne. »

Le cardinal trouva la pensée de la Reine admirable et lui promit tout afin de posséder son cœur [2]. Cependant le Roi a marqué toujours une aversion si extraordinaire pour le démariage [3], et il l'a déclaré si souvent, qu'il donne bien lieu de croire qu'il ne se seroit pas voulu servir de ce méchant usage. Notre sublime cardinal maria enfin sa nièce au duc de Colonna [4], dans le dessein de faire mieux sa cour proche de [5] la reine qui l'en remercia avec les

1. A cette époque (1659), la reine, née en 1601, avoit 58 ans; Mazarin, né en 1602, avoit 57 ans. Cf. t. I, p. 184.
2. Ce motif n'étoit point celui qui dirigeoit la généreuse conduite de Mazarin. Voy. t. II, p. 10 et 21 (*notes*).
3. Ce mot ne se trouve dans aucun dictionnaire du temps, et n'a même jamais été admis par l'Académie françoise. Cependant on le rencontre à la même époque dans divers autres ouvrages.
4. Voy. t. II, p. 22.
5. A cette locution, comme à plusieurs autres et à l'ignorance déjà constatée des règles de notre versification, il est facile de voir que cet opuscule n'a pas été écrit par un françois. Voy. t. II, p. 7.

manières les plus tendres du monde. Notre jeune Monarque pleura et cria, se jeta aux pieds du cardinal et l'appela son papa; mais hélas! il étoit destiné que les deux amants se sépareroient. Cette amante affligée étant pressée de partir, et montant en carrosse, dit fort spirituellement à son amant, qu'elle voyoit dans une douleur accablante : « Vous pleurez, et vous êtes Roi! pourtant je suis malheureuse et je pars dès ce moment! »

Le Roi pensa mourir de chagrin de la cruelle séparation de sa chère mignonne; mais comme ce Prince étoit encore jeune, il se consola plus facilement, et son cœur ne demeura pas longtemps dans la tranquillité. Nous le verrons par la suite.

Quand Philippe IV, roi d'Espagne, fut mort [1], notre inconsolable Monarque forma le dessein d'aller aux Pays-Bas, pour mettre la Reine son épouse en possession des Etats qui lui appartenoient; Sa Majesté y entra avec toute la magnificence qui pouvoit charmer les sens [2]. Elle étoit précédée de deux compagnies de mousquetaires richement vêtus, et leurs chapeaux garnis de plumes blanches, comme le reste des gardes du corps. Notre illustre Prince étoit vêtu d'un habit en broderie d'or mêlé de perles, avec un superbe bouquet de plumes incarnates et blanches, attaché d'un cœur de diamants. Le Roi étoit monté sur un cheval dont la marche

---

1. Le 15 septembre 1665.
2. Voyez sur cette campagne, Mlle de Montpensier, *Mémoires*, collection Michaud et Poujoulat, pp. 398-402, et *Mémoires de Louis XIV*, édition Dreyss, t. II.

fière et glorieuse faisoit bien connoître qu'il portoit le plus puissant héros de l'Univers ; un nombre infini de seigneurs et de personnes distinguées accompagnèrent Sa Majesté dans son voyage.

Le Roi étant de retour ne demeura pas longtemps sans trouver un tendre amusement. Mademoiselle de la Valière [1], fille de la maison de Madame, par une sympathie inconnue s'est fait aimer passionnément de ce Prince. La Valière qui n'étoit ni noble [2], ni belle, ni l'air fort charmant [3], mais infiniment de l'esprit et du brillant dans tout ce qu'elle disoit, ayant le cœur rempli de tendresse et de sincérité, ces dernières qualités ont enchaîné le plus fier et le plus superbe Prince de l'Europe sous ses lois, et lui ont fait dire souvent qu'il n'a jamais aimé personne avec tant d'ardeur.

Il est vrai [4] qu'elle aima le Roi par inclination plus d'un an avant qu'il la connût, et qu'elle disoit souvent en soupirant à une de ses amies, qu'elle voudroit qu'il ne fût pas d'un rang si élevé, et que la fortune l'eût fait naître berger. La raillerie que l'on en fit donna l'envie à notre Monarque de connoître l'aimable bergère qui lui souhaitoit au lieu de son sceptre

---

1. Voy. t. II, *passim*; la campagne des Pays-Bas est de 1667 ; les amours de Louis XIV avec Mlle de La Valière commencèrent en 1661.

2. Sur sa noblesse, voy. t. II, pp. 27 et 33.

3. Voy. t. II, p. 34.

4. Tout le passage qui suit, jusqu'à : « Mlle de La Valière en parut affligée » p. 249, est la reproduction à peu près exacte de ce qu'on lit au t. II, dans le *Palais-Royal* ou *l'Histoire de Mlle de La Valière*.

une houlette. Et comme il est naturel à un cœur généreux d'aimer ceux qui nous aiment, le Roi l'aima dès ce premier moment, et lui dit un jour en riant : « Venez, ma belle aux yeux doux, qui ne pouvez aimer qu'un prince. »

Ce n'est pas que sa personne lui plût ; mais par reconnoissance, Sa Majesté dit au comte de Guiche qu'il la vouloit marier à un marquis qu'il lui nomma et qui étoit des amis du comte ; ce qui lui fit répartir au Roi que son ami aimoit les belles. — « Eh bien ! dit le Roi, je sais bien qu'elle n'est pas une incomparable beauté ; mais je lui ferai assez de bien pour la faire chérir. »

Quelque temps après, le Roi fut chez Madame qui étoit un peu indisposée, et s'arrêta dans l'antichambre avec La Valière à laquelle il parla longtemps. Ce prince demeura si charmé de son esprit et de ses manières engageantes que sa reconnoissance devint amour. Mais comme ce prince cherchoit l'occasion de lui dire tout ce qu'il sentoit pour elle, parce qu'il en étoit pressé et qu'il y avoit déjà du temps qu'il languissoit secrètement, il la trouva. Il lui auroit été bien facile s'il eût considéré qu'il étoit Roi ; mais la qualité d'amant lui paroissoit trop charmante pour n'en pas suivre les lois. Ce fut à Versailles, dans le parc, que le Roi se plaignit tendrement que depuis plus de trois mois sa santé n'étoit pas bonne. Mlle de La Valière[1] en parut affligée, et en marqua du chagrin, ce qui toucha le Roi sensiblement, et lui fit dire : — « Hélas ma

1. A partir d'ici, le texte abrége le récit du t. II et en diffère sur des points peu importants, par exemple le billet de la p. 250.

belle, je serai le plus fortuné de tous les hommes, si vous me plaignez un peu, étant à vous comme je suis. »

La Valière rougit, et parut interdite en voyant le Roi, qu'elle aimoit, à ses genoux, tout passionné. Elle se leva par respect, mais le Roi lui prit la main et la baisa tendrement, en lui disant : — « Ma charmante! je suis malheureux, puisque vous n'êtes pas sensible, et je suis à plaindre en vous adorant comme je fais. » — « Non, Sire, répliqua-t-elle, je ne suis point insensible à ce que vous sentez pour moi. Il y a longtemps, ajouta cette aimable fille en poussant un soupir, que l'amour m'a fait connoître secrètement que je devois aimer le plus parfait de tous les Rois. »

Notre Monarque parut touché d'entendre un aveu si doux et si favorable à son amour; mais la pluie qui survint en abondance rompit une conversation si tendre. Le Roi, qui n'avoit pas encore toutes les assurances qu'il vouloit du cœur de son adorable, lui envoya ce billet [1].

« Hélas! ma charmante enfant! si vous ne m'aimez en bref, il faudra que je meure. L'on cherche avec empressement ce qui me peut rendre rêveur comme je le suis; mais l'on ne pénètre pas que je vous aime plus que moi-même, et que vous me mettez au désespoir par vos manières cruelles. Ah! ma chère mignonne!

---

[1]. Toujours les lois de la galanterie; toujours la pratique du Cyrus et de la Clélie. Bussy lui-même s'est conformé aux usages convenus et a inventé les billets, les petits vers et les conversations amoureuses en honneur dans les romans du temps.

changez de sentiments, et soyez plus sensible pour un prince qui ne respire la vie que pour vous. »

Quelque temps après ce billet, Sa Majesté, qui ne peut souffrir l'absence de ce qu'il aime, alla voir sa belle chez Madame, que le comte de Guiche entretenoit.

Les Demoiselles qui étoient avec La Valière se retirèrent par respect; si bien que Sa Majesté demeura seule avec cette belle, et lui dit tout ce qu'un amour tendre et violent peut faire dire à un homme qui a de l'esprit et de la passion. Il l'assura mille fois que sa flamme seroit éternelle et qu'il ne changeroit jamais.

Madame, qui apprit la conversation que le Roi avoit eue avec La Valière étoit au désespoir[1] : — « Quoi, disoit-elle, préférer une petite bourgeoise de Tours, laide et boiteuse, à une fille de Roi, faite comme je suis ![2] »

Elle en parla à Versailles aux deux Reines en femme vertueuse qui ne vouloit pas servir de commode[3] aux amours du Roi. La Reine-Mère dit qu'il en falloit parler à La Valière, ce qu'elles firent avec tant d'aigreur que notre aimable bergère se résolut, dès ce triste moment, de se mettre dans un couvent. Elle [y] demanda d'abord une chambre, où elle pleura amèrement.

1. Nous rentrons ici dans le texte du *Palais-Royal*, t. II, p. 41 et suiv.
2. Sur l'amour de Madame pour le Roi, voy. t. II, p. 99.
3. Le dictionnaire de l'Académie françoise (5ᵉ édition) admet ce mot dans le sens où il est employé ici, c'est-à-dire de complaisante. Ni Richelet, ni Furetière dans leurs diverses éditions, ne l'ont enregistré.

Il arriva en ce temps-là à Paris des ambassadeurs pour le Roi d'Espagne qui étoient avec le Roi dans la salle où l'on les reçoit d'ordinaire avec plusieurs personnes de qualité. Le duc de Saint-Aignan [1] dit au marquis de Sourdis [2], assez bas : « La Valière est en religion. » Notre Monarque, qui avoit entendu ce nom charmant qui avoit frappé ses oreilles, tourna la tête tout ému et tout pâle, et demanda au duc ce qu'il disoit, qui lui répartit que Mlle de La Valière étoit en religion à Chaillot.

Par bonheur, les ambassadeurs étoient expédiés, car dans la douleur où étoit le Roi il n'eût eu aucune considération. Il commanda qu'on lui fît venir un carrosse, et sans l'attendre il monta aussitôt à cheval. La Reine qui le vit partir lui dit qu'il n'étoit pas maître de lui. — « Ah! reprit le Roi, si je ne le suis pas de moi, Madame, je le serai de ceux qui me chagrinent. » En disant cela, il courut à toute bride à Chaillot, où il demanda sa jolie mignonne qui vint à la grille, avec un air tout pénétré de langueur et de tendresse. — « Ah! lui cria le Roi, de la porte, ma charmante enfant, vous avez peu de soin de ceux qui vous aiment ! » Elle voulut répondre, mais les larmes l'en empêchèrent. Le Roi, l'ayant embrassée tendrement, la pria de sortir promptement. Elle s'en défendit d'une manière fort touchante, en racontant le méchant traitement de Madame et des Reines. Notre

1. Voy. t. II, p. 8.
2. Voy. t. II, p. 42.
3. Sur cette première retraite à Chaillot, voyez t. II, p. 42.

amoureux prince lui dit qu'il étoit Roi, et qu'il alloit y donner ordre. — « Enfin, répondit cette adorable, en levant les yeux au Ciel, on est bien foible quand on aime, et je ne me sens pas la force de vous résister. » Elle sortit et se mit dans le carrosse que le Roi avoit fait amener. Sa Majesté lui proposa en chemin de lui donner un hôtel et un train; mais cela lui parut trop éclatant; elle l'en remercia fort civilement. Le Roi, en arrivant, dit à Madame qu'il la prioit de considérer Mlle de La Valière comme une fille qu'il aimoit plus que sa vie : — « Oui, répartit Madame, en souriant, je la regarderai comme étant à vous. » Le Roi parut mépriser cette raillerie, et continua ses visites avec plus d'attache qu'auparavant. Il lui envoya continuellement des présents en la présence de Madame. Le Roi donna à La Valière le palais Brion[1], qu'il alla lui-même voir meubler le plus richement du monde, afin de la pouvoir entretenir sans témoins[2].

Ce prince tomba malade à Versailles, et pendant cette maladie il rêva toujours à sa belle qui ne vouloit pas le voir, de crainte d'irriter son mal; mais après qu'il n'y eut plus de danger à

1. Le Palais Brion (et non Biron, comme on l'a imprimé par erreur t. II, p. 44) étoit un lieu de plaisir où tantôt le Roi, tantôt le jeune duc d'Anjou son frère, donnoient fréquemment des dîners et des bals, dans les plus mauvais jours de la Fronde. Loret dans sa *Muze historique* (1er vol.), décrit souvent des fêtes de ce genre, et certains incidents qu'il relève donnent une curieuse idée des mœurs du temps.
2. Ici l'auteur, pour abréger, passe quelques circonstances qui se lisent dans le *Palais-Royal*. T. II, p. 44.

craindre, le duc de Saint-Aignan, par l'ordre du Roi, l'alla quérir. — « Hélas! dit-elle, en entrant, d'un air le plus tendre du monde, la fortune me redonne encore mon cher prince. — Oui, mon incomparable, lui répartit le Roi, pour vous aimer avec plus d'ardeur que jamais. » Il lui montra les vers[1] qu'elle lui avoit donnés, qu'il portoit sur son cœur. En voici les termes :

> Il est de fortes chaînes et des sympathies,
> Qui d'un charme inconnu nos âmes lient;
> Et nous attache tendrement à vous aimer,
> Par un revers secret qni ne se peut trouver.

Après la maladie du Roi[2], qui fut plus violente que longue, il n'y eut point de femme à la Cour qui ne travaillât à lui donner de l'amour. Madame de Chevreuse présenta à Sa Majesté madame de Luynes, qui étoit la plus belle femme du monde, mais de peu d'esprit, la duchesse de Soubise, la princesse Palatine, madame de Soissons ; mais le Roi en fit confidence à La Valière et n'en fit que rire avec elle[3]. Tou-

1. Dans le *Palais-Royal* ces prétendus vers sont remplacés par une lettre, t. II, p. 45.
2. Pour tout ce qui suit, voy. II, 47.
3. Dans son *Teatro gallico* (Amst., 1691, 3 vol. in-4°, t. I, pp. 524-525), Gregorio Leti dit : « Tra le donne che odiavano il più nella corte La Valiera, vi erano la duchessa di Orleans e la contessa di Soissons »; parmi les dames de la Cour qui détestoient le plus La Valière, étoient la duchesse d'Orléans et la comtesse de Soissons. — Mais il ajoute : « Fù cosa miravigliosa che, nell' orditura di questa cabala si scontrasse che fossero senza parte alcuna la principessa Palatina, la duchessa di Soubize, e la signora di Luynes, che s'andava susurrando nella corte che ciascuna di queste havesse pretentione di poter colpire agli amori col Rè... ma potrebbe qui dirmi alcuno, e chi poteva sa-

tefois elle n'en prenoit point de jalousie, ce qui
fâcha notre amant et lui fit dire à cette mignonne : — « Ah ! Mademoiselle, vous avez
peu d'amour. — J'en ai plus que vous ne croyez,
Sire, répliqua La Valière, et je me confie sur la
fidélité que vous m'avez jurée. » Mais le Roi ne
se contenta pas de ces paroles, et la chagrina
pendant un mois. Elle souffrit avec patience,
mais un jour étant au bois de Vincennes, comme
le Roi étoit aux genoux de La Valière, elle le
traita avec la dernière indifférence, ce qui fâcha
notre Monarque sensiblement. Le lendemain le
Roi vit le marquis de Bellefonds[1] à qui il dit qu'il
étoit le plus heureux de tous les hommes de
n'aimer que la gloire. — « Ah ! Sire, répartit le

pere il segreto del cuore di queste Dame, e d'altre che
aspirassero agli amori del Rè? Questo io non so,... ma un
certo cavaliere in Parigi, che mi honorava di confidar meco
molte memoriette, mi disse un giorno... che nel tempo che
si erano incaloriti gli amori del Rè con La Valiera non vi
era dama alcuna nella corte di qualche garbo e bellezza
che non mostrasse gelosia visibile, e che lui stesso haveva
inteso dire a molte « La Valiera è più fortunata di tutte
noi. » — Ce fut une chose merveilleuse que, pendant que
se tramoit cette cabale, la princesse Palatine, la duchesse
de Soubise et madame de Luynes n'y prirent aucune part,
bien qu'on murmurât dans la Cour que chacune d'elles eût
des prétentions à l'amour du Roi. Mais qui pourroit me
dire le secret du cœur de ces dames et des autres qui aspi-
roient à l'amour du Roi ? Je ne sais, mais un gentilhomme
de Paris qui m'honoroit de sa confiance et m'a fourni
quelques petits mémoires me disoit que, au temps où les
amours du Roi avec La Valière étoient dans toute leur
ardeur, il n'y avoit à la Cour aucune dame de quelque
élégance et de quelque beauté qui ne s'en montrât visiblement jalouse, et que lui-même avoit entendu dire à plusieurs : La Valière est plus heureuse que nous. »

1. Voy. t. II, p. 49.

Marquis, la gloire est plus difficile à servir qu'une maîtresse; je voudrois que la nature m'eût donné un cœur plus sensible à l'amour. » Le Roi soupira et ne lui répondit rien [1].

Au mois de septembre [2], l'on publia dans Paris la paix entre la France et l'Angleterre, avec les cérémonies accoutumées, et les états-généraux des Provinces-Unies faisoient la meilleure partie de ce traité, de quoi leur ambassadeur à la Cour de France marqua beaucoup de joie par un beau feu d'artifice qu'il fit tirer devant l'Hôtel-de-Ville.

La saison n'empêcha pas que le Roi ne se disposât pour se mettre en possession de la

---

1. Ici s'arrête l'emprunt fait au *Palais-Royal*, t. II, p. 49. Il reprend, après un passage visiblement interpolé, à ces mots : « Sa Majesté ayant quitté le marquis de Bellefonds, le jour suivant vit,... etc. »

2. Le traité dont il est question ici est évidemment le Traité de Breda, signé entre l'Angleterre, d'une part, la France, le Danemarck et la Hollande de l'autre. Le traité, dit le P. d'Avrigny, fut ratifié le 24 du mois d'août. Il portoit entre autres choses que les Etats-généraux envoyeroient des commissaires à Londres pour le règlement du commerce des Indes.

Mais dès le mois de janvier 1668, l'Angleterre, la Suède et la Hollande, alarmées des conquêtes que le Roi de France faisoit en Flandre, signèrent un traité par lequel ils s'engageoient à fournir chacune 15,000 hommes pour la défense des Pays-Bas, que le Roi d'Espagne n'étoit pas en état de défendre... Les confédérés firent dire à Louis XIV qu'ils ne vouloient que la paix, mais qu'ils se déclareroient contre celui qui ne la voudroit pas avec eux. Le Roi répondit qu'il étoit près de la conclure pourvu qu'on lui cédât ses conquêtes. On s'assembla là-dessus à Aix-la-Chapelle, et, pendant qu'on négocioit, il entreprit la conquête de la Franche-Comté.

Franche-Comté qui lui appartenoit [1]; et pour cet effet Sa Majesté envoya le six de février le prince de Condé devant la ville de Besançon, capitale de cette province [2]. Les habitants témoignèrent d'abord qu'ils vouloient bien se soumettre à Sa Majesté, et même la recevoir, mais comme dans une ville impériale [3]. Néanmoins ils se rendirent simplement à l'obéissance du Roi.

Sa Majesté ayant quitté le marquis de Bellefonds [4], le jour suivant, vit mademoiselle de la Mothe [5] qui étoit une beauté enjouée et fort charmante, et beaucoup d'esprit, à qui il dit les choses les plus galantes du monde. Ce prince

---

1. En 1668, Louis XIV revendiquoit la Franche-Comté au même titre que la Flandre, en vertu des droits de la reine, fille de Philippe III.

2. Le prince de Condé, que le marquis de Louvois vouloit, en quelque sorte, opposer à Turenne, dont la faveur lui donnoit de l'ombrage, prit Besançon en deux jours, malgré la saison (7 février 1668). — Voy. *Mémoires* du P. d'Avrigny.

3. La ville envoie vers Condé deux députés. Ceux-ci « se plaignent qu'on les attaque, étant comme ils sont ville impériale, en paix avec le Roy très-chrétien, aussi bien que tout l'Empire, et ne luy en ayant jamais donné le sujet ; offrent ensuite de le recevoir, s'il vient, mais en cette qualité de ville impériale; passent enfin jusques à le choisir pour protecteur, aux mêmes conditions que Louis XI l'avoit été. » Le prince de Condé refuse, et la ville est obligée de se rendre : « ainsi le prince de Condé qui n'avoit paru devant cette place que le sixième février, y entra le lendemain septième au matin. » Pellisson, *Hist. de Louis XIV*, liv. V.

4. Il semble que les deux paragraphes précédents, étrangers au récit, aient été interpolés.

5. Voy. t. II, p. 49 (texte et notes), pour tout ce qui suit. Les deux textes ont cependant quelques légères différences.

soupira même plusieurs fois en disant à cette belle qu'il l'aimoit, et qu'il n'avoit pas encore vu une personne si jolie.

La maréchale de la Mothe [1] grondoit sa fille de ne pas répondre à la passion du Roi; mais cette aimable enfant, qui avoit une secrète attache pour monsieur de Richelieu [1], faisoit qu'elle voyoit sans plaisir la tendresse du Roi, ce qui affligeoit notre Monarque, car il trouvoit cette jeune beauté tout adorable.

Un jour [2] que toutes les amies de mademoiselle de la Mothe s'étoient retirées, et que Sa Majesté étoit seule avec notre incomparable, le Roi se jeta à ses genoux, et lui dit d'un air tout de feu qu'il étoit le plus infortuné de tous les hommes d'aimer sans retour. — « Ah! je vois bien, continua ce prince, ma belle, que vous ne sentez rien pour moi! » La pudeur de cette

1. *Mémoires de Montpensier*, 1662. « Le Roi se promenoit souvent pendant l'hiver avec la Reine : il avoit été avec elle deux ou trois fois à Saint-Germain et l'on disoit qu'il avoit regardé La Mothe-Houdancourt, une des filles de la Reine, et que La Valière en étoit jalouse. C'étoit la comtesse de Soissons qui conduisoit cette affaire, et la Reine haïssoit plus La Mothe que La Valière; elle eût eu plus de penchant à croire que le Roi en étoit amoureux qu'à voir qu'il l'étoit de l'autre. » Suit l'histoire des grilles posées aux fenêtres, et qui se retrouvent au matin dans la cour, du refus de Mlle de La Mothe qui auroit osé dire au Roi : « Je ne me soucie ni de vous ni de vos pendants d'oreilles, puisque vous ne voulez pas quitter La Valière. » — « Or, ajoute Mademoiselle, ceux qui voyoient le plus clair étoient persuadés que le Roi ne s'empressoit auprès de La Mothe que pour cacher la passion qu'il avoit pour La Valière. »

2. Le paragraphe suivant, jusqu'au milieu du paragraphe où l'on voit le Roi chez La Valière, rêvant et lisant, ne se retrouve pas dans le *Palais-Royal*.

jolie enfant l'empêcha de répondre au Roi qui la quitta, et qui fut chez La Valière, où ce prince rêvoit et lisoit[1], et sortoit quelquefois sans lui parler. Il n'y eut que monsieur de Bussy qui lui dit que ce n'étoit qu'un dépit amoureux, et que ce Dieu prendroit bientôt le soin de mettre d'accord nos illustres amants. Enfin ce malade amoureux pria son confident d'aller trouver sa maîtresse et de lui faire un fidèle rapport de ses peines.

Notre belle reçut le marquis avec une mélancolie touchante, et lui dit que le caprice du Roi l'avoit affligée, et qu'elle n'étoit pas d'humeur à lui demander pardon d'un mal qu'elle n'avoit point fait; que ce n'étoit pas à cause qu'il étoit son prince qu'elle avoit pris le soin de lui plaire, et que pour un autre, elle en auroit fait autant, si elle l'avoit aimé[2]. Le duc de Saint-Aignan qui arriva rompit la conversation, en présentant à cette charmante mignonne un sonnet que le Roi avoit fait et qu'il lui envoyoit. En voici les expressions :

A MON INCOMPARABLE
SONNET

Percé de mille coups par une main cruelle,
Je suis au désespoir, car dans tout mon tourment,
Je ne puis recevoir aucun soulagement,
Que de celle qui rend ma blessure mortelle.

Si le mal que me fait endurer cette belle,
Souffroit que [je] la visse en homme indifférent,

---

1. Nous rentrons dans le texte du *Palais-Royal*, mais avec d'assez notables différences. Cf. t. II, p. 51-52.
2. Ce qui suit n'est pas dans le texte du *Palais-Royal*.

Que je serois heureux ! mais mon cœur me dément,
Et veut contre mon gré que je lui sois fidèle.

Hélas jusques à quand, poussant votre fierté,
Joindrez-vous le mépris avec la dureté ?
Si pour vous aimer trop, et si par complaisance,

J'ai desservi [pour vous] tous mes meilleurs amis,
Voulez-vous me haïr pour en tirer vengeance ?
Ah ! vous puniriez trop le mal que j'ai commis.

Quand La Valière eut vu ces vers, qu'elle les eut baisés plusieurs fois, comme venant de son prince, elle partit avec madame de Montausier[1] pour faire visite au Roi, qui parut si charmé en voyant cette belle qu'il lui demanda mille pardons, et l'embrassa passionnément ; il lui dit plusieurs fois : « Hélas ! mon adorable ! si vous n'avez pitié de moi, je serai le plus misérable de tous les hommes. Que je vous aime, et que vous aviez tort de me marquer de l'indifférence ! » Cette visite se passa avec toutes les expressions de tendresse que l'amour peut faire. Le lendemain, Sa Majesté fut se promener dans les jardins de Saint-Cloud avec La Valière, et madame d'Angoulême[2], où notre Monarque, qui étoit de bonne humeur, parut le plus galant et le plus spirituel du monde. La Valière, qui étoit dans une tristesse extrême, ne pouvoit prendre grande part à l'enjouement du Roi qui lui demanda le sujet de sa mélancolie. — « Quoi ! mon cher prince, répartit notre incomparable, croyez-vous que je n'appréhende pas que Votre Majesté ne se lasse de m'aimer, en voyant

---

[1]. Voir t. II, p. 53, les notes et le texte. Ce qui suit en diffère notablement.
[2]. Voy. t. II, p. 73.

comme je change tous les jours. Je ne trouve plus en moi d'attraits assez puissants pour vous attacher un moment. — Ah! lui répliqua le Roi, avec une passion extrême, ma belle enfant! je ne trouverai jamais une personne si aimable que vous, et qui possède un esprit si distingué. Ce sont ces divins appas qui ont su me charmer, et qui font que, dans les déserts solitaires et sauvages, l'on trouveroit des plaisirs charmants. Vous outragez un prince qui vous adore, et qui fait vœu de vous aimer toute sa vie. » — « Hélas! mon illustre prince, lui répondit La Valière, d'un air languissant, je n'ai point de termes assez forts pour vous marquer les obligations infinies que je vous ai. Je vous dirai sincèrement que ce n'est point l'éclat de votre couronne, ni le brillant de votre sceptre qui vous a donné la possession de mon cœur. Croyez, continua cette mignonne, en regardant le Roi tendrement, que vous n'êtes que trop aimable, sans le secours des trônes, et que les bornes de ma félicité seront celles de vous plaire. »

Le Roi[1] ayant embrassé les genoux de sa maîtresse fut avec elle chez madame la Princesse[2], où il y avoit une bonne partie des dames

1. Le récit qui suit se retrouve t. II, pp. 87-88.
2. Claire-Clémence de Maillé Brézé, née en 1628, fille de Urbain de Maillé, marquis de Brézé, maréchal de France, etc., et de Nicole du Plessis de Richelieu, sœur puînée du cardinal. Mariée le 11 février 1641 à Louis de Bourbon, prince de Condé, elle mourut le 16 avril 1694. Les *Mémoires de Lenet* parlent longuement de sa conduite politique pendant la Fronde; après cette bruyante époque, il est assez peu, mais assez mal parlé d'elle.

de la Cour, et un grand nombre de seigneurs. La duchesse de Mazarin[1] y dit des choses de si bonne foi à M. de Roquelaure[2] que le prince de Courtenay[3] qui en étoit amoureux en rougit. Le Roi s'en aperçut qui se leva, en riant, d'auprès le prince de Conti, et dit à mademoiselle de La Valière mille choses malicieuses touchant le sujet de la duchesse.

Le jour suivant[4] madame de Créqui[5] alla trouver Madame, un jour qu'elle lui avoit marqué pour leur partie de Saint-Cloud, où elles parlèrent de leurs amours. La duchesse de Créqui soupiroit en secret pour M. le cardinal Légat[6], et Madame pour le comte de Guiche[7]. Notre Monarque, quelque temps après faisant faire la revue à ses troupes à Vincennes devant MM. les ambassadeurs d'Angleterre, vit passer le carrosse de La Valière ; il s'avança au galop et fut plus d'une heure la tête nue à la portière ; mais voyant passer ensuite le carrosse des Reines, Sa Majesté leur fit une grande révérence,

1. Voy. t. II, p. 69.
2. Voy. t. I, p. 163.
3. Le prince Louis-Charles de Courtenay avoit dû épouser Hortense Mancini. Fils du prince Louis de Courtenay et de Lucrèce-Chrétienne de Harlay, il étoit né en 1640. Après l'expédition de Gigery, il avoit suivi le Roi en Flandre et fut blessé à Douai (1667). Il épousa, le 9 janvier 1669, Marie de Lameth, de qui il eut un fils tué au siège de Mons, en 1691 ; puis, en secondes noces, Hélène de Besançon. Il mourut le 28 avril 1723, âgé de 83 ans.
4. Tout ce paragraphe encore est un hors d'œuvre.
5. Voy. sur Mme de Créqui et le légat, t. II, p. 80.
6. Voy. t. II, p. 80.
7. Voy. t. II, p. 145 et suiv. : « la Princesse, ou les amours de Madame. »

ce qui fâcha nos princesses et les fit souvenir de la pièce que le Roi leur avoit faite à Versailles, au retour de la chasse, comme il pleuvoit, ayant couvert de son chapeau la tête de La Valière pendant qu'elle se mouilloit.

Madame au retour de Saint-Cloud[1], monta dans son cabinet, avec la duchesse de Créqui, où elle lui montra plusieurs vers fort jolis que le comte de Guiche faisoit, quand il ne la voyoit pas, et que sa Muse lui inspiroit par le chemin, en venant à Saint-Cloud, avec son rival le marquis.....

DE LA SOLITUDE DES RIEUX.

Quittons l'embarras de ces lieux,
Où l'on ne goûte point de volupté solide;
Marquis, malgré les envieux,
Allons où notre amour nous guide.
Retirons-nous dans ces forêts,
Où notre divine Princesse
Fait briller ses charmants attraits.
Prévalons-nous du favorable accès
De la bonté de Son Altesse.
Notre amour, quoique téméraire,
Y trouvera de quoi remplir tous ses souhaits,
Et s'il se peut, de ce lieu solitaire,
Cher ami ne sortons jamais.
Loin du bruit importun du monde de la ville,
Le cœur et les esprits contents,
Dans un repos doux et tranquille,
Nous goûterons des plaisirs fort charmants.
Nos yeux seront satisfaits de la vue
De cet objet qui fait notre souverain bien.
Nos oreilles seront émues
Des charmes de son entretien,
Et nous louerons sans retenue

---

1. Encore un épisode étranger au récit principal.

De ses beaux yeux la force non connue,
Qui lie ton cœur et le mien,
Voit-on de bonheur préférable,
Cher marquis, à celui de vivre sous les lois
D'une personne tant aimable?
Les biens des Princes et des Rois
N'ont rien qui soit plus agréable.
L'éclat de leur condition
Ne nous fasse jamais d'envie,
Et bornons notre ambition
A l'aimer toute notre vie!

La mort de Madame [1] troubla tous les plaisirs de la Cour par un triste deuil. Cependant notre Monarque ne laissoit pas d'être tous les jours avec madame de Montespan [2], à qui il donnoit mille marques de sa tendresse; mais, l'amour qui fait consister son unique félicité à courir de belle en belle, prit le soin de présenter une autre conquête au Roi; ce fut mademoiselle de Fontanges [3] jeune et belle, dont toutes les manières étoient si engageantes que la plus indifférente charmoit le cœur. Le Roi prenoit un plaisir extrême de l'entendre parler, et se formoit des idées ravissantes du bonheur qu'il auroit s'il étoit aimé de cette aimable mignonne, qu'il voyoit tous les jours chez la Reine ou chez Madame, et plus il

---

1. Le 29 juin 1670, selon le P. Buffières, le 30 juin, suivant le P. d'Avrigny. — Voy. Floquet, *Études sur la vie de Bossuet*, t. III, p. 410, et une longue *note* à la fin du 2e vol. des *Mémoires* de Saint-Simon, édit. en 13 vol.

2. Voy. t. II, p. 359, l'histoire de Mme de Montespan. — De longues pages sur Mlle de La Valière; six lignes pour Mme de Montespan : on voit combien ce pamphlet laisse à dire.

3. Voy. t. III, p. 3, *le Passe-temps royal* ou les amours de Mlle de Fontanges. On y retrouve tout ce qui suit; mais de nombreux passages ont été supprimés ici, pour abréger.

la regardoit et plus ce prince en devenoit amoureux. Il fit confidence au duc de Saint-Aignan sur le moyen d'entretenir seul la personne qui l'occupoit si tendrement. Le duc fut ravi de l'amitié que son prince lui faisoit, et chercha avec empressement l'occasion de lui faire voir mademoiselle de Fontanges, qui devoit se trouver le lendemain aux Tuileries avec madame de Maure[1].

Notre Monarque, qui s'étoit mis ce jour-là convenablement, eut une conversation particulière avec son aimable maîtresse, où ses regards lui apprirent qu'il n'étoit pas éloigné du bien charmant qui l'attendoit. Ce fut avec tant de modestie que cette incomparable dit au Roi qu'elle n'étoit pas insensible à tout ce qu'il sentoit pour elle, qu'à la sortie des Tuileries, le marquis de Louvois vint au-devant de Sa Majesté pour lui communiquer quelque affaire. Notre passionné prince lui dit, en parlant de mademoiselle de Fontanges, qu'il n'avoit jamais vu une fille si fière et dont la vertu fût si grande. Le marquis répartit au Roi qu'il croyoit qu'une fille avoit de la peine à conserver sa fierté avec un prince comme lui.

Le jour suivant Sa Majesté donna tous les divertissements ordinaires à toutes les dames de la Cour, où mademoiselle de Fontanges parut avec tous ses charmes adorables. Le Roi, qui étoit le plus amoureux de tous les hommes, fut

---

1. *Le Passe-temps royal* dit : « avec madame D. L. M. » — Le nom de Mme de Maure, qui étoit morte à la fin d'avril 1663, est une preuve, qui s'ajoute à toutes les autres, de la négligence avec laquelle a été faite cette fade compilation.

toujours à ses pieds, d'un air à faire connoître qu'il n'étoit plus à lui : ce qui donna beaucoup de jalousie à toutes nos belles, qui croyoient mériter l'encens de notre Monarque. Le jour qui suivit ce divertissement fut une partie de chasse, où notre adorable étoit vêtue d'un juste-au-corps en broderie, et sa coiffure étoit faite de plumes vertes qui lui tomboient sur le visage et qui lui donnoient un air charmant. La crainte qu'avoit son amant qu'il n'arrivât quelque malheur dans la course à cette aimable chasseresse, l'obligea de demeurer toujours à côté d'elle. Après que l'on eut couru le cerf, Sa Majesté descendit de cheval avec sa chère mignonne, et la mena promener dans la sombreur [1] de la forêt, imitant les dieux champêtres qui n'avoient point de lieu plus propre pour l'exercice de leur amour que les antres et les bois.

L'on ne peut passer sous silence [2] l'action hardie des François dans une sortie qu'ils firent sur les Turcs aussitôt qu'ils furent arrivés au siége de Candie [3]. Quoique les assiégés fussent préparés à les recevoir, en ayant été avertis par une sentinelle qui s'étoit jetée dans le camp le jour précédent, les François néanmoins qui

---

1. Mot forgé par l'auteur et qui ne se trouve pas dans le *Passe-temps royal*, d'où ce récit est tiré.

2. Cet épisode, comme plusieurs des précédents, ne se rattache en aucune façon au récit.

3. Il ne s'agit pas encore ici de la grande expédition commandée par les ducs de Beaufort et de Navailles à la tête de plus de 5,500 François (25 juin 1669), mais d'une sorte de coup de main tenté par quelques gentilshommes, nommés ici, et qui, d'après les *Fastes de la maison de Bourbon*, abordèrent à Candie le 29 avril 1668.

avoient à leur tête le comte de Saint-Paul[1], les ducs de Château-Thierry[2] et de Roannez[3], donnèrent avec tant de vigueur et de courage qu'ils se rendirent maîtres de quatre redoutes de ces infidèles; ce qui ne s'exécuta pas sans qu'il en coutât la vie à beaucoup des nôtres; mais les ennemis connurent que s'ils avoient toujours eu à combattre notre nation, ils n'auroient peut-être pas fait tant de progrès dans l'île de Candie. Ce n'est pas que les Vénitiens ne se défendirent en braves gens; mais il faut aussi convenir que le grand nombre des ennemis qui les attaquoient ne leur donnoit pas la facilité de se défendre, comme ils l'auroient souhaité. Les Turcs furent surpris de voir que trois cents hommes, en quoi consistoient les François, en attaquoient plus de trois mille avantageusement retranchés, et que même ils les forcèrent dans leurs retranchements; mais leur nombre n'étoit pas suffisant pour faire un progrès assez considérable, afin de remettre les affaires des Vénitiens qui étoient en mauvais état. Le siége de

1. Le comte de Saint-Paul, fils de la célèbre duchesse de Longueville, la sœur du grand Condé. Né le 29 janvier 1649, Charles-Paris d'Orléans, duc de Longueville, comte de Saint-Paul, fut tué au passage du Rhin le 12 juin 1672.
2. Henri-Ignace de La Tour d'Auvergne, neuvième enfant de Frédéric-Maurice de La Tour d'Auvergne, duc de Bouillon et de Eléonore-Fébronie de Bergh, neveu de Turenne. Il mourut le 20 février 1675.
3. Les *Fastes de la maison de Bourbon* le nomment comte de La Feuillade. En effet, le comte puis duc de La Feuillade avoit bien le duché de Roannez, que sa femme, Charlotte Gouffier lui avoit apporté en dot en avril 1667; mais Charlotte Gouffier tenoit ce duché de son frère Artus, qui en conserva le nom jusqu'à sa mort en 1696.

Candie étoit trop avancé, et les ennemis s'étoient rendus maîtres d'un trop grand nombre de places pour espérer que, sans un très-puissant secours, on pût empêcher qu'elle ne fût entièrement réduite sous leur puissance.

Revenons à mademoiselle de Fontanges que nous avons laissée dans la forêt avec le Roi goûter à longs traits les plaisirs de la solitude. L'on peut dire que notre prince n'a fait jamais paroître tant d'ardeur et d'amour qu'il le fit ce jour à cette belle nymphe au retour de la chasse. Mademoiselle de Fontanges qui tomba malade affligea le Roi et toute la Cour sensiblement. Sa Majesté étoit dans une tristesse inconcevable. Les douleurs de son amante l'agitoient mortellement. Il craignoit toujours de perdre ce qui lui paroissoit le plus cher au monde ; et, quoique ce prince connût que ses maux ne seroient pas de durée, il y parut néanmoins fort sensible, comme si le mal eût été dangereux. Il ne la quitta point, agissant auprès d'elle comme le plus passionné des amants. Les peines de cette belle mignonne le mirent dans un abattement extraordinaire, et lui firent dire à la comtesse de Maure[1] d'un air tout pénétré de douleur : — « Hélas, Madame, je préfèrerois le bonheur de revoir en santé cette aimable enfant au prix de ma couronne. » Le Roi disoit ces tendres paroles les larmes aux yeux.

Notre belle malade ayant connu l'amour violent de notre Monarque, le regarda d'une manière languissante et lui dit en soupirant : —

---

1. Voy. ci-dessus, p. 265, *note*.

« Ah! mon cher prince, pourquoi faut-il que les plaisirs soient accompagnés de suites si fâcheuses? mais cependant j'en aimerai la cause tant que je vivrai. » Ces termes si doux et si touchants, eurent tant de pouvoir sur le cœur du Roi, qu'il se jeta sur le lit de sa charmante, et l'embrassa tendrement, lui jurant que jamais il m'aimeroit d'autre qu'elle, et que sa passion seroit éternelle. Mademoiselle de Fontanges se trouvant mieux, reçut plusieurs visites; jamais reste de journée n'a été si bien employé que fut celui-là, on y parla de nouvelles galantes, et des pièces d'esprit qui étoient les plus jolies. Toutes les dames firent tous leurs efforts pour divertir la maîtresse du Roi, qui les en remercia avec des expressions fort engageantes. La duchesse de Créqui, qui avoit été de la chasse, tira de sa poche des vers, et en fit la lecture [1].

> Hélas! qu'il est bien vrai, que ce qu'on doit aimer,
> Aussitôt qu'on le voit, rien ne nous peut charmer,
> Et qu'un premier moment fait naître dans nos âmes
> Mille doux mouvements tous passionnés et tendres.

Notre Monarque prit ces vers des mains de la duchesse, quand elle les eut lus, et les fit voir à sa belle, qui s'en fit une application fort délicate, dans la première connoissance qu'elle avoit eue du Roi, l'ayant aimé dès le précieux moment que Sa Majesté parut à ses yeux. — « Ce jour si fortuné, disoit souvent cette aimable

[1]. Dans *le Passe-temps royal*, le nom de la duchesse de Créqui est remplacé par celui de la duchesse d'A. ou d'Arpajon, et les vers qui suivent par un énigme digne de ceux qui figurent dans les gaillardes poésies du capitaine Lasphrise.

à notre prince, est le plus beau de tous mes jours et le plus heureux, et la charmante idée que je m'en fais me donne des plaisirs ravissants. »

Le cercle étant fini, chacun se retira chez soi, à la réserve de nos illustres amants, qui ne s'appliquèrent plus qu'à passer agréablement le temps, à se donner les témoignages les plus tendres et les plus sincères de leurs amours [1]. L'on peut dire que le Roi n'en a jamais marqué davantage que pour cette adorable mignonne. Il ne peut pas être plus ardent, et le retour avec lequel cette aimable lui témoignoit le sien, ne pouvoit pas être plus passionné. Elle le fit paroître, lorsqu'étant à Paris, elle apprit de Saint-Germain que le Roi qui va souvent à la chasse avoit couru grand danger dans la poursuite d'un sanglier, que son cheval avoit été blessé par cette bête, et que sans une force et une adresse distinguées, Sa Majesté auroit eu de la peine à se retirer du péril. La nouvelle en fut apportée à mademoiselle de Fontanges par un gentilhomme de madame la princesse d'Epinoy [2], qui étoit elle-même de la partie. Notre incomparable en fut aussi touchée, comme si le mal lui étoit arrivé. Elle tomba dans une tristesse accablante, qui lui dura longtemps, car elle ne pouvoit effacer de son esprit une idée si fatale et qui avoit fait tant de peur à son amour; mais ayant un peu rassuré sa tendre frayeur, voici ce qu'elle écrivit à Sa Majesté :

« *Je n'ai point, mon illustre prince, de termes*

1. Ici, nous rentrons dans le texte du *Passe-temps royal*, III, 49.
2. Voy. t. III, p. 49.

assez pathétiques ni assez passionnés pour vous marquer mon inquiétude, et les tendres émotions qui agitent mon cœur. Je tremble encore quand je songe au malheur que mon cher prince a évité. Si vous m'aimez autant comme je le crois, vous avez beaucoup d'intérêt à conserver votre vie, puisque la mienne en dépend[1]. »

Le Roi lut ce billet avec des transports de plaisir qu'il seroit difficile d'exprimer. Sa Majesté baisa mille fois ce joli billet, et ne différa point à lui envoyer ce qui suit :

« *Ah! qu'il est doux, ma mignonne, d'être aimé d'une personne aussi charmante que vous. Ne craignez pas, le danger est passé. Je ne veux plus présentement me conserver que pour vous seule. Je pars dans ce moment pour vous dire combien je vous aime.*

Ah! que le souvenir en est aimable, possédant un cœur aussi précieux que le vôtre. »

Notre invincible Monarque suivit de bien près cette lettre, et partit de Versailles dans le dessein d'aller assurer sa jolie maîtresse de sa passion ordinaire. — « Que je suis heureuse, mon aimable prince! lui dit cette belle, en le voyant, d'un air le plus engageant du monde, de vous voir de retour! Ah! que l'absence de ce qu'on aime est une chose difficile à supporter! — Je le sais bien, ma chère, lui répondit le Roi, en la serrant tendrement dans ses bras, que de tous les supplices les plus cruels, l'éloignement de ce que l'on chérit est le plus sensible. »

---

[1]. Le texte de ce billet et du suivant diffère de celui des billets écrits dans le même sens et dans les mêmes circonstances, et reproduits dans le *Passe-temps royal*.

Quand le Roi eut marqué à mademoiselle de Fontanges la joie qu'il avoit de la revoir, ils partirent pour Versailles. Ce fut dans ces doux moments, que cette charmante enfant obtint de notre Monarque la grâce qui lui avoit inutilement été demandée par la bouche de plus d'un prince. Il lui accorda une pension considérable en faveur d'une demoiselle de ses amies, et l'abbaye de Chelles [1] dont sa sœur a été pourvue, fut encore un effet de sa libéralité. Hélas ! nous pouvons bien dire que nous n'avons plus rien de cher, quand notre cœur n'est plus à nous, et nous servir de la pensée d'Aristote qui dit que la personne que nous aimons est un autre nous-même.

> Mon cœur a changé de séjour,
> Où je suis je ne crois pas être ;
> Où l'on ne me voit point paroître,
> Je m'y trouve par mon amour [2].

Cette nouvelle abbesse fut bénite avec une magnificence extraordinaire. Il ne manqua rien à la cérémonie, étant la sœur de la maîtresse du Roi. Aussi fut-elle honorée d'un grand nombre d'évêques. Toute la Cour y assista, et mademoiselle de Fontanges y parut avec tous les charmes distingués qui lui attirent les regards de tous les spectateurs.

Comme les bois et la solitude assaisonnent souvent les plaisirs que l'on trouveroit fades dans les grandes villes, notre Monarque ne passa pas longtemps à Paris sans retourner à

---

1. Voy. t. II, p. 469.
2. Ces vers ne se trouvent pas dans le *Passe-temps royal*.

Versailles, séjour si rempli d'enchantements et si propre à inspirer les passions. Toute la Cour partit pour ce lieu ravissant et délicieux. Le Roi y renouvela tous les divertissements qui avoient été interrompus par son absence. L'on fut à la chasse tous les jours, et les dames qui accompagnent d'ordinaire Sa Majesté dans cet exercice y parurent infatigables. La santé de la belle mignonne de notre prince lui étoit trop chère, pour qu'il lui permît de s'engager comme les autres dans la course. Elle en eut le plaisir, sans se mettre au hasard, et vit de son carrosse tout ce qui pouvoit lui donner quelque satisfaction. La chasse finie, Sa Majesté descendit de cheval et prit place auprès de sa charmante et la conduisit dans son appartement. Cette jolie chasseresse étoit dans la plus belle humeur du monde. Elle dit mille galanteries à son amant sur le divertissement qu'une de la troupe avoit donné en tombant de cheval. Le Roi rioit sans retenue, particulièrement quand elle lui dit que cette chute devoit être fort sensible à cette aimable Diane, ne s'étant pas pourvue de caleçons [1]. Cela donna occasion à mademoiselle de Bonnifasse [2], fille

---

[1]. On connoît les stances de Voiture « sur une dame dont la jupe fut retroussée en versant dans un carosse à la campagne »; mais c'étoit à une époque antérieure. Loret raconte une aventure semblable et ne tarit pas en éloges sur les beautés qui furent alors dévoilées aux curieux. — C'est à Mlle de Longueville, sage et respectée, que Loret adressoit les *Lettres en vers* de sa *Muze historique*.

[2]. Le *Passe-temps royal* nomme cette fille d'honneur Mlle de Beauvais. Voy. t. III, p. 54.

d'honneur de Madame[1] de dire qu'elle mourroit de chagrin si ce malheur lui étoit arrivé. — « Je me réserve, continua-t-elle, pour des plaisirs plus tranquilles et qui donnent moins de peine. » Madame qui étoit présente, et qui aime passionnément la chasse, lui dit en la regardant : « Je vois bien, ma chère, que les plaisirs de la chasse troublent votre imagination. » Madame la Dauphine[2] fit changer la conversation en parlant du bal que Sa Majesté devoit donner le lendemain. Ce fut un des plus beaux de tous ceux qui ont jamais paru. Tout y étoit charmant et magnifique. Le Roi y dansa avec son adresse ordinaire. Mais ce qui surprit le plus, ce fut qu'il prit deux ou trois fois une jeune demoiselle fort aimable et qui dansoit admirablement bien. Sa Majesté ne put se défendre du mérite de cette demoiselle, et lui dit plusieurs galanteries fort obligeantes, dont elle se tira avec une modestie toute charmante. Le Roi soupira souvent auprès d'elle, et lui dit[3] d'un air tendre et passionné, qu'il étoit malheureux d'avoir le cœur si susceptible aux attraits des belles. — « Hélas ! Sire, répartit cette jolie personne, un

---

1. La seconde madame, Charlotte-Elisabeth de Bavière, la princesse Palatine, mère du Régent : elle avoit épousé le duc d'Orléans, veuf de madame Henriette, le 16 décembre 1671.
2. Marie-Anne-Christine-Victoire de Bavière, qui avoit épousé monseigneur le Dauphin, le 28 janvier 1680. Cette princesse étoit fille de Ferdinand-Marie, duc de Bavière, et de Adélaïde-Henriette de Savoie ; elle mourut le 20 avril 1690.
3. Le dialogue qui suit manque dans le *Passe-temps royal*.

Roi comme vous peut-il soupirer? — Oui, Mademoiselle, répliqua notre prince, en la regardant tendrement; l'amour ne met point de différence entre le sceptre et la houlette. Un Roi languit aussi bien sous son empire qu'un berger. Ne croyez pas, ma belle, continua ce prince, que c'est le pouvoir d'un monarque qui fait son bonheur. Une douce sympathie qui lie nos cœurs fait les délices des amours. »

Cet entretien qui commençoit à échauffer le Roi, fut rompu par monseigneur le Dauphin qui s'approcha de Sa Majesté pour lui conférer de quelque affaire.

Le lendemain notre Monarque fut au lever de son illustre maîtresse, qu'il trouva dans une mélancolie touchante. Il lui marqua bien du chagrin de la voir dans cet état, et lui demanda, d'une manière toute passionnée, quel en étoit le sujet. « Ah! Sire, dit la belle, en soupirant, si vous étiez moins aimable, on n'auroit pas tant de tristesse! » Sa Majesté connut aussitôt que c'étoit la jalousie qui lui donnoit cette langueur. Il n'en fut pas fâché, car ce prince veut être aimé, quand il aime, et il n'y a rien qui l'engage si fortement que ces sortes de craintes. Il apprit en même temps de cette jolie mignonne que ce qui s'étoit passé au bal l'avoit affligée sensiblement, que c'étoit la seule cause de sa douleur. — « Eh! quoi, ma belle enfant, répondit le Roi, en se jetant à ses genoux, est-il possible que vous connoissiez si mal les sentiments de mon cœur? Je vous aime mille fois plus que moi, et vous outragez mon amour par vos injustes pensées. — Quel plaisir charmant, répartit cette jolie enfant, n'ai-je point goûté, et qu'il est doux d'entendre d'un prince si aimable des paroles si tendres et si engageantes. Mais, hélas! qu'il est difficile de vous aimer sans crainte et sans inquiétude. Non, je ne puis posséder un cœur d'un prix aussi rare que le vôtre, sans en appréhender la perte. » Enfin après des termes si touchants, notre amoureux Monarque embrassa cette charmante, et lui jura une fidélité d'une étendue infinie, et qui seroit toujours égale [1].

[2] Le Roi et toute la Cour partit de Saint-Germain au commencement du mois de mai, pour le voyage de Flandre. Le dessein de Sa Majesté étoit de visiter toutes les conquêtes qu'elle avoit faites les années précédentes, et elle s'en retourna après avoir passé par Oudenarde, Courtrai, Lille, Dunkerque et Graveline. La présence de Sa Majesté, qui n'étoit pas attendue en ces endroits, alarma beaucoup ses ennemis; mais leur crainte fut bientôt dissipée par l'assurance qu'il leur donna de ne vouloir faire aucune entreprise contre eux. Madame qui avoit laissé la Cour à Lille, en partit pour aller en Angleterre. Le désir que cette princesse avoit de voir le Roi de la Grande-Bretagne, son frère, fut le prétexte de son voyage. Il sembloit que Madame pressentoit qu'il n'y avoit pas de

---

1. Le *Passe-temps royal* arrête ici le récit des amours du Roi et de Mlle de Fontanges. Ce qui suit ne se retrouve pas dans les pamphlets de ce Recueil.
2. Encore une interpolation dans le texte. Au milieu des amours de Mlle de Fontanges (1680), l'auteur revient sur la campagne de Flandre (1667), dont nous avons déjà parlé.

temps à perdre pour donner à Charles second, son frère, les dernières preuves de son amitié, puisqu'elle mourut peu de mois après son retour de Londres en France.

Nous voyons ordinairement que les passions les plus violentes ne sont pas toujours de longue durée, et qu'ayant leurs bornes, comme toutes les autres choses du monde, il faut nécessairement les voir diminuer. Cependant celle du Roi pour mademoiselle de Fontanges nous fait connoître que le cœur de ce prince est au-dessus de la nature, et qu'il peut donner des lois sans les suivre. Remarquons ses manières tendres et empressées auprès de ce qu'il aime, et l'égalité qu'il fait paroître dans son amour, qui est aussi ardent après une conversation d'une journée, comme s'il ne faisoit que de naître. Il est vrai que l'esprit et la beauté de cette aimable personne servent beaucoup à soutenir les foiblesses de l'amour qui n'aime qu'à changer.

Le Roi ayant passé quelques semaines avec sa belle mignonne à lui donner les dernières marques de sa tendresse, la laissa à Saint-Germain respirer un peu la solitude. Cette charmante enfant se promenoit tous les jours seule sous des allées de verdure, en faisant la revue de toute la tendresse qu'elle sentoit pour le Roi; mais dans de certains moments, son cœur paroissoit agité, et, quoique la passion de notre Monarque eût pour elle mille attraits et mille charmes, cette jolie bergère ne laissoit pas de regretter sa liberté et de faire entendre aux arbres inanimés les vers qui suivent :

> Que je goûtois de bonheur dans l'indifférence,
> Et de tranquilles plaisirs dans mon innocence!
> Ce bien ne me sera-t-il point rendu?
> Dans ces lieux doux, tout est paisible;
> Hélas! que ne m'est-il possible
> D'y trouver le repos que j'ai perdu!

Après que notre belle solitaire eut goûté la douceur de sa rêverie, elle retourna dans sa chambre, se trouvant fort abattue d'un grand mal de tête et de cœur. Le Roi qui apprit l'indisposition de sa maîtresse, revint promptement auprès d'elle, mais sa maladie parut si violente qu'elle désola ce prince. La duchesse de Créqui [1] et la comtesse de Maure [2] étoient jour et nuit occupées à rendre plusieurs services à notre malade infortunée. Le Roi versoit des larmes continuelles et il s'affligeoit mortellement dans la perte sensible qu'il alloit faire; mais la mort qui n'écoute ni les soupirs ni les plaintes et qui suit l'ordre qu'elle reçoit, ravit les plus charmantes délices de notre prince d'entre ses bras [3].

Jamais coup n'a paru si rude que fut cette cruelle séparation. Sa Majesté ne pouvoit se consoler en aucune manière, et l'aimable idée de sa belle lui revenoit toujours dans l'esprit. Après les funérailles de mademoiselle de Fontanges, qui furent magnifiques, et dans un grand éclat à Saint-Denis [4], le Roi fut fort longtemps

---

1. Voy. t. II, p. 80.
2. Voy. ci-dessus, p. 265.
3. Voy. t. II, pp. 467 et suiv., t. III, p. 58.
4. « Le 28 du mois dernier, dit la *Gazette de France* du 5 juillet, Marie-Angélique de Scorailles, duchesse de Fontanges, mourut à Port-Royal, au faubourg Saint-

sans sortir et même sans voir beaucoup de lumière, se voulant priver de la beauté du jour et du soleil, comme si cet astre avoit contribué à la douleur qu'il ressentoit.

Nous lisons dans l'histoire de France que Henry III, après la mort de la princesse de Condé, passa trois jours et trois nuits enfermé dans une chambre sans manger ni boire. Ce prince étoit si pénétré de ses peines qu'il ne vouloit voir que des visages tristes et des lieux sombres. Il portoit sur ses rubans de petites têtes de mort qu'il faisoit broder exprès, et qui marquoient la mélancolie de son cœur.

Le Roi ayant perdu mademoiselle de Fontanges demeura quelque temps dans un chagrin inconcevable; mais madame de Maintenon [1], qui a toujours pris un soin singulier de la santé de notre Monarque, tâcha par la plus belle morale du monde de lui faire connoître que tout passe dans cet Univers, et que les plaisirs ne peuvent durer toujours; qu'il se trouve même une variété perpétuelle dans les choses les plus solides, et que les faux brillants qui accompagnent les honneurs de notre siècle ne sont que des ombres qui se dissipent en un moment. — « Ah! Madame, s'écria le Roi tout charmé d'un raisonnement si sublime, que je suis heureux de trouver en vous des consolations qui adoucissent l'amertume où je suis! Je bénis le jour fortuné

Jacques, après une longue maladie, âgée de 22 ans. Son corps a été enterré dans l'église de ce monastère, et son cœur a été porté en l'abbaye royale de Chelles, dont sa sœur est abbesse. »

1. Voy. t. III, pp. 61 et suiv.

auquel j'eus le bien de vous connoître, et j'en rends grâces incessamment au Ciel. — Ah! Sire, répondit la marquise, le souvenir charmant du précieux moment où j'ai eu le bonheur de vous plaire m'est quelque chose de si doux que la seule idée fait tout le plaisir de ma vie. J'ambitionnerai journellement à vous procurer quelque satisfaction; c'est en quoi je fais consister ma plus grande joie. — Madame, répartit notre prince, des offres si engageantes, venant d'une personne comme vous, ne se refusent jamais : vos manières sont trop aimables et trop spirituelles pour ne faire pas d'impression. — Hélas! Sire, répliqua madame de Maintenon, que l'encens est d'une odeur ravissante, quand il vient d'un prince comme vous! L'on se sent de la vanité en respirant vos douceurs. » Le Roi alloit parler quand le duc d'Orléans et le comte de Lauzun entrèrent qui firent changer de conversation à nos illustres amants.

Comme la paix donnoit quelque relâche aux grands soins que notre invincible Monarque prenoit de son État, Sa Majesté pour calmer ses ennuis fit une partie de promenade avec la marquise de Maintenon, à Chantilly[1] où toute la Cour se trouva avec une magnificence surprenante. Le Roi étant allé sur le soir dans le jardin trouva un berceau de feuillages orné de festons de fleurs qui rendoient ce lieu charmant. Trente lustres y jetoient tant de clartés qu'elles produisoient un véritable jour. Du milieu de

---

[1]. La jouissance de la terre de Chantilly avoit été donnée par la reine Anne d'Autriche au prince de Condé; Louis XIV la lui abandonna, en toute propriété, en 1661.

ces agréables feuillages sortoit un jet d'eau qui faisoit un murmure touchant. Après que le souper fut servi, qui fut accompagné de voix et d'instruments, les plus aimables du monde, le souper étant fini, on eut le divertissement d'un beau feu d'artifice, qui termina tous les plaisirs de cette belle journée. Le lendemain, Sa Majesté avec toutes les dames furent sur la rivière dans de petits bateaux faits d'une politesse extraordinaire, tirés par des dauphins et par des amours qui jetoient des filets dans l'eau pour pêcher [1]. Les jours suivants furent occupés à la promenade, à la chasse et à tout ce qui peut charmer les sens.

Le Roi, qui employoit la plus considérable partie de son temps dans ce qui pouvoit contribuer à sa gloire, ou à l'utilité de ses peuples, peu de jours après ce régal [2] alla à Dunkerque visiter les nouveaux travaux qu'il y faisoit faire, et Sa Majesté vouloit être présente à tous ces ouvrages, afin de les rendre parfaits, et aussi pour donner courage à ceux qui y étoient employés. L'on peut dire sans hyperbole qu'ils surpassent l'imagination, et que les fortifications de Dun-

---

1. Ces fêtes mythologiques, dans le goût de la fête donnée à Rambouillet à Cospeau, sont bien de ce temps où les femmes aimoient à se faire peindre en déesses, surtout en Dianes. — Voy. *Cospeau, évêque d'Aire, de Nantes et de Lisieux, sa vie et ses œuvres*, par Ch.-L. Livet, 1 vol. in-12.

2. Les nouvelles fortifications de Dunkerque étoient achevées depuis le mois de mai 1671; le Roi, qui avoit visité la place le 2 décembre 1662, quelques jours après la prise de possession qui est du 27 novembre, n'y retourna point l'année qui suivit la mort de Mlle de Fontanges.

kerque [1] sont dignes de l'admiration du siècle présent et de ceux qui sont à venir.

Le Roi, qui vouloit voir toutes les entreprises qui se faisoient, se mit en marche, et le vingt-huit il détacha de son armée le vicomte de Turenne avec trois mille chevaux pour aller investir Burich [2] dans le temps que le prince de Condé assiégeoit Vezel, ce qui fut aussitôt exécuté par l'un et par l'autre de ces lieutenants-généraux, avec toute la diligence possible. Au retour de l'armée, Sa Majesté tomba malade d'une fièvre lente qui lui dura longtemps. Les médecins disoient que cette maladie ne pouvoit venir que de mélancolie.

Mademoiselle de La Valière, qui s'étoit retirée aux Carmélites par une sage prévoyance, ayant pressenti, longtemps avant que le Roi la quittât, qu'elle ne pouvoit plus plaire à Sa Majesté et que ses charmes diminuoient de jour en jour, fut ravie [3] d'apprendre la mort de sa rivale. Jamais nouvelle ne lui donna plus de plaisir que celle-là, et quoique cette sœur dolente ne possédât plus le cœur de son amant, elle ne pouvoit souffrir qu'avec une douleur mortelle, que le Roi en

---

1. Dunkerque put supporter, en 1694 et 1695, deux bombardements sans en trop souffrir. Les fortifications furent détruites en 1712, à la suite du traité d'Utrecht.

2. On lit dans les *Fastes des rois de la maison de Bourbon,* sous la date du 3 juin 1672 : « le Roy prend Orsay en trois jours; le vicomte de Turenne prend Buric en deux jours; » et sous la date du 4 : « M. le Prince réduit Vesel en trois jours. »

3. Rien n'est plus faux que ce sentiment odieux prêté à Mlle de La Valière, qui, depuis son entrée au couvent, fit l'admiration de toute la Cour et de tout son couvent par son détachement sincère des choses du monde.

aimât d'autres. La jalousie l'accompagnoit presque dans le fond de son monastère, où elle avoit tout le temps de réfléchir sur tous les heureux moments qu'elle avoit passés avec notre Monarque. Ces douces pensées de plaisir nourrissoient l'amour et la tendresse qu'elle sentoit pour son prince, qui, de son côté, ne songeoit à elle que fort foiblement, ayant l'idée toute remplie de la belle personne que le sort lui avoit tirée d'entre les bras. Madame de Montespan, que le Roi voyoit encore quelquefois, ne reçut pas moins de joie[1] que La Valière du malheur de mademoiselle de Fontanges, se trouvant en quelque façon vengée du tort que l'amour lui avoit fait d'avoir mis une autre à sa place.

Le Roi qui est clairvoyant sur toutes choses, vit très-bien la joie de madame de Montespan. Ce prince lui en sut peu de gré, et lui dit comme il étoit avec elle, dans son cabinet : « Ah! Madame, je suis surpris du peu de part que vous prenez à ce qui me touche. J'aurois cru avoir rendu votre cœur plus sensible. — — Hélas! Sire, répondit madame de Montespan, d'un air tendre, ce n'est que pour avoir trop de sensibilité pour vous que j'ai senti du plaisir de la mort de ma rivale. Vous savez qu'un

---

1. L'opinion publique alla même jusqu'à accuser Mme de Montespan d'avoir empoisonné sa rivale. Le Roi, craignant un scandale, défendit qu'on fît l'autopsie du corps de Mlle de Fontanges. Voy. sur cette affaire, sur les dépositions de la Filastre, témoin dans le procès de la Voisin, etc., Mme de Montespan, par P. Clément, 1 vol. in-8°, Paris, Didier, pp. 402-405.

amour délicat est toujours suivi de jalousie, et que, quand on aime tendrement, l'on ne peut souffrir de partage. — Il est vrai, Madame, répliqua le Roi, que j'aime les femmes qui ont ce discernement; c'est le véritable caractère d'un sincère amour. Mais vous savez que j'ai eu toujours pour vous des sentiments distingués et suffisants, pour vous faire ce qui pourroit me plaire. »

Madame de Montespan avoit envie de soutenir encore la conversation, quand le Roi la quitta avec assez d'indifférence, ce qui l'affligea sensiblement; car comme elle aime la gloire et l'éclat, la tendresse d'un prince comme le nôtre faisoit le plus grand bonheur de sa vie. Cette dame songea donc aux moyens de faire renaître la passion de son amant, qui étoit mourante, et prête à jeter les derniers soupirs. Elle employa pour cet effet tout ce que l'art a pu imaginer de plus aimable; et comme la nature n'a point été avare à donner des beautés à cette belle, il lui étoit facile de paroître charmante.

Un jour qu'elle attendoit Sa Majesté en déshabillé de couleur de rose, et qu'elle étoit plus jolie qu'à son ordinaire, comme elle rêvoit profondément dans sa chambre, et que ses yeux se baignoient de larmes, le Roi arriva dans ce triste moment, et lui demanda pourquoi elle pleuroit : — « Hélas! Sire, répartit cette belle affligée, je vous aimerai toujours, et vous ne m'aimez plus. Ah! que mes sentiments sont opposés aux vôtres! L'amour, de qui dépend toute ma félicité, que ne vous a-t-il donné la tendresse que j'ai, ou que n'ai-je en partage toute l'indifférence possible! » Cette passionnée amante disoit ces paroles avec des manières si engageantes, qu'elle toucha le cœur du Roi, qui lui dit en l'embrassant : « J'ai le cœur, Madame, tendre et constant, et je veux vous aimer toujours; mais lorsque la raison condamne ma tendresse, je dois entendre ce qu'elle me dit, et renoncer à l'amour qui trahit mes vertus. Ma gloire a des appas qui triomphent de tout. Vous saurez, Madame, qu'un engagement plus long qu'il ne peut être est ordinairement suivi de la froideur. — Je ne le reconnois que trop, Sire, interrompit madame de Montespan, en répandant un torrent de pleurs, que votre cœur n'est plus que de glace pour moi. C'est en quoi j'accuse souvent mon infortune, me trouvant la plus malheureuse de toutes celles qui respirent le jour. Ah! qu'il est dangereux de vous connoître et difficile de vous oublier! »

Le comte de Lauzun qui entra brusquement fit changer de discours à nos amants. Notre Monarque demanda au comte d'où il venoit. — « Vous le savez, Sire, » répondit Lauzun, en riant. — « Il est vrai, dit le Roi, que je sais le lieu charmant où l'amour vous guide : comment se porte ma cousine[1] depuis hier ? Admirablement bien, Sire, répondit notre amoureux comte,

---

1. Mlle de Montpensier. En cette année 1681, Lauzun quittoit Pignerol, où il avoit été enfermé dans le temps où Fouquet y étoit lui-même, et venoit prendre les eaux à Bourbon, où il rencontra Mme de Montespan. Il ne reparut devant le Roi qu'en 1682. Toute la conversation qui suit est imitée d'un passage analogue qu'on a pu lire au t. II, pp. 259 et suiv.

avec un transport de joie inconcevable, j'ai eu le bonheur d'entretenir Son Altesse royale toute la matinée. C'est la plus adorable princesse qui ait jamais été au monde. Ah! quel bonheur, continua le comte de Lauzun, d'un air tout passionné, si un mortel avoit quelque part à son souvenir! Ce seroit la plus grande félicité où il pourroit aspirer. — Je vois bien, comte, dit notre Monarque en riant, que tu ne serois pas fâché que ma cousine de Montpensier eût un peu de sensibilité pour toi. Pousse ta fortune[1], je te promets de te servir partout. — Ah! Sire, répartit le comte, avec un profond respect, je sais trop ce que je dois à mon Roi pour avoir des pensées si hardies : je me fais seulement une idée toute charmante du plaisir qu'un prince auroit de posséder une personne aussi engageante que Mademoiselle, s'il étoit né digne de Son Altesse royale. »

Le Roi qui se leva interrompit le comte qui fut avec Sa Majesté au Louvre, et qui l'entretint longtemps sur plusieurs affaires différentes, qui firent passer d'agréables moments à notre prince; et comme le comte de Lauzun a l'esprit fort enjoué et fort galant il a le don de plaire au Roi plus qu'aucune personne de la Cour. Pendant que Sa Majesté étoit absente, madame de Montespan, ayant essuyé ses beaux yeux qui étoient baignés de larmes, prit une plume et fit

---

1. Ces mots « poussez votre fortune » sont prêtés à Mme de Montespan, dans *le Perroquet ou les Amours de Mademoiselle*. — Le Roi les répète, après Mme de Montespan. Voy. II, 261. Mais, d'après ce dernier libelle, c'est en 1670 que cet entretien auroit eu lieu.

ces vers, où elle reprochoit au Roi son changement. Les voici qui suivent :

> Quand vous commenciez à m'aimer,
> Vous ne pouviez pas me quitter,
> Sans vous faire une peine extrême.
> Le souvenir en fait ma gêne
> Et le sujet de mon tourment.
> Pourquoi m'aimer si tendrement ?
> Vous savez très-bien comme on aime ;
> Mais, hélas ! êtes-vous le même ?

Madame de Montespan ayant fini sa poésie, fut se promener au Cours-la-Reine, où elle rencontra le Roi dans son carrosse, qui passa à côté d'elle fort froidement et qui se contenta de lui faire une grande révérence. Notre belle étoit dans ce moment au désespoir de voir l'indifférence de son amant. Après avoir fait tout son possible, pour allumer un feu qui vouloit absolument mourir, cette dame croyoit, après la mort de mademoiselle de Fontanges que Sa Majesté reviendroit à elle; mais hélas ! que les femmes qui sont galantes se trompent fortement dans ces sortes d'espérances ! Quand une fois l'amour a été au comble de son bonheur, cette passion diminue de moment en moment, et ne se fait plus connoître. Il ne reste plus que la rage et le chagrin à ces belles courtisanes de n'être plus aimées, et de dire souvent à leurs amants qui rient d'elles : Vous m'aimiez autrefois et vous ne m'aimez plus. Ces tristes idées me désolent le cœur. Ah ! qu'il est bien plus généreux, selon mon sentiment, de conserver toujours sa liberté, quand on le peut, que de la mettre dans un péril si dangereux ! Les hommes voluptueux disent ordinairement que le printemps d'une beauté passe comme une fleur qui ne revient jamais, et qu'il faut aimer dans un si bel âge. Ce sont des discours que l'amour-propre leur inspire, et non la raison et la vertu qui est quelquefois éloignée de leur cœur; mais demeurons toujours dans les bornes de l'honnêteté, et ne nous laissons point emporter au penchant rapide de nos inclinations. C'est le moyen le plus sûr de ne se repentir jamais de rien, et de vivre à l'abri des inquiétudes et des chagrins.

Revenons à notre Monarque, qui étoit dans une douleur extrême, et qui, ne pouvant oublier mademoiselle de Fontanges, fut pour passer ses ennuis deux ou trois jours de suite chez M. le duc d'Orléans où il trouva un grand nombre de dames de qualité et presque toute la Cour, qui étoit venue visiter Madame, qui avoit eu une légère indisposition.

Le Roi qui vit entrer le prince de Turenne [1] lui demanda, en souriant, s'il n'aimeroit jamais, et si sa malice seroit toujours égale pour les femmes, en se faisant aimer et puis se rire d'elles. — « Cette manière ne me charmeroit point du tout, continua le Roi. Il faut de la bonne foi avec les dames. — Ah! répartit la duchesse de Gersay [2] qui étoit la plus belle per-

---

1. Voy. t. III, pp. 194 et 489. Ce n'est certainement pas avec lui que le Roi peut avoir eu la conversation rappelée ici ; et s'il s'agit du vicomte de Turenne, il étoit mort depuis le 27 juillet 1675.

2. Il n'y avoit pas de duchesse de Gerzay, mais une marquise de Jarzé, de la famille de celui dont il a été

sonne du monde, qu'il est avantageux pour notre sexe qu'un prince aussi aimable comme est le nôtre, prenne généreusement le parti des pauvres femmes, que l'on outrage sensiblement! — Madame, répondit le Roi, si elles étoient toutes faites comme vous, il ne seroit pas besoin de les défendre; mais sans raillerie, il me souvient que M. de Guise perdit entièrement sa réputation auprès des femmes, pour des affaires de cette nature, et que, quand il est mort, il n'eût pas trouvé une servante de la ville qui l'eût voulu croire. — Mais, Sire, répliqua le prince de Turenne, quelquefois l'on y est obligé par des motifs de conscience, et par les conseils de son curé, qui dit assez souvent qu'il faut rompre les attachements de la chair. — Ah! l'honnête homme, s'écria le Roi, en riant de tout son cœur. Jamais il ne s'est vu une confidence si tendre et qui mérite si bien la rémis-

parlé, t. I, p. 74. Le Jarzé dont il s'agit ici acheta en 1685 le régiment d'Hamilton au prix de 11,000 écus; en 1688 il eut le bras emporté à Philipsbourg; il conserva cependant son régiment jusqu'en 1671, et le vendit alors 40,000 francs au marquis de Montendre. En 1692, il voulut racheter le régiment de dragons de Barbezières au prix de 80,000 francs : le Roi ne lui permit pas de reprendre du service, après l'avoir quitté. Nous le retrouvons le 18 avril 1708 nommé ambassadeur en Suisse et autorisé à ne se rendre à son poste qu'au mois de septembre; mais, dans l'intervalle, étant à son château de Jarzé en Anjou, il fit une chute si malheureuse qu'il fut hors d'état de s'acquitter de son emploi et dut donner sa démission. Son avarice y trouvoit son compte. Sa femme et sa mère se félicitoient fort, après qu'il eut quitté l'armée, de pouvoir le retenir en Anjou : peut-être ne furent-elles pas étrangères au parti qu'il prit de renoncer à son ambassade. Voyez Saint-Simon, Dangeau, Sévigné, etc.

sion de ses péchés ; continuez toujours de vivre dans ces nobles sentiments, vous aurez une augmentation de gloire. »

Le prince fit une très-humble révérence à Sa Majesté, en la remerciant de tout son encens ; ce qui fut un sujet de plaisir à toute la compagnie. Pendant le carnaval, toute la Cour travailla à faire diversion à la mélancolie du Roi, qui paroissoit sans remède. La marquise de Maintenon, qui savoit que Sa Majesté aimoit la conversation de la comtesse du Lude[1], tâchoit

1. Il s'agit de la deuxième femme du duc, Marguerite-Louise de Béthune, veuve du comte de Guiche, qu'il épousa le 6 février 1682. Celle-ci, qui s'étoit mariée pour la première fois le 23 janvier 1658, avoit alors 37 ans. Mais, en 1704 (3 mars), Mme de Coulanges écrivoit à Mme de Grignan : « Nous avons eu la duchesse du Lude quatre jours ici. Cela devient ridicule d'être aussi belle qu'elle l'est ; les années coulent sur elle comme l'eau sur la toile cirée. » — Saint-Simon dément ce qu'on dit ici du plaisir que trouvoit le Roi dans la conversation de la duchesse. Voici d'ailleurs le portrait qu'il trace d'elle :

« La duchesse du Lude étoit sœur du duc de Sully, fille de la duchesse de Verneuil et petite-fille du chancelier Séguier. Elle avoit épousé en premières noces ce galant comte de Guiche, fils aîné du maréchal de Grammont, qui a fait en son temps tant de bruit dans le monde, et qui fit fort peu de cas d'elle et n'en eut pas d'enfants. Elle étoit encore fort belle (1696) et toujours sage, sans aucun esprit que celui que donne l'usage du grand monde et le désir de plaire à tout le monde, d'avoir des amis, des places, de la considération, et avoir été dame du palais de la Reine : elle eut de tout cela, parce que c'étoit la meilleure femme du monde, riche, et qui, dans tous les temps de sa vie, tint une bonne table et une bonne maison partout, et basse et rampante sous la moindre faveur, et faveur de toutes les sortes. Elle se remaria avec le duc du Lude par inclination réciproque... Elle demeura toujours attachée à la Cour, où sa bonne maison, sa politesse et sa bonté lui acquirent

par tous les moyens du monde de lui en procurer le plaisir. Souvent que cette comtesse surprenoit le Roi dans sa rêverie, madame de Maintenon les laissoit tête à tête moraliser. L'on peut dire que c'étoit le fort de cette aimable femme, et qu'ayant l'esprit aussi solide qu'elle l'avoit, rien n'étoit si charmant que de l'entendre parler.

Un après-dîner, comme notre Monarque étoit seul avec elle, Sa Majesté lui fit un portrait fidèle de son chagrin, et ne le lui déguisa aucunement, — « Ah! Madame, s'écria ce prince, si vous saviez combien la vie m'est importune, je ne fais rien qui ne me donne de la peine; en de certains moments ma couronne m'est incommode. — Hélas! Sire, répondit la comtesse du Lude, l'inégalité qui se trouve dans la vie fait naître en nous ces divers mouvements. Ce qui nous plaît aujourd'hui nous déplaît en peu de jours. Notre humeur changeante ne sauroit se comprendre. — Cependant, Madame, dit le Roi, l'on donne tant d'encens à la raison, à la prudence : de quoi nous servent ces chimères, si elles n'arrêtent pas le cours de nos passions? — Ces idées, Sire, répartit la comtesse, mettent mon esprit au désespoir; plus j'envisage ces talents imaginaires, et moins j'aime à m'en sou-

beaucoup d'amis, et où sans aucun besoin, elle faisoit par nature sa cour au ministre, et tout ce qui étoit en crédit, jusqu'aux valets. Le Roi n'avoit aucun goût pour elle, ni Mme de Maintenon ; elle n'étoit presque jamais des Marlys, et ne participoit à aucune des distinctions que le Roi donnoit souvent à un petit nombre de dames. »

Est-il besoin de dire maintenant que la conversation qui suit n'est ni vraie ni vraisemblable?

venir. Ah! prudence importune qui ne servez qu'à faire avancer les maux que nous devons avoir! Si cette cruelle avoit quelque secret de détourner les infortunes qui pendent sur nos têtes, nous devrions la chérir; mais hélas! rien n'est si trompeur que son apparence. — Ce que vous dites, Madame, répliqua le Roi, est divinement bien pensé, mais vous m'avouerez qu'il faut obéir à l'Etre indépendant, qui nous a donné la vie et tous les avantages de conduite, de raison et de prudence. — Je le sais, Sire, dit la comtesse; c'est pourquoi j'envie souvent le sort des choses inanimées, qui durent plus longtemps que nous, et qui ne ressentent point mille remords qui nous rongent nuit et jour, et qui ne sont utiles à rien. — Que diriez-vous donc, Madame, continua le Roi, de ceux qui passent le plus beau de leur âge dans des soins continuels, et qui ne sont quelquefois pas de grand usage? Nous voyons Platon attaché à chercher des idées; Epicure attrapant des atômes, pour ensuite les accrocher les uns aux autres et en faire un monde en petit; Thalès au bord d'une fontaine admirant l'eau comme principe, de toutes choses; Socrate n'osant sortir de sa gravité, de crainte de ne passer plus pour sage; enfin tous ces grands hommes ont pris mille gênes dans la vue de s'immortaliser. — Ah! Sire, reprit la comtesse, il n'est pas besoin de sortir de notre siècle pour connoître les folies des humains. Ne voyons-nous pas tous les jours parmi nous des généraux, des capitaines qui mettent leur vie au hasard pour une idée de gloire? — La guerre, Madame, répartit le Roi, est quelque chose de plus grand et de plus noble que mille autres attaches dont l'homme fait ses délices, et où il met les plus doux moments de sa vie à les acquérir. — Cependant, Sire, dit madame du Lude, l'esprit des mortels est borné, quelque soin qu'ils donnent à la recherche, et quelque pénétrants qu'ils puissent être. L'on ne sait rien à fond avec certitude. Nous apportons en naissant des ténèbres qui rendent nos lumières peu brillantes. »

Notre Monarque prenoit un plaisir extrême d'entendre raisonner cette aimable comtesse, quand le duc de La Feuillade[1] entra qui entretint Sa Majesté longtemps. Le Roi ayant fait une profonde révérence à madame du Lude, la quitta pour un moment, et revint aussitôt auprès d'elle. — « Ah ! Madame, lui dit ce prince en riant, une sympathie inconnue m'entraîne vers vous. Je compte les heures qui me privent de votre agréable présence [comme] perdues. — Ce que vous dites, Sire, répondit notre belle, est quelque chose de bien glorieux pour moi. Rien n'est si doux que l'encens d'un prince comme vous, qui connoît la valeur de ce qu'il estime avec un discernement distingué. — Madame, si j'étois à présent, lui répondit le Roi, encore assez heureux pour être aimé d'une personne aussi engageante que vous, non pas de cet amour sensuel dont j'ai fait mon bonheur autrefois, mais de celui qui ne consiste qu'en esprit ! Car je vous assure que ces plaisirs sont plus réels que ceux du corps. J'en goûte tous les jours la différence, qui me

1. Voy. la table.

fait regretter mille moments que j'ai passés en bagatelles. — Il est vrai, Sire, reprit madame du Lude, qu'après avoir fait le véritable panégyrique de l'amour, l'on y remarque des défauts surprenants. Qu'est-ce que cette passion, sinon un amas de peines qui ne se nourrit que de craintes et de doutes? les plaisirs qui sont de peu de durée sont toujours suivis d'amertumes sensibles; et l'amour, au comble de son bonheur, comme toutes les autres choses, retourne à son néant. — Que vous représentez justement, Madame, dit notre Monarque, le caractère de ce Dieu! Le voilà sans ombres et sans voiles, et c'est de la manière qu'il est plus charmant, car ses défauts ne sont point cachés. — Il est pourtant bon, Sire, répondit notre aimable, de lui donner quelques agréments, afin qu'il nous puisse plaire. Car quand on s'engage, si l'on se faisoit une idée funeste d'un triste changement... Ah! Sire, continua la comtesse, pardonnez un tendre souvenir, je ne puis oublier l'ardeur violente que le comte d'Armagnac[1] avoit conçue pour moi, et quand je fais la revue de toute sa passion et du changement que j'y vois, je dis : c'est l'ouvrage d'un mortel. Il n'appartient qu'à l'homme à mettre en usage ces foiblesses. Il y a quelque temps, comme j'étois chez moi à la campagne, et que je rêvois solitairement dans

---

[1]. Louis de Lorraine, comte d'Armagnac, fils aîné du comte d'Harcourt « cadet la Perle, » l'ami du poète Saint-Amant. Il étoit frère du chevalier de Lorraine et du comte de Marsan. Né en 1641 il mourut en 1718. Il avoit épousé Catherine de Neufville. La prétendue passion dont il est parlé ici n'est connue que par ce libelle.

le bois, je considérois le peu de durée de l'aimable verdure de ce bocage, ayant réfléchi solidement, je fis ce quatrain :

> Tout change enfin, et le cœur le plus tendre
> Ne peut faire vivre sa passion toujours.
> L'on n'a point encor vu d'éternelles amours,
> Et le temps à venir ne doit pas en attendre.

— Vous faites, dit le Roi, d'une manière obligeante, la dixième Muse. Il faut un mérite aussi charmant que le vôtre pour augmenter la beauté du Parnasse. Apollon, ce Dieu des lumières, vous doit chérir uniquement, puisque vous embellissez son rocher et ses fontaines; aussi Pégase vous donne-t-il de son eau de cristal pour vous rafraîchir dans vos exercices poétiques. — Je vous dirai, Sire, répondit la comtesse, que j'aime passionnément la poésie. Je trouve que c'est le langage des dieux : voici encore des vers que l'inconstance du comte d'Armagnac m'a fait faire :

> Taisez-vous, mes soupirs sensibles,
> Vous me causez de la douleur,
> Et mon cœur est trop susceptible
> Aux doux charmes de mon vainqueur.
> A quoi servent ces sentiments,
> Puisque l'ingrat est un volage?
> Quand on a perdu ses amants,
> Les soupirs doivent être sages.

— En vérité, Madame, interrompit le Roi, vous êtes toute divine, et c'est un charme puissant de vous entendre parler. Un cœur peut-il se défendre à des attraits si doux qui le demandent? Ah! je condamne extrêmement le peu de discernement du comte d'Armagnac en vous ayant quittée. Je sais que si vous l'aviez plus aimé, vous l'auriez engagé davantage ; car il veut qu'on l'aime tendrement, et celle qui possède son cœur présentement est pour lui tout de feu. — Ah ! Sire, s'écria madame du Lude, que l'amour est difficile à contenter ! cet enfant crie toujours et n'est jamais content. J'ai marqué au comte incessamment une tendresse égale ; mais non pas de ces emportements qui font perdre la raison. — C'est ce que nous demandons, Madame, dit Sa Majesté, quand nous aimons. Nous ne pouvons souffrir des cœurs froids qui raisonnent. Il faut aimer avec chaleur un amant, quand vous voulez qu'il vous aime. »

Madame de Maintenon, qui entendit en entrant ce mot d'aimer, dit en saluant le Roi : — « Sire, c'est en vain que vous vous défendez de l'amour, car vous le mettez toujours sur le tapis. — Ah ! Madame, répartit la comtesse du Lude, l'on ne peut parler que de ce qui plaît. Quand les conversations commencent à mourir, ce Dieu les ressuscite par son enjouement. — Cette vivacité, Madame, répliqua la marquise, n'est plus du règne de notre prince. Il a renoncé aux traits de l'amour, et son cœur est à l'épreuve de ses coups. — Madame, lui dit en riant la comtesse du Lude, quelques efforts que nous puissions faire, notre résistance est vaine. Quand la nature nous a donné un cœur sensible, il aime tout ce qu'il trouve aimable, tant qu'il a de la vie. Cependant, Madame, reprit la marquise de Maintenon, les passions diminuent avec l'âge. Ah ! Madame, répliqua madame du Lude, nous revenons toujours à notre principe qui est cet amour naturel.

Les philosophes nous le prouvent en nous faisant connoître que tous les êtres du monde doivent retourner au lieu d'où ils ont pris leur origine. L'homme, qui est un être fini, est composé de deux parties qui sont l'âme et le corps. Cette première, son règne étant achevé, retourne au ciel qui est la source d'où elle est venue, et le dernier va au sein de la terre d'où le premier homme est né. — Vous passez donc, Madame, interrompit notre prince, en regardant la comtesse du Lude, de la philosophie à la théologie ? Il faut avoir autant d'esprit que vous en avez pour soutenir les thèses que vous avancez. Qu'il est glorieux, Madame, pour votre sexe d'avoir des personnes qui se distinguent par leur génie ! Un de nos philosophes modernes donnoit en son temps des leçons aussi bien aux femmes qu'aux hommes ; mais le savoir que vous avez, la nature vous en a fait un don en naissant. — Sire, répondit la comtesse, si j'avois assez de foiblesse pour tirer de la vanité des douceurs coutumières que les galants hommes disent ordinairement aux femmes, je me perdrois en écoutant le joli panégyrique que vous faites de moi ; mais je me connois un peu. Si quelques lumières brillent en mon esprit, un nombre infini de ténèbres en diminuent la beauté. »

Le Roi brûloit d'envie de pousser la conversation plus loin ; mais des affaires du Parlement qui furent apportées à Sa Majesté par M. Talon [1],

[1]. Denis Talon, fils d'Omer Talon II et de Françoise Doujat, succéda à son père dans sa charge d'avocat-général au Parlement, en 1652. On lui attribue à tort, selon Moréri, le livre de l'*Autorité des Rois* qui est de Rolland

avocat-général, qui parla au Roi avec une éloquence toute charmante pendant plus d'une heure, fit que le prince donna audience à plusieurs autres, tout le reste du jour. Madame de Maintenon, que le comte de Marsan[1] sollicitoit tous les jours pour mademoiselle de Béthune[2] qui étoit à Saint-Cyr sous la domination de la marquise, étoit journellement chez elle[3].

Le Vayer de Boutigny. Il avoit épousé Marie-Elisabeth-Angélique Favier du Boulay, dont il eut Omer Talon III, marquis du Boulay, qui quitta la robe, où sa famille s'étoit illustrée, pour l'épée. Denis Talon mourut en 1698.

1. Charles de Lorraine, comte de Marsan, frère cadet du comte d'Armagnac (p. 294, *note*) et du chevalier de Lorraine, « qui n'avoit ni leur dignité ni leur maintien, » et dont ils ne faisoient aucun cas, dit Saint-Simon, étoit « un extrêmement petit homme, trapu, qui n'avoit que de la valeur, du monde, beaucoup de politesse et du jargon des femmes, aux dépens desquelles il vécut tant qu'il put... M. de Marsan étoit l'homme de la cour le plus bassement prostitué à la faveur et aux places, ministres, maîtresses, valets, et le plus lâchement avide à tirer de l'argent de toutes mains. » Il avoit épousé, le 22 décembre 1682, la marquise d'Albret, qui mourut sans enfants le 13 juin 1692, et, en secondes noces, Mme de Seignelay, sœur des Matignon (21 février 1696), qui mourut en décembre 1699, lui laissant deux fils.

2. Les lettres-patentes pour la fondation de Saint-Cyr sont de juin 1686; c'est seulement du 30 juillet au 2 août de cette même année que les jeunes filles reçues précédemment à Noisy passèrent à Saint-Cyr, et le 3 août qu'eut lieu l'inauguration de la maison. Dans la liste, si complète, des demoiselles élevées à Saint-Louis, et donnée par M. Lavallée à la suite de son ouvrage *Mme de Maintenon et la maison royale de Saint-Cyr*, on ne trouve pas le nom de Mlle de Béthune.

3. L'auteur veut dire, et il l'explique plus loin, que : « le comte de Marsan, qui sollicitoit tous les jours Mme de Maintenon pour Mlle de Béthune..., étoit journellement chez elle, c'est-à-dire chez la marquise. »

Ce comte étoit devenu éperdûment amoureux de mademoiselle de Béthune, pour l'avoir vue un moment dans l'église de Saint-Cyr. Cette jeune beauté se faisoit distinguer de toutes les autres, par un certain air doux et languissant qui lui étoit naturel, et qui demandoit le cœur à tout ce qu'elle faisoit. Il n'en falloit pas tant pour enflammer le plus passionné de tous les hommes. Aussi dans ce premier moment, il fit connoître à cette charmante fille, par un langage muet qui parloit dans ses yeux, combien ses charmes avoient de pouvoir sur lui. Depuis ce jour que le hasard avoit conduit le comte à l'abbaye de Saint-Cyr, comme il retournoit de la chasse dans le dessein de remercier les Saints de n'avoir point trouvé de malheur, il se vit pris, sans rien prendre dans toute sa course. C'est ordinairement ce que fait Vénus dans ses exercices. Elle fait quelquefois plus de conquêtes que Diane, quoique ses armes soient bien différentes. Revenons au comte de Marsan qui se voyoit obligé de garder de grandes mesures, dans toute la suite de son amour. Madame de Maintenon le recevoit fort honnêtement et même avec beaucoup de plaisir, dans la vue qu'il recherchoit en mariage mademoiselle de Béthune, qui étoit de qualité et d'une maison très-considérable. Le comte disoit mille douceurs à la marquise sur sa vertu et sur sa conduite, afin d'obtenir les bonnes grâces, et d'avoir un peu plus de liberté avec sa belle mignonne; ce que notre abbesse remarquoit fort bien, ayant l'esprit aussi ouvert qu'elle l'a. C'est pourquoi elle ne perdoit jamais de vue cette jeune fille, quand son amant étoit présent, ce qui le désoloit entièrement, car il ne pouvoit pas dire une parole que la marquise ne l'entendît. Une vie si misérable dura quelque temps, mais comme l'amour est ingénieux, et que ce petit Dieu découvre toujours quelque ruse à ses sujets, le comte de Marsan, ennuyé de son martyre, pria une vieille tante qu'il avoit à Paris, et qui étoit devenue dévote jusqu'à la fureur, et par cette raison grande amie de madame de Maintenon (car elles alloient fort souvent ensemble à Saint-Lazare de Jérusalem[1] faire leurs oraisons) de lui être favorable dans son amour, et de permettre qu'il se trouvât quelquefois chez elle avec mademoiselle de Béthune qu'il aimoit tendrement. Que la sévérité de la marquise de Maintenon lui étoit insupportable! aussi rendoit-elle toutes ses demoiselles comme des esclaves, qui sont privées de la liberté humaine. Madame de La Roche[2] parut un peu surprise en écoutant la proposition de son neveu. — « Quoi! dit-elle, Monsieur, vous ne songez pas à ce que vous me dites? Ne savez-vous pas combien cette dame a de haine et d'horreur pour les rendez-vous, et que, si elle découvroit une fois votre intrigue galante, je serois perdue dans son esprit, et elle

---

1. L'église de Saint-Lazare étoit le seul bâtiment qui fût resté de l'ancien hôpital de Saint-Lazare, après que saint Vincent de Paul en eut pris possession. — Saint-Lazare est devenu une prison de femmes, rue du Faubourg-Saint-Denis.

2. Le comte de Marsan n'avoit pas de tante qui se nommât Mme de La Roche, ni du côté de son père ni du côté de sa mère.

maltraiteroit mademoiselle de Béthune comme la dernière de toutes les filles? De plus, mon neveu, continua cette bonne femme, vous avez un attachement qui n'est pas des plus honnêtes avec madame de..... et qui ne plaît aucunement à tous vos amis. Retirez-vous avec prudence de ce commerce criminel, et je ferai tout mon possible pour vous procureur cette jolie mignonne. — Ce que vous dites, ma tante, répondit le comte, est à peu près raisonnable ; mais vous saurez que, quand l'on a une fois donné son cœur, il est bien difficile de le reprendre. Je vous avoue que j'aime la baronne de..., qui est la plus belle femme de France, et qui mérite le mieux les adorations d'un galant homme. Tant que cette adorable personne possèdera mon cœur, le mariage me sera fort indifférent, mais non pas les galanteries. — Mon neveu, répartit madame de La Roche, en riant, si vous aimez, autant que vous voulez me le persuader, votre belle, vous devez lui être fidèle ; ce que vous n'êtes point, puisque vous cherchez les moyens d'en conter à une autre. — Ah! ma tante, répliqua M. de Marsan, il ne faut point mettre un ordre si régulier dans la conduite de la vie. L'amour se plaît dans la variété et le changement. D'abord que cet enfant est attaché, il meurt. C'est pourquoi, par un motif de charité qui est fort humain, l'on doit lui donner la liberté de courir où il veut, afin de lui conserver la vie. — Où avez-vous appris, Monsieur, dit la bonne tante, cette morale admirable qui porte sa charité jusques à l'amour ? — Ne savez-vous pas, ma tante, répondit le comte malicieusement, que charité est amour. — Oui, mon neveu, je le sais, mais ce n'est pas de cet amour qui ne consiste qu'au bonheur de son prochain que vous entendez parler. — Ma tante, répartit le comte de Marsan, en riant, je renferme dans les bornes de la pitié ou de la compassion tous les besoins du genre humain. Si j'aime une femme qui soit aimable et que je lui jure que je meurs pour elle, et qu'elle soit d'assez bonne foi pour le croire, en voulant bien soulager mes peines, n'est-ce pas vivre moralement, et d'une manière exemplaire? — Mon neveu, interrompit la bonne femme, d'un air de pédante, vous vous raillez de la piété et vous n'êtes qu'un indévot, qui sacrifiez tout à vos plaisirs. Rompez votre pente criminelle et vous attachez à la vertu et à la gloire, en faisant des actions dignes d'elles. — Ah! ma chère tante, répliqua notre amoureux comte, en l'embrassant, quand je combats les charmes de l'amour, je sens ses douceurs qui triomphent de toutes mes forces, et c'est ma passion la plus dominante. — C'est alors, Monsieur, dit madame de La Roche, qu'il faut opposer à cette rapidité des remèdes salutaires, et résister fortement au méchant penchant qui vous entraîne à votre perte. Nous lisons que nos Saints n'ont pas été moins que nous sensibles à cette foiblesse, et que saint Dominique, tout célèbre personnage qu'il étoit, a souffert des peines cruelles pour résister aux convoitises de la chair. Ce religieux père préparoit jour et nuit son corps rebelle afin de le mortifier, et de tâcher de corriger les emportements de la nature. »

Le comte de Marsan ne put s'empêcher de

rire en écoutant les belles instructions de sa bonne tante, qui lui marquoit avec le doigt tout ce qu'elle disoit; mais, ayant bien moralisé, la conclusion de la prière que le comte fit à sa chère tante fut de lui procurer le bonheur de voir quelquefois chez elle mademoiselle de Béthune, ce que madame de La Roche eut bien de la peine à lui accorder; mais comme elle aimoit son neveu tendrement, elle se laissa persuader plus facilement, ce qui donna une joie inexprimable à notre passionné amant, qui brûloit d'envie d'entretenir un instant la charmante enfant qui l'occupoit si agréablement. Il demanda donc à sa tante quel jour cette belle pourroit venir chez elle, et qu'il y viendroit aussi. — « Ah! mon neveu, répartit madame de La Roche, il faut user de grande précaution dans une affaire si délicate. La marquise de Maintenon est la plus sévère de toutes les femmes, comme je vous l'ai déjà dit, et a beaucoup de confiance en moi; c'est pourquoi je serois au désespoir qu'elle sût que vous venez chez moi souvent, car elle empêcheroit bientôt que mademoiselle de Béthune ne me vînt voir. — Ah! dit le comte, j'en serois au désespoir; mais il faut que je vous avoue, ma tante, que j'ai de la peine à souffrir qu'une vieille ridicule comme cette femme-là occupe encore la terre. Elle enrage de ce que les plaisirs l'ont quittée, et qu'elle n'est plus capable d'en inspirer. C'est pourquoi elle s'oppose si fortement aux galanteries de la jeunesse. Vous saurez, ma chère tante, que, quand on est sur son retour et qu'on n'a plus de mérite pour charmer les cœurs, l'on

s'en fait un de paroître bigote, et c'est la retraite ordinaire de toutes les femmes de la Cour.
— Mon neveu, ne vous emportez pas contre cette dame ; c'est la plus modeste, et la plus sage qui fût jamais. — Il faut bien qu'elle le soit malgré elle, répliqua notre comte, car l'on n'en veut plus. »

Mademoiselle de Béthune, qui entra, surprit le comte qui auroit encore dit plusieurs duretés contre la sévérité de la marquise de Maintenon ; mais la présence d'un objet si charmant rappela toute la douceur de ce tendre galant, qui dit mille choses obligeantes à cette belle mignonne, qui parut un peu embarrassée à répondre à toutes les galanteries du comte.

Madame de La Roche, qui remarquoit bien que son neveu étoit fort amoureux de cette jeune demoiselle, et que toute la morale dont elle s'étoit servie n'avoit pu arrêter le torrent passionné de M. de Marsan, trouva à propos de ne se rendre point incommode à la passion de son neveu, et que tant qu'elle le verroit dans les bornes de l'honnêteté et de la modestie, elle n'auroit rien à dire. Mais c'est une chose bien difficile à observer que la retenue à un homme qui aime tendrement ; il auroit bien besoin d'une chaîne pour retenir son emportement. Ce ne sera pas la raison qui triomphera de l'amour, au contraire, elle ne fera qu'irriter cette passion avec tous ses vains raisonnements.

Laissons la raison, tout impuissante qu'elle est, et voyons présentement nos amants qui goûtent à longs traits le plaisir de se voir le plus souvent qu'il leur est possible, et qui trouvent le bonheur incomparable, si le malheur avec son air effroyable, et qui s'oppose toujours aux joies du monde, ne vient pas troubler leurs innocentes caresses. Le comte de Marsan ne soupira pas longtemps aux pieds de mademoiselle de Béthune sans faire une forte impression sur son cœur. Cette jeune beauté, qui n'avoit pas encore aimé, s'attacha sans réserve à chérir son amant, et lui donna toutes les preuves d'une véritable amitié, ce qui toucha M. de Marsan sensiblement et lui fit oublier la baronne de...., qui lui en marqua sa rage par tous les reproches violents que la jalousie peut inspirer. Un jour, comme le comte étoit couché au bord d'une fontaine, et qu'il attendoit mademoiselle de Béthune qui devoit venir cette après-dîner chez madame de la Roche, on lui apporta une lettre de la baronne de..... qu'il lut plusieurs fois, en redisant ces mots qu'elle lui avoit écrits : « Ah ! perfide, pourquoi m'as-tu aimée si fortement, si tu ne voulois pas être fidèle ? »

Des reproches si sensibles rendirent le comte tout rêveur, et qui le conduisit[1] dans un petit bois qui étoit au bout du jardin. Notre amoureux solitaire ayant fait quelques tours dans la forêt, s'arrêta pour considérer les bêtes sauvages que la fortune a condamnées à vivre dans ces lieux, et leur dit : « Ah ! innocentes créatures, que votre destinée est heureuse ! les rochers et les affreuses retraites que vous occupez, sont plus agréables que le commerce du monde. »

---

1. Il faudroit évidemment : « et le conduisirent »; mais nous suivons fidèlement le texte.

> Aimable et charmante verdure,
> Qui faites l'ombre de ces lieux,
> Et qui suivez de la Nature
> Le penchant doux, délicieux,
> Hélas! je viens dans ce bocage
> Vous prier couvrir mes ennuis ;
> Quoique j'aime, on me croit volage ;
> Mais vous savez ce que je suis.

Mademoiselle de Béthune, qui attendoit depuis longtemps M. de Marsan, se promenoit tristement dans un parterre de fleurs quand il arriva. Le comte ressentit une joie en voyant son aimable maîtresse, et lui dit d'un air tendre : « Ah! mon adorable, je vous ai attendue ici plus de deux heures, mais mon impatience m'a fait prendre l'air du bois. — Je crois, Monsieur, répartit notre belle, que la sympathie se mêle de tout, quand on aime, car j'avois aussi une grande envie de vous voir. — Mademoiselle, répondit le comte, d'une manière toute passionnée, si l'amour pouvoit vous rendre le cœur aussi sensible que moi, je ne serois plus à plaindre; mais si mon mal augmente, et que vous ne soyez pas touchée de mes peines, hélas! c'est fait de moi. — Prenez soin de vous-même, Monsieur, dit la charmante en souriant, car ce seroit bien dommage qu'un homme aussi joli que vous et aussi galant n'occupât plus l'agréable séjour des mortels. L'on n'a jamais vu personne mourir d'amour, continua cette incomparable, si ce n'est dans des histoires, où l'on souffre mille maux imaginaires. — Cependant, Mademoiselle, répliqua M. de Marsan, je sais que je vous aime réellement et sans imagination, et que tout ce que je sens pour vous ne sont pas des maux en idée. — C'est pourtant, Monsieur, dit mademoiselle de Béthune, où les biens et les maux font leur demeure ordinaire. L'idée nous rappelle toujours ce qui nous plaît et ce qui nous déplaît. »

La conversation de nos amants étant finie pour ce jour, le Roi, qui étoit de retour du siége de Saint-Omer[1] avec M. le duc d'Orléans, ces illustres personnes firent une partie de chasse à Saint-Cloud, où toutes les belles de la Cour parurent en équipage de chasseresses et vêtues comme Diane et ses Nymphes, suivies de plusieurs chiens qui couroient dans la forêt les bêtes sauvages au milieu du bois. Sa Majesté et les princes les plus galants attendoient ces charmantes cavalières, déguisés comme le Dieu Pan et comme les Satyres, qui préparoient un superbe festin à cette aimable troupe. Ce beau régal fut acccompagné d'un grand nombre d'instruments qui faisoient le plus bel effet du monde.

Le maréchal duc de La Feuillade[2] étoit assis au pied d'un ormeau, qui copioit Orphée en jouant de la flûte douce, qu'il touchoit dans la dernière perfection, et qui sembloit attirer autour de lui tous les oiseaux et tous les animaux de ce bocage. Plusieurs voix toutes charmantes répondoient à cet aimable solitaire.

L'on entendoit un écho fidèle qui répétoit souvent ces tendres paroles, et qui prononçoit comme en soupirant :

1. Le siége de Saint-Omer, et la prise de la ville par Monsieur, frère du Roi, après 20 jours de tranchée, est du 20 mai 1677. On voit quelle confusion dans les dates.
2. Le duc de La Feuillade avait été fait maréchal de France en 1675.

> Que l'absence est cruelle
> A quiconque aime tendrement !
> Eloigné de sa belle,
> L'on ne peut vivre heureusement.

Tous ces plaisirs champêtres n'étoient point capables de faire renaître la tendresse de notre monarque qui s'avançoit vers le tombeau, ne pouvant reprendre ses premières forces. Le Roi devint jaune et ne rioit plus comme à son ordinaire, ce qui attendrit le cœur de madame de Maintenon, qui pressa un jour Sa Majesté, étant dans un tête à tête, de lui découvrir toutes les routes les plus sensibles de son âme, car elle étoit fort affligée du changement qui paroissoit en sa personne. — « Je vous dirai, madame, lui répondit ce prince, que depuis quelques années, je ne me connois pas moi-même. J'ai une profonde rêverie qui m'entretient journellement et je trouve quelquefois la qualité de Roi importune. — Ah ! Sire, s'écria la marquise, d'où pourroient venir ces sentiments inégaux qui chagrinent votre Majesté ? C'est peut-être que vous n'écoutez plus les douceurs de l'amour qui sont d'un grand secours dans les inquiétudes de la vie. Souvent un tendre amusement nous rend heureux et malheureux. — Aussi, madame, répartit le Roi en soupirant, quand la mort nous retire ce que l'on aime, rien n'est au monde plus insupportable que ces sortes de malheurs. Ah ! répondit ce prince, je ne sens plus mon cœur disposé à un nouvel engagement ; même la disposition de ma santé ne me parle plus que de retraite et de pénitence, et cette inclination qui brûloit autrefois comme un feu à la présence d'un bel objet, est bien présentement affoiblie. — Il faut reprendre courage, Sire, répliqua madame de Maintenon, et l'amour renouvelle toutes choses et redonne la vie à ce qui paroît inanimé. Aimez encore une fois et vous revivrez. Vous savez le pouvoir que j'ai sur plusieurs aimables jeunes filles. Si votre amour en trouve une digne d'elle, il suffit qu'elle ait le bien de vous plaire. — Madame, répondit le Roi en riant, je sais qu'il y a sous votre conduite de quoi occuper ma tendresse; mais vous avez depuis peu reçu dans cette assemblée une jolie enfant qui ne me déplairoit pas, et qui mérite bien les soupirs d'un galant homme. — Il est vrai, Sire, je sais de quoi vous voulez parler; c'est de mademoiselle de Grancey [1], qui est la plus jolie de toutes celles qui sont à Saint-Cyr; outre qu'elle est très-bien née, elle possède une douceur charmante dans tout ce qu'elle fait, qui la fait aimer de tout le monde. Le marquis de Joyeuse et de Villars [2], ses cousins, lui firent visite cette semaine et me prièrent avec toute l'honnêteté qui se peut imaginer de l'aimer un peu. Je leur répartis en souriant qu'il n'étoit pas besoin de le dire, que son mérite parloit assez. — « Ah! madame, répondit le marquis de Joyeuse, nous n'en attendions pas moins de votre civilité et de votre honnêteté; c'est pourquoi ma cousine ne pouvoit jamais arriver à un degré plus heureux

1. Aucune des demoiselles de Grancey ne figure sur les listes des demoiselles élevées à Saint-Cyr.
2. La famille de Grancey n'avoit aucune alliance qui pût faire du marquis de Joyeuse ou du marquis de Villars des cousins de mesdemoiselles de Grancey.

que celui d'être sous une conduite si distinguée. » J'allois répondre au marquis, quand j'en fus empêchée par les ordres de Votre Majesté qui me prioit de venir à Versailles, et je vous puis assurer, Sire, continua la marquise, que je conserve toujours pour cette aimable mignonne beaucoup d'estime. — Et moi aussi, dit le Roi, depuis le premier moment que je la vis à l'entrée de l'abbaye où j'étois en carrosse, et je fis demander si vous étiez à Saint-Cyr. Cependant cette belle enfant me parla avec une charmante modestie qui me toucha le cœur; mais comme je commence à renoncer aux plaisirs des sens, j'en ai seulement gardé l'idée. — Il n'y a pas, Sire, dit madame de Maintenon, bien loin de l'idée au cœur; l'on peut facilement les unir ensemble. — J'entends très-bien, madame, répliqua Sa Majesté, vos expressions; elles sont fort sensibles; mais comment aimer les autres, quand l'on ne s'aime plus soi-même? »

La marquise, qui voyoit qu'une conversation d'amourette chagrinoit Notre Majesté, changea de discours et lui parla des affaires de la guerre, et sur les ordres de son royaume, comme de pourvoir à la subsistance des curés et des vicaires perpétuels [1], afin qu'ils n'eussent point

1. Quand les églises paroissiales ont été unies à des chapitres séculiers ou réguliers ou à d'autres bénéfices, les titulaires de ces bénéfices prennent le titre de curés primitifs. Les vicaires qui desservent les paroisses au lieu des curés primitifs doivent être perpétuels ; par déclaration du Roi du 15 janvier 1731, les vicaires perpétuels ont le droit de prendre en tous actes la qualité de curés. (*Loix ecclés. de France*, par Louis d'Héricourt, 1 vol. in-fol., 1771, p. 420, col. 1.) — Les titulaires des bénéfices ne

d'occasion légitime de ne point satisfaire à leur devoir. Le curé de Saint-Lazare de Jérusalem, qui étoit aimé de madame de Maintenon par-dessus les autres, la sollicitoit tous les jours qu'elle priât Sa Majesté d'augmenter sa pension, et, pour cet effet, ce prêtre rendoit des visites familières à madame de Maintenon, et lui disoit incessamment que le bien que l'on faisoit aux gens d'église n'étoit jamais perdu; que cette charité nous attiroit un nombre infini de bénédictions, par les prières de ces bonnes âmes. Ce curé ajouta encore d'une manière toute dévote, qu'il faisoit toutes les nuits des oraisons de quatre ou de cinq heures pour le Roi, — « et pour vous, madame, qui êtes le refuge des pauvres prêtres affligés. Souvenez-vous de moi, s'il vous plaît, quand vous serez avec Sa Majesté. » La marquise promit de servir le curé de tout son possible, dans la vue qu'il diroit plusieurs messes pour la rémission de ses péchés, ce qu'il fit avec tout le zèle dont son âme étoit capable. Car l'on remarqua que ce bonhomme alloit plus matin pendant quelque temps à sa paroisse qu'à l'ordinaire.

Quoique madame de Maintenon sollicitât notre Prince pour les affaires d'Etat, elle ne laissoit pas de lui parler, dans de certains inter-

---

donnoient à leurs vicaires (ou curés) perpétuels qu'une pension aussi peu élevée que possible, et il y avoit, en effet, nécessité d'aviser : « Si l'on entroit, dit le comte de Boulainvilliers, dans le détail de la pauvreté du quart des curés du royaume, il se trouveroit qu'il n'y en a pas un qui ne soit mercenaire sordide, et qui n'ait une subsistance incomparablement moindre que les plus vils domestiques ne l'ont à Paris. » (6ᵉ *mém.*)

valles, des charmes de mademoiselle de Grancey, à dessein de réveiller sa passion et de le rendre plus enjoué, ce que le Roi essaya, mais ce fut en vain ; car ce Prince n'étoit plus propre pour la galanterie. L'après-dîner que la marquise avoit laissé cette charmante mignonne avec Sa Majesté à Trianon, jamais le Roi ne se trouva si triste. Il soupira plusieurs fois en regardant cette belle, et mêla incessamment un jeu de piquet qui étoit sur la table, à quoi mademoiselle de Grancey lui dit en souriant : « Sire, Votre Majesté auroit plus de plaisir si j'étois de la partie. — Je le veux, répondit ce Monarque, ma belle enfant ; mais vous perdrez, car j'ai assez la fortune à mes gages. — Qu'importe, Sire, répondit notre aimable, en rougissant ; il me sera fort glorieux de vous être redevable. » Le Roi se trouva embarrassé dans cette entrevue plus que jamais il n'a été ; mais madame de Maintenon, qui croyoit que la tendresse de son Prince avoit retrouvé la vie, entra en souriant, et dit à mademoiselle de Grancey : « Eh bien ! ma mignonne, comment avez-vous passé le temps depuis mon absence?— Fort bien, madame, répliqua-t-elle, je n'ai point trouvé de quoi m'ennuyer aujourd'hui. — Ah ! mademoiselle, répartit le Roi, vous avez bien de la bonté, et vous êtes bien facile à excuser les défauts d'une personne qui vous aime, mais qui n'est plus à lui comme autrefois. — A qui êtes-vous donc, Sire ? répartit la marquise ; faites-moi la confidente de vos souffrances ; mademoiselle n'en sera pas jalouse, car elle a trop d'esprit pour ne pas savoir qu'un Prince peut aimer tous les objets qui sont aimables. » Sa Majesté se mit à rire avec notre mignonne de la belle humeur de la marquise de Maintenon, qui tournoit toute chose en galanterie, et qui disoit toujours mille équivoques sur la mélancolie de son malade.

La conversation étant finie, le Roi ramena les dames à Saint-Cyr, où Sa Majesté fut longtemps à visiter tous les parloirs et les réfectoires de l'abbaye, qui sont d'une propreté admirable et qui répondent bien à la générosité et la grandeur d'âme de celle qui en est la supérieure.

Le lendemain, mademoisellle de Grancey fit un fidèle récit de la conversation qu'elle avoit eue avec le Roi, à madame de Maintenon, qui demanda à cette belle jusqu'à la moindre circonstance, même les termes dont il s'était servi pour lui marquer ce qu'il sentoit pour elle. — « Quoi, madame, répondit notre jolie mignonne assez surprise, est-ce que le Roi m'aime? — Oui, ma chère enfant, dit la marquise, je sais que vous ne lui êtes pas indifférente, et qu'il ne tiendra qu'à vous de faire son bonheur. — C'est ce que je ne sais point encore, répartit mademoiselle de Grancey, car Sa Majesté ne m'a dit rien de tendre, au contraire; elle ne m'a entretenue que de mode, que de cartes et de mille autres choses à peu près de cette nature. Il est vrai que ce Prince a trouvé mon habit fort propre[1] et qu'il me seyoit très-bien ; mais, hélas! n'avoit-il rien de plus doux à me dire, s'il m'aime un peu? » Madame de Maintenon sourit de la pensée de son aimable disciple, et

1. Elégant.

lui répliqua : « Ah ! ma mignonne, je ne connois plus le Roi ; il est devenu insensible à ce qui faisoit autrefois ses plus doux moments. Un grand fond de piété, qui s'est emparé de son cœur, le rend présentement tout de glace aux plaisirs des sens. — Je vous avoue, répartit mademoiselle de Grancey, qu'une si grande froideur en un homme n'est point agréable. L'on diroit dans cet état qu'il n'est point animé. L'amour donne je ne sais quoi qui est aimable à tout ce qui respire le jour. — Mais encore, ma belle, dit la marquise, dites-moi sincèrement si notre Monarque vous a fait paroître tant d'indifférence ? — Madame, Sa Majesté ne m'a point surprise dans ses manières languissantes, puisque la première fois que je l'ai vue, j'ai bien jugé que son amour se mouroit et qu'il étoit temps de lui faire un tombeau. — Vous êtes bien savante, ma bellotte, dit madame de Maintenon en riant, d'avoir si bien pressenti la mort de la tendresse du Roi ; je m'étois flattée que vous la feriez renaître et que vos charmes auroient assez de force pour la ressusciter. — En vérité, madame, répondit cette charmante, il est bien difficile de redonner la vie à ce qui n'en a plus. Voici cependant des vers que j'ai dits à Sa Majesté dans le dessein de la réveiller de son assoupissement et de la divertir par cet imprévu.

> Dites-moi mon cher prince
> D'où vient votre air rêveur ?
> Seroit-ce quelque feinte
> Dans votre illustre cœur ?
> L'on sait que vous n'êtes pas insensible
> Aux doux attraits d'une aimable beauté,

Et que, chez vous, il est du tout [1] visible
Qu'on n'y sauroit trouver de dureté.

— Je ne savois pas, ma belle enfant, dit notre marquise, que vous étiez poëte. C'est un exercice fort joli pour une jeune personne comme vous. Il n'y a rien qui polisse davantage l'esprit et qui apprenne mieux les manières du bel usage que la poésie, et qui donne une si grande délicatesse en tout ce que nous faisons. Le Roi aime passionnément les vers, quand ils sont bien tournés et fort tendres; c'est pourquoi, ma mignonne, faites un sonnet fort juste et qui fasse connoître à Sa Majesté adroitement que vous l'aimez, et que vous êtes fâchée qu'il n'y réponde pas aussi tendrement que vous le voudriez. Il faut quelquefois solliciter un cœur avant de s'en rendre le maître. — Ah! madame, répartit mademoiselle de Grancey, que les ordres que vous me donnez sont difficiles à exécuter! Je n'ai pas de penchant à faire des avances à mes amants. Il n'y a rien de si peu à mon goût que ces sortes de manières. — Il est vrai, mademoiselle, répondit madame de Maintenon, quand on est faite comme vous êtes, il n'est pas besoin d'en faire; mais il y a de la différence entre galant et galant. Être aimée, par exemple, d'un Roi aussi charmant que le nôtre est une chose qui mérite bien un peu de peine. Défaites-vous de cette fierté qui est si naturelle aux jolies filles comme vous, et marquez un peu d'empressement à ce Prince. C'est le moyen le plus sûr de lui plaire. — Madame, ne parlons plus de cela,

1. Tout-à-fait.

je vous en prie, dit la belle écolière, car je sens
que mon cœur ne s'accorde point avec les
leçons que vous me donnez. Vous savez que s'il
n'est de la partie, tout ce que l'on entreprend
n'est pas bon. — Oui, ma mignonne, ce que
vous dites est vrai, répliqua la marquise; mais
il faut tâcher de se rendre maître de ce cœur
rebelle et l'apprivoiser avec la raison, qui veut
que vous fassiez quelque chose pour votre
fortune. Souvenez-vous, ma chère bellotte, que
nous ne sommes plus dans le temps où une fille
croyoit avoir fait un crime irréparable de songer
à l'amour. L'on accommode à présent ce Dieu
avec l'intérêt par une aimable vicissitude. »

La marquise de Maintenon n'eut pas plus tôt
achevé de donner ces jolies instructions à
mademoiselle de Grancey, qu'elle la mena au
lever du Roi. Cette charmante enfant étoit ce
jour belle comme un ange, et dans un certain air
de négligé qui la rendoit tout adorable. Dès
que notre Prince la vit, il lui dit : — « Ah!
mademoiselle, vous ferez aujourd'hui bien des
misérables. Votre présence est redoutable aux
pauvres humains. — Qui, moi? Sire, répartit
cette incomparable, en riant, j'ai pourtant le
cœur fort sensible à la compassion et n'aime pas
à voir souffrir les affligés. — Vous voyez, Sire,
interrompit madame de Maintenon, que, parmi
le grand nombre des qualités éminentes qui ont
été données à mademoiselle, elle possède encore
la pitié et la charité, qui sont de toutes les
vertus les plus parfaites. — A la vérité, ma belle
mignonne, dit le Roi, en la regardant assez
tendrement, des mouvements si héroïques et si

nobles sont fort rares dans la jeunesse où vous êtes. D'ordinaire, dans l'âge tendre, l'on a peu de sentiments raisonnables. — Ah! Sire, il ne faut pas tant donner d'encens à mademoiselle, sans lui dire aussi ses petits défauts. Elle est cruelle à ses amants jusqu'au dernier point, leur défendant l'usage des soupirs, qui est leur ôter la vie. Car, qu'ils soient sincères ou non, les galants de ce siècle ne marchent jamais sans cet ornement. »

Sa Majesté ne put s'empêcher de rire de la raillerie de la marquise, qui dit encore plusieurs autres choses fort spirituelles sur le même sujet. Toute la matinée se passa très-agréablement. Mademoiselle de Grancey, qui chante parfaitement bien, dit des airs nouveaux fort tendres, que le Roi trouva justes et bien proprement chantés. — « Mais, dit madame de Maintenon, il ne manque rien à cette jolie enfant qu'un peu d'amour. Si elle aimoit, elle seroit accomplie. — Le temps, répondit notre Monarque, rendra à mademoiselle le cœur sensible. La nature n'a pas formé un objet si charmant pour ne pas aimer. »

Le jour suivant, le prince de Condé et le marquis de Vannes [1] furent longtemps avec Sa Majesté à conférer sur des affaires militaires. Le Roi nomma plusieurs nouveaux officiers, tant de cavalerie que d'infanterie, afin de remplir les

[1]. Lisez : le marquis de Rannes, Nicolas d'Argouges, lieutenant-général des armées du Roi, colonel-général des dragons ; il avoit épousé Charlotte de Bautru. Il fut tué en Allemagne en 1678, laissant un fils qui exerça dans l'armée des emplois considérables.

places de tant de grands guerriers qui avoient perdu la vie à la bataille de Senef [1], qui est un village situé dans le Brabant.

Le prince de Vaudemont [2], qui avoit reçu quelque légère blessure, s'étoit retiré dans le bois de Bufferay, quand la comtesse de Souche [3], qui l'aimoit plus que sa vie, alla le trouver et lui pansa toutes ses plaies avec des onguents qu'elle avoit faits exprès pour lui. Jamais femme n'a tant aimé que celle-là, ce qui nous fait rejeter la méchante opinion des hommes, qui disent généralement que le sexe féminin est incapable d'un fort attachement. Mais revenons à notre passionnée amante. Elle n'eut pas plus tôt appris le malheur du prince, son cher amant, qu'elle tomba dans une foiblesse qui lui dura plus de trois heures, avec des soupirs languissants, qui marquoient le triste état de son âme affligée. Après le retour de cette pâmoison, elle embrassa tendrement l'objet de son amour, le serrant avec ardeur entre ses bras, et lui dit en tournant ses yeux vers le ciel : — « Ah ! mon cher, je ne suis revenue en ce monde que pour vous aimer plus que jamais. J'ai cru que la mort vous avoit

---

[1]. Le 11 août 1674, le prince d'Orange fut défait, avec trois armées, à la bataille de Senef, par le prince de Condé. Notons toujours la même confusion dans les dates.

[2]. Voy. la table. — Charles-Henri de Lorraine, prince de Vaudemont, fils du duc Charles IV et de Mme de Cantecroix, sa femme de campagne, comme on l'appeloit, servoit contre nous. — C'est donc encore un nom mis au hasard.

[3]. Personnage imaginaire.

ravi; mais, hélas! si mon sort me sépare de vous un moment, je ne veux plus vivre ! »

La comtesse de Souche prononça ces paroles avec tant de tendresse et avec un si grand torrent de larmes, qu'elle attendrit le cœur de son amant si sensiblement qu'il pleura plus d'un après-dîner avec sa maîtresse. L'on pouvoit dire dans ces moments, que l'amour n'étoit point joli, puisqu'il avoit les yeux mouillés. Ce petit enfant pleure quelquefois quand il n'est pas content. C'est pourquoi Vénus, sa mère, le prend fort souvent sur ses genoux et le caresse afin de l'apaiser; mais si on ne lui donne pas ce qu'il veut, ce Dieu folâtre crie plus que jamais. Le prince de Vaudemont tâcha aussi de modérer les plaintes de sa belle, en la baisant tendrement et lui disant qu'il ne vouloit plus respirer le jour que pour elle, que sa reconnoissance étoit inconcevable, et qu'il faudroit être né le plus ingrat et le plus lâche de tous les hommes pour ne pas sentir une forte amitié et un tendre amour pour elle.

Des paroles si touchantes charmèrent la comtesse et lui firent augmenter ses caresses à son illustre galant, qui, de son côté, aimoit beaucoup ce petit bavardage. Après que le prince de Vaudemont et sa maîtresse eurent demeuré quelque temps à Senef, ils retournèrent à Paris. Le comte de Souche, qui étoit extrêmement irrité contre sa femme, et qui lui faisoit des reproches sensibles sur son infidélité, l'accabloit de menaces. Quand la comtesse voulut se justifier par des feintes ordinaires aux coquettes, elle lui dit que le voyage qu'elle avoit fait n'étoit que pour lui, et qu'ayant été aussi bien blessé que le prince, l'amour qu'elle avoit pour lui l'avoit obligée de partir au plus vite, et qu'il devoit mieux juger de la solidité de son cœur, qu'elle lui avoit juré une fidélité éternelle, ne voulant pas fausser sa foi pour une couronne ; que tout ce qu'elle avoit fait pour le prince n'étoit qu'à cause qu'il étoit son ami, et même par un motif de charité. — « Ne croyez pas, mon cher mari, ajouta cette dissimulée, que je préfère jamais le prince de Vaudemont à vous. Je connois très-bien la différence qu'il y a entre vous et lui. Vous appréhendez en vain que l'on n'ait pas assez de tendresse pour vous. Vos charmes ont des forces suffisantes pour conserver un cœur. »

Peut-on pousser plus loin une trahison que celle-là et amuser un bonhomme plus adroitement? Le comte de Souche parut content après des assurances si pathétiques et donna la liberté à sa femme de voir le prince de Vaudemont, pourvu qu'il fût présent. Cette réserve chagrina longtemps la comtesse, n'ayant pas le plaisir de dire à son amant les sentiments de son cœur, ni de lui donner des preuves de son amour. Le comte de Souche, qui aimoit extrêmement le prince, et qui ne pouvoit vivre sans le voir, jouoit tous les jours à l'ombre[1] avec lui, quoi-

---

1. Le jeu de l'Hombre ne figure dans *la maison des jeux académiques* de Lamarinière ni en 1654 ni en 1665. Mais l'*Académie universelle des jeux* (1718) ne consacre pas à ce jeu moins de 65 pages, dont les huit dernières sont un glossaire des termes employés. — Hombre, dit-on, c'est le nom du jeu; il nous vient des Espagnols et tient

qu'il perdît tout son argent. Un soir que nos généraux avoient joué fort tard, et qu'ils avoient bu plus qu'à l'ordinaire, le comte de Souche s'endormit et donna tout le loisir à nos amants de renouveler leurs tendresses, sans que le bon mari en sût rien. La nuit, qui paraissoit jalouse du bonheur de la comtesse, disparut et fit place à l'aurore, qui vint dans son char toute riante, avec ses doigts de rose, annoncer l'agréable venue du jour. Alors le comte de Souche, qui avoit dormi sans se réveiller, parut tout surpris de se voir couché sur un lit de repos sans sa femme. Il appela cette belle plusieurs fois, qui fit comme si elle n'entendoit point, ce qui obligea le comte de monter à la chambre et d'aller voir si elle étoit couchée; mais l'ayant trouvée dans un profond sommeil, il la laissa dans ce repos charmant, se contentant seulement d'admirer ses beaux yeux, qui étoient à demi fermés, et la beauté de sa main qu'elle avoit jetée négligemment sur sa robe; après les avoir baisées il se retira de crainte d'éveiller sa chère moitié.

Le prince de Vaudemont, qui connoissoit un peu la jalousie du comte, s'étoit retiré chez lui rempli d'une joie inexprimable d'avoir eu le temps assez favorable pour avoir goûté avec plaisir les douceurs de sa tendresse. Ce prince repassoit encore ces charmantes idées quand il entendit frapper à sa chambre. Il ne douta point que ce ne fût le comte qui lui venoit demander à quelle heure il étoit sorti de sa maison; ce

---

beaucoup du flegme de la nation. — En esp., *hombre* signifie *homme*.

qui arriva, car le comte de Souche questionna fortement le prince sur tout ce qui s'étoit passé la nuit et il lui dit qu'il avoit été pris d'un violent mal de tête. C'est pourquoi il s'étoit retiré chez lui de bonne heure. — « Et ma femme, lui dit ce mari infortuné, où l'avez-vous laissée ? — Je l'ai conduite, répartit le prince d'un grand sérieux, jusqu'à la porte de sa chambre, mais ce qu'elle a fait je ne le puis dire. »

Le comte de Souche, n'étant pas fort content de la conversation du prince de Vaudemont, retourna à sa maison faire plusieurs questions à ses valets, mais ce fut en vain, car tous ceux qui étoient au logis avoient dormi pendant que nos tendres amants s'étoient donné les derniers témoignages de leur amour. La comtesse, s'étant levée, alla trouver son mari à qui elle fit mille caresses, qui ne partoient point de son cœur, mais qui étoient seulement apparentes. Le bonhomme s'en contentoit, ne pouvant avoir mieux, et se croyant dans des moments le plus heureux de tous les humains. L'apparence a quelquefois bien des charmes, mais quand on l'examine de près tous les attraits diminuent : voyons le comte de Souche qui vit le plus agréablement qu'il peut avec sa femme, et qui se fait des plaisirs au milieu de ses peines.

Le printemps, qui commençoit à naître, inspira à notre comtesse le désir d'aller à la campagne, afin de goûter à longs traits le délicieux plaisir de la promenade. Les doux zéphirs ayant succédé aux rigueurs de l'hiver rendoient toutes choses charmantes. Après que Mme de Souche eût joui avec son illustre mari de ses aimables douceurs pendant quelques semaines, elle se trouva ennuyée de posséder toujours les mêmes objets. Le prince de Vaudemont lui écrivoit souvent, sans que le comte le sut; c'est pourquoi cette belle solitaire lui manda son chagrin, et le pria de venir incognito la divertir, ce que ce tendre amant fit le plus tôt qu'il lui fut possible. Mais quand le prince fut arrivé dans le village, la comtesse parut fort embarrassée où elle le pourroit loger commodément, sans que son mari le pût savoir? Des pensées d'un si grand poids occupèrent longtemps notre passionnée amante, qui trouva le moyen de faire venir tous les jours son incomparable galant chez elle; cette dame aimoit extrêmement la symphonie d'un clacevin et d'un tuorbe[1], c'est pourquoi son mari lui avoit donné de ces jolis instruments pour l'occuper agréablement; et comme elle ne les touchoit pas dans la dernière perfection, elle avoit besoin d'un maître, ce que le comte lui accorda avec plaisir. Il ne restoit donc plus qu'à le faire venir de Paris. C'étoit M. Desnué[2] que l'on choisit pour le plus savant et qui convenoit le mieux à l'âge et à la taille du prince de Vaudemont, qui devoit jouer le per-

1. Le teorbe ou plutôt tuorbe (en italien *tiurba*, du nom, dit-on, de l'inventeur), étoit une sorte de luth à deux manches.
2. Nous avons vainement cherché sur ce Desnué, qui cependant n'est pas inconnu, des renseignements dans l'état des musiciens de la chambre du Roi et de Monsieur, dans le Livre commode des adresses (1692) parmi les professeurs de musique, dans le Parnasse français de Titon du Tillet, dans le Dictionnaire biographique des musiciens, de Fétis, dans Saint-Simon et Dangeau, etc.

sonnage du maître de tuorbe, en copiant et sa voix et ses manières, et étant travesti d'un habit d'un homme de ce caractère. Par bonheur pour la comtesse, son époux avoit la vue fort courte, c'est ce qui le rendoit plus défiant qu'un autre ; et il falloit même qu'il regardât les personnes de bien près pour les connoître. Le jour étant venu que l'on devoit exercer les instruments, le comte de Souche reçut M. Desnué fort civilement, et lui fit grande chère, ce qui donna bien de la joie à la comtesse. L'on ne parla que d'instruments pendant tout le dîner. Le prince de Vaudemont, afin de mieux contrefaire le ton de sa voix, faisoit des grimaces effroyables qui firent rire Mme de Souche de toute son âme. Quand l'on eut bien bu à la santé les uns des autres, il fut question de commencer à jouer. Chacun prit sa place dans un ordre fort régulier. Le comte de Souche se mit auprès de M. Desnué, afin de le connoître, ce que le fin joueur de clavecin ne trouva pas bon, et dit au comte fort sérieusement qu'il falloit qu'il eut la liberté de mettre ses bras où il vouloit et qu'il ne pouvoit être gêné en jouant. Le prince, qui se souvenoit très-peu des leçons qu'on lui avoit apprises étant petit garçon, se trouva fort embarrassé pour chanter quelque air.

Après avoir passé quelque temps à raccommoder ses cordes, qu'il rompoit exprès, il pria la comtesse de jouer la première, ce qu'elle fit aussitôt, et comme elle touchoit assez joliment ces instruments, le prince déguisé n'eut pas bien de la peine à l'instruire. Le comte étoit fort content de M. Desnué, qui faisoit tout son possible pour le tromper, et qui profitoit tous les jours de la présence de sa belle, sans cependant pouvoir bien l'entretenir seule; mais cet amoureux prince se contentoit de la voir, en attendant l'occasion favorable de lui pouvoir dire les tendres sentiments de son cœur. Mme de Souche travailloit toujours à faire naître cette occasion après laquelle elle soupiroit avec tant d'impatience, et qui lui paroissoit le plus grand bien de sa vie, aimant plus qu'elle-même le prince de Vaudemont qui ne languissoit pas moins que sa belle.

Un matin, comme l'on jouoit du tuorbe, le comte de Souche s'ennuya d'entendre dire incessamment la même chose, ce que M. Desnué faisoit dans le dessein de fatiguer son auditeur et de l'envoyer un peu prendre l'air, ce que le comte fit. Après avoir plusieurs fois baillé, en ouvrant la bouche de toute son étendue, il dit à sa chère femme qu'il alloit faire un tour dans le bois, et que bientôt il reviendroit. — « Nous serons encore plus d'une heure, monsieur, répliqua la comtesse, pour accorder le dessus avec la basse. Si cela vous chagrine, vous avez du temps à vous promener. »

Pendant que M. de Souche étoit dans la forêt, nos amants se disoient tout ce que l'amour peut inspirer de plus tendre, et le prince ne pouvant s'empêcher de rire de la plaisante figure qu'il faisoit, la comtesse lui dit, en le regardant tendrement : — « Nous devons reprendre nos instruments, car si notre jaloux revenoit, il nous trouveroit sans occupation, ce qui ne feroit pas bon effet. — Je le veux, madame, répartit le prince de Vaudemont, recommençons à jouer du tuorbe, afin que, quand le bonhomme viendra, il nous voie dans un grand attachement. » La pluie qui tomboit, avoit contraint le prince de retourner à sa maison plus vite qu'il ne vouloit. Cela attrista M. Desnué, qui n'avoit pas envie de toucher le clavecin, et qui aimoit bien mieux badiner avec sa belle; l'on marqua pourtant de la joie au comte, quand on le vit, et même on lui dit qu'il avoit été bien longtemps absent, ce qui lui fit plaisir, car il étoit bien aise qu'on le caressât un peu.

Le lendemain, le comte de Souche, qui avoit vu courir plusieurs lièvres dans le bois, fut avec ses chiens à l'affût tout le soir, ce qui plut extrêmement au prince de Vaudemont, étant délivré de la présence importune de celui qui le gênoit. La comtesse, qui étoit indisposée, se retira dans son cabinet pour se reposer un peu. M. Desnué demanda à Metillon, qui étoit la demoiselle de Mme de Souche, où étoit sa maîtresse. — « Elle est, répliqua-t-elle, Monsieur, montée en haut, mais je ne sais si Madame est dans la terrasse ou dans son cabinet. — Je m'en vais voir, » répondit le prince déguisé, qui courut promptement chercher son aimable écolière, qui dormoit à demi sur un petit lit de Turquie[1], qui étoit fait de velours vert avec une campane[2]

---

1. « Les Turcs n'ont point de lits, dit Furetière, mais seulement des matelas qu'ils étendent la nuit sur un sopha. » V° *lit*.

2. « Crespine de fil d'or, ou d'argent ou de soie, qui se termine en petites houpes façonnées et qui représentent une cloche (*campana*). On en met aux pentes d'un lit, aux impériales de carosses et aux autres endroits où on veut mettre de riches crespines. » — Furetière, v° *campane*.

d'or qui en faisoit l'ornement. Le prince, étant entré fort doucement de crainte de l'éveiller, se mit dans une chaise à côté d'elle, en poussant deux ou trois soupirs, qui éveillèrent la charmante enfant, qui ouvrit ses bras à son cher amant, dans le dessein de l'embrasser, quand elle entendit le comte de Souche en bas, qui revenoit de la chasse et qui cherchoit sa femme pour lui faire voir sa prise.

Pendant que le comte alloit de chambre en chambre, le prince de Vaudemont se cacha dans une grande armoire, qui étoit ordinairement dans le cabinet, et que Mme de Souche ferma à clé. Son cher époux étant entré avec elle, l'entretint du bon succès de sa chasse, et lui dit le nombre de petits levraux que Diane, sa fidèle chienne, avoit arrêtés. Il fit le panégyrique de cette bête, le plus avantageux qu'il put. Cela ennuyoit beaucoup la comtesse, qui savoit le chagrin où M. Desnué se trouvoit, étant fortement retenu dans l'armoire qui le pressoit de tous côtés, n'osant pas même respirer. Après que la comtesse se fut servie de toute sa politique envers son mari, elle lui demanda fort civilement, s'il vouloit venir souper. — « Oui, mon cœur, répondit M. de Souche, car j'ai bien faim; mais dites-moi, je vous prie, où est M. Desnué, afin que je lui fasse part de mes lièvres? — Je ne sais, Monsieur, répliqua la comtesse, en contrefaisant l'innocente. Je crois qu'il se promène dans le jardin en attendant le souper. Je le trouve si occupé de ses leçons, qu'il ne fait que rêver. — Voilà la marque d'un bon maître, ma femme, dit le comte, puisqu'il s'attache à ce qu'il fait. Je vais le chercher sous ces feuillages. »

Mme de Souche courut en haut ouvrir l'armoire pour dégager le prince de Vaudemont, pendant que son mari alloit voir dans le jardin s'il le trouveroit; ce qui fut inutile au pauvre comte, car M. Desnué n'y avoit pas été de la journée, ayant toujours demeuré proche de sa belle, à lui faire voir toute la force de son amour.

Sitôt que le prince fut sorti de prison, il courut au devant du comte et lui dit : — « Ah! Monsieur, j'étois bien en peine de vous, ne vous ayant pas vu depuis le matin; avez-vous fait bonne partie à la chasse? — Monsieur, répondit le comte de Souche, en lui prenant la main, j'ai eu la fortune à mes gages, car tous les coups que j'ai tirés ont réussi, de sorte que je suis fort content. — Ah! Monsieur, répondit le prince de Vaudemont, en contrefaisant toujours sa voix enrouée, c'est le plus grand plaisir du chasseur que la prise. Courir sans rien trouver est un exercice bien triste, mais je crois qu'il y a du bonheur à la chasse, comme au reste des choses du monde. »

Nos messieurs auroient encore continué leur conversation; mais un des valets du comte lui vint dire que le souper étoit prêt, ce qui leur fit quitter la promenade et se mettre à table, où l'on dit mille choses galantes.

Après le souper l'on joua de la guitare et du tuorbe, où la comtesse, qui chantoit fort bien, mêla sa voix toute charmante, et dit plusieurs airs fort tendres que M. Desnué lui avoit appris et qu'elle trouvoit les plus jolis du monde, parce qu'ils exprimoient les passions de son cœur. Les voici comme elle les chanta :

> L'on dit que la colère
> Peut dégager un cœur,
> Mais ce n'est qu'une erreur,
> Et je sais le contraire.
> Aime-t-on tendrement ?
> Ah ! difficilement
> Peut-on fuir ce qu'on aime.
> Qui se fâche aisément
> Doit s'apaiser de même.

Le comte de Souche trouva tant de sincérité dans cet air qu'il pria sa femme de le dire deux ou trois fois, ce qu'elle fit agréablement et dit encore ce qui suit :

> Le Soleil, jaloux des plaisirs
> Qu'on goûte dans la plaine,
> Empêche que les doux zéphirs
> Ne soufflent leur haleine.
> Mais malgré toute sa chaleur,
> Je chercherai l'ombrage,
> Et j'aurai de la fraîcheur
> Au fond de ce bocage.

M. Desnué, qui prit la basse, chanta ces paroles avec le clavecin :

> Ah ! que ce séjour est charmant
> Pour la demeure des amants !
> On goûte une joie parfaite
> Dans cette agréable retraite.

Le comte de Souche voulut prendre part à la charmante symphonie, et fit ces vers impromptus :

> Mon Dieu ! que vous avez d'appas !
> Le doux plaisir de vous ouïr chanter !
> Les dieux, s'ils étoient ici-bas,
> Seroient forcés de vous aimer.

Tout le soir se passa avec assez de délices, à la réserve de nos amants, qui étoient observés du comte, et qui ne pouvoient rien se dire de tendre que par le langage de leurs yeux, qui faisoient tous leurs efforts à parler secrètement. Et comme M. de Souche avoit la vue fort courte, le bonhomme ne pouvoit pas bien remarquer les mouvements passionnés de ces interprètes muets, qui disent plus que l'éloquence la plus polie.

Le comte de Souche, qui se défioit un peu que le maître aimoit son écolière, mais cependant qui ne faisoit aucun jugement téméraire, sachant bien que sa femme étoit tout aimable, et qu'il étoit impossible de la voir sans sentir quelque chose de particulier pour elle, voulut pourtant l'éprouver. Ce mari jaloux feignit d'aller à la chasse une après-dîner qu'il faisoit un temps admirable, et, comme dans la forêt où il couroit toujours des bêtes sauvages, il y avoit au milieu un endroit ravissant pour la rêverie, à cause d'un ruisseau qui couloit agréablement sous cet ombrage, c'étoit ordinairement le lieu le plus charmant que la comtesse trouvoit et qu'elle appeloit ses délices, quand elle forma le dessein, avec M. Desnué, d'aller se délasser l'esprit des leçons qu'elle prenoit, dans ce bois solitaire, espérant que le comte étoit bien loin, et qu'elle pourroit à loisir goûter à l'écart les charmes de l'amour.

Tout cela étoit assez bien pris, si la jalousie n'avoit pas inspiré au comte des soupçons, ce qui le fit cacher derrière les buissons les plus épais, et pour entendre la conversation que Mme de Souche auroit avec le maître déguisé, qui dit à la belle tout ce qu'un amour violent est capable d'inspirer et de sentir. Notre belle, après un long entretien qu'elle eut avec son galant, qui ne roula que sur les tendres sentiments de son cœur et sur la constance de son amour, fit mille caresses passionnées au prince de Vaudemont, qui paroissoit tout charmé dans cet agréable moment, et qui dit à sa charmante maîtresse, d'un air doux et sensible, que de tous les plaisirs de la vie, celui qui le touchoit le plus étoit les aimables caresses d'une jolie femme; que même cette qualité tenoit lieu de mérite à celle qui n'en avoit pas, et que l'indifférence en aimant étoit quelque chose d'insupportable. — « Quoi, mon cher, reprit la comtesse en souriant, peut-on aimer bien et avoir de l'indifférence? Comment accommodez-vous le contraire de l'amour? — Madame, répartit M. Desnué, il y a des femmes qui sont dissimulées au dernier point, et qui aiment tendrement leur amant, et qui seroient au désespoir de le leur faire connoître, soit par un motif de honte ou par celui de la gloire, ce qui est la plus grande foiblesse du monde; car il n'y a rien de si naturel que d'aimer, et même de toutes les passions l'amour est le plus noble, étant l'âme de tout l'univers, qui seroit inanimé sans ce dieu. — Il est vrai, mon cher, continua la comtesse en l'embrassant, que les plus charmants plaisirs que la nature a inventés sont ceux que l'on goûte en aimant. Ah! que la fin d'un tendre amour laisse de vide dans la vie! et qu'un cœur vers la raison fait un triste retour, quand il ne sent plus ces brûlants transports qui l'animent!

Monsieur de Souche, qui avoit eu la patience d'écouter tout ce langage amoureux, et qui souffroit mortellement, étant toujours sur le point de percer son ennemi de mille coups, ne put s'empêcher de rompre une conversation où sa gloire étoit offensée, et qui méritoit si bien de se venger. Il courut donc, l'épée à la main, à sa femme, et lui dit, furieux comme un lion : « Ah ! perfide, tu mérites la mort ; l'honneur me vengera de ton infidélité et de ta trahison. Quoi, lâche ! ton cœur a-t-il pu former le dessein de trahir ton mari, qui t'a aimée au-delà de ce que tu vaux ! »

Le comte prononça toutes ces paroles avec une colère inconcevable, ce qui fit fuir nos amants infortunés dans la forêt d'un côté et d'autre, et le comte de Souche, qui ne pouvoit pas bien pénétrer, à cause des lieux sombres du bois et de sa vue, où étoient les ennemis, retourna chez lui donner ordre que jamais son infidèle épouse ne revînt à sa maison, fit fermer toutes les portes du château, et passa quelque temps fort tristement.

Pendant tout ce désordre, le prince de Vaudemont et la comtesse étoient désespérés de leur malheur, qui étoit sans remède ; car il n'y avoit pas moyen d'appaiser le comte de Souche, irrité effroyablement, et qui ne pouvoit pas même entendre prononcer le nom de sa femme, ne la regardant plus que comme une scélérate, qui méritoit toute sa haine. Mais ce qui consoloit un peu cette désolée étoit l'espérance qu'elle avoit que le déguisement du prince en M. Desnué n'avoit pas été découvert ; et que ce rusé galant avoit toujours bien joué son rôle, que même le bonhomme croira incessamment que c'est le maître de tuorbe qu'elle aime. Ces idées donnèrent un peu de repos à notre belle, qui pria le prince de Vaudemont d'aller faire sa cour auprès de son mari, ce qu'il trouva fort difficile, et dit à Mme de Souche : — « Quoi, croyez-vous, ma chère, que le comte ne m'ait pas reconnu dans le personnage que j'ai fait? Il est trop fin pour n'avoir pas connu que c'étoit moi qui étois le maître de clavecin. — Ah! mon aimable, perdez ces sentiments; mon mari n'auroit point souffert cette feinte, s'il avoit eu la moindre connoissance de la tromperie que nous lui avons faite, mais je ne puis m'en affliger davantage; puisque c'est vous qui en êtes la cause. — Ah! mon adorable enfant, dit le prince, en se jetant aux pieds de la comtesse, je suis au désespoir de vous donner de la peine; mais je prétends reconnoître toutes les bontés que vous avez eues pour moi en sacrifiant ma vie pour votre soulagement. Faites fond sur ma tendresse, qui sera pour vous éternelle. »

Des assurances si sensibles firent tomber un torrent de larmes des beaux yeux de Mme de Souche, que son amant, qui n'étoit pas moins affligé, prit la peine d'essuyer de son mouchoir, après l'avoir baisée mille fois. La belle, toute languissante, dit au prince qu'elle ne vouloit plus voir le monde, et qu'il falloit qu'elle se retirât dans un couvent, le reste de ses jours. A quoi son cher amant ne put consentir qu'avec une violence incroyable. — « Quoi, disoit ce tendre prince, perdre ce que l'on a de plus cher au monde est la plus grande infortune qu'un homme puisse recevoir. Oui, Madame, continua ce passionné galant, il n'y a que la mort qui puisse effacer un si triste souvenir. — Ce que vous dites est vrai, répondit la comtesse en soupirant, mais nous ne pouvons pas nous opposer à notre destinée, qui suit les ordres reçus du premier des êtres, sans nous demander si nous sommes contents de ce qu'elle fait. — Il faut donc consentir à ses décrets aveuglément et sans résistance, répliqua le prince de Vaudemont? — Oui, mon cher, nous y devons obéir comme forcés. C'est pourquoi, si je dois finir mes jours dans un monastère, vos efforts ne pourront l'empêcher. »

La comtesse, qui vouloit absolument se retirer dans une abbaye de Sainte-Claire, qui étoit composée de femmes qui avoient des différends dans le monde, dit adieu à son amant qu'elle laissa plus mort que vivant, et qui lui promit pourtant qu'en son absence, il alloit travailler à la bien remettre avec son époux afin de la pouvoir encore revoir et de lui pouvoir dire qu'il l'aimeroit jusques au tombeau.

Ce fut les dernières paroles que nos tendres amants se dirent, après s'être embrassés mille fois, qui furent accompagnées de tristes soupirs et de pleurs capables d'attendrir un cœur de marbre et d'amollir les rochers[1].

Le roi, depuis peu de jours, n'ayant plus rien à démêler avec le monde, et voyant que la for-

---

1. Le long épisode qu'on vient de lire ne se rattache en aucune façon ni à ce qui précède ni à ce qui suit.

tune commençoit à l'abandonner, en fit des plaintes sensibles à son confesseur[1] et à la marquise de Maintenon, comme à ses deux plus fidèles amis, à qui Sa Majesté confie tous ses secrets et les fait dépositaires de ses plus chères pensées. Ce prince leur dit, en des termes fort pathétiques, que la vie lui étoit un supplice, depuis un espace de temps, et qu'il envioit le bonheur de ceux qui passent leurs jours dans des monastères; qu'ils étoient exempts de mille et mille chagrins qui travaillent les hommes, et qui leur rongent l'esprit; que de toutes les conditions, celle des monarques et des princes étoit la plus à plaindre; que l'éclat qui environnoit leur sort n'étoit qu'imaginaire, et que le moindre berger goûtoit plus de douceurs dans son petit état possible[2] que le plus grand des rois ne faisoit dans tout son triomphe.

Des réflexions de cette nature étonnèrent extrêmement le révérend Père, qui regarda la marquise de Maintenon en soupirant, et qui lui dit: « — Madame, le cœur de notre monarque est tout abattu, ce qui me surprend assez qu'un grand prince comme lui, qui a la foudre en main pour renverser l'univers quand il voudra, puisse concevoir des idées si tristes. » Le Père jésuite dit ces paroles avec chaleur, comme étant intéressé à la conversation du Roi, qui a tant de bonté pour tous les religieux, particulièrement pour les révérends Pères de la compagnie de Jésus, qui font tout leur possible pour enlever la ten-

---

1. Le P. de la Chaise.
2. Peut-être.

dresse de ce prince, en lui donnant continuellement de l'encens qui ne leur coûte rien. Le Père Bon-Ange[1], grand ami de Mme de Maintenon, a fait battre, il n'y a pas longtemps, plusieurs belles médailles où le Roi est représenté en diverses figures, comme un Jupiter qui renverse le monde avec sa foudre, ou bien comme Hercule qui triomphe de plusieurs nations et même des fleuves. Achéloüs fils de Thétis, combat en vain pour Déjanire, quoiqu'il soit métamorphosé en taureau qui est le plus furieux de tous les animaux; Hercule lui arrache une de ses cornes. L'on voit, d'un autre côté, le Roi dans les airs, comme un Apollon qui fait la guerre à ses ennemis et qui leur perce le cœur de flèches. Toutes ces charmantes devises ont été présentées à Sa Majesté dans la vue de l'encourager à soutenir ses conquêtes. C'est le dessein jésuitique que ces illustres Pères de l'Église forment tous les jours.

Pour revenir aux réflexions solides que notre Monarque fait, en ayant bien voulu entretenir son confesseur, qui trouva bon de relever les sentiments de ce prince, en lui faisant connoître par une morale toute choisie, et digne de

---

1. Il y avoit, à cette époque, un capucin nommé le P. Ange qui s'occupoit beaucoup de médecine. Mme de Sévigné en parle assez souvent. Il fut appelé auprès de Mme la Dauphine en 1690. On a bien publié une *Histoire du roy Louis le Grand par les médailles, emblèmes, devises, jetons*, etc., etc., dont la 2e édition, augmentée de 5 pl., est de 1693. Mais l'auteur est le P. Claude-François Ménétrier. Ce qu'on trouve le plus dans son ouvrage, c'est le Roi en Jupiter, en Apollon, en Hercule et en Soleil. Nous n'avons pas trouvé de fleuve Achéloüs.

l'esprit de ces Messieurs, qu'il falloit qu'un héros ne s'abattît jamais, quand même la fortune ne seroit plus son amie et que le bonheur le fuiroit; et que les Rois étoient au-dessus de ces chimères, et qu'une autre main régloit leur sort, que tout le reste des hommes [1]; et qu'un Prince comme lui et né heureux, ayant toujours été la terreur de toute l'Europe, il ne falloit pas écouter mille petits sentiments qui s'élevoient dans le cœur par la sollicitation de la chair, qui s'oppose incessamment à la juste raison, et qui est quelquefois irraisonnable elle-même dans son désordre. Le Roi se sentit le cœur fortifié et plus fort de courage, après de si sublimes expressions, ce qui donna une joie inexprimable à madame de Maintenon, et lui fit remercier le révérend Père en ces termes : — « Mon cher conducteur, je sais que vous êtes la lumière du monde, et que sans votre divin pouvoir nous ne pouvons rien faire, et que vous affermissez les pas les plus glissants; c'est pourquoi je vous remets l'esprit du Roi entre vos bras, qui est changeant comme le reste des humains; ce qu'il veut aujourd'hui, demain ce Prince ne le veut plus. Je ne sais ce qui fait cette inégalité chez lui. — Madame, répondit le Père, après avoir bien rêvé, j'ai découvert, ou je me trompe, le principe des chagrins de notre Monarque. Je crois qu'il est fâché de n'être plus sensible à l'amour qui a été autrefois sa passion dominante; que, voyant que vous lui présentez jour-

---

1. C'est-à-dire : et qu'une main autre pour eux que pour le reste des hommes réglait leur sort.

nellement des objets adorables, et qu'il ne trouve plus rien chez lui qui réponde à ces offres charmantes, vous l'irritez plutôt que de renouveler sa tendresse mourante. N'est-il pas vrai, Madame, continua ce rusé Père, que ce que nous pouvons avoir facilement nous rebute? — Mon père, répliqua la Marquise, vous approchez un peu de ce qui chagrine le Roi; mais je sais que sa véritable peine est le méchant état des affaires présentes. Sa Majesté ne voit point de jour à trouver de l'argent pour fournir à la guerre, qui désole, comme vous voyez, une partie du royaume de France. Les coffres du Roi sont entièrement vides [1], et de l'humeur qu'est ce Prince, il fera comme François Ier, c'est-à-dire que Sa Majesté se servira de sa dernière pièce, comme fit son allié devant Pavie. — Madame, dit le jésuite, nous avons fait tout notre possible pour l'Etat, et nous ne pouvons plus rien donner du nôtre, ou bien nous serons réduits à la mendicité, qui est une chose déplorable, que des religieux, qui se sont vus autrefois à leur aise, soient aujourd'hui sur le petit pied. — Ce que vous dites est vrai, mon cher père; mais quelquefois nous ne sommes pas nés pour être tout-à-fait inutiles dans la vie. Notre Monarque a trouvé à propos de se servir de vous, comme de lumière, dans les ténèbres et pour voir clair en toutes ses entreprises. »

La conversation sérieuse auroit encore duré, si frère Antoine [2], qui est un novice nouvelle-

---

[1]. Voir plus haut les *Amours de Louis XIV et de Mlle du Tron*.

[2]. Nom imaginaire, comme celui de Mlle Gisson, qui suit.

ment reçu, et par malheur qui est devenu amoureux d'une des demoiselles de madame de Maintenon, qui est une jolie fille, jeune et fort engageante, ne fût entré, et n'eût rompu l'entretien, en demandant d'un air tendre et plein de feu à la marquise, comment se portoit mademoiselle Gisson[1], qui étoit depuis peu malade, et si le remède qu'il lui avoit donné avoit bien réussi. — « En vérité, mon frère, répondit madame de Maintenon, en riant, et qui ne se doutoit point de l'amour de frère Antoine, l'on m'a dit ce matin que la pauvre enfant étoit bien mal. Elle auroit peut-être besoin d'un consolateur. — Madame, je m'y en vais, dit le frère passionné; je tâcherai de la consoler le mieux qu'il me sera possible. »

Le frère étant entré dans la chambre de mademoiselle Gisson, s'approcha de son lit et lui prit la main, pour demander d'une voix tendre si elle dormoit bien. — « Non, mon frère, répondit la belle, je ne puis trouver de repos. Je sens des inquiétudes mortelles. — Ah! mon aimable sœur, répartit le frère Antoine, en lui baisant les mains tendrement, quels pourroient être les troubles de votre cœur? faites-moi la grâce que je sois votre confesseur; je vous pardonnerai bien des petits péchés qui vous embarrassent et dont la présence vous fait peur. » Mademoiselle Gisson parut toute surprise de la familiarité du frère jésuite. Cette charmante enfant, qui avoit de l'esprit infiniment, connut d'abord que c'étoit l'amour qui l'apprivoisoit, et que, si elle

---

1. Voy. la note précédente.

confessoit ses péchés à un homme qui avoit le cœur si tendre, elle auroit facilement la rémission de toutes les fautes qu'elle auroit commises, petites ou grandes, ce qui est contre les ordres que la pénitence ordonne et les mortifications de l'Eglise. Notre charmante dit au frère qu'elle ne se sentoit pas encore assez bas ni assez foible, pour avoir besoin d'un confesseur, que son mal commençoit un peu à diminuer. — « J'en suis ravi, ma chère mignonne, répliqua le frère, en riant, car ce seroit dommage qu'une jolie demoiselle comme vous ne fît plus l'ornement du monde. » — Que je vous trouve obligeant, mon frère, dit cette incomparable; vous me contez plus de douceurs que jamais l'on ne m'a fait, et vous êtes trop galant pour le monastère. Vous avez très-mal fait de renoncer au monde. — Hélas! ma belle enfant, ce n'est que la rigueur de votre aimable sexe, répartit le frère, en soupirant, qui m'a inspiré l'envie d'être religieux. Je n'ai aucune inclination au parti que j'embrasse, mais le désespoir où je me suis trouvé en aimant passionnément la plus cruelle qui ait jamais été sous le ciel, et la plus adorable qui fût au monde, m'a fait jeter aveuglément, et sans réflexion, aux Jésuites, trouvant toutes choses ennuyeuses, puisque je ne pouvois pas me faire aimer de la jolie enfant qui me tenoit sous sa loi. Ah! quel martyre, ma charmante, continua cet amoureux frère, quand on n'a point de réciproque en amour! — Je vous plains extrêmement, mon frère, répondit modestement mademoiselle Gisson, puisque ce n'est point pour un véritable motif de piété que vous avez quitté les plaisirs de la vie. Vous serez malheureux tout le reste de vos jours. »

Le frère Antoine vouloit comme embrasser la belle mignonne par un transport de passion, quand la marquise de Maintenon entra, qui trouva au frère jésuite les yeux tout remplis d'un beau feu, que sa tendresse amoureuse lui faisoit naître et qui le rendoit tout brillant. Madame de Maintenon lui en sut bon gré, croyant que cette vivacité venoit de la force de sa dévotion. — « Eh bien! mon frère, combien avez-vous dit de prières à notre malade. » — Madame, répondit le frère tout confus, j'en ai dit autant que Mademoiselle en a voulu. Je finissois les litanies de la Vierge, quand vous êtes entrée. — Je suis fâchée d'avoir interrompu une si charmante dévotion, répartit la Marquise; mais vous pouvez continuer, je serai un de vos auditeurs. »

Le frère, qui n'avoit point envie de dire des prières, et qui n'en savoit peut-être pas beaucoup, aimant bien mieux lire quelque jolie petite histoire amoureuse que ses matines, prit congé de notre abbesse, en lui disant adroitement qu'il fît encore quelque autre visite à des malades qui l'attendoient, et que comme le révérend père du Sort[1] ne pouvoit plus sortir à cause de sa vieillesse, il falloit qu'il le soulageât un peu. — « Vous avez des sentiments bien pieux et bien charitables, mon frère, répondit madame de Maintenon; c'est un bon commencement pour un jeune religieux. Je prierai Saint-

---

1. Nom imaginaire.

Louis, notre aimable patron, qu'il fortifie les bons mouvements de votre cœur. » Le frère remercia la marquise par une inclination de tête en la quittant.

Mademoiselle Gisson, toute malade qu'elle étoit, eut peine à s'empêcher de rire dans son lit, de l'hypocrisie de frère Antoine, qui trompoit si finement madame de Maintenon, en l'amusant d'oraisons imaginaires; car le rusé jésuite aimoit bien mieux donner l'encens à Vénus ou à Bacchus, qu'aux autres saints et aux saintes, qui n'étoient, comme il le disoit à ses amis, que dans l'imagination des simples.

Le lendemain, le Roi, pour charmer son chagrin, qui étoit insupportable, fut à Saint-Cloud avec toute la Cour, où l'on donna un bal le plus charmant qui se soit jamais vu. La duchesse de Chartres [1] n'avoit point encore paru si aimable qu'elle le fut dans ce jour; aussi emporta-t-elle le prix du bal, comme celle qui dansa du plus bel air, ce qui réveilla un peu la tendresse mourante du Roi, et lui fit naître l'envie de danser avec cette belle princesse, à qui Sa Majesté dit même des douceurs paternelles, que la duchesse trouva fort bien pensées; à quoi elle répondit d'un air enjoué qu'elle devoit à Sa Majesté la lumière du jour : — « Il est vrai, mon illustre mignonne, dit le Roi

---

[1]. Le nom de Mme de Chartres nous reporte au-delà de 1692, puisque c'est le 12 février de cette année que Philippe d'Orléans, duc de Chartres, fils du duc d'Orléans et neveu de Louis XIV, épousa mademoiselle de Blois, légitimée de France, fille du Roi et de Mme de Montespan, née en juin 1677.

en riant, mais non pas votre mérite. — Ah ! Sire, répondit la duchesse, j'en sais bien faire la différence. »

Notre Monarque auroit peut-être encore raisonné avec cette charmante, si madame de Maintenon, qui ne peut souffrir que le Roi caresse personne (quoi qu'indifféremment ce Prince le fasse quelquefois pour passer de méchants moments, ou pour faire diversion à l'embarras où Sa Majesté se voit aujourd'hui), ne l'eût interrompu par une lettre qu'elle présenta à Sa Majesté, du comte de Châteaurenaud[1], qui commandoit la flotte françoise, où il marquoit toutes les merveilles qu'un des vaisseaux que l'on appeloit l'*Entreprenant* faisoit ; ce qui donna un grand plaisir à ce Prince, et lui inspira la plus belle humeur du monde.

L'on fut à la chasse le jour suivant. Mademoiselle de Bourbon[2], qui est une des jolies

1. François-Louis de Rousselet, comte de Châteaurenaud, étoit à cette époque un des quatre lieutenants-généraux des armées navales. En 1661, il étoit déjà enseigne de vaisseau ; en 1672, chef d'escadre ; grand' croix de l'ordre de Saint-Louis, à la création, il fut nommé maréchal de France en 1703, et mourut en 1716. Il eut un fils qui fut capitaine de vaisseau et chevalier de Saint-Louis. Le dernier fait d'armes maritime que rapporte de lui la *Gazette*, entre 1687 et 1703, consiste dans la part qu'il prend à la défaite des flottes anglaise et hollandaise sur les côtes d'Angleterre (*Extraord.* du 27 juillet 1690).
2. Une des petites-filles du Grand Condé, née du prince Henri-Jules et d'Anne de Bavière, seconde fille d'Edouard de Bavière, prince palatin du Rhin et d'Anne de Gonzague ; deux princesses portèrent ce nom : l'une étoit Marie-Thérèse, née en 1666, mais qui étoit mariée à cette époque, puisqu'elle épousa, le 29 juin 1688, le prince de Conti ; l'autre étoit Anne-Louise-Benedicte de Bourbon, née le 8

cavalières qui aient jamais été, parut aussi infatigable que les meilleurs cavaliers dans la force de leur course. Elle fut toujours à la tête des chiens, en conduisant son cheval avec une adresse admirable, ce qui la fit distinguer de toutes les autres dames, et lui attira plusieurs louanges que cette charmante chasseresse reçut modestement, particulièrement du marquis de Bordage [1], qui ne l'avoit point abandonnée un moment, et qui étoit devenu passionnément amoureux d'elle dans cette rencontre. Il est vrai qu'il est bien difficile à un homme un peu délicat en mérite de conserver sa liberté en la compagnie du sexe féminin, quand la nature a donné à ces aimables conquérantes les dons de se faire aimer.

Nous lisons qu'un philosophe moderne ayant fait tous ses efforts pour ne pas sentir la foiblesse de l'amour, fit une ferme résolution de ne voir jamais de femmes, espérant par ce moyen que leurs charmes ne troubleroient point son repos; mais étant un jour dans sa solitude ordinaire, qui étoit comme un petit désert, où

---

novembre 1676; le 19 mars 1692 elle épousa le duc du Maine, un mois environ après le mariage de Mlle de Chartres.

1. Un marquis du Bordage fut tué à la prise de Philisbourg, par le Dauphin, octobre 1688: il commandoit un régiment que le Roi donna au duc du Maine, le futur époux de mademoiselle de Bourbon. (Voy. la note précédente.) Le fils obtint du Roi la promesse d'un régiment, et mille écus de pension. René de Montboucher, marquis du Bordage, ayant épousé en 1669 Elisabeth Goyon, héritière du marquis de La Moussaye, son fils étoit bien jeune vers 1690 ou 1692, date approximative de ce pamphlet, pour oser porter si haut ses visées. Mais on sait combien peu de confiance mérite ce libelle.

il n'entroit personne, deux pigeons se caressoient tendrement sur un jeune arbrisseau que la nature avoit fait naître dans ce lieu solitaire. L'amour prit plaisir dans ce moment à faire considérer avec attachement à ce philosophe rêveur toutes les petites manières innocentes et toutes charmantes dont cette aimable colombine se servoit pour faire connoître à son galant qu'elle l'aimoit. Ces tendres pensées lui inspirèrent l'envie d'aimer le chef-d'œuvre que Dieu a créé pour l'homme; c'est de la manière qu'il en parle, après son retour d'indifférence, ayant toujours regretté les précieux moments qu'il n'a pas employés à aimer les jolies femmes.

Revenons au marquis du Bordage, qui ne pouvoit perdre l'idée charmante de sa belle Diane, qui avoit pris sa liberté comme les autres conquêtes qu'elle avoit faites. Ce passionné marquis ne pouvant trouver les moyens de faire connoître à mademoiselle de Bourbon combien il languissoit pour elle, lui écrivit ce qui suit dans la tablette que cette belle mignonne avoit perdue en courant le cerf, dans le plus épais de la forêt, et que ce tendre cavalier avoit trouvée à ses pieds; voici ce qu'il y grava en la lui renvoyant :

Rien ne me touche tant que mon incomparable.
Je découvre en elle plusieurs charmes secrets,
 Et mille appas et mille attraits,
Dont la douce force est pourtant inévitable.
 De la douceur, point de fierté,
 Un air qui n'est point affecté,
Un port majestueux, un esprit agréable
Qui range tous les cœurs sous son divin pouvoir,

> Et leur peut en l'aimant faire à tous concevoir
> Un bonheur sans égal et même inexprimable.

Mademoiselle de Bourbon fut toute surprise de voir dans sa tablette des vers écrits d'une main inconnue et qui faisoient une partie de son portrait, le marquis ne l'ayant pas voulu achever, afin d'avoir encore un sujet une autre fois de la surprendre, ce qui lui étoit assez difficile, car cette adorable perfection étoit fort réservée et ne voyoit point le monde, étant très-souvent à la campagne, à un beau château qui lui appartenoit, à deux lieues de Saint-Germain.

Le marquis se sentant éperdûment amoureux, et ne pouvant être assez heureux pour jouir de la présence de son incomparable, prit les habits de la jardinière, à qui il ressembloit beaucoup, et que depuis longtemps il ménageoit pour ce dessein. Mademoiselle de Bourbon étoit accoutumée à venir tous les matins cueillir des fleurs dans le jardin et à passer quelques heures dans l'entretien rustique des paysannes qui venoient cultiver les parterres du jardin. Le marquis déguisé s'étoit mis dans un coin pour tirer de méchantes herbes qui gâtoient des jasmins et des orangers, quand notre belle, qui aimoit passionnément ces petits arbrisseaux, fut trouver celle qui les accommodoit dans une propreté sans égale, et lui dit, en riant : « Ah! ma chère, que vous êtes propre au jardinage! je n'ai point encore vu une personne si adroite que vous. »

Le marquis, qui se sentit le cœur ému de ces douceurs, lui répondit, en copiant la paysanne, qu'elle se croyoit la plus fortunée de toutes celles de son village, puisqu'elle avoit le bonheur de plaire à une si illustre personne. Mademoiselle de Bourbon aperçut au langage de cette fille de la différence au jargon ordinaire des bocagères. Elle lui demanda, en la regardant fixement, d'où elle étoit, et si elle n'avoit jamais été dans les villes. La jardinière parut si spirituelle à cette charmante demoiselle, qu'elle entra en soupçon que ce ne fût quelqu'un qui se fût déguisé pour lui parler. Ces pensées la firent retirer plus tôt qu'elle n'auroit fait. Le marquis se voyant seul, et n'ayant pas encore fait de grands progrès dans son amour, s'avisa d'écrire ces vers sur l'écorce des arbres du jardin :

Belle pour qui l'amour se déguise aujourd'hui,
En voyant vos beaux yeux, je demeure ravi.
Plusieurs me charment l'œil, mais une au cœur me tire
Des traits si forts, si doux, que doux est mon martyre.

Comme le marquis achevoit ces tendres paroles, les autres paysannes l'appelèrent pour travailler dans les allées de verdure qui composoient ce beau lieu.

FIN.

TABLE ALPHABÉTIQUE.

Acigné (d'). Voy. Assigny.
Aiguillon (duchesse d'), I, 71, 72, 89; II, 71.
Albemale (duchesse d'), 2ᵉ femme de Milord Montaigu, I, 257, 258.
Albert (Marie-Thérèse d'), fille aînée du duc de Chevreuse, 1ʳᵉ femme du duc de Luxembourg. Voyez Luxembourg (Marie-Thérèse d'Albert, femme du duc de).
Albret (Jeanne d'), reine de Navarre, III, 130.
Albret (César-Phœbus d'), baron de Pons et de Miossens, connu d'abord sous le nom de comte de Miossens, plus tard maréchal d'Albret, I, 39, 62, 185, 232, 233, 318; II, 271, 273.
Albret (Madelaine de Guénégaud, maréchale d'), III, 126.
Albret (François-Amanieu, chevalier d'), frère puîné du maréchal, I, 316, 318.
Alcandre (le grand). Voy. Louis XIV.
Alençon (mademoiselle d'), sœur [du 2ᵉ lit] de mademoiselle de Montpensier, II, 271.
Alens (M. d'), III, 73.
Alets (Louise de Rabutin, comtesse d'), fille de Bussy-Rabutin, I, xiii, xvi.
Alexandre VII (le pape), II, 80.
Alexis Mikhaïlowitch. Voy.

350 TABLE ALPHABÉTIQUE.

Potemkim (Pierre), I, 137. 138.

Alibert (d'), confident du président Cornuel, I, 89.

Alluye (Charles d'Escoubleau de Sourdis, marquis d'), père de Paul. On l'appeloit marquis de Sourdis, I, 299. Voy. Sourdis.

Alluye (François d'Escoubleau de Sourdis, marquis d'), frère aîné de Paul, I, 299 et suiv.

Alluye (Paul d'Escoubleau, marquis d'), 2° fils de Charles, I, 296, 301, 316.

Alluye (Benigne de Meaux du Fouilloux, femme du marquis Paul d'), I, 76, 263, 291, 295, 296 et suiv.

Alphonse VI, roi de Portugal, II, 201, 296; III, 126.

Altovitte-Castellane (Marcelle d'), I, 35.

Alvarez, joaillier, III, 414.

Amably (Sibylle-Angélique d'), femme du comte de Comminges. Voy. Comminges (comtesse de).

Ambleville (chevalier d'Albret, seigneur d'). Voy. Albret (François-Amanieu, chevalier d').

Amboise (Clermont d'). Voy. Clermont (maison de).

Amelot (Marie), femme du président de Nicolaï. Voy. Nicolaï (madame de).

Andelot (Gaspard IV de Coligny, d'abord marquis d'), puis duc de Châtillon, après son frère aîné. Voy. Châtillon (duc de).

Andoins, vicomtesse de Louvigny (Diane, dite *la belle Corisante* d'), femme de Philibert, comte de Gramont, aïeule de Philibert, chevalier d'Andoins, puis comte de Gramont, qui suit, I, 49.

Andoins (Philibert, chevalier de Gramont, connu d'abord sous le nom d'). Voy. Gramont (le chevalier de), I, 49.

Angennes (famille d') :
— de Rambouillet. Voy. Rambouillet.
— de Montlouet. Voy. Montlouet.
— du Fargis. Voy. du Fargis.
— de Maintenon. Voy. Maintenon.
— de Rochefort de Salvert. Voy. Rochefort de Salvert.

Angennes de Rambouillet (Julie-Lucine d'), marquise de Montausier. Voy. Montausier (marquise de).

Angleterre (Henriette d'), dite MADAME, femme de MONSIEUR, frère du roi Louis XIV. Voy. Orléans, (Henriette d'Angleterre, femme de Philippe de France, duc d').

Angoulême (Louis de Lorraine, duc de Joyeuse, puis duc d'), II, 73, 74.

Angoulême (Françoise-Marie

TABLE ALPHABÉTIQUE. 351

de Valois, duchesse d'), II, 72, 73, 74.
Angoulême (Louis-Emmanuel de Valois, duc d'), II, 74.
Angoulême (Henriette de La Guiche, femme de Louis-Emmanuel de Valois, duc d'), II, 74 ; IV, 260.
Anjou (Philippe, duc d'), plus tard Monsieur, duc d'Orléans. Voy. Orléans (Philippe de France, duc d').
Anjou (Louis-François, duc d'), dernier fils de Louis XIV et de Marie-Thérèse, IV, 31.
Annat (le P.), confesseur du Roi, II, 61, 70.
Anne d'Autriche, I, 75, 115 et suiv., 144, 175, 185, 214, 216, 223, 226, 229, 254, 256, 262, 279, 289, 291, 297, 415; II, 9 et suiv., 32, 41 et suiv., 46, 49, 57, 60, 61, 104, 105, 106, 109, 124, 147, 184, 201 ; III, 125, 126; IV, 245, 246, 251, 252, 263, 280.
Anne du Saint-Sacrement. Voy. Viole (Anne).
Antin (Louis-Antoine de Pardaillan de Gondrin, duc d'), II, 374.
Antin (Julie-Françoise de Crussol d'Usez, femme du duc d'), II, 374.
Antoine (Marie d'), femme de Louis de Cabre. Voy. Cabre (Marie d'Anthoine), femme de Louis de Cabre.
Aquin (M. d'), médecin. Voy. Daquin.
Archevêque de Bourges (Anne de Lévis-Ventadour), II, 72.
Archiduc d'Autriche, II, 201.
Arcy (René Martel, sieur de Fontaine-Martel, marquis d'), I, 325 et suiv.
Ardier de Beauregard (le président Paul), I, 206.
Ardier de Beauregard (Louise Ollier, femme du président Paul), I, 206.
Ardier de Vineuil, frère du président Ardier. Voy. Vineuil.
Ardier (Claude), femme de Gaspard I de Fieubet, trésorier d'Espagne. Voy. Fieubet.
Ardier (Marie), femme de Gaspard II de Fieubet, chancelier de la reine Marie-Thérèse, I, 206.
Argenteuil (N. Le Bascle, s^r d'), I, 315.
Argouges (François d'), conseiller d'État ordinaire, conseiller au Conseil royal des finances, IV, 156, 174, 175.
Armagnac (maison d'), III, 253.
Armagnac (comtesse d'), I, 218.
Arnauld d'Antilly (Robert), II, 437.
Arnaud (Isaac), intendant des finances, I, 410.
Arnaud (Henri), évêque d'Angers, I, 294; III, 171.
Arnaud (N. Barrin de la

Galissonnière, veuve du président de La Barre, femme d'Isaac).
Arnaud (Simon), marquis de Pomponne, II, 429, 437.
Arnaud de Pomponne (Catherine L'Avocat, femme d'), II, 429.
Arnoux (le P.), III, 71.
Arpajeux (madame d'), pour d'Arpajon. Voy. Arpajon.
Arpajon (Louis d'Arpajon, marquis de Séverac, créé, en 1650, duc d'), I, 147.
Arpajon (Catherine-Henriette d'Harcourt-Beuvron, duchesse d'), I, 9, 295 ; II, 72; III, 44 ; IV, 269.
Arquien (Louison d'), II, 431, 432, 437, 442, 447; III, 223, 229, 244, 261.
Artagnan (Charles de Castelmar, seigneur d'), I, 398.
Artigny (Claude-Marie du Gast, fille d'Achille du Gast, seigneur d'Artigny et de Montgauger en Touraine et de Marie Le Coustelier; petite-fille d'Antoinette de Montmorency Fosseuse et du fameux marquis du Gast, dite mademoiselle d'), femme de Louis-Pierre Scipion de Grimoard de Beauvoir. Voy. Grimoard de Beauvoir (mademoiselle d'Artigny, femme de Louis-Pierre Scipion de).
Aspremont (M. d'), I, 316.
Asserac (M. d'), II, 72.
Assigny (M. d'), ou d'Acigné, de la maison de Brissac, II, 340.
Assigny ou d'Acigné (Anne-Marguerite d'), 2ᵉ femme du duc de Richelieu, I, 72.
Astérie, surnom de madame de Montespan, III, 4 et suiv. Voy. Montespan (madame de).
Athis (Pierre Viole, seigneur d'). Voy. Viole (Pierre).
Attichy (Octavien Doni d'), baron, I, 170.
Attichy (Valence de Marillac, baronne d'), I, 170.
Attichy (Anne Doni d'), comtesse de Maure. Voy. Maure (comtesse de).
Attigny (mademoiselle d'Artigny et non d'), II, 54.
Aubery (Renée-Julie), femme de Louis II de la Tremouille, marquis de Noirmoutier. Voy. Noirmoutier (Renée-Julie Aubery, marquise de).
Aubigné ou d'Aubigny (maison d'), I, 226.
Aubigny ou Aubigné (maison d'), I, 226.
Aubigné (Agrippa d'), I, 225 ; III, 67, 70, 71, 130.
Aubigné (Suzanne de Lezay, femme d'Agrippa d'), III, 70.
Aubigné (Constant d'), baron de Surimeau, et non Surineau, III, 67 et suiv., 466.
Aubigné (Anne Marchand, 1ʳᵉ femme de Constant d'), veuve du baron de Chatelaillon, III, 70.

TABLE ALPHABÉTIQUE.

Aubigné (Jeanne de Cadillac, 2ᵉ femme de Constant d'), mère de madame de Maintenon, III, 70, 71, 72.
Aubigné (Charles d'), frère de madame de Maintenon, III, 60.
Aubigné (Françoise d'). Voy. Maintenon (madame de).
Aubigny (Claude-Maur d'), évêque de Noyon, puis archev. de Rouen, I, 225.
Aubigny (l'abbé d'), de la maison des Stuart, I, 225.
Aubigny (Charles Bidault d'), I, 226.
Aubigny (M. d'), [?], I, 225.
Aubigny (mademoiselle de Keroualles, duchesse d'). Voy. Keroualles (mademoiselle de).
Aubijoux (François-Jacques d'Amboise, comte d'), I, 62.
Aubray (le lieutenant civil d'), III, 468.
Aubusson de La Feuillade. Voy. La Feuillade.
Aulnay (le comte d'), capitaine commandant le vaisseau *le Trident*, IV, 177.
Aumale (mademoiselle d') et non mademoiselle de Nemours, III, 126.
Aumont (hôtel d'), III, 384.
Aumont (Antoine, duc et maréchal d'), II, 439.
Aumont (Catherine Scarron de Vaures, femme d'Antoine, maréchal duc d'), II, 439; III, 126.
Aumont (Louis-Marie-Victor, duc d'), II, 438; 439, 440, 441; III, 363 et suiv., 458, 480, 484 et suiv., 499, 509.
Aumont (Madelaine Fare Le Tellier, fille du chancelier, 1ʳᵉ femme de Louis-Marie-Victor, duc d'), II, 439; III, 363, 364, 365, 379.
Aumont (Madeleine-Élizabeth Fare d'), femme du marquis de Beringhen. Voy. Beringhen (Madeleine-Élizabeth Fare d'Aumont, mⁱˢᵉ de).
Aumont (Françoise-Angélique de La Mothe Houdancourt, 2ᵉ femme de Louis-Marie, duc d'), I, 46, 50, 83; II, 438, 440; III, 336 et suiv., 482 et s.
Avaugour (François de Bretagne, comte de Vertus et de Goëllo, baron d'), 1, 2, 52.
Avaugour (Claude de Bretagne, baron d'), I, 207.
Avaugour (Marie de Bretagne d'), mariée à Hercule de Rohan Guemenée, duc de Montbazon. Voy. Montbazon (2ᵉ duchesse de).
Avocat (L'). Voy. L'Avocat.

Babou de La Bourdaisière (Françoise), mère du maréchal d'Estrées. Voy. Estrées.
Bade (Louise-Christine de Savoie, femme de Ferdinand-Maximilien, marquis de Bade, *dite* princesse de), II, 79.

354 TABLE ALPHABÉTIQUE.

Bagneux (... Chapelier, sieur de), II, 286-233.
Bagneux (N. de Chartrain, femme de M. de), II, 285-333.
Bailleul (Nicolas de), président au Parlement de Paris, I, 253, 411.
Bailleul (Elisabeth de), fille du président, mariée à Charles Girard, sieur du Tillet. Voy. Tillet (madame du).
Bailleul (Marie de), femme, 1° de François de Brichanteau, marquis de Nangis ; 2° de Louis Chalon du Blé, marquis d'Uxelles. Voy. Uxelles (marquise d').
Balzac (Jean-Louis Guez de). I, 207.
Barbançon (mademoiselle de) femme du prince Ulric de Wurtemberg. Voy. Wurtemberg (Mlle de Barbançon, femme du prince de).
Barbeaux (Basile Fouquet, abbé de). Voy. Fouquet (Basile).
Barberin (le cardinal Antoine), II, 80.
Barbezières (Françoise de), dame de La Bazinière. Voy. La Bazinière.
Barbezières (mademoiselle de), II, 54, 158, 172.
Barbezieux (Louis-François Le Tellier, marquis de), IV, 130, 173, 175.
Barbezieux (Catherine-Louise-Marie de Crussol, femme du marquis de), IV, 175.

Barbier (qui a fait construire le Pont-Rouge ou Pont-Barbier), II, 126.
Barillon (Jean-Jacques de), président au Parlement, I, 294.
Baron (Michel), acteur, I, 5, 298 ; II, 415-419.
Bartet, secrétaire du Roi, I, 20, 147.
Basque sauteur (le), II, 415, 416.
Bassompierre (François II de), maréchal de France, I, 208.
Bautru (Guillaume), comte de Serrant, I, 170; III, 475.
Bautru (Nicolas), comte de Nogent. Voy. Nogent (Nicolas Bautru, comte de).
Bautru (Charlotte), femme, 1° du marquis de Rannes, 2° de J.-B. Armand de Rohan, prince de Montauban. Voy. Montauban (Charlotte Bautru, princesse de).
Bavière (Edouard de), comte palatin du Rhin, mari d'Anne de Gonzague, princesse palatine, I, 226; III, 430.
Bavière (Anne de Gonzague, femme d'Edouard de), princesse palatine, I, 226 et suiv., 295 ; II, 47, 48; III, 430,
Bavière (Ferdinand-Marie, duc de), III, 54 ; IV, 144, 274.
Bavière (Adelaïde-Henriette de Savoie, femme de Ferdinand-Marie, duc de), III, 54; IV, 274.

TABLE ALPHABÉTIQUE. 355

Bavière (Marie-Anne-Christine-Victoire de), femme du Dauphin. Voy. Dauphine (Marie-Anne-Christine-Victoire de Bavière, madame la).
Bazin (M. A.), I, 404.
Beaudean (Marguerite de), femme de Charles, comte de Froulay. Voy. Froulay (Marguerite de Beaudean, comtesse de).
Beauchasteau (François-Mathieu Chastelet de), I, 300.
Beaufort (François de Vendôme, duc de), I, 54, 154, 168, 169, 202, 208, 294; II, 353; IV, 266.
Beaumanoir-Lavardin (famille de), II, 436.
Beauvais (N. Bellier, baron de), I, 71.
Beauvais (Catherine Bellier, dame de), dite Catau la Borgnesse, I, 70, 71, 72, 74, 217, 227, 414, 415; II, 31, 51, 357.
Beauvais (Jeanne-Baptiste de), marquise de Richelieu, fille de Catherine Bellier, dame de Beauvais, I, 66, 71, 72, 123; IV, 273.
Beauvais (mademoiselle de), sœur de la marquise de Richelieu, I, 71.
Beauvais (François-Paul de la Cropte de), maréchal de camp, écuyer de Condé, I, 72.
Beauvais (Uranie de la Cropte de), femme de Louis-Thomas de Savoie, comte de Soissons. Voy. Soissons (comtesse de).
Beauvau le Rivau (famille tourangelle de), tige des Beauvau de Rivarennes et de Montgoyer, II, 34.
Beauvau de Rivarennes et de Montgoyer (François de), III, 53.
Beauvau (Louise de La Baume le Blanc, femme de François de), III, 53.
Beauvau (Gilles de), év. de Nantes, fils de Fr. de Beauvau, III, 53.
Bec-Crespin (René-François du), marquis de Vardes. Voy. Vardes.
Bechameil (Louis de), marquis de Nointel, III 321 et suiv.
Bechilon (Samuel de), sieur d'Erlaut, III, 71.
Béjart (Armande), femme de Molière, I, 65.
Belesbat (l'abbé de), II, 356.
Belin (Antoinette de Faudoas-Averton, femme de son cousin Emmanuel de Faudoas, comte de), III, 240.
Bellay (famille du), II, 436.
Bellefonds (Bernardin Gigault, maréchal de), I, 56; II, 49, 58; IV, 255, 257.
Bellefonds (Madelaine Fouquet, femme du maréchal de), II, 58.
Bellegarde (Roger de Saint-Larry, duc de), II, 115, 116; III, 465.
Bellenave (Louise de), com-

tesse du Plessis, marquise de Clérambault. Voy. Clérambault (marquise de).
Bellièvre (Pomponne de), président à mortier, I, 151.
Benserade, I, 56, 57, 164, 169, 176, 177, 255, 293, 404; II, 79, 352; III, 226.
Béon (Bernard de), seigneur du Massés, I, 191.
Bergh (Eléonore – Febronie de), femme du duc de Bouillon. Voy. Bouillon (Eléonore-Febronie de Bergh, femme de Frédéric-Auguste de La Tour d'Auvergne, duc de).
Beringhen (Jacques-Louis, marquis de), III, 379.
Beringhen (Madeleine-Elisabeth Fare d'Aumont, femme du marquis de), III, 379.
Bernier (François), voyageur et philosophe, IV, 186.
Bernier, chirurgien, IV, 186 et suiv.
Bernières (François de), III, 352.
Beroé, I, 225.
Bertaut (un nommé), I, 205.
Berthod (le P.), I, 228.
Bertillac (M. de), père de Nicolas Jehannot de Bertillac, II, 414-419.
Bertillac (Nicolas Jehannot de), II, 413-419.
Bertillac (Anne-Louise Habert de Montmort, femme de Nicolas Jehannot de), II, 413-419.
Besançon (Hélène de), 2ᵉ femme de Louis-Charles, prince de Courtenay. Voy. Courtenay (Hélène de Besançon, 2ᵉ femme de Louis-Charles, prince de).
Béthune (M. de), I, 315.
Béthune Sully (Marguerite-Louise de), femme, 1° du comte de Guiche, 2° du duc du Lude. Voy. Guiche (comtesse de) et Lude (duchesse du).
Béthune (Louis de), comte de Charrost. Voy. Charrost (Louis de Béthune, comte de).
Béthune Charrost (Marie de), 1ʳᵉ femme du maréchal d'Estrées. Voy. Estrées (Marie de Béthune, 1ʳᵉ femme du maréchal d').
Beuvron (famille d'Harcourt de), I, 7-10.
Beuvron et ses frères, I, 36.
Beuvron (Jacques II d'Harcourt, marquis de), [mari, non d'Anne Le Veneur, mais de Léonor Chabot de Saint-Gelais, comtesse de Cosnac, et père de la comtesse de Fiesque], I, 52.
Beuvron (Anne Le Veneur, femme de François de Fiesque, non de Jacques II d'Harcourt de), belle-mère de Gilonne d'Harcourt, comtesse de Fiesque, I, 52. *Erratum.* — La mère de madame de Fiesque n'était pas Anne Le Veneur, mais Léonor Chabot de Saint-Gelais, comtesse de Cosnac.

Beuvron (François Ier d'Harcourt de), chevalier de l'Ordre, père du marquis François II, marquis de Beuvron, et marié à Renée d'Espinay St-Luc, dame d'Ectot ou Hectot, I, 7.
Beuvron (Renée d'Espinay Saint-Luc, femme de François Ier, marquis de), I, 8.
Beuvron (François II d'Harcourt, marquis de), marié, 1° à Catherine Le Tellier, 2° Angelique de Fabert, veuve de Charles Brûlart, marquis de Genlis, I, 5, 7, 15, 21, 146, 298; II, 187; III, 281 et suiv.
Beuvron (Charles d'Harcourt, comte de), frère de François II, marquis de Beuvron, et mari de Lydie de Rochefort de Théobon, I, 9.
Beuvron (Lydie de Rochefort de Théobon, femme du comte Charles de), I, 146.
Beuvron (Catherine-Henriette d'Harcourt de), 3° femme du duc d'Arpajon, fille de François Ier d'Harcourt, marquis de Beuvron et de Renée Saint-Luc, I, 9, 147.
Bidault (Charles) d'Aubigny. Voy. Aubigny (Charles Bidault d').
Bigot (Anne), 2° femme de Cornuel. Voy. Cornuel (Anne Bigot, femme de).

Biran, duc de Roquelaure. Voy. Roquelaure.
Biscaras (M. de), I, 231; II, 154.
Blainville (Jean-Armand Colbert, marquis de), II, 100.
Blainville (Gabrielle de Rochechouart, mademoiselle de Tonnay Charente, femme du fils de Colbert, marquis de Blainville, II, 100.
Blanchefort (Charles-François de Créquy, marquis de), IV, 211.
Blé (Louis Chalon du), marquis d'Uxelles. Voy. Uxelles (marquis d').
Blot, chansonnier, I, 295.
Bobinet (le P.), IV, 154, 158, 176.
Boesleau (comtesse de), I, 254.
Boileau-Despréaux, I, 6.
Bois-Dauphin (Philippe-Emmanuel de Laval, marquis de Sablé), I, 6.
Boisfranc (Joachim Seiglière, sieur de), 449.
Boisfranc (Marie-Madelaine-Louise de Seiglière de), femme de Bernard-François Potier, duc de Gêvres. Voy. Gesvres (Marie-Madelaine, duchesse de).
Bois-Robert (François Le Metel, abbé de), I, 6, 16; III, 73; IV, 212.
Boissy (Arthur Gouffier, marquis de), I, 316; II, 174.
Boligneux. Voy. Bouligneux.

Bonifasse (mademoiselle), IV, 273.
Bonne, duc de Lesdiguières (François de). Voy. Lesdiguières (François de Bonne, duc de).
Bonne (Madelaine de), femme du maréchal de Créquy. Voy. Créquy (Madeleine de Bonne, femme du maréchal de).
Bonnelle (Noël de Bullion, seigneur de), marquis de Gallardon, fils de Bullion le surintendant, I, 82, 83, 151, 208; III, 302.
Bonnelle (Charlotte de Prie, fille du marquis de Toussy, femme de Noël de Bullion, seigneur de), I, 82, 91, 151, 265, 306; III, 302, 303, 304, 337, 370, 375, 390 et s., 483.
Bonneuil, Bonnœil ou Bonœil (Christophe-Auguste de Harlay, seigneur de), I, 294, 295.
Bonneuil (Françoise-Charlotte de Thou, femme du précédent de), I, 254, 293, 294, 295.
Bonneuil (N... de Thou, demoiselle de), sœur de la précédente, I, 295.
Bonneville, fille au service de madame de Bagneux, II, 296 et suiv., *passim*.
Bontems (Alexandre), un des quatre premiers valets de chambre de Louis XIV, II, 46, 265; IV, 228 et suiv., 162.
Bontemps (Marguerite Bosc, femme d'Alexandre), IV, 128.
Bontemps (Louis), fils aîné d'Alexandre Bontemps, IV, 129.
Bontemps (Alexandre-Nicolas), 2° fils d'Alexandre, IV, 129.
Bontemps (Marie-Madelaine), fille d'Alexandre Bontemps, femme de Lambert de Thorigny. Voy. Lambert de Thorigny (Marie-Madelaine Bontemps, femme de).
Bordeaux ou Bourdeaux (Guillaume de), intendant des finances, I, 182, 406.
Bordeaux ou Bourdeaux (madame de), femme d'un intendant des finances, I, 182.
Bordeaux ou Bourdeaux (Denise de), fille d'un intendant des finances, femme du président de Pommereuil. Voy. Pommereuil (madame de).
Bordeaux ou Bourdeaux (madame de), mère de madame de Fontaine-Martel, I, 182.
Bordeaux ou Bourdeaux (mademoiselle de), demoiselle de Châtillon, puis femme de Ricoux, I, 182, 183, 201, 211, 231, 237, 240, 241.
Bosc (Claude), seigneur d'Ivry, IV, 128.
Bosc (Marguerite), femme de Bontemps, premier valet de chambre de Louis

TABLE ALPHABÉTIQUE. 359

XIV. Voyez Bontemps (Marguerite Bosc, femme d'Alexandre).
Bossuet, I, 226; II, 421; III, 188; IV, 183, 184.
Bossuet (Elisabeth), femme d'Armand de Bouthillier de Chavigny. Voy. Chavigny (Elisabeth Bossuet, femme d'Armand de).
Du Bouchet (Jean), marquis de Sourches, comte de Montsoreau. Voy. Sourches (marquis de).
Du Bouchet (Dominique), fils de Jean, marquis de Sourches. Voy. Sourches (Dominique de).
Du Bouchet (Louis-François), marquis de Sourches. Voyez Sourches (Louis-François).
Bouchu (? l'abbé), I, 191.
Boufflers (Louis-François, chevalier, puis marquis, puis maréchal et duc de), IV, 144, 145, 153, 210, 230.
Bouillé (Eléonore de), 1re femme de Henri de Daillon, comte, puis duc du Lude. Voy. Lude (Eléonore de Bouillé, comtesse, puis duchesse du).
Bouillon (Godefroy Maurice de La Tour d'Auvergne, duc de), III, 194, 489, 490, 491; IV, 26, 267.
Bouillon (Marie-Anne Mancini, femme de Godefroy Maurice de La Tour d'Auvergne, duc de), II, 23; III, 194, 489.
Bouillon (Frédéric-Maurice de La Tour d'Auvergne, duc de), IV, 26, 267.
Bouillon (Eléonore-Fébronie de Bergh, femme de Frédéric-Maurice de La Tour d'Auvergne, duc de), IV, 267.
Bouillon (Emmanuel-Théodose de La Tour d'Auvergne, cardinal de), IV, 216.
Boulay-Favin (M. du), ou plutôt Favier du Boulay, I, 215.
Bouligneux (Louis de La Palu, comte de), I, 242, 243.
Bourbon (Louis de), fils de Louis XIV, II, 46.
Bourbon (Marie-Anne de), fille de Louis XIV et de mademoiselle de La Valière), II, 46.
Bourbon (Louise de), fille du comte de Soissons, 1e femme de Henri d'Orléans, duc de Longueville. Voy. Longueville.
Bourbon-Condé (famille de). Voir Condé (famille de Bourbon-).
Bourbon-Condé (Anne-Geneviève de), 2e femme de Henri d'Orléans, duc de Longueville. Voy. Longueville.
Bourbon (Louis III, duc de), fils du prince de Condé, Henri-Jules, III, 472; IV, 138.
Bourbon (Louise-Françoise, légitimée de France, dite mademoiselle de Nantes;

femme du duc de), bru du prince Henri-Jules de Condé, III, 331, 472, 475; IV, 223.

Bourdaloue (le P.), III, 58, 137, 143.

Bourges (de), I, 89, 90.

Bourgogne (le duc de), fils du Dauphin, IV, 146.

Bournonville (Nicolas Le Febvre de), IV, 26.

Boussu (madame de), duchesse de Guise. Voyez Guise (madame de Boussu, duchesse de).

Boutard, I, 91.

Bouthillier de Chavigny (Louise-Françoise), maréchale de Clérambault. Voy. Clérambault (maréchale de).

Boutteville (François de Montmorency, comte de Luxe, seigneur de), I, 7, 49, 153, 215, 263; II, 187; III, 254.

Boutteville (Elisabeth-Angélique, fille de Jean de Viennes, femme de François de Montmorency, seigneur de), I, 154, 155, 158, 191; II, 187.

Boutteville (François-Henri de Montmorency), duc de Piney-Luxembourg, maréchal de Luxembourg. Voy. Luxembourg (maréchal de).

Boutteville (Marie-Louise de Montmorency), femme de Dominique d'Estampes, marquis de Valençay. Voy. Valençay (duchesse de).

Boutteville (Isabelle-Angélique de Montmorency), duchesse de Châtillon, puis de Mecklembourg. Voy. Chastillon (duchesse de).

Boves (Charlotte de), 1re femme du maréchal de La Ferté, II, 403.

Braguemont (Catherine du Tost, dame de), II, 46.

Brancas (Georges de), 1er duc de Villars, II, 337.

Brancas (Marie de), femme de son cousin Louis de Brancas, duc de Villars, II, 345.

Brancas (Charles, comte de), fils de Georges de Brancas, I, 315; II, 337, 342 et suiv.

Brancas (Suzanne Garnier, femme du comte Charles de), I, 274, 295; II, 337-358.

Brancas (Françoise de), fille de Charles de Brancas et de Suzanne Garnier, II, 358.

Bregy (Léonor de Flesselles, comte de), I, 253 et suiv.

Bregy (Charlotte de Chazan, femme du comte de), I, 253 et suiv., 306; II, 72, 74.

Bretagne (François de), baron d'Avaugour, comte de Vertus et de Goello. Voyez Avaugour (baron d').

Bretagne (Claude de), baron d'Avaugour. Voy. Avaugour.

Brézé (Urbain de Maillé, maréchal de), IV, 261.
Brézé (Armand de Maillé), duc de Fronsac et de Caumont, marquis de Graville et de Brézé, comte de Beaufort en Vallée, etc., chef et surintendant général de la navigation en France, I, 58, 213; II, 87.
Brézé (Nicole du Plessis, femme du maréchal de), II, 87; IV, 261.
Briçonnet de Lessay. Voy. Lessay (Briçonnet, seigneur de).
Brienne (Antoine de Loménie de), sieur de la Ville-aux-Clercs, I, 223.
Brienne (Henri-Auguste de Loménie de), fils d'Antoine, sieur de la Ville-aux-Clercs, I, 223,
Brienne la mère (Louise de Béon, fille de Bernard, seigneur du Massés, dite madame de), femme d'Henri-Auguste de Brienne, I, 191.
Brienne (Henri-Louis de Loménie de), fils d'Henri-Auguste de Loménie de Brienne, I, 223.
Brienne la jeune (Henriette Bouthillier de Chavigny, mariée au comte Henri-Louis de Brienne, dite madame de), I, 191, 262.
Brinvilliers (Marie-Marguerite de Dreux d'Aubray, marquise de), III, 468.
Brion (François-Christophe de Levis, comte de) et plus tard duc de Damville, I, 158, 297 et suiv.
Brion (?) ou Biron (madame de), I, 408, 409.
Brion (le palais) et non Biron, II, 44; IV, 253.
Briosne (Henri de Lorraine, comte de), III, 491.
Brisac, avocat en parlement, II, 55.
Brissac (famille de Cossé-), IV, 204.
Brissac (François de Cossé, comte de), I, 141.
Brissac (Louis de Cossé, duc de), I, 413.
Brissac (Gabrielle-Louise de Saint-Simon, femme de Henri-Albert de Cossé, duc de Brissac, et bru du précédent de), I, 63, 64, 65, 257.
Brissac (Albert de Grillet de), major des gardes du corps, IV, 203 et suiv.
Bristol (George Kenelm Digby, comte de). Voy. Digby.
Brouilly (Louis de), marquis de Piennes. Voy. Piennes (marquis de).
Brûlart (Adam), tige de la famille de Sillery, I, 151.
Brûlart de Sillery (le chancelier). Voy. Sillery (le chancelier Brûlart de).
Buckingham (Georges, duc de), I, 116, 256.
Bueil (Jacqueline de), comtesse de Moret, maîtresse de Henri IV, puis femme

de René du Bec Crespin, marquis de Vardes. Voy. Vardes (René du Bec Crespin, marquis de).

Bullion (Claude de), surintendant des finances, I, 83, 88, 89, 151.

Bullion (Noël de), seigneur de Bonnelle. Voy. Bonnelle.

Bullion (Charles-Denys de), fils de Bullion-Bonnelle, III, 304.

Bullion, marquis de Longchêne (François de), III, 302.

Bullion, marquis de Longchêne (Catherine-Henriette de La Ferté, fille du maréchal, femme de François de), III, 302.

Bussy (Henri d'Amboise, marquis de), II, 187.

Bussy (Roger de Rabutin, comte de), I, v-xvi, 194, 277 et suiv., 286 et suiv., 301, 325 et suiv., 401, 408; II, 51, 88; III, 280; IV, 91, 250, 259.

Cabre (Louis de), père du chevalier de Cabre, III, 414.

Cabre (Marie d'Antoine, femme de Louis de), III, 414.

Cabre (le chevalier Louis de), III, 414, 445.

Cadaval (Nuño Alvarez Pereira de Mello, duc de), III, 491.

Cadaval (Marie-Angélique-Henriette de Lorraine-Armagnac, femme du duc de), III, 491.

Caderousse (Juste-Joseph-François de Cadart d'Ancezune de Tournon, duc de), II, 417; III, 370 et suiv.

Caderousse (Claire-Bénédictine du Plessis-Guénégaud, 1ᵉ femme du duc de), III, 370, 371.

Caderousse (Marie-Renée de Rambures, 2ᵉ femme de Juste-Joseph, duc de), III, 415, 416, 417, 495.

Caderousse (Jacques-Louis d'Ancezune de Cadart de Tournon, duc de), fils du duc Juste-Joseph, III, 409.

Caderousse (Madelaine d'Oraison, femme de Jacques-Louis, duc de), III, 409.

Caderousse ou Caderoux (le chevalier de), I, 315.

Cadet la Perle (Henri de Lorraine, comte d'Harcourt, *dit*), IV, 145.

Cadillac (Pierre de), seigneur de Lalanne, III, 70.

Cadillac (Louise de Montalembert, femme de Pierre de), III, 70.

Cadillac (Jeanne de), 2ᵉ femme de Constant d'Aubigné. Voyez Aubigné (Jeanne de Cadillac, 2ᵉ femme de Constant d').

Calvoisin (madame de), I, 248, 249.

Cambiac, prêtre, I, 161, 191, 192, 193, 205, 216, 219 et suiv.

Camboust (Marguerite de),

veuve du duc de Puylau-
rens, femme de Henri de
Lorraine Armagnac. Voy.
Lorraine (Marguerite de
Camboust, femme de Henri
de).
Camus de Pontcarré (Pierre),
I, 280.
Canaples (Charles III de
Créquy, sire de), puis duc
de Créquy, I, 316.
Candale (Henri de Nogaret,
de La Valette et de Foix,
comte, puis duc de),
frère aîné du duc d'Eper-
non, I, 147.
Candale (Louis-Charles-Gas-
ton de Nogaret et de
Foix, duc de), fils du duc
d'Epernon, I, 7, 11, 12,
13, 14, 15, 19, 20 et
suiv., 30 et suiv., 37,
38, 62, 68, 75, 76,
147, 154, 231, 242, 271,
300, 318, 405; III, 281.
Canion (commandeur de),
I, 315.
Cantecroix (madame de),
femme de Charles IV de
Lorraine, III, 198; IV,
231.
Caravage (Michel Ange Ame-
richi ou Morigi, dit le),
I, 235.
Carignan (le prince de), dit
le prince Thomas, II, 71.
Carignan (Marie de Bour-
bon-Soissons, princesse
de), II, 71.
Carmain ou Cramail. Voy.
Cramail.
Cassagnet (Gabriel de),
marquis de Tilladet. Voy.
Tilladet (Gabriel de Cas-
sagnet, marquis de).
Castellane (un), I, 137.
Castellane (Anne-Elisabeth
de Rassan, marquise de,
puis marquise de Ganges).
Voy. Ganges (marquise
de).
Castelnau (Marie-Charlotte
de), femme du comte de
Louvigny, plus tard duc
de Gramont, I, 136.
Castelnau (Jacques, marquis
et maréchal de), III, 348,
350, 465.
Castelnau (Michel II de),
III, 465.
Castelnau (Louise-Marie
Foucault, femme de Mi-
chel II de), III, 465.
Castelnau (Marie-Charlotte
de), duchesse de Gra-
mont. Voy. Gramont.
Castiglione (Laurent-Onu-
phre Colonna de Gioëni,
prince de). Voy. Colonna
(Connétable).
Castille (Pierre), I, 24.
Castille-Villemareuil (M. de),
intendant de la maison de
Monsieur (Gaston d'Or-
léans), 1615, I, 25.
Castille-Villemareuil (Marie-
Madeleine de), 2° femme
de Fouquet, I, 25.
Castille (Jeannin de). Voy.
Jeannin de Castille.
Castle-Maine (Roger-Pulner,
comte de), I, 238.
Catau-la-Borgnesse. Voyez
Beauvais (madame de).
Catelan (François), partisan,
I, 89.

Catinat (Nicolas, maréchal de), I, 296; IV, 145, 146.
Caumartin (l'abbé Le Fèvre de), IV, 182.
Caumesnil (Alexandre de Moreuil, marquis de), I, 316, Clermont (de), I, 316.
Caumont La Force. Voy. La Force.
Cavoie (Louis Oger, chevalier, puis marquis de), I, 69, 277; 179.
Cavoie (Louise-Philippe de Coetlogon, femme de Louis Oger, comte de), II, 179.
Caylus (Marthe-Marguerite de Villette, femme du marquis de), IV, 183.
Caylus (marquis de), IV, 183.
Caylus (l'abbé de), IV, 183.
Geloron (?), I, 90.
Césy (Jacqueline de Bueil, comtesse de Moret, femme de Philippe de Harlay, comte de), puis femme de François-René du Bec Crespin, marquis de Vardes. Voy. Vardes (Jacqueline de Bueil, femme de François-René du Bec Crespin, marquis de).
Césy (Philippe de Harlay, comte de), I, 270.
Chabot (Henri), duc de Rohan. Voyez Rohan (Henri Chabot, duc de).
Chalais (Henri de Talleyrand, comte de), I, 24.
Chalais (Charlotte Jeannin de Castille, d'abord comtesse de Charny, puis comtesse de), I, 24, 295, 303; II, 341.
Challard (du). V. Duchallard.
Chalon du Blé (Louis), marquis d'Uxelles. Voyez Uxelles (marquis d').
Chamanieu (Loras de), III, 352.
Chamarante (M. de), I, 291; IV, 26. — *Erratum*, lisez :
Chamarande, non Chamarante (Clair Gilbert d'Ornayson, seigneur de), un des quatre premiers valets de chambre du Roi.
Chambes (Marie-Geneviève de), comtesse de Montsoreau, femme de Louis-François, marquis de Sourches. Voy. Sourches.
Chamlay (Jules-Louis Baulé, marquis de), IV, 175.
Champlatreux (Molé de). Voy. Molé de Champlatreux.
Champré (Catherine-Henry, femme, 1° de Ferrier, fils du ministre, 2° du conseiller Menardeau, sieur de), I, 410.
Chandenier (François de Rochechouart, marquis de), I, 75.
Chanleu et non Clanleu (baron de), I, 180. [N.B. *Chanleu* est le nom que lui donne la *Gazette de France*.]
Chantereau (Louis Lefebvre-), procureur du cardinal Mazarin, I, 278.
Chapelain (Jean), de l'Académie française, I, 306; IV, 83.

Chapelles (François de Rosmadec, comte des), II, 187; III, 254.
Chappuzeau (Samuel), II, 30.
Charles I, roi d'Angleterre, I, 218, 230; IV, 231.
Charles II, roi d'Angleterre, I, 41, 42, 204, 226, 238, 240, 241, 242, 257; II, 182, 200, 201, 213; IV, 276, 277.
Charron (Marie), femme de J.-B. Colbert, II, 426.
Charrost (Louis de Béthune, comte de), I, 75.
Chartrain (Gilles de), II, 286.
Chartrain (Jeanne de Créquy, femme de Gilles de), II, 286.
Chartrain (M. de), fils de Gilles de Chartrain, II, 286.
Chartres (Philippe, duc de), puis duc d'Orléans, I, 325.
Chartres (Françoise-Marie, mademoiselle de Blois, femme de Philippe, duc de), fille de Louis XIV et de madame de Montespan, IV, 223.
Chasteauneuf (M. de) ou Châteauneuf, secrétaire d'Etat, garde des sceaux, etc., I, 144, 148, 149, 256, 407.
Chasteau-Thierry ou Château-Thierry (Henri-Ignace de La Tour d'Auvergne, duc de), IV, 267.
Chasteauvieux (M. de) ou Châteauvieux, I, 315.

Chastillon ou Châtillon (Gaspard, comte de Coligny, puis duc et maréchal de), I, 155, 176, 210, 405.
Chastillon ou Châtillon (Anne de Polignac, maréchale de), I, 176.
Chastillon ou Châtillon (Gaspard IV de Coligny, marquis d'Andelot, puis duc de), après son frère aîné, I, 62, 154 et suiv., 176, 178, 188, 208, 209, 403.
Chastillon ou Châtillon (Henriette, fille aînée du maréchal de), mariée au comte de La Suze. Voy. La Suze (comtesse de).
Chastillon ou Châtillon (Elisabeth-Angélique de Montmorency-Boutteville, femme : 1° de Gaspard IV, duc de), puis 2° du prince de Wurtemberg, I, 41, 42, 135, 144, 153 et suiv., 156, 157, 210, 266, 295, 273, 276, 413; II, 72, 187; III, 254. Voy. Wurtemberg.
Chastillon ou Châtillon (Maurice de), comte de Coligny. Voy. Coligny (Maurice de Chastillon, comte de).
Chastillon (François de), seigneur de Bois-Rogues, père de Claude-Elzear de Chastillon, III, 253.
Chastillon (Claude-Elzéar, chevalier de), III, 253.
Chatelaillon (le baron de), III, 70.
Chatelaillon (Anne Marchand, veuve du baron de), 1re

femme de Constant d'Aubigné, III, 70.
Chaulnes (Charles-Honoré d'Albert, duc de), II, 59, 75.
Chaumont (Guy de), marquis de Guitry, IV, 26.
Chaumont (Marie de Bailleul, femme de Jean de), sœur du président de Bailleul, I, 253.
Chavannes (madame de), probablement bru du financier Nicolas Rambouillet, I, 254.
Chavigny (Léon de Bouthillier, comte de), I, 191, 214, 223, 296; II, 346.
Chavigny (Anne Phélippeaux, femme de Léon de), II, 346.
Chavigny (Armand de Bouthillier de), seigneur de Pons, II, 346.
Chavigny Elisabeth Bossuet, femme d'Armand de Bouthillier de), II, 346.
Chavigny (Louise-Françoise de Bouthillier de), femme du maréchal de Clérambault. Voy. Clérambault (maréchale de).
Chelles (Jeanne de Scorrailles, abbesse de), II, 469; IV, 272.
Chemerault (Geoffroy de Barbezières, comte de La Roche-), I, 294.
Chemerault (mademoiselle de Barbezières de), nièce d'une première mademoiselle de Chemerault qui devint madame de La Bazinière, I, 263, 293, 294, 295.
Chenu, rentier de Paris, ami de Guy Patin, I, 90.
Chevreuse (hôtel de), III, 499.
Chevreuse (Claude de Lorraine, prince de Joinville, duc de), I, 143, 145, 208.
Chevreuse (Marie de Rohan-Montbazon, duchesse de), femme, 1° de Charles d'Albert de Luynes, 2° de Claude de Lorraine, duc de Chevreuse, I, 42, 78, 143 et suiv., 193, 194, 197, 207, 409, 415; II, 47, 48, 71, 89; III, 506.
Chevreuse (Charlotte-Marie de), fille de la duchesse et de son second mari Claude de Lorraine, I, 4, 145, 195; IV, 254.
Chevreuse (Charles-Honoré d'Albert, duc de Luynes, de Chaulnes et de), dont une fille aînée épousa le prince de Tingry, III, 491.
Chevreuse (Marie-Anne et non Marie-Thérèse d'Albert de), princesse de Tingry. Voyez Tingry (Marie-Thérèse d'Albert, femme de Charles-François-Frédéric de Montmorency, duc de Luxembourg, prince de).
Chevreuse (Anne-Marie de), abbesse du Pont-aux-Dames, fille de la duchesse, I, 145.

TABLE ALPHABÉTIQUE. 367

Chevreuse (un marquis de), III, 79 et suiv.
Choisy (Jeanne-Olympe Hurault de l'Hôpital, comtesse de), I, 37, 111, 112; II, 28, 75, 76.
Choisy (François-Timoléon, abbé de), fils de la précédente, I, 37.
Christine de France, femme de Victor-Amédée, duc de Savoie, II, 29.
Christine, reine de Suède, I, 53, 54, 254, 294.
Chigi (Fabio), II, 80 et suiv.; 90 et suiv.; 99, 109, 312.
Chison, médecin, II, 88, 89.
Chiverny (Cécile-Elisabeth Hurault de), marquise de Monglas. Voy. Monglas (marquise de).
Choiseul-Praslin (Isabelle de), femme de Henri du Plessis Guénegaud. Voyez Plessis-Guénegaud (Isabelle de Choiseul Praslin, femme de Henri du Plessis Guénegaud).
Cinq-Mars (Henri de Coiffier, dit Ruzé, marquis de), I, 213, 293, 294; II, 406; III, 348.
Citois ou Sitois, médecin (M.), IV, 212.
Clanleu (baron de). Voy. Chanleu (baron de).
Clarendon (Anne Hyde de), duchesse d'Yorck. Voy. Yorck (duchesse d').
Clément, accoucheur, II, 376, 377, 378, 379, 411.
Clérambault (Philippe de Palluau, comte, puis maréchal de), I, 62, 294, 295.
Clérambault (Louise-Françoise Bouthillier de Chavigny, maréchale de), I, 295, 296.
Clérambault (René Gillier, baron de Puygarreau, marquis de), I, 76, 296, 406, 410.
Clérambault (Louise de Bellenave, comtesse du Plessis, marquise de), I, 296.
Clérambault (Marie-Gilonne de), fille de René de Puygarreau, marquis de Clérambault; 2ᵉ femme de Charles-François-Frédéric de Montmorency, duc de Piney-Luxembourg. Voy. Luxembourg (Marie-Gilonne Gillier de Clérambault, 2ᵉ femme du duc de).
Clère (Charles, de Fontaine-Martel, comte de), I, 325.
Clermont (maison de), d'où sont sortis les
Clermont d'Amboise,
Clermont de Galerande,
Clermont de Resnel,
Clermont de St-Georges.
I, 329.
Clermont (François de Paule de), marquis de Monglas. Voy. Monglas (marquis de).
Clermont-Tonnerre (Marie-Charlotte-Bonne-Thérèse de), femme du maréchal duc de Luxembourg. Voy.

Luxembourg (duchesse de).
Clermont Tonnerre (François, marquis de), I, 315.
Clermont Tonnerre (François de), évêque de Noyon, fils du précédent, IV, 182, 205.
Cleveland (duchesse de). Voy. Saint-Villiers (Barbe de).
Coaquin (madame de). Voy. Coatquen (madame de).
Coatquen (madame de), I, 187.
Cochonnet, curé de Lasine (pseudonyme), III, 140.
Coëtlogon (René-Hyacinthe, marquis de), II, 179.
Coëtlogon (Louise-Philippe), femme de Louis Oger, comte de Cavoye, II, 179, 184.
Cœuvres (François-Annibal, maréchal d'Estrées, marquis de). Voy. Estrées (maréchal d').
Cœuvres (Antoine, marquis de), fils du maréchal d'Estrées, père de François-Annibal III, marquis de Cœuvres, II, 345.
Cœuvres (François-Annibal III d'Estrées, marquis de), III, 218, 258.
Cœuvres (Madelaine de Lyonne, femme de François - Annibal d'Estrées, marquis de), petit-fils du maréchal, II, 405; III, 207, 217, 218 et suiv., 246 et suiv.
Colbert (Jean-Baptiste), I, 131, 255; II, 100, 373.

426; III, 47, 153, 361, 362, 454; IV, 169, 179.
Colbert (Marie Charron, femme de Jean-Baptiste), II, 426.
Colbert (Antoine Martin), chevalier de Malte, dit le chevalier Colbert, II, 425, 426; III, 361, 362.
Colbert (Louis), d'abord abbé de Bonport, puis capitaine-lieutenant de la 2ᵉ compagnie des mousquetaires à cheval, II, 398.
Colbert (Jeanne-Marie), duchesse de Luynes. Voy. Luynes (duchesse de).
Colbert de Villacerf (Edouard), IV, 31, 130.
Coligny (François de Chastillon, amiral de), père du maréchal de Chastillon, I, 176.
Coligny (Gaspard de), duc de Chastillon, après son frère aîné. Voy. Chastillon (Gaspard IV de).
Coligny (Maurice, comte de), frère du duc de Chastillon, I, 188.
Colombel (...), II, 46.
Colonna de Gioëni (Laurent - Onuphre), connétable, prince de Paliano et de Castiglione, I, 285; II, 17, 33.
Colonna (Marie Mancini, connétable), I, 219, 283 et suiv., 289; III, 29; IV, 245 et suiv.
Combé (madame de), IV, 179.
Comminges (maison de), I, 139.

TABLE ALPHABÉTIQUE. 369

Comminges (Gaston-Jean-Baptiste, comte de), capitaine des gardes du Roi, I, 73, 139, 411.
Comminges (Sybille-Angélique d'Amalby, femme du comte de), I, 411.
Condé (Henri II de Bourbon), père du grand Condé, I, 189, 193, 244; II, 440.
Condé (Charlotte-Marguerite de Montmorency, princesse douairière de), femme de Henri de Bourbon-Condé, I, 157, 160, 189, 190.
Condé (Louis II de Bourbon, prince de), *dit* le grand Condé, I, VIII, IX; 31, 49, 52, 62, 68, 73, 75, 76, 130, 137, 144, 149, 154, 155, 157 et suiv., 176, 179 et suiv., 186 et suiv., 195, 198 et suiv., 208 et suiv., 216 et suiv., 232, 239, 249 et suiv., 292, 297, 298, 415, 416; II, 45, 72, 168, 201, 386, 400, 440; III, 429, 474, 475; IV, 231, 257, 261, 267, 280.
Condé (Claire-Clémence de Maillé, femme du prince Louis II de), I, 240; II, 87, 340.
Condé (Henri-Jules de Bourbon, prince de), fils du précédent, II, 48, 201, 386; III, 198, 239, 429 et suiv., 474.
Condé (Anne de Bavière, femme du prince Henri-Jules de), III, 198, 430.

Congis-Moret (M. de), I, 316.
Conrart (Valentin), de l'Académie françoise, III, 171.
Conti (Armand de Bourbon, prince de), I, 12, 31, 56, 68, 78, 145, 148, 186 et suiv., 271, 283 et suiv., 401, 416; II, 88; III, 163, 474.
Conti (Anne-Marie Martinozzi, princesse de), femme du précédent, I, 195, 271; II, 71; III, 163, 474.
Conti (Louis-Armand de Bourbon, prince de), fils d'Armand, III, 163, 474, 475, 476; IV, 186, 187, 262.
Conti (Marie-Anne, légitimée de France, femme de Louis-Armand de B., prince de Conti, III, 163, 192, 196, 198, 203, 471, 474, 475; IV, 136 et suiv., 224 et suiv.
Conti (François-Louis de Bourbon, duc de La Roche-sur-Yon, puis prince de), III, 192.
Cordoue (Gonzalve de), IV, 145.
Corneille (Pierre), II, 215; III, 226; IV, 21, 22.
Corneille (Thomas), III, 430.
Cornouaille, prêtre, I, 6.
Cornu (la), I, 182.
Cornuel (famille), I, 84-96.
Cornuel (Claude), intendant, contrôleur général des finances, puis Président de

Hist. am. IV 24

la Chambre des comptes, I, 87.
Cornuel (Françoise Dadien, veuve de Gabriel de Machault, 2ᵉ femme de Claude), I, 87.
Cornuel (Guillaume), trésorier de l'extraordinaire des guerres, I, 87.
Cornuel (Anne Bigot, seconde femme de Guillaume), I, 53, 300.
Cornuel (Marguerite), fille de Guillaume Cornuel et de sa première femme, Marie Combefort, veuve de Le Gendre, I, 99, 100, 101, 102, 103, 110, 232.
Cosnac (Daniel de), archevêque d'Aix, I, 195; II, 27.
Cospeau ou Cospean (Philippe), évêque d'Aire, puis de Nantes et enfin de Lisieux, I, 153; IV, 281.
Cossé-Brissac (famille de), IV, 204.
Cotin (l'abbé Charles), I, 168.
Coulanges (Philippe-Emmanuel de), II, 266. 420.
Coulanges (Marie-Angélique du Gué, femme de Philippe-Emmanuel de), I, 56.
Coulon (Jean), conseiller au parlement, III, 504.
Coulon (Mᵐᵉ), fille de Claude Cornuel, femme de Jean Coulon, conseiller au parlement, I, 87.
Coulon (Marie), femme de Nicolas Bautru, comte de Nogent. Voyez Nogent (Marie Coulon, femme de Nicolas Bautru, comte de).
Courtaumer (Jeanne de Caumont, femme du marquis de Saint-Simon-). Voy. Saint-Simon-Courtaumer (Jeanne de Caumont, marquise de).
Courtenay (Louis, prince de), père de Louis-Charles, II, 88; III, 404, 405; IV, 262.
Courtenay (Louise-Chrétienne de Harlay, femme de Louis, prince de); II, 88; IV, 262.
Courtenay (Louis-Charles, prince de), fils de Louis, II, 88; IV, 262.
Courtenay (Marie de Lameth, 1ʳᵉ femme de Louis-Charles, prince de), IV, 262.
Courtenay (Hélène de Besançon, 2ᵉ femme de Louis-Charles, prince de), IV, 262.
Courtilz (Gatien des), II, 398; III, 412.
Cousin (M. Victor), I, 143.
Coypel (Antoine), peintre, IV, 227.
Craff (Mylord René) ou Crofts, I, 39 et suiv., 218, 219, 230 et suiv., 237, 275.
Cramail, Cramailles ou Carmain (Adrien de Montluc, prince de Chabanais, puis comte de), I, 300.
Cramail (Jeanne de Montluc, comtesse de), femme

TABLE ALPHABÉTIQUE.

de Charles d'Escoubleau de Sourdis, marquis d'Alluye. Voyez Sourdis (Jeanne de).

Crenan (Pierre de Perrien, marquis de), IV, 145.

Créqui (Madelaine de Bonne, femme de Charles Ier, premier maréchal de), grand'mère de Charles III de Créqui, II, 404.

Créqui (Madeleine de), fille de Charles Ier de Créqui, femme de Nicolas de Neufville, maréchal, duc de Villeroy. Voy. Villeroy (Madeleine de Créqui, femme de Nicolas de Neufville, maréchal, duc de).

Créqui (Charles-François de Bonne de), duc de Lesdiguières, fils du premier maréchal de Créqui, III, 215.

Créqui (Anne de La Magdelaine de Ragny, 2e femme de Charles-François de Bonne de), III, 215.

Créqui (Charles II de), seigneur de Ramboval, II, 286.

Créqui (Charles III, duc de), fils de Charles III de Créqui, frère aîné du 2e maréchal, I, 6; II, 80, 109, 271, 273, 394.

Créqui (Armande de Saint-Gelais Lusignan de Lansac, femme de Charles III, duc de), II, 80 et suiv., 91 et suiv., 106, 109, 380; III, 401; IV, 262, 263, 269, 278.

Créqui (Madelaine de), fille de Charles III de Créqui, princesse de Tarente. Voy. Tarente (Madelaine de Créqui, femme de Charles-Belgique-Hollande de la Trémouille, duc de Thouars, prince de).

Créqui (François, marquis de Marines, 2e maréchal de), 4e fils de Charles II de Créqui, I, 62; II, 404; III, 215, 496, 499 et suiv., 508.

Créqui (Catherine Rougé du Plessis-Bellière, femme du 2e maréchal de), III, 496.

Créqui (François-Joseph, marquis de), fils aîné du 2e maréchal, III, 379, 495 et suiv., 508, 509.

Créqui (Anne-Charlotte d'Aumont, femme du marquis François-Joseph de), III, 379, 496, 499 et suiv.

Crevant (M. de), probablement un Crevant d'Humières, I, 315. Voy. Humières.

Crofts (Mylord René) ou Craff. Voy. Craff.

Croissy (Colbert de), IV, 179.

Crussol (Catherine-Louise-Marie de), fille du duc d'Usez, femme du marquis de Barbezieux. Voy. Barbezieux (marquise de).

Crussol (Julie Françoise de), femme du duc d'Antin. Voy. Antin (duchesse d'),

Cusac (N... de Rotondis de Caheusac ou Cahusac, *dit* de), frère de N... de Rotondis de Biscarras et du s^r de Rotondis, II, 154.

Dadien (Françoise), veuve de Gabriel de Machault, 2e femme de Claude Cornuel, I, 87.
Daillon (Jean de). Voy. Lude (du).
Dampierre (Marie Fourré de), I, 213.
Daquin, médecin, III, 127, 128; IV, 151.
Darcy. Voy. Arcy (d').
Dauphin (Louis, fils de Louis XIV, *dit* le 1er), II, 421 et suiv.; 54, 163, 177, 178, 182, 185 à 204, 471, 493 et suiv.; IV, 130, 136 et suiv., 224, 274, 275.
Dauphine (Marie-Anne-Christine-Victoire de Bavière, femme de Louis, dauphin de France, fils de Louis XIV), II, 465; III, 54, 55, 186 et suiv., 471, 494 et suiv., 508; IV, 151, 274.
Dauvet (Louise-Diane), femme de Jeannin de Castille, marquis de Montjeu. Voy. Jeannin de Castille, marquis de Montjeu (Louise-Diane Dauvet, femme de Gaspard).
Deffita (M.). Voy. Effita (M. d').
Delorme (Marion). Voyez Marion Delorme.
Delorme (Charles), médecin, IV, 72.

Deodatus, sobriquet de Louis XIV. Voy. Louis XIV.
Descartes (René), III, 46.
Deschiens (financier), II, 420.
Deschiens (Marie-Angélique du Liscouet, femme d'Antoine-Arthur), II, 420.
Desfonandrès, surnom de Desfougerais ou Desfougerets dans Molière. Voy. Desfougerais.
Desfontaines (?), II, 109.
Desfougerais ou Desfougerets, I, 198, 201.
Deshoulières (Antoinette du Ligier de La Garde, madame), I, 58.
Despréaux (Nicolas Boileau). Voy. Boileau.
Digby (Georges Kenelm, lord), comte de Bristol, I, 204, 205, 218, 221, 222 et suiv., 229 et suiv., 258.
Digby (lady Anne, 2e fille de François, comte de Bedford, femme de lord), I, 218, 219.
Digby (Anne), fille de Kenelm Digby et femme de Robert Spencer. Voy. Spencer (Robert), comte de Southerland.
Dieudonné, surnom de Louis XIV, I, 218
Dognon (Louis de Foucault, comte du), maréchal de France. Voyez Foucault (le maréchal).
Donna Anna, c'est-à-dire Anne d'Autriche. Voyez Anne d'Autriche.

TABLE ALPHABÉTIQUE. 373

Douzenceau (Nicolas Viole). Voy. Viole (Nicolas).
Dreux (Joachim de), conseiller au grand Conseil, III, 340.
Dubois (Jacques), *dit* Sylvius, II, 124.
Duchallard, capitaine de vaisseau, commandant le *Content*, IV, 177.
Dumas (Alexandre), I, 143.
Dubail, du Bail ou d'Ubail. III, 254.
Du Mesnil (madame), III, 230 et suiv.
Dumeter (le P.), III, 71.
Dupré, marchand d'orviétan, II, 421.
Dupré, joueur, III, 334, 336.
Dupré (Madelon), courtisane, II, 448, 450, 451.
Duras (Jacques-Henri de Durasfort, duc et maréchal de), IV, 203.
Duras (Marguerite-Félice de Levis Ventadour, femme de Jacques-Henri, maréchal de), IV, 203.
Durasfort (Jacques-Henri de), duc et maréchal de Duras. Voy. Duras (Jacques-Henri, duc et maréchal de).
Durasfort (Guy de), duc et maréchal de Lorge. Voy. Lorge (Guy de Durasfort, duc et maréchal de).
Durtal (comte de). Voy. La Roche-Guyon (Roger du Plessis, duc de), seigneur de Liancourt, comte de Durtal.
Duryer, cabaretière à Saint-Cloud, I, 199; II, 416.
Duval, valet de pied de la princesse de Condé, I, 240.
Duverger (le P.), III, 73.

Ecquevilly (Marie-Madelaine de Chambes de Montsoreau, femme de Louis-Anne Dauvet, comte d'), I, 199.
Edouard de Bavière, comte Palatin du Rhin. Voy. Bavière (Edouard de), comte palatin.
Effiat (Martin Ruzé, marquis d'), II, 406.
Effiat (Isabelle Escoubleau de Sourdis, femme de Martin Ruzé, seigneur d'), II, 406.
Effiat (Antoine Coiffier *dit* Ruzé, marquis d'), neveu de Cinq Mars, premier écuyer de Monsieur, frère de Louis XIV, I, 8; II, 406 à 413; III, 309, 312.
Effita (M. d'), II, 140; III, 362.
Elbène (Guy, comte d'), III, 440.
Elbeuf (Charles III de Lorraine, prince d'Harcourt, puis duc d'), I, 139, 328; II, 346.
Elbeuf (Anne-Elisabeth de Launoy, femme du précédent duc d'), II, 79.
Elbeuf (Marie-Marguerite-Ignace de Lorraine, sœur de Charles III, duc d'Elbeuf, *dite* mademoiselle d'), I, 303.

Elbeuf (Anne-Elisabeth de Lorraine d'), femme du prince de Vaudemont. Voy. Vaudemont (Anne-Elisabeth de Lorraine d'Elbeuf, femme de Charles-Henri, légitimé de Lorraine, prince de), IV, 231.

Elisabeth (la reine) d'Angleterre, I, 228.

Empereur d'Allemagne (Léopold I), II, 197, 200. Voy. aussi Ferdinand III.

Enguien (le duc), fils du grand Condé, I, 149, 182. Voy. Condé (Henri-Jules, prince de).

Epinoy (princesse d'). Voy. Espinoy (princesse d').

Ep... ou Esp... [chercher Esp...]

Erizzo, ambassadeur de Venise, IV, 128, 215. N. B. p. 128, lire Erizzo au lieu de Frizzo.

Erizzo (... femme de M.), ambassadeur de Venise, IV, 215, 216.

Erizzo (Louise), fille de l'ambassadeur de Venise, IV, 216.

Erlaut (Samuel de Bechilon, sieur d'). Voy. Bechilon (Samuel de).

Escoubleau de Sourdis. Voy. Sourdis.

Esguilly-Vassé (René d'), I, 115. Voy. Vassé.

Esmery (Particelli d'), I, 294.

Espagny (Maximilien Gouffier, marquis d'), II, 351.

Espagny (Honoré Gouffier, abbé de Valseri, dit l'abbé d'), II, 351.

Espernon (hôtel d'), III, 499.

Espernon (Bernard de Nogaret de La Valette et de Foix, duc d'), I, 12, 31, 62; II, 131; III, 70, 71-475.

Espernon (Gabrielle-Angélique, fille légitimée d'Henri IV, duchesse d'), I, 12.

Espernon (mademoiselle d'), fille du duc, sœur de Candale, I, 147, 148.

Espinay Saint-Luc (Renée d'), marquise de Beuvron, I, 8.

Espinay Saint-Luc (Louis d'), comte d'Estelan ou Etelan. Voy. Estelan (comte d').

Espinchal (Charles-Gaspard d'), I, 315.

Espinoy (Jeanne-Pélagie de Rohan Chabot, 2ᵉ femme d'Alexandre Guillaume de Melun, prince d'), III, 49, IV, 270.

Espinoy (Thérèse de Lorraine, fille de François de Lorraine, comte de Lislebonne, femme de Louis et bru d'Alexandre-Guillaume de Melun, prince d'). III, 198.

Este (Marie-Béatrix-Eléonore d'), reine d'Angleterre, 2ᵉ femme de Jacques II, IV, 216.

Estelan (Louis d'Espinay Saint-Luc, comte d'), I, 8.

Estève (le P.), jésuite prédicateur, I, 65.

Estissac (François de la Rochefoucauld, 1er marquis d'), parrain de Mme de Maintenon, III.

Estoublon (Jacques de Grille, marquis d'), I, 256.

Estrades (Godefroy, comte d'), ambassadeur de France à Londres, II, 42, 72.

Estrées (Antoine d'), père du maréchal, I, 244.

Estrées (Françoise Babou de la Bourdaisière, femme d'Antoine d'), mère du maréchal d'Estrées, III, 250.

Estrées (François-Annibal d'), marquis de Cœuvres, maréchal de France, frère de Gabrielle d'Estrées, I, 151, 244, 315; II, 354; III, 218, 251, 252, 350.

Estrées (Marie de Béthune-Charrost, 1re femme du maréchal d'), III, 252.

Estrées (Anne-Habert de Montmort, 2e femme du maréchal d'), III, 252.

Estrées (Gabrielle de Longueval, fille d'Achille de Manicamp, 3e femme du maréchal d'), I, 69, 151; III, 252, 253, 348, 349.

Estrées (Jean, comte d'), 2e fils du maréchal François-Annibal d'Estrées, I, 244, 245.

Estrées (César d'), d'abord évêque de Laon, puis cardinal, 3e fils de François-Annibal d'Estrées, I, 244, 245; II, 344, 345; III, 254 et suiv.; IV, 216.

Estrées (Gabrielle d'), 4e fille d'Antoine d'Estrées, I, 151, 294; III, 252.

Estrées (Julienne-Hyppolyte d'), femme de Georges de Brancas, marquis, puis duc de Villars, 5e fille d'Antoine d'Estrées, I, 56; II, 345.

Etampes de Valençay (Eléonor d'), archevêque de Reims, I, 220.

Etampes de Valençay (Charlotte d'), madame de Puysieux. Voy. Puysieux (madame de).

Etampes de Valençay (le cardinal Achille d'). Voy. Valençay (le cardinal Achille d'Etampes de).

Eugène (le prince) de Savoie. Voy. Savoie (le prince Eugène de).

Evrard (Perpète), peintre, III, 312.

Fagon (Guy Crescent), médecin, III, 150; IV, 151, 161 et suiv., 210 et suiv.

Fargis (famille d'Angennes du), III, 135.

Fargues, frondeur, I, 65.

Farsam (mademoiselle de Keroualle, comtesse de). Voy. Keroualles (mademoiselle de).

Faure (le P. François), évêque d'Amiens, I, 228.

Favin ou plutôt Favier (M. du Boulai-). Voy. Boulai-Favin (M. du).
Félix, chirurgien, III, 150.
Fénelon (François de Salignac de La Motte-), IV, 183, 184.
Ferdinand III, empereur d'Allemagne, IV, 200.
Ferrier (Jérémie), ministre protestant, I, 410; III, 137.
Fervaques (Guillaume, seigneur de), maréchal de France, III, 230, 238.
Fervaques (le marquis de), fils de Noel Bullion, seigneur de Bonnelle, I, 83; III, 302 et suiv., 392 et suiv.
Feuquières (Isaac de Pas, marquis de), I, 137.
Feuquières (Anne-Louise de Gramont, femme d'Isaac de Pas, marquis de), I, 263.
Feuquières de Salins (madame de), I, 100.
Feydeau (Marie), femme de Timoléon de Daillon du Lude, gouverneur de Gaston d'Orléans. Voy. Lude (du).
Fiennes (mademoiselle de Fruges, de la maison de Fiennes, femme de Henri Garnier, comte des Chapelles, dont elle ne porta jamais le nom, gardant celui de), I, 111, 112, 413; III, 310.
Fiesque (Anne Le Veneur, comtesse de), mère de Charles-Léon et belle-mère de Gilonne d'Harcourt, I, 149, 403.
Fiesque (Charles-Léon, comte de), I, 52, 121.
Fiesque (Charles-Léon, comte de), III, 210, 306.
Fiesque (Gilonne d'Harcourt, marquise de Piennes, puis comtesse de), *dite* aussi la Reine Gillette, I, 9, 32, 49 et suiv., 70, 83, 120, 121, 123, 130, 149, 265, 300, 328, 330, 414; II, 181; III, 210, 240, 306, 473.
Fiesque (Jean-Louis-Marie, comte de), fils de Charles-Léon, comte de Fiesque, I, 52; III, 210 et suiv., 244 et suiv., 306 et suiv.
Fiesque (François, chevalier de), I, 148.
Fieubet (Gaspard I de), baron de Launac, trésorier de l'Épargne, père de Gaspard de Fieubet, chancelier de la reine Anne d'Autriche, I, 206.
Fieubet (Claude Ardier, femme du trésorier de l'Épargne Gaspard I de), I, 206.
Fieubet (Gaspard II de), chancelier de la reine Marie-Thérèse, I, 206.
Fieubet (Marie Ardier, femme de Gaspard II de), I, 206.
Fieubet (Claude de), femme de Jeannin, I, 206.
Filastre (la), IV, 283.
Fleuri (marquis de), II, 350, 351.

Table alphabétique. 377

Florence, une des femmes de madame de Bagneux, II, 322 et suiv.

Foix (Henri-François de Foix de Candale, duc de), II, 447, 448, 450.

Foix (Marie-Charlotte de Roquelaure, femme du duc de), II, 448, 449, 450.

Fontaine-Martel (marquis de), père du comte de Clère et du marquis d'Arcy, I, 325.

Fontaine-Martel (N... de Bordeaux, femme du marquis de), I, 182.

Fontanges (Marie-Angélique de Scorailles, duchesse de), I, 72, 218; II, 459 et suiv.; III, 3 à 58, 66, 146, 175; IV, 264 à 272, 276 à 283, 287, 288.

Fontenay (M. de), I, 315.

Forbin-Janson (Gaspard de), père du chevalier de Forbin, II, 397.

Forbin-Janson (Claire de Libertat, femme de Gaspard, marquis de), II, 397.

Forbin, marquis de Janson (Laurent de), gouverneur d'Antibes, frère aîné du chevalier, II, 397.

Forbin (Melchior, chevalier de), I, 296; II, 397, 398.

Forbin-Janson (le cardinal de), évêque de Beauvais, le plus jeune frère du chevalier, II, 397.

Fosseuse (le chevalier de), II, 288-333.

Fosseuse (mademoiselle de), fille d'honneur de la reine, II, 288.

Foucault (Louis, comte du Dognon, maréchal, I, 213, 300, 412.

Foucault (Marie Fourré et non Foussé de Dampierre, femme du maréchal), I, 213.

Foucault (Louise-Marie), femme de Michel II de Castelnau. Voy. Castelnau (Louise-Marie Foucault, femme de Michel II de Castelnau).

Fougeray (Claude de Sainte-Maure, seigneur du). Voy. Sainte-Maure (Claude de).

Fouilleuse ou Fouilleux (M. de), I, 298.

Fouilloux (Benigne de Meaux du), marquise d'Alluye. Voy. Alluye (Benigne de Meaux du Fouilloux, marquise d').

Fouquet (Marie de Maupou, femme de François), mère du surintendant et de l'abbé, I, 262; III, 125.

Fouquet (Nicolas), surintendant des finances, I, ix, 25, 70, 145, 148, 230 et suiv., 243; II, 47, 355, 356, 399; III, 496; IV, 151, 285.

Fouquet (Basile), abbé de Barbeaux et de Rigny, frère du surintendant, I, 65, 77, 142 et suiv., 205,

206, 216 et suiv., 230 et suiv., 265 et suiv., 405.
Fourré [et non Foussé] de Dampierre. Voy. Foucault (maréchale).
Foussé (Marie Fourré et non) de Dampierre, femme du maréchal Foucault, comte du Dognon. Voyez Foucault (maréchale).
Fromenteau. Voy. La Vauguyon.
François de Paule (Saint), III, 200.
François II, duc de Bretagne, I, 252.
Frontenac (Anne de La Grange, d'abord mademoiselle de Neuville, femme de Louis de Buade, comte de Palluau et de), I, 52.
Froulay (le comte Charles de), I, 306, 316; II, 81.
Froulay (Marguerite de Beaudean, femme de Charles, comte de), II, 81.
Froulay (Louis, comte de), fils de Charles de Froulay et Marguerite de Beaudean, II, 79, 81, 82.

Gabrielle d'Estrées. Voyez Estrées (Gabrielle d').
Galerande (Clermont de). Voy. Clermont (maison de).
Galles (Charles, prince de), fils de Charles Ier, II, 200. Voy. Charles II.
Ganges (Anne-Elisabeth de Rassan, veuve du marquis de Castellane, puis marquise de), I, 30, 35.
Garnier (Mathieu), II, 337, 339.
Garnier (le chevalier, II, 31, 50.
Garnier (Suzanne), femme de Charles de Brancas. Voy. Brancas (Suzanne Garnier, madame de).
Garnier (Françoise), femme de M. d'Oradour. Voy. Oradour (d').
Garnier (Madelaine), femme de M. d'Orgères et ensuite de Molé de Champlatreux. Voy. Molé de Champlatreux et Orgères.
Gassendi (Pierre), le philosophe, III, 46.
Gaston d'Orléans, voy. Orléans (Gaston duc d').
Gatien des Courtilz, voy. Courtilz (Gatien des).
Gendarme, garde du maréchal de Grancey, III, 233 et suiv.
Gerniou, ou plutôt Jarnioux (François Henry, sieur de), I, 410.
Gersay. Voy. Jarzay.
Gesvres (Léon Potier, marquis, puis duc de), I, 75; III, 119.
Gesvres (Bernard-François Potier, duc de), fils de Léon, III, 449.
Gesvres (Marie-Madelaine-Louise de Seiglière de Boisfranc, femme de Bernard-François, duc de), III, 449, 450.
Gillette (la Reine), nom *pré-*

cieux de madame de Fiesque. Voyez Fiesque (comtesse de).

Gillier de Puygarreau [et non Puygarrou], marquis de Clérambault (René). Voy. Clérambault (marquis de).

Girard (Charles), seigneur du Tillet. Voy. Tillet (du).

Giraud (Catherine), femme de Charles-François d'Angennes, marquis de Maintenon. Voy. Maintenon (Catherine Giraud, femme de Charles-François d'Angennes, marquis de Maintenon).

Glay de la Cotardaie (Gabrielle), femme de Jean François, marquis de La Valière, II, 44, 45.

Gobelin (l'abbé), III, 137.

Godeau (Antoine), évêque de Vence et de Grasse, III, 171.

Godet Desmarets (Paul), évêque de Chartres, III, 137.

Goello (François de Bretagne, baron d'Avaugour, comte de Bretagne et de), I, 252.

Gondran (Thomas Galant, sieur de Frierges et de), I, 318.

Gondran (Charlotte Bigot, femme de Thomas Galant, sieur de Frierges et de), I, 318.

Gondy (Paul de). Voyez Retz (cardinal de).

Gondy de Retz (Paule-Marguerite - Françoise de), duchesse de Lesdiguières. Voy. Lesdiguières (duchesse de).

Gontier (Jean-Baptiste), président en la chambre des comptes, II, 473.

Gonzague–Clèves (Charles de), duc de Nevers, I, 226.

Gonzague (Marie de), femme de Jean Casimir, roi de Pologne, II, 173.

Gonzague (Anne de), femme d'Edouard de Bavière, prince palatin. Voy. Bavière (Anne de Gonzague, femme d'Edouard de).

Gonzalve de Cordoue. Voy. Cordoue (Gonzalve de).

Gordon ou Gourdon. Voy. Gourdon.

Gouffier (Artus ou Arthur), marquis de Boissy. Voy. Boissy.

Gouffier (Artus), duc de Roannez avant La Feuillade, II, 400, 301; IV, 267.

Gouffier (Charlotte), duchesse de La Feuillade. Voy. La Feuillade.

Goujon (Mathieu), sergent à verge, III, 71.

Goulas (... de La Mothe, sieur de), I, 220.

Gourdon (duc de), I, 297.

Gourdon (Georges), marquis de Huntley, I, 296.

Gourdon (John), I, 296.

Gourdon (chevalier de), I, 296.

Gourdon (mademoiselle de), I, 295 et suiv.

Gourville (Jean Hérault de), I, 182, 215, 232, 271, 294.

Gouville (Lucie de Cotentin de Tourville, femme de Michel d'Argouges, sieur de), I, 20, 154, 320.

Grammont ou Gramont. Voy. Gramont.

Gramont (Antoine II, comte de), I, 135.

Gramont (Louise de Roquelaure, 1ʳᵉ femme de Antoine II, comte de), I, 135.

Gramont (Claude de Montmorency-Boutteville, 2ᵉ femme de Antoine II, comte de), I, 135.

Gramont (Suzanne-Charlotte de), femme de Henry Mitte de Miolans, marquis de Saint-Chaumont, fille de Antoine II, comte de Gramont. Voy. Saint-Chaumont (marquise de).

Gramont (Philibert, chevalier, puis comte de), fils d'Antoine II, comte de Gramont et frère du maréchal Antoine III de Gramont et de la marquise de Saint-Chaumont, — d'abord connu sous le nom d'Andoins, I, 49 et suiv., 69, 149, 267 293; II, 341.

Gramont (Elisabeth Hamilton, femme de Philibert, chevalier, puis comte de), I, 50.

Gramont (Antoine III, duc de), maréchal de France, I, 49, 62, 68, 135 et suiv., 263 ; II, 35, 73, 79, 177, 178, 185, 375, 391 ; III, 351.

Gramont (Françoise-Marguerite du Plessis Chivray, 1ʳᵉ femme du maréchal Antoine III de), I, 136, 245.

Gramont (Armand de), comte de Guiche, fils aîné du maréchal Antoine III, duc de Gramont. Voy. Guiche (comte de).

Gramont (Antoine-Charles, comte de Louvigny, puis duc de), fils d'Antoine III, duc de Gramont et frère du comte de Guiche et de la duchesse de Valentinois, I, 136; III, 348 et suiv.

Gramont (Marie-Charlotte de Castelnau, duchesse de), femme d'Antoine-Charles, I, 136; III, 348, 350.

Gramont (Catherine-Charlotte de), femme de Louis de Grimaldi, duc de Valentinois et prince de Monaco, fille d'Antoine III, duc de Gramont. Voy. Valentinois (duchesse de).

Grancey (Pierre Rouxel de), père du maréchal, III, 230.

Grancey (Charlotte de Hautemer, fille du maréchal de Fervaques, femme de Pierre, comte de), III, 230, 238.

Grancey (Jacques III Rouxel, comte de), maréchal de France, I, 151 ; III, 230 et suiv., 432.
Grancey (Catherine de Mouchy, 1re femme de Jacques Rouxel, maréchal de), III, 230.
Grancey (Charlotte de Mornay de Villarceaux, 2e femme de Jacques Rouxel, maréchal de), I, 113, 151; 230, 234.
Grancey (Louise-Elisabeth, dite madame de), 16e enfant du maréchal Jacques III de Grancey, née de Charlotte de Mornay-Vilceaux, sa 2e femme, III, 239, 432, 433.
Grancey (Hardouin de), abbé de Rebec, etc., III, 433.
Grandseigne (Diane de), femme de Gabriel, marquis de Mortemart. Voy. Mortemart (Diane de Granseigne, marquise de).
Grignan (François Adhémar de Monteil, comte de), IV, 177.
Grignan (Françoise-Marguerite de Sévigné, femme de François-Adhémar de Monteil, comte de), I, 141; III, 240.
Grimaldi (Louis), prince de Monaco, duc de Valentinois. Voir Monaco et Valentinois.
Grimaud (Marie de La Baume de Montrevel, femme d'Esprit Alard d'Esplan, marquis de), I, 412, 413.
Grimoard de Beauvoir (Louis-Pierre Scipion de), père de Louis Scipion III de Grimoard de Beauvoir, comte du Rouré, III, 186.
Grimoard de Beauvoir (Claude-Marie du Gast, dite mademoiselle d'Artigny, femme de Louis-Pierre Scipion), mère de Louis Scipion III de Grimoard de Beauvoir, comte du Roure, II, 91, 109 ; III, 186.
Grimoard de Beauvoir (Louis Scipion III de), comte du Roure. Voy. Roure (Louis Scipion III de Grimoard de Beauvoir, comte du).
Guebriant (Renée du Bec Crespin, de Vardes, marquise de). I, 271.
Guémené (Louis, prince de), fils du duc Hercule de Rohan-Guémené, duc de Montbazon, père de Charles de Rohan, duc de Montbazon qui épousa Jeanne de Schomberg, I, 207, 209 ; III, 505 et suiv.
Guémené (Anne de Rohan, princesse de Guémené, cousine germaine et femme de Louis de Rohan, prince de), I, 232; III, 505.
Guémené (Charles, prince de), fils de Charles de Rohan, duc de Montbazon et de Jeanne-Armande de Schomberg, et petit-fils de Louis VII de Guémené, III, 505, 506.

Guémené. Voy. aussi : 1° Montauban, 2° Montbazon, 3° Rohan.

Guénégaud (Henri du Plessis-). Voy. Plessis-Guénégaud (Henri du).

Guénégaud, trésorier de l'Epargne (Gabriel de), frère d'Henri du Plessis-Guénégaud, secrétaire d'Etat, II, 414.

Guercheville (marquisat de.) Voy. La Roche-Guyon (duc de), I, 141.

Guerchy (Marguerite du Regnier de Guerchy, *dite* mademoiselle de), fille de Claude du Regnier, baron de Guerchy, et de Lucie de Brichanteau, I, 24, 155, 158, 403.

Guiche (Armand de Gramont, comte de), I, 62 et suiv., 69, 70, 74, 111, 136, 154, 232, 233, 263, 266 et suiv., 302, 313, 318, 321, 339; II, 35, 36, 40, 61 et suiv., 73, 78, 79, 91, 92, 102, 145 et suiv., 391 et suiv., 400, 401; III, 351; IV, 249, 251, 262, 263.

Guiche (Louise-Marguerite-Suzanne de Béthune, comtesse de), puis duchesse du Lude, I, 66, 295; II, 35, 78, 79. Voyez Lude (Marguerite-Louise de Béthune-Sully, veuve du comte de Guiche, puis duchesse du).

Guillemette, surnom de madame de Maintenon, III, 76.

Guilloire, secrétaire des commandements de mademoiselle de Montpensier, II, 266.

Guise (Henri II de Lorraine), archevêque de Reims, puis duc de Guise, petit-fils de Henri I de Lorraine, duc de Guise le Balafré, I, 35, 155, 185, 188, 226, 228, 300, 403, 405 ; II, 93, 107.

Guise (Honorée de Glimes de Grimberghe, veuve d'Albert Maximilien de Hennin, comte de Bossu ou Boussu, femme ou (par arrêt du parlement) maîtresse de Henri II de Lorraine, duc de), I, 300.

Guise (Marie de Lorraine, *dite* mademoiselle de), fille de Charles de Lorraine et sœur du duc Henri II, I, 415.

Guise (Louis-Joseph de Lorraine, duc de), II, 271, 274.

Guitaut (François de Pechpeyrou ou Puypeyrou-Comminges, comte de), père de Guillaume, qui suit, I, 152.

Guitaut (Guillaume de Pechpeyrou ou Puypeyrou-Comminges, comte de), I, 73 et suiv., 95, 96, 152, 411, 414.

Guitaut (Jeanne de La Grange, 1re femme de Guillaume de Peyhpeyrou ou Puypeyrou, comte de), I, 73.

Guitry (Guy de Chaumont, marquis de), II, 271, 273, 412, 458; IV, 26.
Guyon (Jeanne Bouvier de la Motte, madame), IV, 183, 184.

Habert de Montmort (Anne), 2ᵉ femme du maréchal d'Estrées. Voy. Estrées (Anne Habert de Montmort, 2ᵉ femme du maréchal d').
Habert de Montmort (Anne-Louise), femme de M. de Bertillac fils. Voy. Bertillac (madame de).
Habert (Pierre), évêque de Cahors, I, 186.
Hamilton (les), I, 296.
Hamilton (Elisabeth), femme du chevalier, puis comte de Gramont, I, 50.
Harcourt (d'), marquis de Beuvron. Voy. Beuvron (d'Harcourt, marquis de).
Harcourt (Anne d'Ornano, femme de François de Lorraine, prince d'), mère de Alphonse-Henri-Charles qui suit, I, 408.
Harcourt (Alphonse-Henri-Charles de Lorraine, prince d'), puis duc d'Elbeuf, I, 139.
Harcourt (Marie-Louise-Christine Jeannin de Castille, dame de Moutiers, femme de Anne-Marie-Joseph de Lorraine, duc d'Harcourt, fils d'Alphonse-Henri-Charles, duc d'), I, 24.
Harcourt (Henri de Lorraine, comte d'), *dit* Cadet la Perle, IV, 145.
Harlay (Philippe de), comte de Césy. Voy. Césy (comte de).
Harlay de Champvallon, (François), archevêque de Rouen, puis de Paris, I, 63, 64, 306; II, 266; III, 188; IV, 155 et suiv., 180 et suiv.
Harlay (Lucrèce-Chrétienne de), femme du prince Louis de Courtenay. Voy. Courtenay (Louise-Chrétienne de Harlay, princesse de).
Hautefort (famille d'), II, 420.
Hautefort (Jacques-François, marquis d'), frère de la maréchale de Schomberg, I, 315.
Hautefort (Marie d'), plus tard maréchale de Schomberg, I, 197.
Hautefort (Surville, cadet d'). Voy. Surville.
Hautemer (Charlotte de), femme de Pierre, comte de Grancey, fille du maréchal de Fervaques. Voy. Grancey (Charlotte de Hautemer, femme de Pierre, comte de).
Hébert (madame), femme de chambre de Marie de Médicis, I, 253.
Hecquetot (François de Beuvron d'), I, 199.
Henri III, roi de France, IV, 279.

Henri IV (le roi), I, 135, 189; II, 29, 61, 361, III, 70, 252, 423; IV, 80, 143.

Henri, légitimé de France, évêque de Metz, I, 294.

Henriette de France, reine d'Angleterre, I, 257; II, 64, 70, 200; IV, 231.

Henriette d'Angleterre, femme du duc d'Orléans, Voy. Orléans (Henriette, duchesse d').

Henry (François), sieur de Gerniou ou mieux Jarnioux. Voy. Gerniou.

Henry (Catherine), femme, 1° de Ferrier, fils du ministre protestant, 2° du conseiller Menardeau, sieur de Champré. Voy. Champré (madame de).

Hercule (le P.), I, 12.

Héroart (Jean), médecin de Louis XIII, IV, 187.

Hérodote, IV, 69.

Hervey (le chevalier), I, 258.

Hervey (madame), sœur de lord Montaigu, I, 258.

Hervieux (Laurent Arvio, *dit* le chevalier d'Arvieux ou d'), III, 369 et suiv.

Heudicourt (Michel Sublet, marquis d'), grand louvetier, I, 185, 212; IV, 137.

Heudicourt (Bonne de Pons, femme de Sublet d'), I, 185, 217.

Hippolyte (de Pommereuil), Voy. Pommereuil (Hippolyte de).

Hocquetot ou Hecquetot. Voy. Hecquetot.

Hocquincourt (Charles de Mouchy, maréchal, d'), I, 12, 68, 69, 208, 234 et suiv., 242, 248 et suiv.

Holland (comte de), I, 144.

Hopital (? François de P), I, 315.

Humières (Louis Crevant III, marquis d'), père du 1er duc, Louis, maréchal d'Humières, II, 74.

Humières (Isabeau Phelippeaux, femme de Louis Crevant III, marquis d'), mère du maréchal duc, II, 74, 75.

Humières (Louis de Crevant, maréchal duc d'), I, 315, 316; II, 72, 74.

Humières (Louise-Antoinette-Thérèse de La Chatre, femme du maréchal duc d'), II, 72, 74, 75.

Huntley (Georges Gourdon, marquis de). Voy. Gourdon (Georges).

Hurault de Chiverny (Cécile-Elisabeth), marquise de Monglas. Voy. Monglas (marquise de).

Hyacinthe (? Rigaud), peintre. Voy. Rigaud (Hyacinte).

Hyde de Clarendon (Anne), duchessse d'Yorck. Voy. Yorck (duchesse d').

Innocent XI (le Pape), I, 281.

Isigny (François de Brecey, seigneur d'), II, 340.

Isle (N..., comte de l'), I, 326.
Isle (N..., vicomte de l'), I, 326.
Isle (N..., femme de N..., vicomte de l'), I, 326 et suiv., 410.
Ivry (Claude Bosc, seigneur d'). Voy. Bosc (Claude), seigneur d'Ivry.
Ivry (N..., d'), I, 36, 39, 40.

Jacques II, roi d'Angleterre, I, 283 et suiv.; IV, 215.
Jacques II (Marie-Béatrix-Eléonore d'Este, 2ᵉ femme de). Voy. Este (Marie-Béatrix-Eléonore d'), reine d'Angleterre.
Janin, Voyez Jeannin de Castille.
Jars (François de Rochechouart, commandeur de Lagny-le-Sec, de l'ordre de Malte, dit le commandeur de), I, 404.
Jarzay (René du Plessis de la Roche-Pichemer, marquis de), I, 13, 62, 74 et suiv., 115, 139, 154, 271; II, 106.
Jarzay (Marie-Urbain-René du Plessis de la Roche-Pichemer, marquis de), fils de René, marquis de Jarzay. IV, 288.
Jarzay (Anne-Thérèse de Goury, femme du précédent marquis de), II, 106; IV, 288.
Jean Casimir, roi de Pologne, II, 173, 174.

Jeanne (la mère), carmélite, sœur du chancelier Seguier. Voyez Seguier (Jeanne).
Jeannin (le président Pierre), I, 24, 148.
Jeannin de Castille (Nicolas), trésorier de l'Epargne, I, 23, 24 et suiv., 148, 149, 206, 274, 303, 404; II, 341, 414.
Jeannin de Castille (Claude de Fieubet, femme de Nicolas), I, 206.
Jeannin de Castille (Gaspard), marquis de Montjeu, fils de Nicolas, I, 149.
Jeannin de Castille, marquise de Montjeu (Louise-Diane Dauvet des Marets, femme de Gaspard), I, 149.
Jeannin (Nicolas II), petit-fils de Pierre Jeannin, II, 341, 342, 353.
Joyeuse (Louis de Lorraine, duc de), I, 404.
Joyeuse (valet de chambre du Dauphin), III, 494.

Keroualles (mademoiselle de), duchesse d'Aubigny, baronne de Petersfield, comtesse de Farsam, duchesse de Portsmouth, I, 226, 238.

La Barre (Jean de), président au Parlement, I, 410.
La Barre (Marie Barin de la Galissonnière, veuve du président de), femme

d'Isaac Arnauld. Voyez Arnauld (Marie Barin de la Galissonnière, femme d'Isaac).

La Barte (Jean de) ou La Barthe, maréchal des logis des gendarmes du duc d'Épernon, I, 20.

La Baume (Catherine de Bonne, comtesse de Tallart, M**lle** de), I, ix, 30.

La Baume Le Blanc (famille de), II, 27.

La Baume Le Blanc (Jean-Michel de), de La Valière, II, 28.

La Baume Le Blanc (Laurent de), seigneur de La Valière. Voy. La Valière.

La Baume Le Blanc (Guillaume de), de La Valière, évêque de Nantes, III, 52, 53.

La Baume Le Blanc (Louise), femme de François de Beauvau. Voy. Beauvau (Louise de La Baume Le Blanc, femme de François de).

La Bazinière (Macé Bertrand, sieur de), I, 25, 293, 295; II, 415.

La Bazinière (Françoise de Barbezières, dame de), I, 293.

La Boulaye (Maximilien Eschalart, marquis de), I, 76.

La Brie, laquais de madame de Brancas, II, 344, 345.

La Brizardière (l'abbé de), IV, 144.

La Brosse (Guy de), médecin, IV, 151.

La Bruyère, (Jean de), IV, 168.

La Caze (Jean-Jacques de, Pons, marquis de), I, 185.

La Chaise (le P.), III, 137, 139, 140, 141, 143, 144, 145, 146, 147, 150, 159 et suiv., 188, 203; IV, 154 et suiv., 176.

La Chapelle (? Christophe Jouvenel des Ursins, seigneur de), et, plus tard, marquis de Tresnel, I, 316.

La Chatre (Louis, maréchal de), II, 459.

La Chatre (Louise-Antoinette-Thérèse de), femme du maréchal duc d'Humières. Voyez Humières (Louise-Antoinette, duchesse d').

La Chatre (Louise-Henriette de), femme de Claude Pot. Voyez Pot (Louise-Henriette de La Chatre, femme de Claude).

La Cotardaie (Gabrielle Glay de), femme du marquis de La Valière. Voy. Glay de la Cotardaie (Gabrielle).

La Fayette (Marie-Madelaine Pioche de La Vergne, comtesse de), I, 4, 297; IV, 27.

La Ferté (hôtel de), III, 312.

La Ferté Saint-Nectaire ou Senneterre (Henri, maréchal de), I, 51; II, 403, 410, 420; III, 279 et suiv.

La Ferté (Charlotte de Bauves ou plutôt Boves, 1re femme du maréchal duc de), II, 403.
La Ferté (Madelaine d'Angennes de La Loupe, 2e femme du maréchal de), I, 5, 9, 83, 146, 274; II, 403 et suiv., 471; III, 210, 279 à 341.
La Ferté (Henri-François de Saint-Nectaire, duc de), fils du maréchal, II, 421, 424, 431, 440, 447 et suiv., III, 338 et suiv., 368 et suiv., 468, 475.
La Ferté (Marie-Isabelle-Gabrielle-Angélique, mademoiselle de Toucy, duchesse de), femme du précédent, bru du maréchal, I, 83; II, 421 et suiv.; III, 367 et suiv., 468, 477, 482.
La Ferté (Catherine-Henriette de), femme de François de Bullion, marquis de Longchêne. Voy. Bullion, marquis de Longchêne (Catherine-Henriette de La Ferté, femme de François de).
La Feuillade (François d'Aubusson de), I, 243, 244, 293, 325 et suiv.; II, 72, 74, 400, 401, 402, 468; III, 312; IV, 1, 7 et suiv., 35, 46, 52, 53, 60, 77, 79, 86 et suiv., 96, 267.
La Feuillade (Charlotte Gouffier, femme de François d'Aubusson de), duchesse de Roannez, II, 74, 400; IV, 267.
La Fontaine (Jean de), le fabuliste, I, 25, 258; IV, 81.
La Force (Jacques Nompar de Caumont, duc de), III, 186, 202.
La Force (Marie de Saint-Simon–Courtaumer, séparée du marquis de Langeais, remariée à Jacques Nompar de Caumont, duc de). Voy. Langeais (Marie de Saint-Simon Courtaumer, marquise de).
La Force (Marie-Anne-Louise de Caumont), femme de Louis Scipion III de Grimoard, comte du Roure. Voy. Roure (Marie-Anne-Louise de Caumont La Force, femme de Louis-Scipion III, comte du).
La Fosse (Mme de), I, 20.
Lagarde (? Antoine - Escalin des Aimars, marquis de). III, 125.
La Grange (M. de), intendant des troupes en Alsace, III, 441 et suiv.
La Grange (Mme de), femme du précédent, III, 441 et suiv.
La Grange (Jeanne de), femme de Guillaume de Peychpeyrou ou Puypeyrou, marquis de Guitaut. Voy. Guitaut.
La Guiche (Henriette de), duchesse d'Angoulême. Voy. Angoulême (Henriette de La Guiche, duchesse d').

La Guiche (Anne de), 2ᵉ fille de Philibert de la Guiche, grand maître de l'artillerie, femme du 1ᵉʳ maréchal de Schomberg. Voy. Schomberg (1ᵉʳ maréchal de), I, 209.

La Guiche (Marie de), femme du duc de Ventadour, II, 55.

La Loupe (famille d'Angennes de), III, 317.

La Loupe (Mˡˡᵉ de). Voy. Olonne (Catherine-Henriette d'Angennes de La Loupe, comtesse d'), et La Ferté (Madelaine d'Angennes de la Loupe, maréchale de).

La Magdelaine de Ragny (Anne), femme de François de Bonne, duc de Lesdiguières. Voy. Lesdiguières (Anne de La Magdelaine de Ragny, duchesse de).

La Meilleraie (Charles de La Porte, duc et maréchal de), I, 164 ; III, 465.

La Meilleraie (Marie de Cossé-Brissac, 2ᵉ femme du précédent, duchesse de), IV, 180.

La Mesnardière (Jules Pillet de), I, 90, 92, 170.

La Motte Argencourt (N..., fille de Pierre de Conty, seigneur de La Motte et d'Argencourt, et de Madelaine de Chaumont, *dite* Mˡˡᵉ de), I, 218, 290 et suiv. ; II, 30, 31, 49, 50.

La Mothe – Houdancourt (Philippe, maréchal de), I, 292; II, 49; III, 366, 368.

La Mothe (Louise de Prie, Mˡˡᵉ de Toussy, maréchale de), I, 83, 200, 292; II, 49, 50, 422, 424, 438; III, 240, 366, 368 et suiv. *passim*; IV, 257, 258.

La Mothe - Houdancourt (Charlotte-Eléonore-Madelaine de), femme de Louis-Charles de Levis, duc de Ventadour. Voy. Ventadour (Charlotte-Eleonore-Madelaine, duchesse de).

La Mothe – Houdancourt (Françoise-Angélique de), 2ᵉ femme de Louis-Marie-Victor, duc d'Aumont. Voy. Aumont.

La Mothe - Houdancourt (Anne-Lucie de), nièce du maréchal, femme de M. de La Vieuville, I, 292.

La Moussaye (Amaury Goyon, comte de), I, 187, 199.

La Noue Bras de Fer (François de), II, 436.

La Porte, valet de chambre de Louis XIV, I, 134.

La Porte (Mˡˡᵉ de), femme du chevalier Garnier, II, 31, 50.

La Rivière (Louis Barbier, abbé de), puis évêque de Langres, I, 47, 91, 186.

La Rivière (Antoine Barbier de), commissaire de l'artillerie en Champagne, I, 186.

La Roche-Chemerault (Geoffroy de Barbezières, comte de). Voy. Chemerault (Geoffroy de Barbezières, sieur de).

La Rochefoucauld (François VI, duc de), d'abord prince de Marsillac, I, 42 et suiv., 46, 62, 65, 75, 95, 99, 100 et suiv., 130, 150; 182, 188, 189, 196 et suiv., 213, 232, 233, 244, 245, 252, 258, 267, 298, 416; II, 154, 457; IV, 79, 80.

La Rochefoucauld (Andrée de Vivonne, femme de François VI de), II, 457.

La Rochefoucauld (François VII de), d'abord prince de Marsillac, II, 457; IV, 79, 80. Voy. aussi Marsillac (François VII de La R., prince de).

La Rochefoucauld (M. de), premier marquis d'Estissac. Voy. Estissac (François de La Rochefoucauld, premier M¹s d'). III, 72.

La Roche-Guyon (Henri-Roger, comte, puis en 1663 duc de), marquis de Liancourt et de Guercheville, comte de Durtal, I, 139, 140, 141, 232, 233.

La Roche-Guyon (Anne-Elisabeth de Lannoy, ou Lanoye, femme de Henri-Roger du Plessis-Liancourt, comte de), I, 58, 210, 271.

La Roche-Guyon (Jeanne-Charlotte, Mlle de), I, 139, 140, 141.

La Roche-Pozay (Diane de). Voy. Saint-Loup (Mme de).

La Roche-sur-Yon (François-Louis de Bourbon, duc de), puis prince de Conti, après la mort de Louis-Armand de B., prince de Conti, son frère, III, 192, 474.

La Roquette (Henri-Gabriel de Roquette, évêque d'Autun, nommé ici par erreur, l'abbé de), I, 189.

La Suze (Henriette de Coligny-Chastillon, comtesse d'Adington, puis comtesse de), I, 320, 347, 405.

La Tour-d'Auvergne (Frédéric-Maurice de), duc de Bouillon. Voy. Bouillon (Frédéric-Maurice de La Tour-d'Auvergne, duc de).

La Tour-d'Auvergne (Henri-Ignace de), duc de Château-Thierry. Voy. Château-Thierry (Henri-Ignace de La Tour-d'Auvergne, duc de).

La Tour-Roquelaure (N... de), I, 328.

La Tremouille (Philippe de), père de François de la Tremouille-Noirmoutier, III, 334.

La Tremouille-Noirmoutier. Voy. Noirmoutier.

La Tremouille-Olonne. Voy. Olonne.

La Tremouille-Royan, Voy. Royan.

La Tremouille (Yolande-Julie de), M^{ise} de Royan. Voy. Royan (M^{ise} de).

La Tresne (M. de), premier président au parlement de Bordeaux, IV, 137, 138.
La Valette (Louis de Nogaret, cardinal de), archevêque de Toulouse, frère du duc [Bernard] d'Epernon, I, 147, 191.
La Valière (Laurent de la Baume le Blanc, seigneur de), II, 27.
La Valière (Françoise Le Prévost, femme de Laurent de), II, 27, 28, 34.
La Valière (Gabrielle Glay de la Cotardaie, femme de Jean-Louis, marquis de). Voy. Glay de la Cotardaie (Gabrielle), II, 44, 45.
La Valière (Louise-Françoise de La Baume le Blanc, duchesse de), I, 66, 185, 217, 271, 289, 292 et suiv., 301 ; II, 27 à 96, 99 et suiv., 115 et suiv., 139 et suiv., 145, 148, 151, 152, 167, 168, 180 et suiv., 363, 365, 370 et suiv., 461 ; III, 8, 29, 52, 57, 66, 186 ; IV, 63, 223, 248 et suiv., 258 à 263, 282, 283.
La Valière (Jean-François de la Baume le Blanc, marquis de), II, 28, 44.
La Valière (Louis-César de la Baume le Blanc, duc de), III, 197.
La Vauguyon (André de Betoulat, sieur de Fromenteau, comte de), I, 70.
La Vergne (Marie Pena, femme d'Aymar de), mère de Mme de La Fayette, I, 4.
La Vergne (Mlle de), comtesse de La Fayette, Voy. La Fayette (Mlle de La Vergne, comtesse de).
La Vienne, barbier étuviste, III, 225, 228, 229, 236, 240.
La Vieuville (hôtel de), III, 499.
La Vieuville (René-François, marquis de), I, 293, 300, 315.
La Vieuville (Anne-Lucie de La Mothe-Houdancourt, femme du marquis de), nièce du maréchal de La Mothe-Houdencourt, I, 293.
L'Avocat ou L'Advocat (Nicolas) de Sauveterre, II, 429.
L'Avocat (Marguerite Rouillé, femme de Nicolas), II, 429.
L'Avocat, maître des requêtes, fils de Nicolas L'Avocat, II, 429 et suiv.; III, 446, 482.
L'Avocat, maître des comptes, III, 480.
L'Avocat (Catherine), femme d'Arnauld de Pomponne, II, 429.
L'Avocat (N...), femme du marquis de Vins, II, 429.
Le Camus (l'abbé Etienne), aumônier du roi Louis XIV, puis cardinal, I, 277 et suiv.
Le Clerc de Lesseville. Voy. Lesseville (Le Clerc de).

Le Coigneux (le président Jacques), I, 151.
Le Febvre de Bournonville (Nicolas), IV, 26.
Le Large (M.), médecin, II, 348.
Le Page, sieur de Saint-Loup. Voy. Saint-Loup.
Le Pelletier (le président Claude), et mieux Le Peletier, IV, 126.
Le Pelletier (Michel), ministre, *dit* aussi Le Peletier de Sousy, IV, 156.
Le Petit (Claude) ou Petit, III, 227.
Le Prevost (Jean), sieur de la Coutelaie, écuyer de la grande écurie, II, 28.
Le Prévost (Françoise), femme de Laurent de La Valière, veuve de P. Bénard, seigneur de Rezay, II, 27, 28, 34.
Le Tellier (Michel), chancelier de France, I, 47, 292; II, 22, 131, 272, 390; III, 47, 364, 365.
Le Tellier (François-Michel), marquis de Louvois. Voy. Louvois (François-Michel Le Tellier, marquis de).
Le Tellier (Anne de Souvré, femme de Fr. Michel). Voy. Louvois (Anne de Souvré, marquise de).
Le Tellier (Madelaine Fare), 1re femme de Louis-Marie-Victor, duc d'Aumont. Voy. Aumont (Madelaine, duchesse d').
Le Tellier (Madelaine), femme de Gabriel, marquis de Tilladet. Voy. Tilladet (Gabriel de Cassagnet, marquis de).
Le Tellier (Charles-Maurice), archevêque de Reims, II, 266; III, 454 et suiv., 483 et suiv., 499 et suiv., 509.
Le Vasseur, notaire, III, 213.
Le Vasseur (N..., femme du notaire), III, 213.
Le Veneur (Anne), femme de François de Fiesque, et non de Jacques II d'Harcourt de Beuvron. Voy. Beuvron.
L..... (le comte de), mari de [la comtesse de L..., aimée de Louis XIV, IV, 17, 18, 38, 40, 42, et suiv., 50, 65, 66, 77, 78, 80 et suiv., 108 à 122.
L... (la comtesse de), aimée de Louis XIV, IV, 5 à 122.
Laffemas (l'abbé N... de), I, 88.
Laguille (le P.), III, 70, 72, 73, 117.
Lalanne (Pierre de Cadillac, seigneur de). Voy. Cadillac (Pierre de).
Laigues (Geoffroy, marquis de), I, 144, 145, 195, 409; II, 89, 90.
Lambert de Thorigny (Nicolas), IV, 129, 130.
Lambert de Thorigny (Marie-Madelaine Bontemps, femme de), IV, 129.
Lameth (Marie de), 1re femme de Louis-Charles, prince de Courtenay. Voy. Cour-

tenay (Marie de Lameth, femme de Louis-Charles, prince de).

Lambert, commis de l'Epargne, I, 214, 215.

Langeais (René de Cordouan, marquis de Langeay ou), I, 361; II, 436, 437; III, 187, 224.

Langeais (Marie de Saint-Simon - Courtaumer, 1ʳᵉ femme de René de Cordouan, marquis de), puis femme de Jacques Nompar de Caumont, duc de La Force, II, 436, 437; III, 186, 187, 202.

Lannoy ou Lanoye (Anne-Elisabeth de), femme de Henri-Roger Du Plessis-Liancourt, comte de La Roche-Guyon). Voy. La Roche-Guyon (Mᵐᵉ de).

Lansac (Gille de Saint-Gelais, marquis de), I, 315.

Lansac (Françoise de Souvré, femme de Gille de Saint-Gelais, marquis de), I, 292.

Lansac (Marie-Madelaine de Saint-Gelais, fille du marquis de), femme de Vassé. Voy. Vassé (marquise de).

Largille, I, 316.

Lasphrise (le capitaine), IV, 269.

Lauzun (Antoine Nompar de Caumont, marquis de Puyguilhem, comte puis duc de), I, 65, 67, 130, 132 et suiv., 164 ; II, 35, 36, 72, 73, 197 à 282, 364 à 400, 458, 459, 471 et suiv. ; III, 9, 125, 320; IV, 6, 73, 203, 280, 285, 286.

Lauzun (François, chevalier de), frère du duc, I, 135, 138.

Lauzun (Geneviève Marie de Durfort de Lorge, femme du duc de), IV, 203.

Laval (Urbain de), marquis de Lezay, II, 426.

Laval (Françoise de Sesmaisons, femme d'Urbain de), II, 426.

Laval-Montmorency (Marie-Louise de), femme du duc de Roquelaure. Voy. Roquelaure (Marie-Louise de Montmorency, duchesse de).

Lebrun (Charles), peintre, III, 20,384.

Leclerc du Tremblay (Marie), femme de Louis d'Angennes, marquis de Maintenon. Voy. Maintenon (Marie Leclerc du Tremblay, femme de Louis d'Angennes de Rochefort de Salvert, marquis de).

Leganez (le marquis de), IV, 145.

Legendre (Marguerite Combefort, veuve de), 1ʳᵉ femme de Guillaume Cornuel, I, 87.

Legendre (Mˡˡᵉ), fille de la 1ʳᵉ femme de Guillaume Cornuel, I, 87.

Lenclos (Ninon de). Voy. Ninon.

Lenet (Pierre), conseiller d'Etat, I, 189, 214.

Lenoncourt (Madelaine de), 1re femme de Hercule de Rohan-Guemené, duc de Montbazon. Voy. Montbazon (1re duchesse de).
Lenox (François-Marie Stuart, duc de Richmont et de), I, 238.
Léopold Ier, empereur d'Allemagne, IV, 200.
Lescalopier (Balthazar), président au parlement, I, 186, 315.
Lescalopier (Charlotte Germain, femme du président), I, 186, 315.
Lescuier (Claude), femme de Laurent Limosin, II, 46.
Lesdiguières (François de Bonne, 1er duc de), I, 406 ; III, 262).
Lesdiguières (Anne de La Magdelaine de Ragny, 2e femme de François de Bonne, duc de), I, 271, 406 ; III, 238.
Lesdiguières (Charles-Nicolas de Bonne de), marquis de Ragny. Voy. Ragny (Charles-Nicolas, marquis de).
Lesdiguières (François-Emmanuel de Bonne de Créqui, duc de), et d'abord comte de Sault, II, 404, 405, 431 ; III, 188, 207, 208, 215 et suiv.
Lesdiguières (Paule-Marguerite-Françoise de Gondi de Retz, femme de François-Emmanuel de Bonne de Créqui, duc de), II, 404 ; III, 188, 215.

Lesparre (Louis de Madaillan de), marquis de Montataire, comté de Manicamp, I, 151.
Lessay (Guillaume Briçonnet, seigneur de), III, 254.
Lesseville (Mlles Le Clerc de), I, 149.
Lethington, anglais, I, 296.
Leuville (René Olivier, marquis de), I, 315.
Levis-Charlus (famille de), II, 420.
Lezay (Suzanne de), femme d'Agrippa d'Aubigné. Voy. Aubigné (Suzanne de Lezay, femme d'Agrippa d').
Liancourt (Roger du Plessis, duc de). Voy. La Roche-Guyon.
Libertat (Claire de), 2e femme de Gaspard, marquis de Forbin-Janson. Voy. Forbin-Janson (marquise de).
Lignerac (famille Robert de), II, 420.
Lignerac (N... Robert, chevalier de), II, 451 ; III, 340.
Lignerac (N... Robert, abbé de), II, 420, 447, 451.
Ligny (? Philippe de), conseiller au parlement, I, 315.
Limoges (Charles-François de Rochechouart, marquis de Bellenave, appelé comte de), I, 77.
Limosin (Laurent), sergent à verge, II, 46.
Liscouet (Guillaume du), père du chevalier, II, 420.
Liscouet (Marie Talhouet,

femme de Guillaume du). II, 420.

Liscouet (Philippe-Armand, vicomte de Planches, chevalier du), II, 420.

Liscouet (Marie - Angélique du), femme du financier Antoine-Arthur Deschiens, II, 420.

Lislebonne (François-Marie de Lorraine, comte de), III, 198.

Lislebonne (Anne, légitimée de Lorraine, 2ᵉ femme de François-Marie, comte de), III, 198 ; IV, 228.

Lissalde (le sieur de), valet de garde-robe de Louis XIV, IV, 26.

Longchêne (François de Bullion, marquis de), III, 302.

Longueil de Maisons (René), premier président de la cour des Aides, président à mortier au Parlement de Paris, II, 41.

Longueil (Renée-Marie de), femme de M. de Rohan (Louis), II, 41.

Longueval-Manicamp (Gabrielle de), 3ᵉ femme du maréchal d'Estrées. Voy. Estrées (Gabrielle de Longueval - Manicamp, 3ᵉ femme du maréchal d'), III, 252.

Longueville (hôtel de), III, 499.

Longueville (Henri II d'Orléans, duc de), I, 9, 168, 184, 186 et suiv. ; II, 402 à 420.

Longueville (Louise de Bourbon, fille du comte de Soissons, 1ʳᵉ femme de Henri d'Orléans, duc de), I, 184.

Longueville (Anne-Geneviève de Bourbon-Condé, 2ᵃ femme de Henri d'Orléans, duc de), I, 75, 168, 184, 177 et suiv., 194, 202, 252, 415, 416 ; II, ⁕197, 198, 402 ; IV, 267.

Longueville (Charles Paris, d'abord comte de Saint-Paul, puis duc de), II, 402 ; III, 226, 229, 305, 306 et suiv., 434, 465 ; II, 197, 198, 201, 219, 223, 248, 402 ; III, 226, 229, 305 et suiv., 434, 465. Voy. aussi Saint-Paul (Charles Paris d'Orléans-Longueville, comte de).

Longueville (Louis - Charles d'Orléans, chevalier de), fils naturel de Charles-Paris d'Orléans-Longueville et de la maréchale de LaFerté, II, 411, 413, 414 ; III, 330, 331.

Longueville (Marie d'Orléans de Longueville, dite Mˡˡᵉ de), qui devint duchesse de Nemours, IV, 273.

Loret (Jean), auteur de la Muze historique, II, 123, 132, 146 ; III, 121, 122 ; IV, 253, 273.

Lorge (Guy de Durasfort, duc et maréchal de), IV, 203.

Lorge (Gabrielle de Durasfort, fille du maréchal duc de), femme du duc de

Saint-Simon. Voy. Saint-Simon (Gabrielle de Durasfort de Lorge, femme du duc de).

Lorge (Geneviève-Marie de Durasfort, fille du maréchal duc de), femme du duc de Lauzun. Voy. Lauzun (Geneviève-Marie de Durasfort de Lorge, femme du duc de).

Lorraine (François II, duc de), I, 290.

Lorraine (Marguerite de), femme de Gaston d'Orléans, fille de François II de Lorraine. Voy. Orléans (Marguerite de Lorraine, duchesse d').

Lorraine (Louis de), duc de Joyeuse, puis duc d'Angoulême, II, 73, 74.

Lorraine (Nicolas-François, duc de), oncle du prince Charles IV, II, 201.

Lorraine (Charles IV duc de), I, 144, 160 ; II, 201, 382 ; III, 198 ; IV, 231.

Lorraine (Henri de), chef de la maison d'Armagnac, (qui épousa Marguerite de Camboust), III, 253.

Lorraine-Armagnac (Marguerite de Camboust, femme de Henri de), III, 253.

Lorraine (Philippe, chevalier de), fils de Henri de Lorraine, comte d'Armagnac, I, 7, 271 ; II, 363, 364, 370 ; III, 253.

Lorraine (Louis de), comte d'Armagnac, grand écuyer, III, 491, 492.

Lorraine, comte d'Armagnac (Catherine de Neufville-Villeroy, femme de Louis de), III, 491.

Lorraine (Henri de), comte de Briosne, fils de Louis de Lorraine-Armagnac et de Catherine de Neufville-Villeroy. Voy. Briosne (Henri de Lorraine, comte de).

Lorraine-Armagnac (Marie-Angélique-Henriette de), duchesse de Cadaval. Voy. Cadaval (duchesse de).

Lorraine (Mlle d'Orléans, duchesse de), fille de Gaston, II, 28 ; III, 240, 433.

Lorraine (Charles - Henri, légitimé de), prince de Vaudemont. Voy. Vaudemont (Charles-Henri, légitimé de Lorraine, prince de).

Louis XI, III, 200, 356.

Louis XIII, I, 68, 115, 143, 175 ; III, 423 ; IV, 143, 151.

Louis XIV, ou le grand Alcandre ou *Deodatus*, I, VIII, 216 et suiv., 226, 254, 255, 289 et suiv., 292, 310, 415 ; II, 1 à 25, 27 à 96, 99 à 111, 147 et suiv., 206, 219, 225, 228 et suiv., *passim*, 344, 352, 357, 361-473 ; III, 3 à 58, 66, 126 et suiv., 157 à 180, 185 et suiv., 209, 210, 211, 226, 279, 298, 320, 321, 345, 346, 347, 358, 364, 365, 378, 391,

423, 452, 453, 467, 489, 498, et suiv., 508, 509; IV, 5 à 122, 125 et suiv., 204, 215, 216, 241, 245 et suiv., 257.

Louis, Dauphin de France. Voy. Dauphin.

Louis, fils de Laurent Limosin, et peut-être Louis de Bourbon, **1I**, 46.

Louis XV, IV, 211.

Louise de la Miséricorde, nom de Mme de la Valière au couvent des Carmélites. Voy. La Valière (Mlle de).

Louison d'Arquien. Voy. Arquien (Louison d').

Louvigny (Antoine-Charles de Gramont, comte de), plus tard comte de Guiche, puis duc de Gramont, I, 68, 136; II, 78, 173.

Louvigny (Marie-Charlotte de Castelnau, comtesse de), puis comtesse de Guiche, et enfin duchesse de Gramont, I, 68.

Louvois (François-Michel Le Tellier, marquis de), I, 292; II, 72-74, 266, 273, 344, 390, 391, 397, 398, 438, 439, 462, 463; III, 16, 150, 358, 359, 363, 454, 488, 501 et suiv.; IV, 169, 175, 257, 265.

Louvois (Anne de Souvré, marquise de), I, 292; II, 72-74; IV, 130.

Lude (Jean de Daillon du), tige de la famille, I, 320.

Lude (François de Daillon, comte du), gouverneur de Gaston d'Orléans, I, 320.

Lude (Marie Feydeau, femme de François Daillon du), I, 320.

Lude (Henri de Daillon, comte, puis duc du), I, 65, 304, 306, 320 et suiv., 408; II, 390; III, 448, 449.

Lude (Eléonore de Bouillé, 1re femme de Henri de Daillon, comte du), I, 321; III, 449.

Lude (Marguerite-Louise-Suzanne de Béthune-Sully, veuve du comte de Guiche, 2e femme de Henri de Daillon, comte du), I, 321; III, 449. Voy. aussi Guiche (Marguerite-Louise-Suzanne de Bethune-Sully, femme du comte de).

Lude (Charlotte-Marie de Daillon du), marquise puis duchesse de Roquelaure. Voy. Roquelaure (duchesse de), II, 72.

Ludres (Marie-Elisabeth de), chanoinesse de Poussay, II, 217; III, 13, 29.

Luisa de Guzman, reine de Portugal, II, 296.

Lully (Jean-Baptiste), II, 352.

Luxembourg (François-Henri de Montmorency, maréchal de), mort en 1695, et non en 1655, I, 135, 153, 154, 156; II, 186, 187, 188; III, 189, 254; IV, 230, 231.

Luxembourg (Madelaine-

TABLE ALPHABÉTIQUE. 397

Charlotte-Bonne-Thérèse de Clermont Tonnerre, et non Catherine de Clermont Tallard), femme du maréchal de), II, 187; III, 254.

Luxembourg (Charles-François-Frédéric de Montmorency, d'abord appelé prince de Tingry, puis duc de), fils du maréchal de Luxembourg, I, 296; IV, 138.

Luxembourg (Marie-Thérèse d'Albert, fille aînée du duc de Chevreuse, 1re femme du précédent duc de), IV, 138.

Luxembourg (Marie Gilonne de Gillier de Clérambault, 2e femme du précédent duc de), IV, 129, 138.

Luxembourg (le chevalier de), frère du prince de Tingry, et qui en prit le nom à la mort de celui-ci. Voy. Tingry (Christian-Louis, chevalier de Luxembourg, puis prince de), à la mort de son frère.

Luynes (hôtel de), III, 499.

Luynes (Charles d'Albert, duc et connétable de), I, 116, 143; II, 47.

Luynes (Louis-Charles d'Albert, duc de), de Chevreuse et de Chaulnes, II, 47.

Luynes (Anne de Rohan-Montbazon, 2e femme de Louis-Charles d'Albert, duc de), I, 209.

Luynes (Charles-Honoré d'Albert, duc de), II, 47.

Luynes (Jeanne-Marie Colbert, femme de Charles-Honoré d'Albert, duc de), II, 47, 48, 72; IV, 254, 255.

Lyonne (Hugues de), ministre, II, 272, 415, 471; III, 47, 210, 217, 230, 263 et suiv.

Lyonne (Paule Payen, femme de Hugues de), III, 210 et suiv.; 279 et suiv.

Lyonne (Madelaine de), femme de François Annibal d'Estrées, marquis de Cœuvres, II, 405.

Machault (M. de), conseiller à la Cour des Aides, I, 87.

Maçon, joaillier, III, 414.

Madaillan de Lesparre (Louis de), marquis de Montataire, comte de Manicamp. Voy. Lesparre.

Madame (princesse palatine), I, 112.

Madame (Henriette d'Angleterre, duchesse d'Orléans, dite), I, 65, 67, 138, 144, 150.

Mademoiselle de Montpensier. Voy. Montpensier (Mlle de).

Magdelaine de Ragny (Anne de La), femme de François de Bonne, duc de Lesdiguières. Voy. Lesdiguières (Anne de La Magdelaine de Ragny, duchesse de).

Maignelay (Antoinette de), dame de Cholet, maîtresse

de François II, duc de Bretagne, I, 252.
Maignelois. Voy. Maignelay.
Maillé (Urbain de), maréchal de Brézé. V. Brézé (maréchal de).
Maillé (Claire-Clémence de), princesse de Condé. Voy. Condé (Claire-Clémence de Maillé, femme de Louis II, princesse de).
Maine (Louis-Auguste de Bourbon, duc du), fils de Louis XIV et de Mme de Montespan, II, 378, 471; III, 130, 134, 189, 331, 472.
Maine (Louise-Bénédictine de Bourbon-Condé, femme de Louis-Auguste de Bourbon, duc du), III, 198.
Maintenon (famille d'Angennes de), III, 135.
Maintenon (Louis d'Angennes de Rochefort de Salvert, marquis de), baron de Meslay, père de Charles-François, III, 135.
Maintenon (Marie Leclerc du Tremblay, femme de Louis d'Angennes de Rochefort-Salvert, marquis de), III, 135.
Maintenon (Charles-François d'Angennes, marquis de), fils des précédents, III, 135.
Maintenon (Françoise d'Aubigné, veuve de Scarron, marquise de), I, 10, 40, 72, 146, 305, 306, 314; II, 412, 465; III, 61 et suiv., 157 à 177, 190, 193 et suiv., 466, 470, 474; IV, 120 et suiv., 210 et suiv., 256, 279, 283.
Maistre (Joseph de), I, 217.
Malebranche (le P. Nicolas), III, 47.
Malherbe (François), I, 115.
Malicorne (M. de), écuyer du duc de Guise, I, 185, 405.
Mallet (?.....), I, 316.
Mancini (Hieronyme Mazarini, femme de Michel Laurent), sœur du cardinal Mazarin, I, 283 et suiv.
Mancini (Hortense), duchesse de Mazarin. Voy. Mazarin (Hortense Mancini, femme de Armand-Charles de la Porte de la Meilleraye, duc de).
Mancini (Olympe), femme d'Eugène-Maurice de Savoie, comte de Soissons. Voy. Soissons (Olympe Mancini, comtesse de).
Mancini (Laure-Victoire), femme de Louis de Vendôme, duc de Mercœur. Voy. Mercœur (Laure Mancini, duchesse de).
Mancini (Marianne). Voy. Bouillon (Marie-Anne ou Marianne Mancini, femme de Godefroy-Maurice, duc de).
Mancini (Marie), connétable Colonna, I, 31, 217; II, 1 à 25, 31, 48. Voy. en outre : Colonna (Marie-Mancini, connétable).
Mancini (Alphonse), mort à 14 ans, I, 284, 285.

TABLE ALPHABÉTIQUE. 399

Mancini (Philippe de), duc de Nevers et de Donzy. Voy. Nevers (duc de).

Manicamp (famille et terre de), I, 151.

Manicamp (comte de). Voy. Lesparre (Louis de Madaillan de).

Manicamp (Achille de Longueval, seigneur de), maréchal de camp), père de Bernard de Manicamp, I, 68 ; III, 252.

Manicamp (Bernard de Longueval, marquis de), fils d'Achille de Manicamp, I, 13, 63 et suiv. *passim*, 79, 80, 81, 82, 124 et suiv., 137, 277 et suiv., 301 ; II, 146 et suiv. ; III, 253, 348 et suiv.

Manicamp (Gabrielle de Longueval, fille d'Achille de), 3ᵉ femme du maréchal d'Estrées, I, 151 ; II, 146.

Manicamp (... de Longueval, demoiselle de), religieuse, I, 69.

Manneville (Louis de), seigneur d'Auzonville, de la maison de Roncherolles, I, 301 ; IV, 151.

Manneville (Catherine de), fille du précédent et de Suzanne de Séricourt, I, 295, 297 et suiv.

Mansart (François), architecte, III, 384; IV, 169.

Mantoue (Ferdinand-Charles de Gonzague IV, duc de), IV, 146.

Mar (comte de), I, 296.

Marans (Françoise de Montallais, comtesse de), I, 264.

Marchand (Anne), 1ʳᵉ femme de Constant d'Aubigné. Voy. Aubigné (Anne-Marchand, femme de Constant d').

Marcillac. Voy. Marsillac.

Maré (Joseph Rouxel, comte de), III, 240.

Maré (Marie-Louise Rouxel de Grancey, femme de Joseph Rouxel, comte de), III, 240, 426 et suiv.

Marginor (?) I, 316.

Marie, entrepreneur du Pont-Marie, III, 360.

Marie de Médicis, II, 154.

Marie d'Angleterre, femme de Guillaume, prince d'Orange. Voy. Orange (Marie d'Angleterre, femme de Guillaume, prince d').

Marie-Thérèse d'Autriche, infante d'Espagne, femme de Louis XIV, II, 16, 24, 29, 32, 43, 49, 53, 57, 58, 60, 61, 65, 70, 71, 77, 90, 102, 105, 107, 109, 111, 153, 219, 222, 229, 237, 239, 244, 265, 268 ; III, 13, 14, 185 ; IV, 6, 8, 31, 61, 78, 85, 151, 252, 258, 263, 264.

Marillac (Louis, maréchal de), I, 170.

Marillac (Valence de), baronne d'Attichy. Voy. Attichy (baronne d').

Marsillac (François VI de La Rochefoucauld, prince de), puis, à partir de 1650, duc de La Rochefoucauld. Voy. La Rochefoucauld.

Marsillac (François VII de La Rochefoucauld, prince de), II, 457, 458, 460, 461, 462, 467, IV, 79, 80. Voy. aussi La Rochefoucauld (François VII de).

Marion Delorme (Marie de Lou, demoiselle de l'Orme, dite), I, 51.

Marinier, commis de Colbert, IV, 169.

Martinozzi (Anne - Marie), qui devint princesse de Conti. Voy. Conti (Anne-Marie Martinozzi, princesse de).

Mastas ou Matha (Charles de Bourdeilles, comte de). Voy. Matha.

Matha ou Mastas (Charles de Bourdeilles, comte de), I, 188 ; II, 341, 348.

Matignon (famille de), I, 147.

Maubuisson (Catherine-Angélique, abbesse de), fille naturelle d'Henri d'Orléans, duc de Longueville, I, 184, 185.

Maulevrier (Charles-Robert de La Marche, comte de), I, 316.

Mauny (Charlotte Brûlart, marquise et non comtesse de), III, 251.

Maure (Louis de Rochechouart, fils de Gaspard, frère de Gabriel de Rochechouart, comte de), I, 170, 199 ; II, 100.

Maure (Anne Doni d'Attichy, comtesse de), I, 170, 171, 172 ; II, 100, 102, 103 ; IV, 265, 268, 278.

Mazarin (le cardinal), I, VIII, 31, 55, 58, 69, 74, 75, 116, 137, 141, 143, 147, 179, 180, 183 et suiv., 203, 204, 212, 217, 226, 231, 233, 240, 248, 255, 256, 262, 263, 278, 279 et suiv., 291, 298, 320 ; II, 3 et suiv., 29, 31, 32, 147, 154, 187, 200 ; III, 478 ; IV, 245.

Mazarin (Armand-Charles de la Porte de la Meilleraie, duc de), II, 69, 465.

Mazarin (Hortense Mancini, duchesse de), femme du précédent, I, 37, 238, 257, 284 et suiv. ; II, 3 ; IV, 80, 262.

Meaux du Fouilloux (Bénigne de), marquise d'Alluye. Voy. Alluye (Benigne de Meaux du Fouilloux, marquise d').

Meckelbourg ou Mecklembourg-Schwerin (Christian-Louis, duc de), I, 157, 158, 264 ; III, 472.

Mecklembourg (Isabelle-Angélique de Montmorency-Boutteville, veuve du duc de Châtillon, puis duchesse de). Voy. Châtillon (duchesse de).

Medavy (... de Rouxel de), I, 315.

Meilhan (Sénac de). Voy. Senac de Meilhan.

Melun (le comte de), IV, 128.

Melun (Alexandre-Guillaume

Table alphabétique. 401

de), prince d'Epinay. Voy. Epinay.
Menage (Gilles), I, 306, 323.
Menandor, nom patronymique de la maison de Gramont, I, 139.
Ménardeau, sieur de Champré (Henri). I, 410. Voy. aussi Champré (Ménardeau, sieur de).
Meneville (Mlle de). Voy. Manneville.
Mercœur (Louis de Vendôme, duc de), I, 54, 68, 151 ; II, 354 ; III, 197.
Mercœur (Laure - Victoire Mancini, duchesse de), I, 54, 283 et suiv., III, 197.
Méré (César Brossin, chevalier de), III, 74, 352.
Mérille (le docteur), précepteur du grand Condé, I, 32, 37.
Meslay (Louis d'Angennes de Rochefort de Salvert, marquis de Maintenon, baron de). Voy. Maintenon (Louis d'Angennes de Rochefort de Salvert, marquis de).
Mesmes (Marie de la Vallée-Fossez, marquise de), belle-mère du comte, puis duc de Vivonne, 2e femme du président Henry de Mesmes, sieur de Roissy, I, 286.
Mesmes (Antoinette-Louise de), femme de Louis-Victor de Rochechouart, comte puis duc de Vivonne. Voy. Vivonne (comtesse de).

Métézeau (Clément), architecte, III, 499.
Meunier (le P.), jésuite, IV, 158.
Mignard (Pierre), peintre, III, 212, 499; IV, 226 et suiv.
Mignard (la), courtisane, III, 229.
Miossens, maréchal d'Albret. Voy. Albret (maréchal d').
Miossens (François-Amanieu d'Albret, frère du maréchal d'Albret, comte de), I, 185, 188 ; III, 73.
Miossens (Elisabeth de Pons du Bourg, femme de François-Amanieu d'Albret, comte de), I, 185.
Miossens, bâtard d'Albret, I, 75.
Modène (Alphonse d'Este IV, duc de), I, 283 et suiv.
Modène (Laure Martinozzi, duchesse de), I, 283 et suiv.
Modène (Marie-Béatrix Marie), fille du duc et de Mlle Martinozzi, femme de Jacques II, roi d'Angleterre, I, 283 et suiv.
Molé de Champlatreux (le président Jean-Louis), I, 231.
Molé de Champlatreux (Madelaine Garnier, femme de), II, 337.
Molière (Jean-Baptiste Poquelin), I, 65, 134, 193, 198, 312 ; III, 226 ; IV, 31, 32, 228.
Molière (Armande-Grésinde-Claire-Elisabeth Béjart, femme de), I, 65, 134.

Hist. am. IV   26

402 TABLE ALPHABÉTIQUE.

Molina (la señora), II, 62, 63, 68, 167.
Monaco (Louis Grimaldi, prince de), duc de Valentinois, II, 73.
Monaco (Catherine-Charlotte de Gramont, duchesse de), I, 134; 136, 138, 217 ; II, 78 ; 365 à 370.
Monglas. Voy. Montglas.
Monnerot, partisan, II, 349.
Monsieur(Philippe de France, dit) duc d'Anjou. Voy. Orléans (Philippe de France, duc d'Anjou, puis duc de).
Montaigu (Edme, lord), I, 256 et suiv.
Montaigu (M. de), fils de mylord Montaigu, I, 256 et suiv.
Montal (Charles de Montsaunin, comte du ou de), IV, 210, 211, 231.
Montalais (N... de Bérard, d^{lle} de) ou Montalet, II, 54, 151, 152, 153, 155, 158, 161, 162, 163, 164, 165, 166, 172, 174, 175, 176.
Montalembert (Louise de), femme de P. de Cadillac, seigneur de Lalanne. Voy. Cadillac (Louise de Montalembert, femme de Pierre de).
Montandré (Dubosc, s^r de), I, 271.
Montataire (Louis de Madaillan de Lesparre, marquis de), comte de Manicamp, I, 151.
Montauban (J.-B. Armand de Rohan, prince de), III, 504, 505, 506. Voy. aussi : 1° Guémené ; 2° Montbazon ; 3° Rohan.
Montauban (Charlotte Bautru, veuve du marquis de Rannes, femme de Jean-Baptiste-Armand de Rohan, prince de), III, 504, 507, 508.
Montausier (Charles de Sainte-Maure, marquis, puis duc de), I, 413 ; II, 53, 271, 272, 273, 374, 421 ; III, 197.
Montausier (Julie-Lucine d'Angennes de Rambouillet, marquise, puis duchesse de), I, 136, 413 ; II. 53, 60, 75 à 79, 83, 84, 379, 381 ; IV, 260.
Montbazon. Voy. aussi : 1° Guémené ; 2° Montauban; 3° Rohan.
Montbazon (Hercule de Rohan, duc de), I, 143, 145, 207 et suiv.; II, 47 ; III, 146.
Montbazon (Madeleine de Lenoncourt, 1re femme de Hercule de Rohan-Guémené, duc de), I, 207.
Montbazon (Marie de Bretagne d'Avaugour, 2e femme d'Hercule de Rohan-Guémené, duc de), I, 78, 188, 207 et suiv., 235, 252 ; III, 146.
Montbazon (Louis VII de Rohan, prince de Guémené, duc de), II, 33, 34, 41.
Montbazon (Charles de Rohan, prince de Guémené, duc de), père du prince de Montauban, fils de

Louis VII de Guémené, III, 504, 505.
Montbazon (Jeanne-Armande de Schomberg, fille du premier maréchal de ce nom et d'Anne de la Guiche, femme de Charles de Rohan, prince de Guémené, duc de), I, 209; III, 504, 505.
Montbazon (Mlle de), fille d'Hercule et de Marie de Lenoncourt, mariée au duc de Chevreuse. Voy. Chevreuse, et aj.: I, 209, 295.
Montbazon (Mlle de), fille d'Hercule et de Marie d'Avaugour, I, 209.
Montbeliard (George, prince de Wirtemberg, baron de). Voy. Wirtemberg.
Montenac (N... de), I, 20.
Montespan (Henri-Louis de Pardaillan de Gondrin, marquis de), II, 362, 363, 374 ; III, 465, 467.
Montespan (Françoise-Athénaïs de Rochechouart de Mortemart, femme de Louis-Henri de Pardaillan de Gondrin, marquis de), dite aussi *Astérie*, *Quanto*, etc., I, 47, 217, 275 ; II, 36, 74, 100, 162, 169, 260, 261, 361 à 396, 411, 455 et suiv. ; III, 4 et suiv., 20, 29, 66, 126 et suiv., 158 à 177, 423, 467, 470, 472 ; IV, 63 et suiv., 71, 73, 81, 85, 99 à 122, 151, 163, 187, 264, 283 et suiv.
Monteval (M. de), I, 316.

Montglas (François de Paule de Clermont, marquis de), I, 328.
Montglas (Cécile-Elisabeth Hurault de Chiverny, marquise de), I, VIII, 68, 182, 304, 306, 316, 320.
Montjeu (marquisat de), I, 148.
Montjeu ou Montdejeu (Nicolas-Jeannin de Castille, marquis de), I, 24. Voy. Jeannin de Castille (Nicolas). — *Nota*. A la note de la p. 24, § 4, effacer la citation de Loret, qui ne parle pas du marquis de Montjeu dans la lettre citée.
Montjeu (Anne Dauvet des Marets, femme de Jeannin de Castille, marquis de), I, 149.
Montjeu (Mlle de), fille de Jeannin de Castille, marquis de Montjeu, I, 148.
Montlouet (famille d'Angennes de), III, 135.
Montluc (famille de), II, 407.
Montluc (Henri d'Escoubleau, marquis de), frère du marquis d'Alluye, I, 301.
Montluc (Jeanne de), comtesse de Carmain ou Cramail. Voy. Sourdis (Jeanne de).
Montmorency (Henri de), père de Mme de Ventadour (femme d'Anne de Levis-Ventadour) et de la princesse de Condé, femme d'Henri de Bourbon, père

du grand Condé, II, 440.

Montmorency (Marguerite de), femme d'Anne de Levis, duc de Ventadour. Voy. Ventadour (Marguerite de Montmorency, duchesse de).

Montmorency (Henri II, duc de), I, 115, 303, 315

Montmorency - Boutteville (Isabelle-Angélique de), duchesse de Châtillon, puis de Mecklembourg et non de Wurtemberg, comme il a été dit v° Chastillon (duchesse de).

Montmorency (François-Henri de), qui épousa Madelaine-Claire de Clermont-Luxembourg, III, 491.

Montmorency (Madelaine-Claire de Clermont-Luxembourg, femme de François-Henri de), III, 491.

Montmorency-Laval (Marie-Louise de), femme du duc de Roquelaure. Voy. Roquelaure (Marie-Louise de Laval-Montmorency, duchesse de).

Montmorillon (N. de), I, 306.

Montmoron (Charles de Sévigné, comte de), conseiller au parlement de Rennes, I, 408.

Montmort (Anne Habert de), veuve du maréchal de Thémines, femme de François-Annibal d'Estrées, maréchal de France. Voy. Estrées (maréchale d').

Monmouth (le duc de), I, 41.

Montpensier (Marie-Louise d'Orléans, duchesse de), I, 4, 5, 52, 100, 130 et suiv., 160, 215, 221, 238, 290, 295, 328, 329; II, 28, 102, 103, 168, 197 à 282, 361, 373, 378, 381 à 400, 471 et suiv.; IV, 286.

Montrésor (Claude de Bourdeilles, comte de), I, 315, 415.

Montrevel (Ferdinand de la Baume, comte de), I, 20.

Montsoreau (Bernard, comte de), I, 212.

Montsoreau (Marie-Geneviève de Chambes, comtesse de), femme de Louis-François, marquis de Sourches. Voy. Sourches.

Montsoreau (Jean du Bouchet, marquis de Sourches, comte de), I, 212.

Moreil (M. de), I, 316.

Moret (Jacqueline de Bueil, comtesse de), femme de René II du Bec-Crespin, marquis de Vardes. Voy. Vardes (René II du Bec-Crespin, marquis de).

Moret (Antoine de Bourbon, comte de), fils naturel de Jacqueline de Bueil et de Henri IV, I, 146, 270; II, 61.

Mornay (famille de), branche d'Ambleville et Villarceaux, I, 151.

Mornay (Louis de), marquis de Villarceaux. Voy. Villarceaux.

Mornay-Villarceaux (Charlotte de), 2ᵉ femme du maréchal de Grancey. Voy. Grancey (Charlotte de Mornay, 2ᵉ femme du maréchal de).

Mortecelle (la présidente de), I, 254.

Mortemart (Gabriel de Rochechouart, duc de), I, 170 ; II, 74, 362.

Mortemart (Diane de Grandseigne, femme de Gabriel de Rochechouart, marquis de), II, 362.

Mortemart (Françoise-Athénaïs de Rochechouart, Mˡˡᵉ de). Voy. Montespan (marquise de).

Morus (le pasteur Alexandre), II, 30.

Motteville (Françoise Bertaut, femme du président de), I, 263.

Mouy ou Movy (Mᵐᵉ de), I, 78, 207.

Mouchette, chevau-léger, I, 214.

Mouchy (Catherine de), sœur du maréchal d'Hocquincourt, 1ʳᵉ femme du maréchal de Grancey. Voy. Grancey (Catherine de Mouchy, 1ʳᵉ femme du maréchal de).

Moyset, neveu du partisan Catelan, I, 89.

Munster (Christophe - Bernard van Galen, prince-évêque de), I, 77.

Nangis (François de Brichanteau, marquis de), I, 408.

Nangis (Marie de Bailleul, marquise de), puis marquise d'Uxelles. Voy. Uxelles (marquise d').

Nantes (Mˡˡᵉ de), femme du duc de Bourbon. Voy. Bourbon (duchesse de), et ajoutez : IV, 138.

Napoléon Iᵉʳ, I, 305.

Nardy (l'abbé), II, 348.

Nassau (Guillaume - Henri de), prince d'Orange. Voy. Orange (Guillaume-Henri de Nassau, prince d').

Navailles (Philippe de Montault-Bénac, marquis, puis, en 1658, duc de), I, 62, 226 ; II, 59, 63, 168 ; IV, 266.

Navailles (Suzanne de Beaudean de Neuillant, duchesse de), I, 226, 292, 403 ; II, 59, 168 ; III, 117.

Navailles (Diane de), 2ᵉ femme de René de Cordouan, marquis de Langeais, II, 436, 437.

Navarret (la Petit, femme de), I, 89.

Nelguin (Mᵐᵉ), I, 238.

Nemours (Henri II de Savoie, duc de), I, 56, 75, 160 et suiv., 166 et suiv., 172, 175, 181, 188, 192 et suiv., 202 et suiv., 210 et suiv., 216, 416.

Nemours (Mˡˡᵉ d'Aumale et non Mˡˡᵉ de), III, 126.

Nemours (Marie d'Orléans-Longueville, duchesse de), I, 160, 168.

Nerestang (Achille, marquis de), III, 352.

Neubourg (Philippe - Guil-

laume de Bavière, duc de), II, 201.
Neubourg (Anne de), femme de François Poussart, marquis du Vigean. Voy. Vigean (du).
Neuillant (Françoise Tiraqueau, comtesse de), III, 72, 117.
Neuillant (Suzanne de Beaudean, Mlle de), duchesse de Navailles. Voy. Navailles.
Nevelet (Marie), femme de Jean II du Bouchet, marquis de Sourches, I, 212.
Nevers (Charles de Gonzague-Clèves, duc de). Voy. Gonzague-Clèves (Charles de), duc de Nevers.
Nevers (Philippe de Mancini, duc de), I, 277 et suiv.
Nevers (Diane-Gabrielle de Damas de Thianges, femme de Philippe de Mancini, duc de), I, 283 et suiv.
Nicolaï (Antoine de), président de la cour des comptes, I, 270.
Nicolaï (Marie Amelot, femme du président Antoine de), I, 270.
Ninon de Lenclos, I, 6, 40, 47, 62, 75, 155, 200, 271, 295, 312 et suiv.
Noailles (Anne, comte, puis premier duc de), II, 465 ; III, 58.
Noailles (Louise Boyer, femme d'Anne, duc de), I, 295 ; II, 465.
Noailles (Anne-Jules, comte d'Ayen, puis duc de), fils aîné des précédents, II, 465.
Noailles (Marguerite-Thérèse de Rouillé, veuve du marquis Jean-François de), 3e femme du duc de Richelieu, I, 72.
Noailles (Louis-Antoine, cardinal de), IV, 184.
Nogent (Nicolas Bautru, comte de), III, 392, 504.
Nogent (Marie Coulon, femme de Nicolas Bautru, comte de), III, 504. Voy. Bautru.
Nogent (Armand de Bautru, comte de), beau-frère de Lauzun, II, 412 ; III, 322.
Nogent (Diane-Charlotte de Caumont, sœur de Lauzun, femme d'Armand de Bautru, comte de), II, 222, 248, 320, 322, 381, 388, 390.
Nointel (Louis de Bechameil, marquis de). Voy. Bechameil (Louis de).
Noirmoutier (Louis II de la Trémouille, marquis, puis duc de), I, 144 ; III, 334.
Noirmoutier, (Renée-Julie Aubery, femme de Louis II de La Tremouille, marquis de), III, 334, 336.
Northumberland (Anne Wriothesley, comtesse de), I, 257.
Nouveau (Catherine de Gérard, femme de Jérôme de), I, 24.
Novion (Nicolas Pothier,

TABLE ALPHABÉTIQUE. 407

sieur de), premier président au parlement, I, 25,, 148.

Ogier (François), I, 207.
Oignon (le comte d'). Voy. Foucault (le maréchal), comte du Dognon.
Ollier (Louise), femme du président Ardier. Voy. Ardier.
Olonne (Louis de la Trémouille, comte d'), I, 6, 38, 78, 274; II, 350, 353; III, 296 et suiv.
Olonne (Catherine-Henriette d'Angennes de La Loupe, comtesse d'), I, 4, 5, 69 et suiv., 146, 149, 232, 233, 243, 265 et suiv., 414; II, 169, 403; III, 280 et suiv., 393 et suiv., 472.
Olympe (Mme), III, 97. Voir p. 76 : « une dame d'un château voisin. »
Oradour (Georges de Bermondet, baron d'), II, 337.
Oradour (Françoise Garnier, femme de M. d'), II, 337.
Oraison (marquis d'), III, 409.
Oraison (Madeleine d'), femme de Jacques-Louis, duc de Caderousse. Voy. Caderousse.
Orange (Guillaume de Nassau, prince d'), père de Guillaume-Henri, IV, 231.
Orange (Guillaume-Henri de Nassau, prince d'), IV, 144, 155, 157, 231.

Orgères (Madelaine Garnier, veuve d'), II, 337.
Orléans (Gaston de France, duc d'), I, 12, 54, 75, 180, 185, 186, 193, 208, 263, 290, 300, 303, 329, 404.
Orléans (Marguerite de Lorraine, femme de Gaston d'), I, 290.
Orléans (Mlle d'), duchesse de Lorraine. Voy. Lorraine (Mlle d'Orléans, duchesse de).
Orléans (Philippe de France, duc d'Anjou, puis duc d'), dit *Monsieur*, I, 63, 64, 65, 111, 112 et suiv., 227, 264, 289, 297; II, 42, 61, 99, 102, 147 et suiv., 201, 219, 236, 248, 262, 265, 268, 363, 364, 370, 386, 391; III, 9, 239, 240, 253, 309, 432, 474; IV, 205, 231, 253, 274, 280, 288.
Orléans (Henriette d'Angleterre, 1re femme de Philippe, duc d'), *dite* Madame, I, 65. 67, 138, 144, 150, 217, 263, 271, 297; II, 28, 36, 40, 41, 42, 43, 57, 61 et suiv., 78 et suiv., 92 et suiv., 99 et suiv., 145 et suiv., 219, 261, 391, 455; III, 13, 432; IV, 251, 253, 262 et suiv., 276.
Orléans (Elisabeth-Charlotte de Bavière, comtesse palatine du Rhin, 2e femme de Philippe d'Orléans), *dite* Madame, I, 296; III,

13, 14, 16, 54. — N. B. A la p. 54, t. III, lire ce nom, au lieu de Marie-Anne-Christine-Victoire de Bavière; IV, 216, 274, 288.

Orléans (Marie-Louise d'), reine d'Espagne, III, 432, 433.

Orléans (Philippe d'), régent de France, IV, 227, 274.

Orval (François de Bethune, comte d'), I, 315.

Osereux (Nicolas Viole, seigneur d'). Voy. Viole (Nicolas).

Outrelaise (Mlle Magdeleine d'), [parente de Fiesque], I, 300.

Paget (Jacques), maître des requêtes, I, 16, 17, 18, 19, 21, 28, 274; II, 349.

Paget (Anne Gelée, femme de Jacques), I, 16.

Palatin (Edouard de Bavière, prince). Voy. Bavière (Edouard de), prince palatin.

Palatine (Anne de Gonzague-Clèves, princesse). Voy. Bavière (Anne de Gonzague, femme d'Edouard de), princesse palatine. Ajoutez : IV, 254, 255.

Palatine (princesse), dite Madame. Voy. Orléans Charlotte-Elisabeth de Bavière, 2e femme de Philippe (duc d').

Palluau, maréchal de Clérambault. Voy. Clérambault (maréchal de).

Pamphilio (Gerolamo), III, 48.

Pardaillan de Gondrin (Roger-Hector de), père de Henri-Louis de Pardaillan de Gondrin, marquis de Montespan, II, 362.

Pardaillan de Gondrin (Marie-Christine Zamet, femme de Roger-Hector de), II, 362.

Pardaillan de Gondrin (Henri-Louis de), marquis de Montespan. Voy. Montespan (marquis de).

Pardaillan de Gondrin, (Louis-Antoine de), duc d'Antin, fils de Henri-Louis de Pardaillan de Gondrin, marquis de Montespan. Voy. Antin (duc d').

Parthenay (Charlotte de), dame de Genouillé, femme de Jean-Jacques de Pons, marquis de La Caze, I, 185.

Pascal, père de Blaise, I, 89.

Pascal (Blaise), I, 95; IV, 88.

Pegelin, et Pegevin, pour Puyguilhem. Voy. Lauzun.

Peguilhem. Voy. Lauzun.

Peguilin. Voy. Lauzun.

Perrault (Charles), IV, 129.

Perrier (François), peintre, III, 312.

Perrot (Marthe), 1re femme de Claude Cornuel, I, 87.

Persan (Henri de Vaudetar, baron de), I, 295.

Petersfield (Mlle de Kerouälles, baronne de). Voy. Kerouälles (Mlle de).

TABLE ALPHABÉTIQUE. 409

Petit (Claude) ou Le Petit, Voy. Le Petit (Claude).
Petit (la), belle-sœur du partisan Catelan, femme de Navarret, I, 89.
Phelippeaux (Louis), de Pontchartrain, père de Louis II; mari de Suzanne Talon, IV, 156.
Phelippeaux de Pontchartrain (Suzanne Talon, femme de Louis I de), IV, 156.
Phelippeaux (Anne), femme de Léon Le Bouthillier de Chavigny. Voy. Chavigny (Anne Phelippeaux, femme de Léon de).
Phelippeaux (Isabeau), femme du marquis d'Humières, mère du maréchal duc d'Humières. Voy. Humières (Isabeau Phelippeaux, marquise d').
Phelippeaux de la Vrillière (Marie), femme de Jean-Claude de Rochechouart. Voy. Rochechouart (Marie Phelippeaux, femme de Jean-Claude de), II, 100.
Philippe III, roi d'Espagne, IV, 257.
Philippe IV, roi d'Espagne, I, 62; IV, 246, 247.
Pianezza (Charles de Simiane, marquis de), IV, 146.
Piennes (Louis de Brouilly, marquis de), I, 52; II, 72.
Piennes (marquise de). Voy. Fiesque (comtesse de).
Pilou (Anne Baudesson, femme de Jean), I, 20.

Pimentel (Antonio), ambassadeur d'Espagne, II, 29.
Pisieux (Mme de). Voy. Puysieux.
Plas (Aimée-Eléonore de), femme de Rigaud de Scorailles, comte de Roussille, II, 459.
Plessis (Louise de Bellenave, comtesse du), marquise de Clérambault. Voy. Clérambault (marquise de).
Plessis-Bellière (Jacques de Rougé, sieur du), III, 496.
Plessis-Bellière (Suzanne de Bruc, femme de Jacques de Rougé, sieur du), II, 356; III, 496.
Plessis-Chivray (Henri du), I, 245.
Plessis-Chivray (Françoise-Marguerite du), femme du maréchal de Grammont, II, 35.
Plessis - Guénégaud (Henri du), III, 371.
Plessis-Guénégaud (Isabelle de Choiseul-Praslin, femme d'Henri du), III, 371.
Plessis-Guénégaud (Claire-Bénédictine du), femme du duc de Caderousse. Voy. Caderousse (Claire-Bénédictine du Plessis-Guénégaud, femme du duc de).
Plessis-Liancourt (du). Voy. La Roche-Guyon (duc de).
Plessis (du), valet de chambre du duc d'Aumont, III, 487.
Polignac (Anne de), maréchale de Châtillon, I, 176.

410 TABLE ALPHABÉTIQUE.

Polignac (Jacqueline du Roure, 3ᵉ femme de Louis-Armand de), mère du suivant, III, 503, 504.

Polignac (Sidoine-Apollinaire-Gaspard-Scipion, marquis de), III, 503, 504, 507, 508.

Polignac (Marie-Armande de Rambures, femme du précédent marquis de), III, 495 et suiv., 508, 509.

Polignac (Antoinette de), fille de Louis-Armand de Polignac et de sa première femme, Suzanne des Serpens de Gondras, III, 503.

Pommereuil (François de), présid[t] au Grand-Conseil, I, 328, 406.

Pommereuil (Denise de Bordeaux, femme du président de), I, 306, 406.

Pommereuil (Hippolyte, fils du président de), I, 328.

Pomponne (Simon Arnauld, marquis de). Voy. Arnauld (Simon), marquis de Pomponne, et ajoutez : IV, 156, 179.

Pons (Jean-Jacques de), marquis de La Caze, I, 185.

Pons (Judith de), fille de Jean-Jacques, marquis de La Caze, et de Charlotte de Parthenay, I, 185.

Pons (marquis de), II, 380.

Pons du Bourg (Elisabeth de), femme de François-Amanieu d'Albret, comte de Miossens. Voy. Miossens.

Pons (Anne Poussart du Vigean, veuve de François-Amanieu d'Albret, sire de), remariée au duc de Richelieu, I, 71, 72, 295, 403, 405, 406.

Pons (Bonne Poussart du Vigean de), femme de Sublet d'Heudicourt, sœur cadette d'Anne de Pons, duchesse de Richelieu. Voy. Heudicourt.

Pons (Mlle de) [aimée du duc de Guise], II, 93, 107.

Pons (Armand de Bouthillier de Chavigny, seigneur de). Voy. Chavigny (Armand de Bouthillier de).

Pontcarré (Pierre Camus de). Voy. Camus de Pontcarré (Pierre).

Pontchartrain (Louis Phelippeaux de), ministre, en 1695, IV, 156, 167 et suiv., 196.

Pont-de-Courlay (René de Vignerot, sieur du), I, 71.

Pont-de-Courlay (Françoise du Plessis de Richelieu, femme de René de Vignerot, sieur du), I, 71.

Porstmouth (Mlle de Kerouailes, duchesse de). Voy. Kerouailes (Mlle de).

Pot (Claude), seigneur de Rhodes, II, 74.

Pot (Anne-Louise-Henriette de La Châtre, femme de Claude), II, 74.

Potemkin (Pierre), I, 137, 138.

Potier (Bernard-François), duc de Gesvres. Voy.

TABLE ALPHABÉTIQUE.

Gesvres (Bernard-François Potier, duc de).
Pradel (Abraham du), I, 321.
Précy (Mme de), I, 319, 326 et suiv., 404.
Princesse (madame la). Voy. Condé (princesse de).
Prud'homme, barbier-étuviste, III, 225, 226.
Puisieux, Voy. Puysieux.
Pulner (Roger), comte de Castle-Maine. Voy. Castle-Maine.
Pussort (Henri), conseiller d'Etat, IV, 156.
Puygarreau (René Gillier de), sieur de Clérembault. Voy. Clérembault (René-Gillier de Puygarreau, sieur de).
Puylaurens (Antoine de Laage, marquis, puis duc de), III, 253.
Puysieux (Pierre Brûlart, marquis de Sillery, vicomte de), I, 43, 220.
Puysieux (Charlotte d'Etampes de Valençay, femme de Pierre Brûlart, vicomte de), I, 220, 221, 223 et suiv., 258, 407 ; II, 197.

Quanto, surnom de Mme de Montespan. Voy. Montespan (Mme de).
Quentine, femme de chambre de Mme d'Olonne, I, 17, 124, 127.
Quervalle (Mlle de). Voy. Keroualles (Mlle de).
Quillet (l'abbé Claude), I, 183.
Quinault (Philippe), III, 226.

Quintin (Suzanne de Montgommery, comtesse de), II, 420.

Rabutin, page de la princesse de Condé, I, 240.
Rabutin (Louise de). Voy. Alets (comtesse d').
Rabutin (Roger de), comte de Bussy. Voy. Bussy (Roger de Rabutin, comte de).
Racan (Honoré de Bueil, marquis de), I, 8.
Racine (Jean), I, 298.
Ragny (Anne de La Magdelaine de), duchesse de Lesdiguières. Voy. Lesdiguières (Anne de la Magdelaine de Ragny, 2e femme de François de Bonne de Créqui, duc de).
Ragny (Charles-Nicolas de Bonne de Lesdiguières, marquis de), III, 238.
Raguenet (l'abbé François), I, 187.
Rambouillet (hôtel de), I, 40, 136, 144, 320 ; III, 499.
Rambouillet (famille d'Angennes de), III, 135.
Rambouillet (Charles d'Angennes, marquis de), I, 244.
Rambouillet (Catherine de Vivonne-Pisani, femme de Charles d'Angennes, marquis de), III, 121.
Rambouillet (Julie-Lucine d'Angennes de), marquise de Montausier. Voy. Montausier (marquise de).

Rambouillet (Angélique-Claire d'Angennes, Mlle de), depuis comtesse de Grignan, I, 328.

Rambures (René, marquis de), III, 392.

Rambures (Marie Bautru, femme de René, marquis de), belle-mère du duc de Caderousse, II, 417; III, 392 et suiv., *passim*.

Rambures (Marie-Renée de), 2e femme du duc de Caderousse. Voy. Caderousse (Marie-Renée de Rambures, 2e femme du duc de).

Rambures (Mlle de), Mme de Polignac. Voy. Polignac (Marie-Armande de Rambures, femme de Sidoine-Apollinaire - Gaspard - Scipion de).

Ramsay (François de), I, 187.

Rancé (Armand-Jean de Bouthillier, abbé de), I, 209.

Rannes (Nicolas d'Angennes, marquis de), III, 504, 505.

Rannes (Charlotte Bautru, femme de Nicolas d'Angennes, marquis de), puis princesse de Montauban. Voy. Montauban (Charlotte Bautru, (duchesse de).

Rassan (Anne-Elisabeth de), marquise de Castellane, puis marquise de Ganges. Voy. Ganges (marquise de).

Rassé (le sieur de), un des huissiers de Louis XIV, IV, 27.

Ravelot (Henriette-Catherine de Gramont, femme d'Alexandre de Canonville, marquis de Raffetot et non), I, 136.

Relabbé (M. de), II, 352.

Renard (le jardin de), aux Tuileries, I, 76, 154; II, 4, 5.

Renaudot (Théophraste), II, 134.

Resnel (Clermont de). Voy. Clermont (maison de).

Retz (Paul de Gondi, coadjuteur de Paris, cardinal de), I, 144, 145, 166, 182, 193 et suiv., 226, 231, 306, 320, 406, 413; II, 404; III, 215.

Rezay (Pierre Bénard, seigneur de), conseiller au parlement, II, 28.

Richelieu (Armand du Plessis, cardinal de), I, 58, 83, 88, 136, 144, 293; II, 50, 51, 341, 380; IV, 212.

Richelieu (Françoise du Plessis), sœur du cardinal, femme de René de Vignerot, sieur du Pont-de-Courlay. Voy. Pont-de-Courlay.

Richelieu (J.-B. Amador de Vignerot du Plessis, marquis de), I, 71, 290, 291; II, 50.

Richelieu (Jeanne - Baptiste de Beauvais, marquise de), II, 51.

Richelieu (Armand-Jean de Vignerod du Plessis, duc de), I, 58; II, 380, 381.

Richelieu (Anne de Pons, fille de François Poussart, sieur de Fors ou Faure, marquis du Vigean, veuve de François Amanieu d'Albret, sire de Pons, marquis de Marennes, puis femme d'Armand du Plessis, duc de), I, 71, 155, 158, 184, 185, 200 II, 51, 380.

Richelieu (Anne-Marguerite d'Acigné, 2ᵉ femme du duc de), I, 72.

Richelieu (Marguerite-Thérèse de Rouillé, veûve du marquis de Noailles, 3ᵉ femme du duc de), 1, 72.

Richmont (François-Marie Stuart, duc de), 225, 238.

Richou (l'abbé), I, 328.

Richou ou Richoux, I, 182.

Ricousse ou Ricoux, mari de Mˡˡᵉ Bordeaux, I, 182, 201, 205, 231 et suiv.

Ricoux (N... Bordeaux, femme de). — Voy. Bordeaux ou Bourdeaux (Mˡˡᵉ de), femme de Ricoux.

Rigaud (Hyacinthe), III, 312.

Rigny (Basile Fouquet, abbé de). Voy. Fouquet (Basile).

Riom (M. de), neveu de Lauzun, I, 133.

Roannez (duché de), II, 400, 401.

Roannez (duc de). Voy. La Feuillade et Gouffier (Artus).

Robert (Louis), président en la Cour des comptes, III, 467.

Robinet (Charles), dit du Laurens, I, 227.

Rochechouart (Jean-Claude de), II, 100.

Rochechouart (René de), père de Gaspard de Rochechouart, II, 100.

Rochechouart (Gaspard de), père de Gabriel de Rochechouart, II, 100.

Rochechouart (Gabriel de), père de Mᵐᵉ de Montespan, II, 100.

Rochechouart (Françoise-Athénaïs de), femme de Henri-Louis de Pardaillan de Gondrin, marquis de Montespan. Voy. Montespan (marquise de).

Rochechouart (Marie-Madeleine-Gabrielle de), abbesse de Fontevrault, III, 63.

Rochefort de Salvert (famille d'Angennes de), III, 135.

Rochefort de Salvert (Louis d'Angennes de), marquis de Maintenon. Voy. Maintenon (Louis d'Angennes de Rochefort de Salvert, marquis de).

Rochefort (Henri - Louis d'Aloigny, marquis de), III, 363.

Rohan. Voy. aussi : 1º Guemené, 2º Montauban, 3º Montbazon.

Rohan (Marguerite de Béthune-Sully, femme du duc Henri II de) I, 75, 252.

Rohan (Henri Chabot, seigneur de Saint-Aulaye et de Montlieu, mari de Marguerite, duchesse de Rohan, et, par suite, duc de

Rohan-Chabot, I, 49; II, 47; III, 146.
Rohan (Marguerite, duchesse de), femme de Henri Chabot, II, 47; III, 146.
Rohan-Guemené (Hercule de), duc de Montbazon. Voy. Montbazon (duc de).
Rohan (Marie de), femme de Charles d'Albert de Luynes, puis duchesse de Chevreuse. Voy. Chevreuse duchesse de).
Rohan-Chabot (Louis, duc de), fils de Henri Chabot et de Marguerite de Rohan, I, 270.
Rohan-Chabot (Marie-Elisabeth du Bec-Crespin, fille du marquis de Vardes, duchesse de), I, 270.
Rohan (Tancrède de), I, 31, 147; II, 47.
Rohan (Louis, chevalier de), grand veneur de France, fils de Louis VII de Rohan-Guemené duc de Montbazon, I, 209; II, 41, 464; III, 506.
Rohan (Renée-Marie de Longueil, femme de Louis, chevalier de Rohan, dit monsieur de). Voy. Longueil (Renée-Marie de).
Rohan – Montauban. Voy. Montauban.
Roquelaure (Antoine, baron de), maréchal de France, I, 163.
Roquelaure (Gaston-Jean-Baptiste, marquis de Biran, duc à brevet de), fils du Maréchal, I, 68, 163, 164, 165, 179, 289, 407; II, 71, 88, 100, 106, 107, 425, 426, 431, 447, 448 et suiv.; III, 238, 363 et suiv.
Roquelaure (Marie-Louise de Laval, duchesse de), femme de Gaston-Jean-Baptiste-Antoine, marquis de Biran, puis duc de Roquelaure, I, 165, 217; II, 426, 448; 451, 461; IV, 138.
Roquelaure (Antoine, chevalier de), I, 163, 154, 164.
Roquelaure (Gaston-Jean-Baptiste-Antoine, marquis de Biran, puis duc de), fils de Gaston-Jean-Baptiste, I, 165, 166; II, 425, 353 et suiv., IV, 138, 262. Voy. Biran.
Roquelaure (Charlotte-Marie de Daillon du Lude, marquise, puis duchesse de), I, 111, 112; 165, 321; II, 72, 448; III, 420.
Roquelaure (M. de la Tour-). Voy. La Tour-Roquelaure.
Roquette (l'abbé Gabriel de), plus tard évêque d'Autun, I, 12.
Rosmadec (Sébastien de), II, 469.
Rosmadec (Catherine-Gasparde de Scorailles, femme de Sébastien de), II, 469.
Rosny (Marie - Antoinette Servien, marquise de), I, 254.
Rotondis (M. de), II, 154.
Rou (Jean), II, 437; III, 227.

Rougé (Catherine de), femme du maréchal de Créqui. Voy. Créqui (Catherine de Rougé, maréchale de).

Rouillé (Marguerite Thérèse de), veuve du marquis de Noailles, 3ᵉ femme du duc de Richelieu. Voy. Richelieu (Marguerite-Thérèse de Rouillé, duchesse de). Voy. aussi II, 429, Rouillé (Marguerite, femme de Nicolas L'Avocat).

Roucy ou Roussy (François de Roye de La Rochefoucauld, comte de), III, 366 et suiv., 426 et suiv., 461, 476.

Roure (Louis-Scipion III de Grimoard de Beauvoir, comte du), marquis de Grisac, etc., III, 186, 187.

Roure (Marie-Anne-Louise de Caumont La Force, femme de Louis Scipion, marquis du), III, 185 à 204.

Roussille (Rigaud de Scorailles, comte de), père de Mˡˡᵉ de Fontanges, II, 459.

Roussille (Aimée-Eléonore de Plas, femme de Jean Rigaud de Scorailles, comte de), II, 459.

Roussillon (Nicolas de Changi, comte de), I, 315.

Rouville (François, comte et non marquis de), I, 51, 91, 208, 315, 316.

Rouxel (Guillaume), père du comte de Maré et du maréchal de Grancey, III, 240.

Rouxel de Grancey. Voy. Grancey (Rouxel de).

Rouxel de Maré. Voy. Maré (Rouxel de).

Royan (François de la Tremouille, marquis de), plus tard comte d'Olonne, I, 274; III, 334, [frère de Louis, comte d'Olonne]. Voy. ce nom.

Royan (César-Joseph de la Trémouille, chevalier de), frère de Louis, comte d'Olonne, III, 334, 335.

Royan (Yolande-Julie de La Tremouille, femme de François de La Tremouille, marquis de), III, 334, 335, 336.

Russell (... Wriothesley, lady), I, 257.

Saint-Aignan, I, XIII.; II, 8, 9, 10, 17, 19, 24, 28, 40, 42, 43, 45, 51 et suiv., 83, 84, 111; III, 14, 15, 18, 20, 21, 30, 41; IV, 26, 252, 254, 259, 265.

Saint-Chamans (famille de Lignerac-), II, 420.

Saint-Charles (le P. Alexandre de), III, 158.

Saint-Chaumont (Henry Mitte de Miolans, marquis de), I, 135.

Saint-Chaumont (Suzanne-Charlotte de Gramont, femme de Henry Mitte de Miolans, marquis de), fille d'Antoine II, comte de Gramont, I, 135, 263, 295.

Sainte-Maure (Charles de), marquis de Montausier. Voy. Montausier (marquis de).
Sainte-Maure (Claude de), seigneur du Fougeray, III, 197.
Sainte-Maure (Honoré, comte de), III, 197.
Saint-Evremont (Charles-Marguerite de Saint-Denys de), I, 6, 37, 225 ; II, 73.
Saint-Faron (Pierre de Bullion, abbé de), I, 306.
Saint-Gelais (Marie-Madelaine de), fille du marquis de Lansac, femme du marquis de Vassé. Voy. Vassé (marquise de).
Saint-Georges (Clermont de), Voy. Clermont (maison de).
Saint-Germain-Beaupré (Henri Foucault, marquis de). I, 300.
Saint-Géran (Jean-François de La Guiche, seigneur de), II, 55.
Saint - Germain - Beaupré (Agnès de Bailleul, marquise de), I, 300, 412.
Saint-Hermine (... de Villette, mariée à M. de), III, 69, 119.
Saint-Hilaire (Mlle de), actrice, II, 159.
Saint-Just (Savary, sieur de). Voy. Savary, sieur de Saint-Just.
Saint-Lary (maison de), III, 465.
Saint-Loup (Le Page, financier, sieur de), I, 405.
Saint-Loup (Mlle de La Roche-Pozay, femme de Le Page, sieur de), I, 11, 147, 300, 405.
Saint-Maigrin. Voy. Saint-Mesgrin.
Saint-Mars (M. de), gouverneur de la citadelle de Pignerolles, II, 398.
Saint - Mesgrin (Jacques de Stuart de Caussade, marquis de), I, 240.
Saint-Mesgrin (Marie de Stuart de Caussade, Mlle de), I, 75, 403, 404.
Saint-Paul (Charles - Paris d'Orléans - Longueville, comte de), IV, 267. Voy. Longueville (Charles Paris, d'abord comte de Saint-Paul, puis duc de).
Saint-Remy (Françoise Le Prévost, veuve de Laurent de La Baume Le Blanc, seigneur de La Valière. Voy. Le Prévost (Françoise), femme du sieur de La Valière.
Saint-Sacrement (Anne du). Voy. Viole (Anne).
Saint-Simon (Claude, duc de), I, 271, 315; IV, 203.
Saint-Simon (Louise de Crussol, veuve d'Antoine de Budos, marquis de Portes, femme de Charles, marquis de), belle-sœur et belle-mère du duc Claude de Saint-Simon, I, 254.
Saint-Simon, Mis de Courtaumer (Claude - Antoine de), III, 202.

Table Alphabétique.

Saint-Simon-Courtaumer (Marie de), séparée du marquis de Langeais, femme de Jacques Nompar de Caumont, duc de La Force. Voy. Langeais et La Force (Marie de Saint-Simon Courtaumer, séparée du marquis de Langeais, femme de Jacques Nompar de Caumont, duc de).

Saint-Simon (Gabrielle de Durfort de Lorge, femme du duc de), IV, 203.

Sainte-Maure (le comte de), IV, 229.

Saint-Villiers (Barbe de), femme de Roger Pulner, comte de Castlemaine, puis comtesse de Southampton et duchesse de Cleveland, I, 238.

Sablé (Madeleine de Souvré, marquise de), I, 171 ; II, 102 ; IV, 130.

Sablé (Louis-François Servien, fils d'Abel, marquis de), III, 230 et suiv.

Sacrement (Anne du Saint-). Voy. Viole (Anne).

Salins (N..., femme de Garnier de), belle-sœur de Suzanne Garnier, comtesse de Brancas, I, 232.

Sallé (Jacques), maître des Comptes, III, 446.

Sallé (Jeanne Le Meusnier, femme de Jacques), III, 446, 447.

Salm (Charles-Théodore-Othon, prince de), II, 48.

Sarrazin ou Sarrasin (Jean-François), I, 139.

Saucourt (marquis de). Voy. Soyecourt (marquis de).

Sault (François-Emmanuel de Bonne de Créqui, duc de Lesdiguières, et d'abord comte de). Voy. Lesdiguières (François-Emmanuel de Bonne de Créqui, duc de).

Sault (Paule-Marguerite-Françoise de Gondi de Retz, femme de François-Emmanuel de Bonne de Créqui, comte de), puis duc de Lesdiguières). — Voy. Lesdiguières (Paule-Marguerite-Françoise de Gondi de Retz, femme de François-Emmanuel de Bonne de Créqui, d'abord c^{te} de Sault, puis duc de).

Sautour (Charlotte, fille de madame de Cézy, de la maison de Harlay, mariée à François des Essarts, sieur de), I, 91.

Savary (Pierre-Philémond), sieur de Saint-Just et de Boutervilliers, grand-maître des eaux et forêts de Normandie, IV, 128.

Savary, sieur de Saint-Just (Angélique Le Cordier du Tronc, femme de), IV, 128 et suiv. Voy. Tron (Angélique Le Cordier du).

Savignac (Sylvestre de Crugy, comte de Marcillac, devenu s^r de Savignac par son mariage avec Marie-Anne de Benevant, dame de), I, 315.

Hist. am. IV

Savoie (Christine de France, duchesse de). Voy. Christine de France, duchesse de Savoie.

Savoie (Charles-Amédée de), frère de Henri II de Savoie, duc de Nemours, I, 168 ; II, 201.

Savoie (la princesse Marguerite de), II, 29.

Savoie (le prince Eugène de). Voy. Eugène (le prince), IV, 145, 146.

Savoie (Adelaïde-Henriette de), femme de Ferdinand-Marie, duc de Bavière. Voy. Bavière (Adelaïde-Henriette de Savoie, femme de Ferdinand-Marie, duc de), IV, 294.

Savoie (Victor-Amédée-François II, duc de), IV, 145, 146.

Scarron de Vaures (Catherine), femme d'Antoine, maréchal duc d'Aumont, II, 449.

Scarron (Paul), le poète, I, 58 ; III, 73, 117, 118 et suiv., 169, 171 et suiv.

Scarron (Françoise d'Aubigné, femme de). Voy. Maintenon (Mme de).

Scarron (Céleste), sœur du poète, III, 121.

Scarron (N...), femme non avouée du duc de Tresmes, III, 119.

Schomberg (Henri, comte de Nanteuil, 1er maréchal de), I, 209.

Schomberg (Anne de La Guiche, femme du 1er maréchal de), I, 209.

Schomberg (Jeanne-Armande de), fille du 1er maréchal de ce nom et d'Anne de La Guiche, femme de Charles de Rohan, prince de Guéméné, duc de Montbazon, fils du duc de Montbazon et de Marie de Lenoncourt. Voyez Montbazon (Jeanne-Armande de Schomberg, femme de Charles de Rohan, prince de Guéméné, duc de).

Schomberg (Jeanne de), ép. séparée de François de Cossé, comte de Brissac, remariée à Roger du Plessis-Liancourt, duc de La Roche-Guyon, marquis de Liancourt et de Guercheville, I, 141.

Schomberg (Charles, duc d'Hallewin, maréchal de), I, 140, 404.

Sciroeste (Mlle), I, 151.

Scorrailles (Rigaud de), comte de Roussille, père de Mlle de Fontanges, II, 459.

Scorrailles (Catherine-Gasparde de), femme de Sébastien de Rosmadec. Voy. Rosmadec (Catherine Gasparde de).

Scorrailles (Marie-Angélique de), Mlle de Fontanges. Voy. Fontanges.

Scorrailles (Jeanne de), abbesse de Chelles, II, 469 ; III, 52.

Scorrailles (Louis-Léger de), abbé de Valloire, II, 469.

Scudery (Mlle Magdeleine de), I, 290; II, 135.
Segrais (Louis-Renaud de), I, 131, 328; II, 266.
Seguier (Charlotte), femme de Maximilien - François de Béthune, duc de Sully, II, 183.
Seguier (le chancelier Pierre), I, 89, 256, 315; II, 183; III, 47.
Seguier (la R. M. Jeanne), religieuse carmélite, sœur du chancelier, I, 256.
Seguier (Marie), 1re femme de Louis-Charles d'Albert, duc de Luynes, II, 47.
Seiglière (Joachim), sieur de Boisfranc. Voy. Boisfranc (Joachim Seiglière, sieur de).
Sénac de Meilhan, I, 227.
Serignan (M. de), III, 177.
Servien (famille), III, 47.
Servien (Abel), III, 230.
Sesmaisons (Françoise de), femme d'Urbain de Laval, marquis de Lezay.
Sévigné (Henri, marquis de), I, 312 et suiv., 408.
Sévigné (Marie de Rabutin-Chantal, femme de Henri, marquis de), I, 73, 152, 187, 304, 345, 408; II, 266.
Sévigné de Montmoron (Charles de). Voy. Montmoron.
Sévigny (Le Picard, marquis de), III, 352.
Sezanne (Louis - François d'Harcourt de Beuvron, comte de), fils de François d'Harcourt, marquis de Beuvron et d'Angélique Fabert, veuve de Charles Brûlart, marquis de Genlis, I, 7.
Sillery (Nicolas Brûlart, marquis de), garde des sceaux, chancelier de France, I, 43, 150, 220, 232, 233.
Sillery (Louis Roger Brûlart, marquis de), I, 39, 43, 44, 45.
Sillery (Marie-Charlotte, fille de François V de La Rochefoucault, femme de Louis Roger Brûlart, marquis de).
Sillery (Fabien Brûlart de), évêque de Soissons, 6e fils du marquis Louis Brûlart de Sillery et de Marie-Charlotte de La Rochefoucauld, I, 44.
Sillery (le chancelier et non le chevalier), I, 43. Voy. Sillery (Nicolas Brûlart, marquis de).
Sillery (Achille Brûlart, *dit* le chevalier de), chevalier de Malte, aide de camp de Turenne, 5e fils du marquis Louis Roger de Sillery, I, 44.
Sillery (Mlle de), une des quatre filles du marquis Louis Roger Brûlart de Sillery, I, 44.
Simiane (Charles de), marquis de Pianezza, IV, 146.
Soissons (hôtel de), II, 293.
Soissons (Eugène - Maurice

de Savoie, comte de), I, 208, 226; II, 71, 168, 182.
Soissons (Olympe Mancini, femme d'Eugène Maurice de Savoie, comte de), I, 66, 226, 263, 283 et suiv., 292, 301; II, 47, 48, 52, 55, 71, 104, 145, 148, 154, 161, 166, 168, 174, 180; IV, 254, 255, 258.
Soissons (Louis-Thomas de Savoie, comte de), fils d'Eugène Maurice et d'Olympe Mancini, I. 73.
Soissons (Uranie de la Cropte de Beauvais, femme de Louis-Thomas de Savoie, comte de), I, 72, 73; III, 54.
Solas (le chevalier de), III, 352.
Somon (?), I, 306.
Sorel (Charles), IV, 181.
Soubise (François de Rohan, prince de), 2° fils d'Hercule de Montbazon, I, 91; II, 72, 74; III, 146.
Soubise (Anne de Rohan-Chabot, princesse de Soubise, femme de François de Rohan, prince de Soubise), I, 217; II, 47, 48, 72, 74; III, 146, 147; IV, 254, 255. — Voy. la Préface.
Souches (M. de), capitaine des gardes suisses de Gaston d'Orléans, I, 212.
Sourches (Jean du Bouchet, marquis de), comte de Montsoreau, grand prévôt de France, I, 212, 259, 260.
Sourches (Marie Nevelet, femme de Jean du Bouchet, marquis de), I, 212.
Sourches (Dominique du Bouchet, fils aîné de Jean, marquis de), I, 212.
Sourches (Louis-François du Bouchet, marquis de), 2° fils de Jean du Bouchet, marquis de Sourches, I, 212.
Sourches (Marie-Geneviève de Chambes, femme de Louis-François, marquis de), I, 212.
Sourdis (famille de), II, 407.
Sourdis (François d'Escoubleau, cardinal de), III, 475.
Sourdis (Isabelle Escoubleau de), femme de Martin Ruzé, marquis d'Effiat, II, 408.
Sourdis (Charles d'Escoubleau, marquis de), gouverneur d'Orléans, I, 91, 323; II, 42, 80, 103; IV, 252.
Sourdis (Jeanne de Montluc et de Foix, comtesse de Carmain ou Cramail, princesse de Chabannois, femme de Charles, marquis de), I, 91, 322, 323, 404.
Sourdis (Paul d'Escoubleau de), marquis d'Alluye, fils de Charles, marquis de Sourdis, I, 299.

Sourdis (?) (Mme de), I, 404. N. B. Au lieu de Sourdis, il faut lire Précy, Mme de Sourdis (Jeanne de Montluc) étant morte âgée en 1637, et celui de ses fils qui porte le nom de Sourdis, François, n'étant pas encore marié à l'époque où fut écrit ce pamphlet.

Southampton (comtesse de). Voy. Saint-Villiers (Barbe de).

Souvré (Gilles, maréchal de), IV, 130.

Souvré (Anne de), maréchale d'Humières. Voy. Humières (Anne de Souvré, maréchale d').

Souvré (commandeur Jacques de), I, 62.

Soyecourt (Maximilien de Belleforière, marquis de), I, 63, 318, 361; II, 40, 41, 464; III, 508.

Spencer (Robert), I, 219.

Spencer (Anne Digby, femme de Robert), I, 219.

Spinchal (M. de). Voy. Espinchal.

Stuart (Françoise-Thérèse), femme de Charles Stuart, duc de Richemont et de Lenox, I, 238.

Stuart (l'abbé d'Aubigny, de la maison des), I, 225.

Suard (N... Panckoucke, Mme), III, 73.

Sully (Maximilien-François de Béthune, duc de), II, 183.

Sully (Charlotte Seguier, femme de Maximilien-François de Béthune, duc de), II, 183.

Sully (Marguerite de Béthune-), duchesse de Rohan, I, 75.

Sunderland (comte de), I, 258.

Surville (Charles-Louis d'Hautefort, marquis de), I, 316.

Surville, cadet d'Hautefort, (Anne-Louise-Julie de Crevant d'Humières, veuve du marquis de Vassé, vidame du Mans, femme du marquis de), I, 316.

Talhouet (Marie de), femme de Guillaume du Liscouet, II, 428.

Tallard (Maison de Clermont-). Voy. Clermont-Tallard.

Tallard (Roger d'Hostun, comte de), père du maréchal, III, 228.

Tallard (Catherine de Bonne, femme de Roger, comte de), III, 228.

Tallard (Camille d'Hostun, comte de Haston, marquis de la Baume, comte, puis maréchal de), III, 228, 229, 244, 261, 330, 352, 426 et suiv.

Talon (Suzanne), femme de Louis Phelippeaux de Pont-Chartrain, IV, 156.

Tambonneau (Michel), président de la chambre des comptes, II, 72, 73.

Tancrède de Rohan. Voy. Rohan (Tancrède de).

Tardieu (le lieutenant criminel), III, 362.
Tarente (Charles-Belgique-Hollande de la Trémouille, prince de), II, 80.
Tarente (Madeleine de Créqui, femme de Charles-Belgique-Hollande de la Tremouille, prince de), II, 80.
Tarneau (... de), avocat au grand Conseil, II, 30.
Tarneau (Elisabeth de), II, 30.
Tartre (François du), chirurgien de Louis XIV, IV, 189.
Tavannes (Jacques de Saulx, comte de), I, 415.
Termes (César-Auguste de Saint-Lary, baron et marquis de), frère du duc de Bellegarde, III, 465.
Termes (Roger de Pardaillan de Gondrin, marquis de), I, 315; III, 466 et suiv.
Tessé (René de Froulay, maréchal de), II, 81.
Théobon (Lydie de Rochefort), fille du marquis de Théobon, femme de Charles d'Harcourt, comte de Beuvron. Voy. Beuvron.
Thémines (Anne-Habert de Montmort, femme du maréchal de), puis, en secondes noces, du maréchal d'Estrées. Voy. Estrées (maréchal d').
Thianges (Gabrielle de Rochechouart - Mortemart, femme de Claude-Léonor de Damas, marquis de), II, 74, 412; III, 126, 322.
Thiboust, I, 316.
Thomas (le prince de Carignan, *dit* le prince). Voy. Carignan.
Thoré (Michel Particelli, sieur de), président, I, 306.
Thorigny (Jacques de Matignon, comte de), II, 187.
Thorigny (Lambert de). Voy Lambert de Thorigny.
Tilladet (Gabriel de Cassagnet, marquis de), II, 438; III, 348.
Tilladet (Madelaine Le Tellier, femme de Gabriel de Cassagnet, marquis de), II, 438; III, 348.
Tilladet (Jean-Baptiste de Cassagnet, marquis de), fils de Gabriel, II, 131 et suiv., 438, 439, 440, 441; III, 367, 368.
Tilladet (Gabriel II de Cassagnet, chevalier de), frère du marquis Jean-Baptiste, III, 348 et suiv., 461, 477 et suiv.
Tillet (Jean Girard, seigneur du), I, 411.
Tillet (Elisabeth Bailleul, femme de Jean Girard, seigneur du), I, 411.
Tingry (Charles-François-Frédéric de Montmorency-Luxembourg, prince de), III, 491. Voy. aussi Luxembourg (Charles-François-Frédéric de Montmorency-).

Tingry (Marie - Thérèse d'Albert de Chevreuse, femme de Charles-François-Frédéric de Montmorency-Luxembourg, prince de), III, 491. Voy. aussi Luxembourg (Marie-Thérèse d'Albert, femme de Charles-François-Frédéric de Montmorency-).

Tingry (Christian-Louis, chevalier de Luxembourg, puis, à la mort de son frère aîné, prince de), III, 491.

Tiraqueau (Françoise), comtesse de Neuillant. Voy. Neuillant (Françoise Tiraqueau, comtesse de).

Tonnay-Charente (Gabrielle de Rochechouart, Mlle de), qui épousa le marquis de Blainville, II, 100, 102, 103, 105. Voy. Blainville.

Tost (Catherine du), dame de Braquemont, femme de chambre d'Anne d'Autriche. Voy. Braquemont (Catherine du Tost, dame de).

Toulouse (Louis-Alexandre de Bourbon, comte de), I, 303; III, 189.

Tours (Mlle de), III, 331.

Tourville (Anne-Hilarion de Constantin, comte de), IV, 177.

Tourville (Lucie de la Rochefoucauld, femme de César de Constantin, comte de Fismes et de), I, 189.

Toussy (Louis de Prie, marquis de), III, 368.

Toussy (Françoise de Saint-Gelais Lusignan, femme de Louis de Prie, marquis de), III, 368.

Toussy (Françoise-Angélique de la Mothe Houdancourt, dite Mlle de), 2° femme du duc d'Aumont. Voy. Aumont (Françoise-Angélique de La Mothe, 2° femme du duc d').

Toussy (Charlotte de Prie, fille du marquis de), femme de Noël Bullion, seigneur de Bonnelle. — Voy. ce nom.

Toussy (Louise de Prie, Mlle de), maréchale de la Mothe-Houdancourt. Voy. La Mothe-Houdancourt.

Towienski, polonais, IV, 129.

Transon (l'abbé), supérieur de Saint-Sulpice, IV, 184.

Tremouille (Charles-Belgique-Hollande de La), prince de Tarente. Voy. Tarente (prince de).

Tresmes (René Potier, duc de), III, 119, 303.

Tresmes (Anne-Madelaine Potier, Mlle de), I, 315.

Tréville (Henri-Joseph de Deyre, comte de Troisville ou), I, 300.

Tronc (Nicolas Le Cordier, s^r du), premier président de la chambre des comptes de Rouen, a, de sa 2° femme Marie Bontemps : 1° le marquis du Tronc,

2° l'abbé du Tronc, 3° Marie-Angélique, d^lle du Tronc (appelée ici du Tron), IV, 125, 244.

Tron (Marie-Angélique Le Cordier du Tronc, *dite* Mlle du), qui épousa, en 1696, Pierre-Philémond Savary, s^r de Saint-Just. Voy. ce nom. IV, 125 et suiv., 244.

Tron, Tronc ou Troncq (Louis Le Cordier, marquis du), brigadier, puis maréchal de camp, IV, 128.

Tron, Tronc ou Troncq (Nicolas-Alexandre Le Cordier, abbé du), IV, 128, 238.

Tronc (la marquise du), IV, 128, 129.

N. B. Rectifier, à l'aide des indications qui précèdent les notes des pp. 125, 244, t. IV, relatives à la famille du Tronc.

Tubeuf (Charles), I, 89; II, 415.

Turenne (Henri de la Tour-d'Auvergne, vicomte de), I, VIII, 39, 79, 197; II, 201; III, 489, 471; IV, 257, 267, 282, 288.

Turenne (Louis-Charles de La Tour de Bouillon, prince de), fils du duc de Bouillon et de Marie-Anne Mancini, III, 194, 489 et suiv.; IV, 288.

Turenne (Anne-Geneviève de Levis-Ventadour, femme du prince de), III, 489.

Ursins (Anne-Marie de la Trémouille, princesse des), I, 225.

Usez (Emmanuel de Crussol, duc d'), IV, 175.

Uxelles (Louis Chalon du Blé, marquis d'), I, 406.

Uxelles (Marie de Bailleul, veuve du marquis de Nangis, marquise d'), I, 406, 412; II, 413; III, 322.

Valençay (Charlotte d'Etampes de), femme de M. de Puysieux. Voy. Puysieux (Mme de).

Valençay (Eléonor d'Etampes de), archevêque de Reims, I, 220.

Valençay (le cardinal Achille d'Etampes de), I, 220.

Valençay (Marie-Louise de Montmorency-Bouteville, duchesse de), I, 156, 158.

Valentinois (Louis Grimaldi, prince de Monaco, duc de).

Valentinois (Catherine-Charlotte de Gramont, femme de Louis de Grimaldi, prince de Monaco et duc de), I, 67, 68, 134; II, 72, 73. Voir Monaco, de), II, 73.

Valentinois (Antoine Grimaldi, duc de), III, 491.

Valentinois (Marie de Lorraine-Armagnac, femme d'Antoine, duc de), III, 491.

Valloire (Louis-Léger de Scorrailles, abbé de), II, 469.

Vallot, médecin, III, 127.
Vandeuil (Louis de), comte de Crocq, II, 287.
Vandeuil (Mme de), II, 287, 289, 328, 329, 330.
Vandeuil (François de), seigneur d'Etelfay, fils de Louis de Vandeuil, II, 287.
Vandeuil (Alexandre de), seigneur de Forcy, neveu de Louis de Vandeuil, II, 287.
Vandeuil (Timoléon de), seigneur de Condé, [neveu de Louis de Vandeuil], II, 287.
Vandy (Jean d'Aspremont, marquis de), I, 316.
Vandy (Catherine de), I, 92, 290.
Vanel (Jean), auteur des *Galanteries des Rois de France*, I, 30.
Vardes (René II du Bec Crespin, marquis de), père de François, I, 270.
Vardes (Jacqueline de Bueil, comtesse de Moret, femme du marquis René II de), I, 270.
Vardes (René-François du Bec-Crespin, marquis de), I, 47, 62, 65, 66, 139, 165, 231, 270 et suiv., 315; II, 51, 52, 56, 61 et suiv., 72, 79, 145, 148, 166, 168; IV, 91.
Vardes (Catherine Nicolaï, femme de François du Bec-Crespin, marquis de), I, 270.
Vardes (Marie-Elisabeth du Bec-Crespin, Mlle de), femme de Louis de Rohan-Chabot, fille de René-François. Voy. Rohan-Chabot (Marie-Elisabeth du Bec-Crespin, duchesse de).
Vassé (Henri-François, marquis de), I, 78, 315, 316.
Vassé (Marie-Madelaine de Saint-Gelais, fille du marquis de Lansac, marquise de), I, 315.
Vassé (Louis-Alexandre, comte de), fils de François, I, 316.
Vassé (Anne-Louise de Crevant d'Humières, femme du comte Louis-Alexandre de), I, 316.
Vassé (René de), sieur d'Esguilly, I, 115.
Vauban (Sébastien Le Prestre de), IV, 168.
Vaudemont (Charles-Henri, prince de), légitimé de Lorraine, IV, 231.
Vaudemont (Anne-Elisabeth de Lorraine d'Elbœuf, femme de Charles-Henri légitimé de Lorraine, prince de), IV, 231.
Vaux (un nommé de), I, 249.
Vendôme (hôtel de), II, 353.
Vendôme (Alexandre de Bourbon, grand prieur de), I, 283.
Vendôme (Louis de), duc de Mercœur. Voy. Mercœur (Louis de Vendôme, duc de).

Vendôme (Louis-Joseph, duc de), fils du duc de Mercœur et de Laure Mancini, III, 197.
Vendôme (Philippe de), chevalier de Malte, frère de Louis-Joseph, II, 178-182.
Venelle (Mme de), II, 23, 32 ; IV, 245.
Ventadour (Anne de Levis, duc de), grand-père du duc Louis-Charles, II, 440.
Ventadour (Marguerite de Montmorency, femme d'Anne de Lévis, duc de), II, 440.
Ventadour (Charles de Levis, marquis d'Annonai, puis duc de), II, 55, 422.
Ventadour (Marie de La Guiche, femme de Charles de Levis, duc de), II, 55, 72, 422.
Ventadour (Louis-Charles de Levis, duc de), fils de Charles, I, 158, 293 ; II, 422, 438, 439, 440, 441, 447; III, 194, 367 et suiv., 477 et suiv.
Ventadour (Charlotte-Eléonore-Madelaine de La Mothe-Houdancourt, duchesse de), femme de Louis-Charles, I, 83, 293 ; II, 438, 440, 452 et suiv., 470 ; III, 194, 367 et suiv., 477 et suiv.
Ventadour (Anne-Geneviève de Levis, dem^lle de), femme du prince Godefroy-Maurice de Turenne.
Voy. Turenne (Anne-Geneviève de Levis-Ventadour, princesse de).
Ventadour (Marguerite-Félice de Lévis), femme du maréchal duc de Duras. Voy. Duras (Marguerite-Félice de Levis-Ventadour, femme du maréchal duc de).
Vermandois (Louis de Bourbon, comte de), II, 76 ; III, 189.
Vernet (Antoinette d'Albert, fille d'Honoré d'Albert, duc de Luynes, sœur de Charles de Luynes et femme de Barthélemy, sieur du), I, 116.
Verneuil (Henriette de Balzac d'Entraigues, marquise de), I, 143.
Vertus (François de Bretagne, comte de) et de Goello, baron d'Avaugour. Voy. Avaugour (baron d').
Vertus (Catherine-Françoise de Bretagne d'Avaugour, Mlle de), I, 252 ; II, 197.
Vexin (Louis-César, comte de), 2e fils de Louis XIV et de Mme de Montespan, II, 411 ; III, 189, 331.
Vienne (? Henri de), comte Commarin, I, 315.
Vienne (Elisabeth-Angélique de), femme de François de Montmorency-Bouteville, II, 187.
Vieux-Pont (... femme de Jean de), sieur de Compans, I, 254.

Vigean (François Poussart, baron du), I, 71, 155, 185.
Vigean (Anne de Neubourg, femme de François Poussart, sire de Pons, baron du), I, 71, 184.
Vigean (marquis de Fors du), [père d'Anne Poussart, duchesse de Richelieu]. II, 380.
Vigean (Anne Poussart, D^{lle} de Pons et du), femme de François d'Albret, sire de Pons, comte de Marennes, puis d'Armand-Jean du Plessis, duc de Richelieu. Voy. Richelieu (duchesse de).
Vignacourt (Simon de), I, 235.
Vignacourt (Aloph ou Olaf de), I, 235.
Vignacourt (Adrien de), I, 235.
Vignacourt d'Orvillé, I, 235.
Villacerf (Colbert de). Voy. Colbert de Villacerf.
Villarceaux (famille des Mornay d'Ambleville et de), I, 151.
Villarceaux (Pierre de Mornay de), I, 151.
Villarceaux (Anne-Olivier de Leuville, femme de Pierre de Mornay de), I, 151.
Villarceaux (Louis, marquis de Mornay de), fils aîné de Pierre, I, 40, 62, 151, 315.
Villarceaux (Claude de Mornay de), 2e fils de Pierre, I, 151.

Villarceaux (René de Mornay de), abbé de Saint-Quentin de Beauvais (dit l'abbé de), 3e fils de Pierre, I, 37, 39, 40.
Villarceaux (Madeleine de Mornay de), abbesse de Gif, 1re fille de Pierre, I, 151.
Villarceaux (Charlotte de Mornay de), 2e fille de Pierre, femme de Jacques Rouxel, maréchal de Grancey, I, 151.
Villars (Georges de Brancas, 1er duc de), II, 337, 343.
Villars (Georges de Brancas, marquis, puis duc de), I, 56, 76, 151 ; II, 337, 343.
Villars (Julienne-Hippolyte d'Estrées, marquise, puis duchesse de), I, 56.
Villars (Louis de Brancas, duc de), II, 345.
Villars (Pierre, marquis de), d'une autre famille que Georges de Brancas, I, 56.
Villars (Marie Gigault de Bellefonds, femme de Pierre, marquis de), I, 55, 56, 57.
Villars (Henri de), archevêque de Vienne, frère puîné de Pierre, I, 280.
Ville (Viole de La). Voy. Viole de la Ville.
Villefranche (le baron de), II, 296 et suiv.
Villequier (Louis d'Aumont, marquis de), fils aîné de Louis-Marie-Victor, duc

428 TABLE ALPHABÉTIQUE.

d'Aumont, III, 379, 484, 485 et suiv., 499.
Villequier (Madelaine-Fare Le Tellier, femme de Louis-Marie-Victor, duc d'Aumont, et d'abord marquis de), fille du chancelier Le Tellier, sœur de Louvois, II, 390. Voy. Aumont.
Villeroy (famille de), I, 147.
Villeroi (Nicolas de Neufville, marquis, puis duc et maréchal de), I, 64, 134; III, 491; IV, 210.
Villeroy (Madeleine de Créqui, femme de Nicolas de Neuville, maréchal duc de), IV, 210.
Villeroy (Françoise ou Catherine de), l'une des deux filles du maréchal de Villeroy, I, 295.
Villeroy (François de Neufville, duc de), IV, 138, 210, 211.
Villette (M. de), III, 119, 120.
Villette-Murçay (Mme de), III, 69, 73, 75.
Villette (Marthe-Marguerite de), femme du marquis de Caylus. Voy. Caylus (Marthe-Marguerite de Villette, femme du marquis de).
Vincent de Paul (saint), I, 166.
Vineuil (Louis Ardier, sieur de), I, 78, 90, 120 et suiv., 132, 164, 205, 206, 210, 216, 245 et suiv., 267, 268 et suiv.
Vinnes (Mme de), II, 72, 74.
Vins (N... l'Avocat, femme de Jean de la Garde d'Agoult, marquis de), II, 429.
Viole (Pierre), seigneur d'Athis, I, 213, 214.
Viole de la Ville, I, 214.
Viole (Nicolas, président) ou Viole Douzenceau, seigneur d'Osereux, I, 213 et suiv.
Viole (Anne) ou Anne du Saint-Sacrement, I, 213, 214.
Viole (Claude de Chambon? de la Vallée, femme de Nicolas), I, 215.
Virgile, IV, 186.
Vitry (Lucrèce-Marie Bouhier, femme du maréchal de), I, 253.
Vitry (François-Marie de l'Hôpital, duc de), I, 403; II, 74.
Vitry (Marie-Louise-Elisabeth Pot, duchesse de), 72, 73, 74.
Vivonne (Louis-Victor de Rochechouart, comte puis duc de), I, 47, 277 et suiv., 301, 304, 320; II, 72, 74.
Vivonne (Antoinette-Louise de Mesmes, comtesse, puis duchesse de), I, 285, 286; II, 72, 74, 75.
Vivonne (Andrée de), femme de François VI de La Rochefoucauld, II, 457.
Voisin (Catherine Deshayes,

femme d'Antoine Montvoisin, connue sous le nom de la), IV, 283.
Voiture (Vincent), I, 115, 139, 144, 158, 189, 190, 296; IV, 273.
Voltaire (François Arouet de), I, 312.
Vordac (de), IV, 160.

Waldeck (Georges-Frédéric, comte de), III, 189.
Walters (Lucy), I, 41.
Wignacourt. Voy. Vignacourt.
Wriothesley (Elisabeth, et non Anne), comtesse de Northumberland. Voy. Northumberland (c^{tesse} de).
Wriothesley (Anne), lady Russell. Voy. Russell (lady).
Wirtemberg ou Wurtemberg (le prince Ulric de), 3e fils de Jean-Frédéric de Wirtemberg le Magnifique, de la branche dite de Stuttgard, I, 210.
Wirtemberg ou Wurtemberg (Isabelle d'Aremberg, fille d'Albert, prince de Barbançon, veuve du comte d'Hochstrate, 2e femme d'Ulric de), I, 210, 405.

Wirtemberg ou Wurtemberg (George, prince de), baron de Montbéliard, I, 210.
Wirtemberg ou Wurtemberg. — *Erratum*. Lisez ce nom au lieu de Mecklembourg au mot Chastillon (Elisabeth-Angélique de Montmorency-Boutteville, duchesse de).
Wirtemberg ou Wurtemberg (Anne de Coligny-Chatillon, fille cadette du maréchal, femme de George de), I, 78, 207 et suiv.
Witt (Jean de), II, 189, 190.

Yorck (duc d'), plus tard Jacques II, roi d'Angleterre, I, 257.
Yorck (Anne Hyde de Clarendon, duchesse d'), I, 257.

Zamet (Marie-Christine), femme de Roger-Hector de Pardaillan de Gondrin, mère du marquis de Montespan, II, 362.
Zamet (Sebastien), II, 362, III, 262.

Imprimerie Gouverneur, G. Daupeley à Nogent-le-Rotrou.

www.ingramcontent.com/pod-product-compliance
Lightning Source LLC
Chambersburg PA
CBHW071111230426

43666CB00009B/1918